看 奥 运

冯成平
韩　欣　主编

人民出版社

编 委 会

序一

何振梁同志与本书编委会主任黄书元、
副主任董伊薇、主编冯成平合影

五十多年前，我第一次参加了赫尔辛基的奥林匹克运动会。从那时起，我就深深地被奥运精神所感染。和祖国的许多同胞一样，我认为奥运的价值是普遍的，它的圣火照亮了人类前进的道路。在我的职业生涯中，我一直梦想将奥运会带到中国。我也想让我的同胞们在祖国体验奥林匹克梦想永恒的魅力。

2001年7月13日，是一个永远值得纪念的日子，就在这一天，我的梦想也是全国人民的梦想终于实现了！世界选择了北京，在奥运史上第一次将奥运会承办国设在了一个拥有世界上五分之一人口的东方国家，让十多亿中国人民有机会发挥创造力和奉献精神为奥林匹克运动服务。北京奥运会不仅将构成中国发展过程中的一个里程碑，更将是世界奥林匹克运动史上的一个重要篇章。北京奥运会的成功，将是全体中国人民对世界人民和平友谊事业的又一重要贡献。

2008年奥运会，不仅仅是一台体育的盛会，还是全世界人民共同的节日，我们要让观众有参与的热情与激情，感受奥运会带来的快乐。

在奥林匹克精神的指引下，2008年奥运会不仅要充分表达"同一个世界，同一个梦想"的主题思想，还要体现"人文奥运，绿色奥运，科技奥运"的新理念。2008北京奥运连接起了中国与世界，并将通过运动促进世界和中国的友谊，宣扬和平、团结以及友爱的信念，这更是为全人类造福的举动。

《看奥运》一书的出版，其意义已不止于一本书作，而是将中国奥运特有的人文内涵融入其中。我深信2008年北京奥运会必定圆满成功。全世界可以从这本书中了解中国、了解东方奥运。

何振梁

序二

2008 年 8 月 8 日举世瞩目的第 29 届奥运会即将在北京隆重举办。第一次，奥运会这一世界体育盛事在中国人自家门口举办；第一次，中国企业有机会与世界一流企业分享奥运经济蛋糕……

历经百年沧桑的现代奥林匹克运动会，在拥有世界人口 1/5 的中国举办，将使奥林匹克精神得到更为广泛的传播，也将使奥林匹克运动翻开崭新的一页。拥有 3000 多年历史的北京正以饱满的热情殷切企盼着来自世界各大洲的体育健儿和各界友人共同参与到 2008 年的奥运盛会中来。奥运让世界的目光聚焦中国北京，奥运也更加让中国走向世界。

王伟同志与本书主编冯成平合影

中国首次主办夏季奥运会，这不仅是几代体育工作者和各界人士共同努力的结果，更表明了中国的政治经济与社会文明达到了一个全新的高度，获得了国际社会的广泛认同，其影响力远远超出了体育的范畴，对世界范围内的政治、经济、文化、艺术和新闻媒介等诸多方面将产生不容忽视的巨大影响。

《看奥运》的适时出版，让奥运知识走近大众，推动了我国对奥运知识的广泛普及。它不仅是对体育知识的丰富，也是一场徜徉在北京古老文化、体育历史长河中的洗礼。

"同一个世界，同一个梦想"，让我们共同企盼 2008 北京奥运会圆满成功！

序三

　　现代奥林匹克运动诞生之日，中国就与她结下了不解之缘。1894年国际奥委会在筹备第一届奥运会之时，就向当时中国清王朝发出了邀请，但没有得到答复；1922年，中国人王正廷当选为国际奥委会委员；1931年中华全国体育协进会被国际奥委会承认为"中国奥林匹克委员会"；1979年国际奥委会恢复了中国的合法席位，决定中华人民共和国奥林匹克委员会的名称为"中国奥林匹克委员会"，2001年北京时间7月13日22点10分，北京在国际奥委会第112次全会上获得了第29届2008年奥运会的主办权。

　　中国与现代奥林匹克运动的关系，折射出中华文明的复兴之路：从一个列强环伺、内乱频仍的旧中国发展为和平共处、安居乐业的新中国，从一个备受凌辱、一穷二白的旧中国建设成为独立自主、日趋富强的新中国。在中国共产党领导下，中国走上了梦想成真的大道——中华文明复兴之路：毛泽东使中国人民站起来了；邓小平使中国人民富起来了；而现在，中华文明的伟大复兴成为21世纪最引人注目的风景线。正如英国历史哲学大师阿诺德·汤因比所预言的："中国肩负着不只是给半个世界而且是整个世界，带来政治统一与和平的命运。世界统一是避免人类集体自杀之路。在这一点上，现在各民族中具有最充分准备的，是两千年来培育了独特思维方法的中华民族。"

　　2008年北京奥运会的口号是"同一个世界，同一个梦想"，这个梦想就是多元和谐的世界。回顾顾拜旦在奥运会成立之初所发表的著名演说——"世界青年人的典礼"，呼吁各民族在友好的竞技中更加接近，"让我们输出我们的跑步运动员和击剑运动员吧，我相信这就是未来世界的自由贸易"，"和平事业将因此增加一个新的、更强有力的支柱"。奥运会对竞技者们"更快、更高、更强"的鼓励，也就是对世界参与者们公平竞争、和平共处、平等交流的呼吁。

　　如果历史已经终结，如果这个世界只有鲜花和不断增长的财富数目，奥运会将淡出全世界人民的视野。正是因为还有太多的冲突和血泪，奥运精神才显得高贵。一个爱好和平的中华民族正用自己的努力去建构一个更和谐更平等的世界。

　　2008北京奥运，中国张开双臂欢迎全球客人的到来。

目 录

六朝古都北京，其历史从燕都蓟城形成时算起至今已有三千多年的历史了。北京曾是春秋时期的燕都蓟城、十六国时期前燕国都，又为金朝中都、元代大都和明、清帝都。

序章一

达马侯爵的致辞

副署长先生，副司长先生，社长先生，先生们：

今天我们很荣幸地与你们相见，在这里，全球从事人类灵魂工作的人们都在努力献上自己的最高智慧。顾拜旦在这里有着他的位置，他的文章，他的演讲，他以各种方式撰写的文字，人们将此汇总，大约相当于1500部书。这是一部巨大的作品，为一个普及全球的共同理想而鞠躬尽瘁，这就是人类进步事业。

在这个巨大的贡献之中，复兴奥林匹克运动的响亮号召震撼了人类历史。顾拜旦认为奥林匹克火炬应该朝向最崇高的精神境界：尊重、平等、荣誉、无私、超越……他认为，体育运动虽然不足以制止战争，但却大大地促进了人类和平。

看到中国为赢得奥运所迸发的那种激情，那种力量，那种活力，再也没有比这更使我们坚信顾拜旦的精神，本世纪初，这种精神促使你们伟大的祖国更加朝气蓬勃。

能够使最广大的人民了解这十几页几乎被遗忘的《奥林匹克宣言》，对我来说是至关重要的大事。这份动人心弦的手稿，唯一而罕见地证明了一个天才，他很早就在人文精神领域闪烁着智慧的光芒。

谢谢您，社长先生，您决定在您具有几千年文化历史的伟大祖国出版这份极其珍贵的文献，我热烈地祝愿我们的事业获得成功。

我特别要提到，中国驻法大使曾对这个充满魅力的计划给以大力支持和帮助。人民出版社，先生们，通过你们这项引为自豪的工作，这份珍贵的文献将在中国传播推广，顾拜旦的美好理想将在中国发扬。伟人顾拜旦说过，体育的哲学是"喜欢做艰难的事情，因为这些事情很艰难"。传播推广一个美好的理想可能不是一件容易的事情。但是经过你们的努力，你们将获得成功，坚信，就是点燃了雄伟的志向，一个伟大事业的火炬永远不会熄灭，它的目标是"使人类更加崇高"。

▼达马侯爵与人民出版社社长黄书元合影

1

序章二

复活的《宣言》

《奥林匹克宣言》遗失百年，终于重现人间

1892年11月25日，在巴黎索邦大学举行的法国田径运动联盟成立五周年大会上，时年29岁的法国男爵顾拜旦发表了一篇精彩演讲。他号召人们"坚持不懈地追求、实现一个以现代生活条件为基础的伟大而有益的事业——恢复奥林匹克运动会。"这个内容极其丰富、热情四溢的历史性演讲，后来被人们称为《奥林匹克宣言》。由于顾拜旦的努力推动，1894年国际奥委会在巴黎成立，1896年首届现代奥运会在雅典举行。顾拜旦也成为了现代"奥运之父"。

遗憾的是，由于《宣言》冒险揭露了当时社会潜在的军国主义现象，这与19世纪末充溢着复仇主义的欧洲社会现实背道而驰，因此未能公开刊登出版。顾拜旦只能悄悄藏起了这份长达14页的法文原稿。经过两次世界大战，几十年的沧海桑田，那些有幸聆听过顾拜旦演讲的人也都陆续作古，而这份珍贵的《宣言》也渐渐被世人遗忘。

一百多年过去了，很多人认为顾拜旦的《宣言》早已遗失，但法国外交分析专家达马一直坚信这份珍贵的历史文献一定还在世间。出生于贵族世家的达马，凭着自己坚定的信念，凭着自己对奥林匹克运动的执著，他历尽曲折在欧美多个国家不断寻找线索，终于在纪念国际奥委会诞辰百年前夕，在瑞士一家银行的保险箱中找到了这份具有重大历史意义的珍贵文献。在纸边发黄的手稿上，圈圈点点的修改痕迹依然清晰可辨。一百多年前，顾拜旦正是在这份宣言中提出了复兴奥林匹克运动的倡议，并付诸实践，最终催生了现代奥林匹克运动会。1994年国际奥委会公布了发现《宣言》手稿的消息，萨马兰奇以主席的名义致辞。

人民出版社与达马侯爵签署《奥林匹克宣言》协议书

达马侯爵完成了寻找奥运宣言的使命，谁又能完成向世界传播《宣言》的使命？最后落到了举办2008年奥运会的中国北京，中国人最能够胜任！中国最有影响力的人民出版社于

▲ "奥运之父"顾拜旦，他为现代奥运的复兴做出了极大贡献。

▼ 人民出版社社长黄书元（左），《奥林匹克宣言》权利人达马侯爵（右）。

天安门广场位于北京市中心，是世界上最大的广场，面积为44万平方米。在天安门广场曾爆发过"五四"运动、"一二·九"运动等重大事件。1949年10月1日，举世瞩目的中华人民共和国开国大典在此隆重举行。天安门广场以其壮丽开阔、庄严宏伟的雄姿，吸引着千千万万的中外旅游者。

2007年10月10日与达马侯爵在法兰克福书展上签署了协议书，一致同意在北京奥运会之前，将曾经遗失百年的《奥林匹克宣言》在中国正式出版。

达马侯爵在签署仪式结束后接受记者采访时说："我非常推崇中国文化，因此我选择中国的出版商出版《奥林匹克宣言》。宣言的正式出版将对人类、对奥林匹克运动的发展具有重要意义。"

▲后排从左至右依次为：中宣部出版局副局长郭义强，国务院新闻办副局长吴伟，新闻出版总署副署长、国家版权局副局长阎晓宏，法国《费加罗报》前技术总编诺埃勒，记者玛利亚，新闻出版总署外事司副司长陈英明。

《奥林匹克宣言》思想与北京奥运理念相互辉映

虽然《奥林匹克宣言》的法文演讲手稿仅有14页，但内容却极其丰富，记载着19世纪的世界体育历史，也记载着人类最宏大的体育理想。将《奥林匹克宣言》翻译成中文，使顾拜旦的美好理想在中国传播发扬，是一项艰巨而有意义的工程，也是中国人的期待。

《奥林匹克宣言》是一篇超越之作，虽然经历百年沧桑，却仍不减其深邃意义，《奥林匹克宣言》表达的思想和精神至今仍然深深地感染着人们。顾拜旦当时只是一位29岁的青年，但他有政治家、军事家、教育家的高瞻远瞩。《奥林匹克宣言》可以说超越了政治、国家、宗教、文化、行业的界限，甚至超越了时空的界限，在现在的信息时代，在全世界所有国家，奥林匹克精神依然有现实意义，并在进一步发扬光大。

其实，理解《奥林匹克宣言》的思想精髓，比了解《奥林匹克宣言》手稿百年身世的故事更为重要。因为《奥林匹克宣言》不仅体现出了人类追求"更高、更快、更强"的体育精神，而且召唤全人类跨越国界的局限，在奥林匹克的旗帜下走在一起，团结共进。

北京奥运会"人文奥运"的理念，"同一个世界，同一个梦想"的主题口号，与《奥林匹克宣言》中表达的奥林匹克精神更是殊途同归。因此，《奥林匹克宣言》中文版在北京的首次出版，正是适得其所，二者的相互辉映必将更好地向世界人民诠释奥林匹克的精神，全世界热爱奥运的人们都已翘首期盼。

看奥运

天安门原为明清两朝皇城的正门，原名承天门，清顺治八年（1651）改建后称天安门。城门五阙，重楼九楹，通高33.7米，城楼重檐飞翘，雕梁画栋，黄瓦红墙，异常壮丽。

天安门原为明清两朝皇城的正门，原名承天门，清顺治八年（1651）改建后称天安门。城门五阙，重楼九楹，通高33.7米，城楼重檐飞翘，雕梁画栋，黄瓦红墙，异常壮丽。

序章三

以奥运之名

　　奥林匹克标志是由《奥林匹克宪章》确定的，也被称为奥运五环标志，由5个奥林匹克环套接组成，可以是单色，也可以是蓝、黄、黑、绿、红五种颜色。环从左到右互相套接，上面是蓝、黑、红环，下面是是黄、绿环，整个造型为一个底部小的规则梯形。奥林匹克标志象征着五大洲和全世界的运动员在奥运会上相聚一堂，充分体现了奥林匹克主义的内容。奥林匹克标志最早是根据1913年顾拜旦的提议设计的，起初采用蓝、黄、黑、绿、红色作为五环的颜色，是因为它能代表当时国际奥委会成员国国旗的颜色。

　　1914年，顾拜旦先生解释了他对标志的设计思想："五环——蓝、黄、绿、红和黑环，象征世界上承认奥林匹克运动，并准备参加奥林匹克竞赛的五大洲，第六种颜色白色——旗帜的底色，意指所有国家都毫无例外地能在自己的旗帜下参加比赛。"自1920年第七届安特卫普奥运会起，五环的蓝、黄、黑、绿和红色开始成为五大洲的象征，分别代表欧洲、亚洲、非洲、澳洲和美洲。

　　随着时间的推移和奥林匹克运动的发展，对奥林匹克标志的阐释也出现了变化。根据1991年最新版的《奥林匹克宪章》"奥林匹克标志"词条的附则补充解释，奥运会会旗和五环的含义，不仅象征五大洲的团结，而且强调所有参赛运动员应以公正、坦诚的运动员精神在比赛场上相见。

　　顾拜旦曾经这样写道："古希腊历史上，没有任何事物给我的触动能比奥林匹克更为强烈。"圣火点燃的不仅仅是奥林匹克英雄般的名字，而且诠释了希腊文明海纳百川、有容乃大的胸怀。它穿越了时间的限制，跨越了空间的阻隔，带着前辈的祝福和心愿，怀着人类向往文明的初衷一路走来……而它本身则是一条亘古至今的生命韧带，承受着年深日久的风尘，记录着希腊文化艺术的历史和奥林匹克运动的兴衰。

　　奥运历史源远流长，文字记载的历史可以追溯到公元前776年。公元前884年，古希腊各君王一致达成协议并议定了《神圣休战条约》。协议规定：各城邦之间定期在奥林匹亚举行集会，集会期间任何人不得携带武器

看奥运

▲ 古希腊陶器上的彩绘。

慕田峪长城位于怀柔县境内，西接居庸关，东连古北口，自古就是"京师北门，长陵玄武"的要地，景区内山峦重叠，植被覆盖率达90%以上，被中外游人誉为"万里长城慕田峪独秀"。

进入奥林匹亚；如果战争发生在奥运会期间，那么双方必须停战、准备参加奥运会。于是，为准备兵源的军事训练和体育竞技逐渐演变为和平与友谊的运动会。

据文献记载，奥运会最初的比赛项目只有赛跑一项，距离约192.27米，后来陆续增加了往返跑、五项运动、摔跤、拳击和赛马等项目；非正式比赛项目有火炬赛跑、传令比赛等，偶尔也举行一些作战时可用的投掷、举重物等项目，获得比赛胜利的运动员被授予从阿尔提斯采摘的橄榄枝编成的花冠。

公元前5世纪末，伯罗奔尼撒战争的爆发成为古代奥运会由兴到衰的转折点。公元前2世纪，罗马征服了希腊，闻名于世的古代奥运会走向全面衰落。为了维护罗马对希腊的统治，为了巩固基督教的地位，狄奥多西一世于公元394年下令终止了古代奥运会，历时1100多年的古代奥运会从此消失了。

18世纪到19世纪，欧洲资产阶级工业革命为现代奥林匹克运动的诞生扫清了思想障碍，奠定了社会基础。19世纪末20世纪初的工业革命大大地推进了古代奥林匹克运动复兴的步伐。

1793年，被誉为德国"体育运动鼻祖"的顾茨·母茨先生首次提出了复兴古代奥运会的建议。法国人皮埃尔·德·顾拜旦于1883年提出了定期举办类似古代奥运会的主张，并把这一主张传播到世界范围，宣扬奥林匹克精神，为现代奥运会的复兴做出了卓越的贡献，也被誉为现代奥运会的创始人。

1889年7月，顾拜旦在巴黎召开的国际体育运动代表大会上首次提出了用现代形式复兴奥运会的设想；1892年11月25日，顾拜旦在"法国体育联合会"成立3周年的纪念大会上发表了题为《复兴奥林匹克》的演说，第一次正式提出了创办现代奥运会的倡议；1894年6月16日，"国际体育运动代表大会"通过了关于复兴奥林匹克运动的决议，会议规定法语为国际奥委会的法定语言，沿袭古代奥运会的传统，每四年举行一次运动会。6月23日，国际奥林匹克委员会成立，也标志着现代奥林匹克运动的诞生。

1896年4月6日，第一届现代奥运会在雅典体育场正式举行，揭开了现代奥林匹克运动的序幕。

迄今为止，奥林匹克运动会已举办了28届，经过100多年的风雨磨难，从第一届奥运会只有

▲体育运动在古希腊普遍开展，图为绘制于古代陶器上的体育运动。

▼1894年6月23日，国际奥林匹克委员会成立，也标志着现代奥林匹克运动的诞生。

司马台长城又称金山岭长城，位于北京密云县东北方的古北口镇境内，始建于明洪武初年，绵延19千米，敌楼多达135座，以"惊、险、奇"著称，是我国唯一保留明代原貌的古建筑遗址。

奥运看北京
司 马 台 长 城

几个参赛国，少数的运动员，项目设置不齐全，到21世纪的科技奥运、人文奥运，奥运会发生了翻天覆地的变化，新世纪的奥运会已不仅仅是一个体育运动盛会，更是一个发展商业、繁荣经济的国际舞台，对当代的政治、经济、文化、哲学、艺术、传媒、教育与科技等诸多方面产生了重大影响。随着奥林匹克运动在世界范围内的广泛开展，参加体育运动的人会越来越多，奥林匹克运动将会更加辉煌。

奥林匹克标志系统

▲在古希腊，不论男女，都积极参与到体育运动中。图中表现了古希腊运动员日常训练的情景。

奥林匹克标志

奥林匹克标志是由《奥林匹克宪章》确定的，也被称为奥运五环标志。它由5个奥林匹克环套接组成，可以是单色，也可以是蓝、黄、黑、绿、红5种颜色。环从左到右互相套接，上面是蓝、黑、红环，下面是是黄、绿环，整个造型为一个底部小的规则梯形。

奥运会会徽

奥运会会徽是奥运会最有权威性的形象标志。根据《奥林匹克宪章》规定，各主办国设计的会徽，未经奥运会组委会同意，不得用于广告和商业服务，以确保奥运会会徽的严肃性和权威性。

奥运会会旗

1913年根据奥委会的创始人顾拜旦的构思设计制作，1920年第七届奥林匹克运动会后定为正式会旗，以后历届的奥运会开幕、闭幕式上均举行升降旗仪式。1914年为庆祝现代奥林匹克运动恢复20周年，奥运会会旗在巴黎举行的奥林匹克代表大会上首次升起。历届奥运会闭幕式上都有会旗交接仪式，由本届奥运会主办城市的代表将会旗交给国际奥委会主席，再由主席将会旗递交下届主办城市的市长，然后将旗帜保存在市政大厅。奥运会会旗在运动会主会场上空的旗帜是一面代用品。

奥运会吉祥物

奥运会吉祥物是奥林匹克运动会有代表意义的纪念形象。东道国为祝愿运动会圆满成功，选定一种有本国或本地区特色的动物作为吉祥物。奥运会吉祥物属于奥林匹克徽记，其设计必须由奥运会组委会提交国际奥委会执行委员会批准。1972年慕尼黑第20届奥运会上首次出现吉祥物。

看
奥
运

Barcelona'92

▲自1896年雅典奥运会以来，历届奥运会均有会徽设计。会徽是该届奥林匹克运动会的徽记，也是该届奥运会最权威的形象标志，其图样不仅要体现奥林匹克精神，还要反映出东道国和奥运会主办城市的特征。图为1992年巴塞罗那奥运会会标。

人民大会堂始建于1958年，门额高悬中华人民共和国国徽，整座大厦屋檐均用黄绿色琉璃制品镶嵌，尽显庄严宏伟、朴素典雅的民族风格和现代化建筑的非凡气派，为我国建筑史上的一大创举。

历届夏季奥运会吉祥物

1972年，第20届奥运会，德国慕尼黑——小猎狗"瓦尔第"。

1976年，第21届奥运会，加拿大蒙特利尔——海狸"阿米克"。

1980年，第22届奥运会，苏联莫斯科——棕熊"米查"。

1984年，第23届奥运会，美国洛杉矶——"山姆"鹰。

1988年，第24届奥运会，韩国汉城——小老虎"虎多力"。

1992年，第25届奥运会，西班牙巴塞罗那——"科比"狗。

1996年，第26届奥运会，美国亚特兰大——电脑造型"伊西"。

2000年，第27届奥运会，澳大利亚悉尼——鸭嘴兽"赛德"、针鼹"米利"和食鱼鸟"奥利"。

2004年希腊雅典夏季奥运会吉祥物Athena(雅典娜)和Phevos(费沃斯)。

奥林匹克仪式

开幕式

开幕式历来都是奥运会的重头戏。在开幕式上既要反映出以和平、团结、友谊为宗旨的奥林匹克精神，也要展现出东道国的民族文化、地方风

西单大街是北京城两条主要的南北向大街之一，南边经宣武门内大街、宣武门外大街，可直达菜市口，北边经西单北大街、西四南大街、西四北大街、护国寺、平安里，可达新街口。现在经过拓展，西单大街向南可以经菜市口南大街穿过南二环、南三环，与南四环相接，向北可以经新街口豁口，穿过北二环、北三环、北四环等环线。

奥运看北京
西 单 大 街

俗和组织工作水平，开幕式上除了进行一系列基本的仪式外，一般都有精彩的富有民族特色的团体操和文艺或军事体育表演。

圣火点燃及传递

奥林匹克火炬接力跑起源于古希腊时百姓祭月活动中的一种宗教仪式。现代奥林匹克运动会火炬点燃仪式始于1920年。为了加强现代奥运会与古希腊奥运会的联系，1936年，柏林奥运会首次正式采用接力传递火炬的形式。接力传递火炬和圣火进入体育场并点燃圣火坛，标志着奥运会的正式开幕。两个多星期后，当最后一项比赛结束时，圣火在闭幕式上被熄灭，标志着奥运会的结束。

▲ 奥林匹克博物馆前永不熄灭的奥运圣火。

会歌

会歌是指国际奥委会正式采用的奥林匹克运动会会歌，由希腊著名作曲家S.萨马拉于1896年作曲，原曲是献给第一届奥运会的赞歌，后由希腊新雅典派诗人K.帕拉马斯配词。1958年国际奥委会在东京举行第55届全会，正式决定将这一赞歌作为奥林匹克会歌，主要在每届奥运会开幕式上升奥运会会旗时使用。

颁奖仪式

颁奖仪式是奥运会上最令人激动的时刻之一。获得前三名的运动员身着正式服装或运动服登上领奖台，面向官员席。冠军所站的位置稍高，然后宣布他们的名字。冠军代表团的旗帜应从中央旗杆升起，第二名和第三名代表团的旗帜分别从紧靠中央旗杆右侧和左侧的旗杆升起。奏冠军代表团的国歌时，奖章获得者应面向旗帜。

闭幕式

闭幕式呈现的是一派欢乐的气氛。各代表团的旗手按开幕式的顺序一列纵队进场，在他们后面是不分国籍的运动员队伍，旗手在讲台后形成半圆形。国际奥委会主席和当届奥运会组委会主席登上讲台，希腊国旗从升冠军国旗的中央旗杆右侧的旗杆升起，主办国国旗从中央旗杆升起，下届奥运会主办国的国旗从左侧旗杆升起。主办城市市长登上讲台，并把会旗交给国际奥委会主席，国际奥委会主席把旗交给下届奥运会主办城市的市长。奥运会组委会主席讲话，国际奥委会主席致闭幕词。紧接着，奥林匹克圣火在号声中熄灭，奏《奥林匹克圣歌》的同时，奥运会会旗徐徐降下，并以水平展开形式送出运动场，旗手紧随其后退场，同时奏响欢送乐曲，各代表团退场。最后，进行精彩的文艺表演。

▲ 火炬手跑进奥林匹克会场。通常，组委会要选择一位成绩卓著，有一定影响力的运动员担任火炬手。

看 奥 运

酒吧街位于朝阳区三里屯北路东侧，全长260米，占地1648平方米。该街毗邻包括加拿大、澳大利亚、法国、比利时、德国等在内的79个国家的使馆，与联合国开发计划署、人口基金署等7个驻华机构邻近。

▲ 古代奥运会运动员入场大门。

奥运会宣传画

如果说体育比赛的过程是动感的艺术，那么海报无疑是凝固的艺术。运动员的动作表情、支持者的情绪、城市的风格，等等，都成为创意的灵感来源，或真实、或抽象、或逼真、或幽默，表现手法不一而足，形式超越主题，引来更多欣赏者的关注。这些画是奥运会特有的艺术品，有广告、宣传、烘托气氛等功用。奥运会宣传海报始于1900年巴黎奥运会，由法国人帕尔设计。最初，宣传海报的主要模式是以处于竞技状态的运动员为画面主体，20世纪40年代后期，艺术家们开始采取含蓄的表现手法。90年代以来，奥运会宣传海报的画面更为精练。

奥林匹克思想体系

《奥林匹克宪章》

《奥林匹克宪章》是国际奥委会制定的关于奥林匹克运动的最高法律文件。宪章对奥林匹克运动的组织、宗旨、原则、成员资格、机构及其各自的职权范围和奥林匹克各种活动的基本程序等作了明确规定。这个法律文件是约束所有奥林匹克活动参与者行为的最基本标准和各方进行合作的基础。随着奥林匹克运动的发展，《奥林匹克宪章》经历了多次修改，现行的《奥林匹克宪章》于1996年7月18日在亚特兰大第105次全会上批准生效。

奥林匹克主义

《奥林匹克宪章》指出："奥林匹克主义是将身、心和精神方面的各种品质均衡地结合起来，并使之得到提高的一种人生哲学。它将体育运动与文化和教育融为一体。奥林匹克主义所要建立的生活方式是以奋斗中所体验到的乐趣、优秀榜样的教育价值和对一般伦理基本原则的推崇为基础的。"

▼ 传说人间本没有火，仁慈的普罗米修斯为人类从天上盗来了火，因此受到了宙斯的惩罚。后来，人们就用在奥运会上点燃圣火这种形式来纪念他。图为美丽的希腊少女在宙斯神殿前采集奥运火种。

奥林匹克运动不同于一般的体育运动，它是人类社会为了实现某种理想在一定哲学思想指导下进行的社会运动，这个哲学思想就是奥林匹克主义。它使奥林匹克运动担负着崇高的历史使命，赋予极强的教育价值和文化价值，从而使这一运动有了坚实的思想基础和长期的奋斗目标。

奥林匹克宗旨

《奥林匹克宪章》指出，奥林匹克运动的宗旨是"使体育

北京女人街成立于2001年9月22日，位于北京市朝阳区东三环北路，第三使馆区黄金中心，营业面积1.8万余平方米，共有营业展位700多个，是目前北京市最大的女性主题零售市场。是集港粤地区、韩日、印巴、欧美服饰风格于一身的综合大卖场，顾客定位年轻白领女性消费群体。

奥运看北京
北京女人街

活动为人的和谐发展服务，以促进一个维护人的尊严的和平社会的发展"。

奥林匹克运动力图通过体育运动增进世界各国人民之间的相互了解，达到减少战争、促进和平的目的。其宗旨在一定程度上满足了当代国际社会的需要，对进入现代社会以来的人类有直接的现实意义。奥林匹克运动的宗旨使奥林匹克运动的目的并不仅限于促进这一运动的参与者个人的发展与完善，还要承担起更大的历史使命和社会责任，这就是促进不同国家、不同文化之间的相互了解，从而促进和维护世界和平。

▲ 国际奥委会总部设在瑞士洛桑。图为洛桑湖边的奥林匹克雕塑。

奥林匹克精神

《奥林匹克宪章》指出，奥林匹克精神就是相互理解、友谊、团结和公平竞争的精神。

奥林匹克精神强调友谊、团结、互相了解，其目的就是促进世界各国人民之间的交流，建立和谐的文化氛围，正是在这种氛围中，人们才有可能摆脱各自文化带来的种种偏见，才能使奥林匹克运动所提倡的国际交流、互相帮助、互相学习真正得以实现。

奥林匹克格言

"更快、更高、更强"是奥林匹克运动的格言。

"更快、更高、更强"的内涵是非常丰富的。它充分表达了奥林匹克运动不断进取、永不满足的奋斗精神和不畏艰险、勇攀高峰的拼搏精神。它既是指在比赛场上面对强手时要发扬勇往直前的大无畏精神，敢于斗争，敢于胜利；又是指对自己永不满足，不断超越，实现新的目标，达到新的境界。

奥林匹克名言

"参与比取胜更重要"是奥林匹克运动广为流传的名言。

正是由于"参与"意识和"参与"精神所起的作用，奥林匹克运动才能发展到今天这样的规模，其意义才能大大超出竞技体育的范畴。正是因为有众多国家、地区运动员的参加，才推动了奥林匹克运动自身的成长和壮大，而且通过各国运动员的友谊和交往，对全世界的和平以及全人类的进步事业做出了难能可贵的贡献。

▲ 第一届现代奥运会主会场。

奥运会会歌

古代不朽之神，
美丽、伟大而正直的圣洁之父。
祈求降临尘世以彰显自己，
让受人瞩目的英雄在这大地苍穹之中，
作为你荣耀的见证。
请照亮跑步、角力与投掷项目，
这些全力以赴的崇高竞赛。
把用橄榄枝编成的花冠颁赠给优胜者，
塑造出钢铁般的躯干。
溪谷、山岳、海洋与你相映生辉，
犹如以色彩斑斓的岩石建成的神殿。
这巨大的神殿，
世界各地的人们都来膜拜，
啊！永远不朽的古代之神！

看奥运

百荣世贸商城是亚洲最大的商业航母，是南城服装商圈地标性建筑。位于木樨园环岛西北角，东临中轴路，南接南三环，地铁8号线途经此地，出口将设在商城内，门前几十条公交线路途经并停靠，赵公口长途客运站、北京火车南站（规划扩建规模将超过北京西客站）、京津塘、京开、京沈、京石高速入口近在咫尺。

序章四

奥运历史

奥林匹克运动会分为古代和现代两个大的阶段，古代奥运会是古希腊的一种竞技活动，现代奥运会是以此为创意并加以改变发展起来的，两者并不是简单的传承关系。

关于古代奥运会的最早的诞生，有不少的神话传说，其中，最为脍炙人口的神话传说有两种：一是古代奥林匹克运动会是为祭祀宙斯而定期举行的体育竞技活动；二是海神之子伯罗普斯为娶公主希波达米亚，在赛马车中战胜了国王俄诺马依斯，因而得到了公主和王位。为了庆祝胜利和感谢神灵佑护，在奥林匹亚举行了竞技盛会。

▼奥运圣火火种采集器。

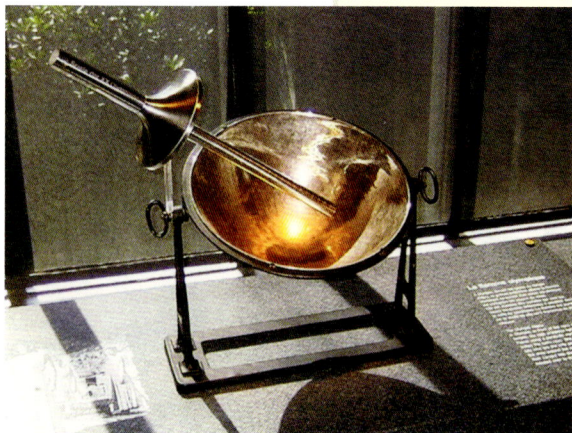

事实上，古代奥运会所以在古希腊出现，是由地理环境、经济生活方式、文化习俗、宗教信仰等多种历史文化因素铸造成的一个客观历史现象。一般历史学家都认为，从公元前776年始，竞技表演以比赛形式出现，因而人们通常把这作为古代奥林匹克运动会的起始年代。

古奥运会从公元前776年起，到公元394年止，经历了1168年，共举行了293届。按其起源、盛衰，大致分为三个时期：

公元前776年至公元前388年，古奥运会成立并兴盛一时。公元前776年，伯罗奔尼撒的统治者伊菲图斯，努力使宗教与体育竞技合为一体。他不仅革新宗教仪式，还组织大规模的体育竞技活动，并决定每4年举行一次。时间定在闰年的夏至之后。公元前776年的古代奥林匹克运动会正式载入史册，成为古代奥运会的第1届。当时仅有一个比赛项目，即距离为192.27米的场地赛跑。这一时期希腊是一个独立的国家，政治、经济、文化都较发达，是运动会的黄金时期。特别是公元前490年，希腊雅典在马拉松河谷大败波斯军之后，国威大振，兴建了许多运动设施、庙宇等，参赛者遍及希腊各个城邦，奥运会盛极一时，成为希腊最盛大的节日。

公元前388年至公元前146年，古奥运会开始衰落。由于斯巴达和雅典长期进行的伯罗奔尼撒战争（公元前431年至公元前404年），希腊国力大减，马其顿逐渐吞并了希腊。马其顿君王菲利普还亲自参加了赛马。随后的亚历山大大帝，仍积极支持，并视奥运会为古希腊的最高体育活动盛会，为其增添设施。不过，这一时期古奥运会精神已大为减色，并开始出现职业运动员。

公元前146年后至公元394年，古奥运会由衰落走向毁灭。罗马帝国统治希腊后，起初虽仍举行运动会，但奥林匹亚已不是唯一竞赛地了。如公元前80年第175届奥运会，罗马经济规律就把优秀竞技者召集在罗马比赛，而奥林匹亚只举行了少年赛。这时职业运动员已开始大量出现，奥运会成了职业选手的比赛，希腊人对之失去了兴趣。公元2世纪后，基督教统治了包括希腊在内的整个欧洲，主张灵肉分开，反对体育运动，使欧洲处于一个黑暗时代，奥运会也随之更趋衰落，直至名存实亡。公元393年罗马皇帝狄奥多西一世宣布基督教为国教，认为古奥运会有违基督教教旨，是异教徒活动，翌年宣布废止古奥运会。公元895年，拜占庭人与歌德人在阿尔菲斯河发生激战，使奥林匹亚各项设施毁失殆尽。公元426年狄奥多西二世烧毁了奥林匹亚建筑物的残余部分。公元511、522年接连发生的两次强烈地震，使奥林匹亚遭到了彻底毁灭。就这样顺延了1000余年的古奥运会不复存在了，繁荣的奥林匹亚变成了一片废墟。

1875至1881年，德国库蒂乌斯人在奥林匹克遗址发掘了出土文物，引起了全世界的兴趣。为此，法国教育家皮埃尔·德·顾拜旦于1883年第一次提出举办类似古奥运会的比赛，他认为，这不是简单的继承，而是把过去只限于希腊人参加的运动会扩大到世界范围去，恢复古希腊奥运会的传统，对促进国际体育运动的发展

▲ 古希腊雕塑。

▲ 古希腊陶器上的彩绘。

▼ 早期奥运会盛况。

看 奥 运

龙潭湖公园位于京城的东南隅，占地49.2万平方米，其中水面19.47万平方米。园内主要分六个景区：龙吟阁景区、龙潭景区、龙字石林景区、莲塘花屿景区、万柳堂景区，龙门景区是公园入水口。

▲ 古希腊雕塑。

有着十分重大的意义。在他的不懈努力下，1894年6月16日终于有20个国家派代表在法国巴黎大学召开了第一届"重建国际奥林匹克运动会国际会议"。大会通过了《复兴奥林匹克运动》的决议。6月23日成立了国际奥林匹克委员会。会议做出决定，将于1896年在希腊首都雅典举行第一届现代奥林匹克运动会。希腊人对这次大会表现了极大的热情，出席开幕式的观众达8万人。从此，奥运会成为世界性体育盛会。

奥林匹克运动自1894年国际奥委会成立至今，已逾一个世纪。奥林匹克运动从初期的探索到自身模式的基本形成，从第二次世界大战后的发展到停滞，以后又经20世纪80年代以来的改革，终于进入了一个生机勃勃的发展阶段。

奥林匹克运动的初创时期（1894年至第一次世界大战）。从1894年到1914年第一次世界大战前，正值世界性的政治经济关系发生急剧变化时期，各种民族主义和排外心理妨碍了正常的国际交往。现代运动项目仅在少数欧洲国家有所开展，世界范围的体育竞赛活动很少进行。奥林匹克运动尚处于一种探索阶段。奥运会也还未形成一定的举办模式，国际奥委会也尚未认识到奥运会是国际奥委会委托给某个城市承办的，从而放弃了领导权和监督权，一切事宜均由东道主随意安排。1908年奥运会实施了标准化和规范化管理，为未来奥运会的举办构建了基本框架。1912年奥运会是这一时期最成功的奥运会，从参赛国家、运动员人数、场地设施到组织工作都有较大提高，第一次实现了顾拜旦所期望的没有事故、没有抗议、没有民族沙文主义仇恨的奥运会。

第一时期奥运会举办情况

届次	举办时间	举办城市	项目总数	参赛的国家和地区数
第一届	1896年 4月6日—4月15日	雅典	9个大项 43个小项	14
第二届	1900年 5月4日—10月25日	巴黎	18个大项 95个小项	24
第三届	1904年 7月1日—11月23日	圣路易斯	17个大项 91个小项	12
第四届	1908年 4月27日—10月31日	伦敦	22个大项 110个小项	22

奥林匹克运动的形成时期(1914年至第二次世界大战)。因第一次世界大战而中断的奥林匹克运动会于1920年重新进行。国际奥委会从实践中意识到奥运会规范化的重要性，整个奥运会的基本框架、运行机制和基本性能在这一时期基本形成，具体表现在：比赛项目的设置逐渐趋向合理；比

紫竹院公园位于北京海淀区白石桥，是以竹见长的园林，栽种了大量的旱园竹、翠竹、紫竹等品种竹。

赛设施进一步完善；会期基本固定；申办、举办程序基本确立，并基本解决了有关运动员的参赛资格问题。先进的技术开始应用到比赛中去，如电子计时器、终点摄影仪、自动打印机、闭路电视转播等。自1928年起，女子田径项目纳入正式比赛，这一重要变化对奥林匹克运动的普及性和号召力起到了推动作用。另一重要发展是有了冬季奥运会，它使奥林匹克运动的覆盖面大大增加。

这一时期，奥林匹克运动的组织机构也得到发展，国家奥委会由第一次世界大战前的29个增加到60个，为奥林匹克思想在世界各地的传播作出了重要贡献。与此同时，各国际单项体育组织也相继成立，通过国际奥委会与各国际单项体育组织和各国家奥委会的协调，使国际奥委会摆脱了每届奥运会都存在的具体技术事务，而更多地在领导、协调、决策等更高的层次发挥作用。

这一阶段存在的一个重要问题是政治对奥林匹克运动的影响日益加重，如1936年柏林奥运会，虽在许多方面优于以往各届，但被希特勒用以向世界炫耀自己的实力，违背了奥林匹克和平、友谊、进步的宗旨。

▲ 以奥运为题材的纪念邮票。

第二时期奥运会举办情况

届次	举办时间	举办城市	项目总数	参赛的国家和地区数
第五届	1912年5月5日—7月27日	斯德哥尔摩	14个大项120个小项	28
第六届奥运会因第一次世界大战未举行				
第七届	1920年4月20日—9月12日	安特卫普	22个大项154个小项	29
第八届	1924年5月4日—7月27日	巴黎	17个大项126个小项	44
第九届	1928年5月17日—8月12日	阿姆斯特丹	14个大项109个小项	46
第十届	1932年7月30日—8月14日	洛杉矶	14个大项117个小项	37
第十一届	1936年8月1日—8月16日	柏林	19个大项129个小项	49

奥林匹克运动的发展时期(1946年至1980年)。第二次世界大战结束后，世界政治格局形成了东西方两大政治集团对峙的局面，这对奥林匹克运动的发展产生了重大影响。另一方面，战后各国经济振兴和科技发展，促进了奥林匹克运动的发展。

由于苏联及新兴独立国家的参加，这一时期奥运会每届参赛国家和人数以及竞赛项目都在增加；与此同时，顾拜旦关于在各大洲轮流举办奥运会的设想得以实现；各洲范围的运动会、残疾人奥运会也相继产生。随着奠基运动的普及，竞技运动水平也迅速提高，非洲体育开始崛起。在奥运

看奥运

▼ 古希腊彩绘。

北京工体富国海底世界是北京第一座五星级海洋水族馆，拥有亚洲最长的亚克力胶水下隧道，是中国目前最大的人工"海底世界"之一。

会上形成美国和苏联争强的局面。奥运会比赛场地及各种配套设施较以前有很大的发展，奥运会向大型化、艺术化方向发展。先进的电子设备，以及性别和违禁药物检查，使比赛的公正性得到加强。历届奥运会，促使举办城市的各种市政建设也大为改善，并为其在比赛后继续发挥作用奠定了基础。奥运会的举办资金也由单纯的政府拨款和私人捐赠向以政府拨款、社会捐资和出售电视转播权、发行彩票相结合的多种形式方向转变。

这一时期的奥林匹克组织已不单纯是一个体育机构，它与国家、社会各部门的关系日益密切。政治对奥运会的影响也更趋明显、复杂、尖锐，各种势力集团都想通过这个舞台来达到自己的目的。此外，兴奋剂问题、奥运承办国财政负担过重等问题都提到重要议程。三大支柱之间出现了裂痕，经济上也危机四起。这种情况从1972年基拉宁担任主席后才有所改变。

▼ 以奥运为题材的纪念邮票。

第三时期奥运会举办情况

届次	举办时间	举办城市	项目总数	参赛的国家和地区数
第十二、十三届奥运会因第二次世界大战未举行				
第十四届	1948年7月29日—8月14日	伦敦	17个大项136个小项	59
第十五届	1952年7月19日—8月3日	赫尔辛基	17个大项149个小项	69
第十六届	1956年11月22日—12月8日	墨尔本	17个大项145个小项	72
第十七届	1960年8月25日—9月11日	罗马	17个大项150个小项	83
第十八届	1964年10月10日—10月24日	东京	19个大项163个小项	93
第十九届	1968年10月12日—10月27日	墨西哥城	20个大项172个小项	112
第二十届	1972年8月26日—9月11日	慕尼黑	23个大项195个小项	121
第二十一届	1976年7月17日—8月1日	蒙特利尔	21个大项198个小项	92

奥林匹克运动的改革时期（1980年至今）。进入20世纪80年代，在萨马兰奇的领导下，国际奥委会针对奥林匹克运动所面临的各种问题进行了大规模的变革。过去的那种"独立性"原则，即在经济上不谋利、政治上不同政府联系的做法已不适应新时期的需要。人们对奥林匹克运动的要求不只限于4年一度的奥运会，奥林匹克运动已参与了更加广阔的领域。国际奥委会在文化教育、科学技术方面注重了奥林匹克思想的传播。通过一系列活动，如举办奥林匹克艺术节，建立博物馆，举办"奥林匹克日"纪念活动，定期召开奥林匹克科技大会等，都起

原始部落游乐园位于慕田峪长城脚下，距怀柔县城10千米，园内有4个区域，游人可在河中荡舟、戏水，在林中跑马驰骋；观赏区有原始岩画、图腾、面具等；还有模仿原始人类的各种表演等娱乐节目。

奥运看北京
原始部落游乐园

到很好的宣传作用。

在组织结构上的自我更新与完善，使国际奥委会同其他各个机构的联系日益密切，自20世纪80年代以来，国际奥委会建立了包括主席、各类专业人员在内的长驻机构——洛桑总部，保证了总部机构对各方面的领导。自1981年起国际奥委会第一次有了正式的法律地位，从而得以以法人的身份参与处理各种重大事务，经济上大胆进行商业性开发，利用各种活动创造财富，为奥林匹克运动的发展创造一个良好的经济基础。从第23届奥运会开始连续几届的奥运会主办国均未出现赤字。经济上的盈利，极大地调动了主办国家搞好奥运会的积极性。

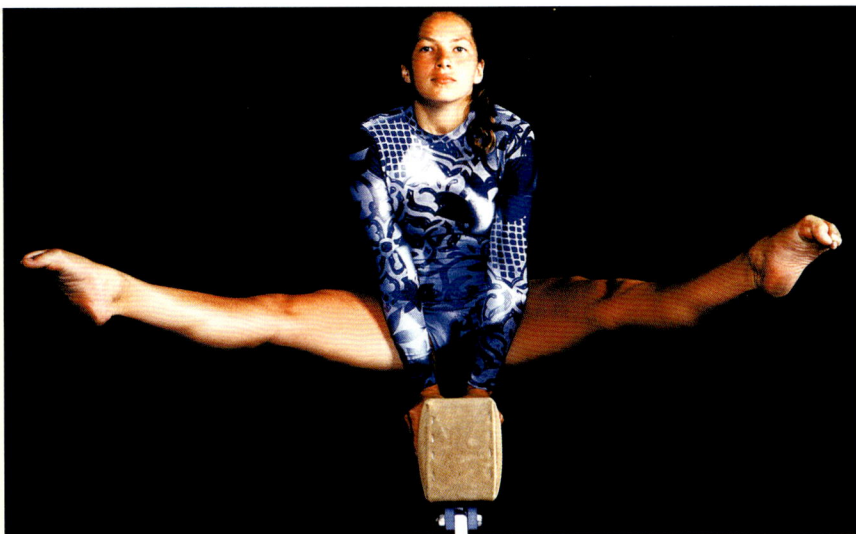

▲女子体操运动员一般都穿紧身衣，这种衣服有利于四肢自由活动。

这一时期发生的重要变化是在肯定政治对体育的作用的同时，强调体育不应听命于任何一个国家的指挥；在肯定商业化的同时，对商业化采取一定的限制措施，并废除了参赛者业余身份的原则，使奥运会向所有优秀的运动员开放。这种务实的态度，促进了奥林匹克运动向健康的方向发展。

看奥运

第四时期奥运会举办情况

届次	举办时间	举办城市	项目总数	参赛的国家和地区数
第二十二届	1980年 7月19日—8月3日	莫斯科	21个大项 203个小项	80
第二十三届	1984年 7月28日—8月12日	洛杉矶	23个大项 221个小项	140
第二十四届	1988年 9月17日—10月2日	汉城	25个大项 237个小项	159
第二十五届	1992年 7月25日—8月9日	巴塞罗那	28个大项 257个小项	169
第二十六届	1996年 7月19日—8月4日	亚特兰大	37个大项 271个小项	197
第二十七届	2000年 9月15日—10月1日	悉尼	28个大项 300个小项	199
第二十八届	2004年 8月13日—8月29日	雅典	28个大项 300个小项	201
第二十九届	2008年 8月8日—8月24日	北京	28个大项 202个小项	225

故宫即紫禁城，位于北京市东城区长安街，建成于明永乐十八年（1420），占地72万平方米，建筑面积16万平方米，有宫殿建筑9000多间，是中国乃至世界现存最大、最完整的古代宫殿建筑群，现故宫为故宫博物院，是我国最大的一座综合性博物馆。

序章五

同一个世界　　同一个梦想

风雨百年　追梦之旅

▲ 1922年，王正廷（1882~1961）成为奥委会中的第一位中国委员。

　　现代奥林匹克运动传入中国并取得发展，经历了一个漫长的过程。1904年，中国报刊首次对奥运会进行了报道。1906年，中国的一家杂志介绍了奥林匹克历史。1907年10月24日，著名教育家张伯苓先生在天津学界运动会发奖仪式上，以奥林匹克为题发表了著名的演说。他指出，虽然许多欧洲国家获奖机会甚微，但仍然派出选手参加奥运会，所以中国应该组队参加奥运会。

　　1910年10月18日至22日，在"争取早日参加奥运会"和"争取早日在中国举办奥运会"口号的鼓舞下，中国历史上第一次全国运动会——"全国学校区分队第一次体育同盟会"在南京成功举办。

　　1922年，中国的王正廷先生当选为国际奥委会委员。1931年，当时的中华全国体育协进会被国际奥委会承认为"中国奥林匹克委员会"，中国正式参加奥运会的历史由此开始。

　　1932年，第10届奥运会在美国洛杉矶举行，刘长春、沈嗣良、宋君复及中国留学生和美籍华人刘雪松、申国权、托平等6人组成了中国代表团。刘长春在100米、200米预赛中位列小组第五、六名，虽然未能取得决赛权，然而他却成为我国第一位参加奥运会的选手而名垂中国奥运史册。

▲ 刘长春（1909~1983）是第一个参加奥运会的中国人，他的出现标志着中外体育交流的开始。

　　1956年11月，第16届奥运会在墨尔本举行。国际奥委会在邀请中国参加此届奥运会的同时，又邀请台湾以"中华民国"的名义参加。中华全国体育总会在北京发表严正申明：由于国际奥委会违反了奥林匹克宪章，坚持邀请台湾单独派遣运动员参加第16届奥运会，中国运动员在这个问题没有得到解决之前，不能参加本届奥运会。1958年8月19日，中国奥委会发表声明，断绝同国际奥委会的关系。

　　1979年11月26日，国际奥委会恢复了中国奥委会的合法权利，并决定台湾以中国台北奥委会的名义参加，中国再次回到了奥林匹克大家庭中。

　　在1984年的第23届夏季奥运会上，中国体育代表团派出了225名运动员、50名教练组成的强大阵容，这是中国在阔别奥运会32年之后首次重返国际大家庭。7月29日，射击选手许海峰为中国夺得首枚奥运金牌，实现了奥运会金牌"零"的突破，也迎来了中国奥林匹克历史上的新时代。

八达岭长城位于北京北部延庆县境内，墙高7.8米，顶宽7.8米，烽火台和敌楼密布，是万里长城最杰出的代表，是明代长城的精华，1988年被联合国列为世界文化遗产。

1993年9月23日，国际奥委会主席萨马兰奇宣布悉尼最终赢得了2000年奥运会主办权，43票对45票，仅仅以两票之差，奥林匹克运动会与中国失之交臂。

▲ 参加第14届奥运会中国代表团合影。

神州共举　梦圆北京

2001年7月13日，是一个让所有中国人永生难忘的日子，在莫斯科举行的国际奥委会第112次全会上，即将离任的国际奥委会主席萨马兰奇先生宣布："2008年第29届奥运举办权授予北京"，奥运终于来到了古老的华夏大地，奥运圣火将在中华大地熊熊燃起！

蒙塔卡洛让国人经受了失败的考验，也积累了宝贵的经验，但我们对奥林匹克梦的追求依然不变。经过6年的酝酿，北京在1999年再一次提出申办奥运会。

1999年4月7日，北京申奥代表团来到了国际奥委会总部，递交了北京申办2008年奥运会申请书，并提出了"新北京，新奥运"、"人文奥运、绿色奥运、科技奥运"、"以申办促发展，以发展助申办"的申办口号，北京也由此成为世界关注的焦点。

2000年12月，北京奥申委聘请香港著名艺员成龙为申奥形象大使，随后又与杨澜、巩俐、邓亚萍和桑兰四位杰出女性签订协议，他们与后来加盟的刘璇、王治郅等一道竭力宣传北京申奥。

2001年7月7日，北京奥申委代表团离京前往莫斯科，参加最后的"决战"。

7月9日，北京申奥展台亮相莫斯科。7月12日，北京奥申委举行新闻发布会。

7月13日，萨马兰奇宣布，2008年奥运会将在北京举办。

申奥凝聚了中华民族渴望实现伟大复兴的愿望，反映了中国为弘扬奥林匹克精神和推动世界和平与发展所做出的不懈努力。申奥成功，对中国人民和海外华人都是巨大的鼓舞，它不仅是几代体育工作者和各界人士团结努力的结果，更表明了中国体育在经历了几十年艰苦奋斗后达到了一个全新的高度，并获得了国际社会的广泛认同。

▼ 杨澜、成龙、巩俐、桑兰、邓亚萍于2001年1月14日接受聘书成为北京2008年申奥形象大使。

看
奥
运

19

奥运看北京
居庸关长城

2008年北京奥运会将在经济、文化、社会发展上给予中国全面的推动。北京奥运不仅会带来直接经济效益，对环境、卫生、生态、交通、基础设施等方面都提出了很高的要求，需要各个产业和部门的通力合作。另外，奥运会还能扩大劳动就业，在一定程度上还能缓解中国的就业问题，刺激餐饮服务业、建筑业等大型产业的发展，在一定程度上缓解中国的就业压力。在关注奥运经济给我国社会带来的巨大推动作用的同时，也要避免一些可能产生的消极影响，研究奥运会以后可能产生的负面效益，及早地预防、积极地应付，尤其是注意节约、节俭办奥运，警惕奥运会后可能出现的诸多经济问题。

▲长城作为世界七大奇迹之一，展示了中国悠久的历史和丰厚的文化积淀。图为晨曦中的长城。

随着现代奥运会的不断发展完善，文化活动在奥运会举办期间的所有活动中所占的比重越来越大，将文化与奥运相融合已经成为奥运会的一项传统。"人文奥运"是北京奥运会三大理念之一，通过奥运会促进奥林匹克精神在中国的传播，将向世界更加全面展示中国悠久灿烂的文化，深入挖掘人文奥运的内涵。

奥运旅游获得巨大的经济收入的同时，也能向全世界展现中国的人文特点，弘扬中国旅游文化、促进东西方旅游文化的交流与融合、丰富奥林匹克精神的内涵，并将有力地推动中国文化事业和产业的发展。

北京是中国的政治、文化和国际交往的中心，是中国历史的结晶、缩影、未来的象征。北京申奥成功，大大提升了北京在世界范围内的知名度，使北京成为举世瞩目的焦点。美丽的自然风光，悠久的历史文化，神秘的东方传说，辉煌的建设成就，无法抗拒的独特魅力，让越来越多的人愿意前往中国亲身体验北京奥运、体验古老而神秘的东方气息。奥运给北京带来了巨大的商机和生机，也是振兴首都经济、改善首都生态环境的大好机遇，是增强首都可持续发展能力的战略举措。与悉尼奥运会不同，2008年北京绿色奥运是一种全球化、信息化时代的生态奥运，需要和谐的生态服务功能、资源节约型的高新科技来支持。

▼夕阳中的后海静谧迷人，这里也是名人故居的集中地。

举办奥运会，需要建设大规模、高质量的文化体育设施，改善城市自然环境，建立方便、快捷的交通和通讯设施。完善举办城市的市政建设、基础设施、城市旅游设施和自然环境也将会为旅游业的发展提供硬件支撑。北京市预计在2007年之前将投资122亿美元，约合1000亿元人民币，完成20项治理环境的重大工程，提前3年达到城市总体规划中制定的目标。在交通方面，北京2008奥运会主中心选在北中轴线上，中心区集中了12个比赛人民英雄纪念碑位于天安门广场中心，碑通高37.94米，碑座分两层，环绕汉白玉栏杆，四面均有台阶。底层座为海棠形，上层座呈方形，下层大须弥座束腰部四面镶嵌着8块巨大的汉白玉浮雕，雕刻着170多个人物，概括而生动地表现出我国近百年来人民革命的伟大史实。

奥运看北京
人民英雄纪念碑

场馆。在北京供奥运会使用的37个场馆中，有35个比赛场馆在北京城的北半部。

现在，距离北京奥运开幕还有不到一年的时间，伴随着"人文奥运"、"绿色奥运"、"科技奥运"三大理念的深入人心，"奥运"已成为与政治、经济、旅游、文化等诸多领域联系最紧密的词语，也成为中国老百姓最为关注的话题。北京奥运的意义已不仅仅局限于体育范畴，它将成为拥有高度关注度和全民参与可能的国际盛会。古老而现代的北京欣欣向荣，完全有信心、有能力、有条件把一届最美好的奥运会奉献给世界。这是北京的承诺，更是中国的承诺。

让我们为北京喝彩，为中国祝福！

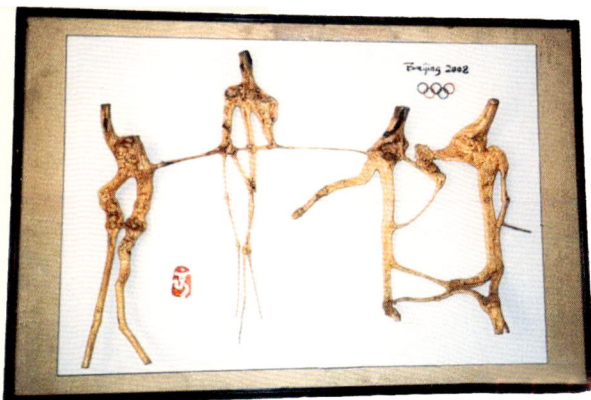

▲ 奥运题材根雕艺术。

北京奥运理念与口号

理念

北京奥运会的三大理念为人文奥运、绿色奥运、科技奥运。

人文奥运——传播现代奥林匹克思想，展示中华民族的灿烂文化，展现北京历史文化名城风貌和市民的良好精神风貌，推动中外文化的交流，加深各国人民之间的了解与友谊；促进人与自然、个人与社会、人的精神与体魄之间的和谐发展；突出以人为本的思想，以运动员为中心，提供优质服务，努力建设使奥运会参与者满意的自然和人文环境。

绿色奥运——把环境保护作为奥运设施规划和建设的首要条件，制定严格的生态环境标准和系统的保障制度；广泛采用环保技术和手段，大规模多方位地推进环境治理、城乡绿化美化和环保产业发展；增强全社会的

看奥运

▼ 我们赢了！

祝贺中国北京申奥成功

北海位于北京城中心，有近千年的历史，被誉为"世界上建园最早的皇城御园"，全园以琼岛为中心，琼岛又以白塔为主要景观。位于北岸的"九龙壁"气势磅礴，为中国仅有的3个九龙壁之一。

▲ "中国印"印章。

环保意识，鼓励公众自觉选择绿色消费，积极参与各项改善生态环境的活动，大幅度提高首都环境质量，建设宜居城市。

科技奥运——紧密结合国内外科技最新进展，集成全国科技创新成果，举办一届高科技含量的体育盛会；提高北京科技创新能力，推进高新技术成果的产业化和在人民生活中的广泛应用，使北京奥运会成为展示新技术成果和创新实力的窗口。

主题口号

"同一个世界，同一个梦想"集中体现了奥林匹克精神的实质和普遍价值观——团结、友谊、进步、和谐、参与和梦想，表达了全世界在奥林匹克精神的感召下，追求人类美好未来的共同愿望。这个主题口号深刻反映了北京奥运会的核心理念，体现了作为"人文奥运、绿色奥运、科技奥运"三大理念的核心和灵魂，及人文奥运蕴涵的和谐价值观。

北京奥运标志与形象

▶ 中国印的图案似印非印，似"京"非"京"，潇洒飘逸，充满张力，寓意舞动的北京；她是有中国精神、中国气派、中国神韵的中国汉文化的符号，象征着开放、充满活力、具有美好前景的中国形象；她体现了新北京、新奥运的理念和人文奥运、绿色奥运、科技奥运的内涵，再现了奥林匹克友谊和平进步、更快更高更强的精神，是奥林匹克精神与中国优秀传统文化的完美结合。

会徽：中国印·舞动的北京

北京奥运会会徽名为"中国印·舞动的北京"，它将肖形印、中国字和奥运五环有机地结合起来，巧妙地幻化成一个向前奔跑，舞动着迎接胜利

团城位于西城区北海南门外西侧，原是太液池中的一个小屿，高4.6米，面积约4500平方米，中央有承光殿，其他还有古籁堂、余清斋、镜澜亭等建筑，为全国重点文物保护单位。

的运动人形，表达北京热情地张开双臂欢迎世界各国朋友的到来，充满了青春的活力，具有以下特点：

1.会徽设计将中国特色、北京特点和奥林匹克运动元素巧妙结合。

"中国印·舞动的北京"以印章作为主体表现形式，将中国传统的印章和书法等艺术形式与运动特征结合起来，经过艺术手法夸张变形，巧妙地幻化成一个向前奔跑、舞动着迎接胜利的运动人形。人的造型同时形似现代"京"字的神韵，蕴涵浓重的中国韵味。该作品传达和代表了四层信息和含义：

(1)中国文化。以中国传统文化符号——印章（肖形印）作为标志主体图案的表现形式，印章早在四五千年前就已在中国出现，是渊源深远的中国传统文化艺术形式，至今仍是一种广泛使用的社会诚信表现形式，寓意北京将实现"举办历史上最出色的一届奥运会"的庄严承诺。

(2)红色。选用中国传统喜庆颜色——红色作为主体图案基准颜色。红色历来被认为是中国的代表性颜色，也是我国国旗的颜色，代表着伟大的中华人民共和国，因此，标志的主体颜色为红色，具有代表国家、代表喜庆、代表传统文化的特点。

(3)中国北京，欢迎世界各地的朋友。作品代表着北京正以改革开放的姿态欢迎世界各地运动员和人民欢聚北京，生动地表达出北京欢迎八方宾客的热情与真诚，传递出奥林匹克的理念和精神。作品内涵丰富，表明中国北京张开双臂欢迎世界各地人民的姿态。

(4)冲刺极限，创造辉煌，弘扬"更快，更高，更强"的奥林匹克精神。现代奥林匹克运动一直强调以运动员为核心，会徽"中国印·舞动的北京"正体现了这一原则。印章中的运动人形刚柔并济，形象友善，在蕴涵中国文化的同时，充满了动感。

2.会徽的字体设计采用了中国毛笔字汉简的风格，设计独特。

"中国印·舞动的北京"的字体采用了汉简（汉代竹简文字）的风格，将汉简中的笔画和韵味有机地融入到"Beijing 2008"字体中，自然、简洁、流畅，与会徽图形和奥运五环浑然一体，字体不仅符合市场开发目的，同时与标志主体图案风格相协调，避免了未来在整体标志注册与标准字体注册中因使用现成字体而可能出现的仿冒侵权法律纠纷。

3.会徽总体结构与独立结构比例协调。

经过专家反复推敲、修改，"中国印·舞动的北京"中作为主体的中国印、"汉简体""Beijing 2008"和奥运五环三部分之间在布局以及比例关系方面特别是中国印部分，已近完美。与此同时，每一部分独立使用时依然比例合理，不失协调。

4.利于今后的形象景观应用和市场开发。

从"中国印·舞动的北京"的延展设计中可以看出，它在城市景观布置、场馆环境布置等方面蕴涵着良好的、巨大的潜力。

看奥运

▲图序图名面值：(4-1) J 篮球 60分；(4-2) J 击剑 80分；(4-3) J 帆船 80分；(4-4) J 体操 3元。

23

中南海位于西城区，与北海统称"三海"，开辟于金、元时，南海挖凿于明初，清代与北海合称西海子，列为禁苑。中海主要建筑是水云榭，为水中凉亭，亭中有"太液秋风"碑，是"燕京八景"之一。

吉祥物：福娃

"福娃"的色彩与灵感来源于奥林匹克五环、来源于中国辽阔的山川大地、江河湖海和人们喜爱的动物形象。"福娃"是5个可爱的亲密小伙伴，他们的造型融入了鱼、大熊猫、奥运圣火形象、藏羚羊和燕子，其原型和头饰蕴涵着其与海洋、森林、火、大地和天空的联系，每个娃娃都代表着一个美好的祝愿：繁荣、欢乐、激情、健康与好运。

当把"贝贝"、"晶晶"、"欢欢"、"迎迎"和"妮妮"五个娃娃的名字连在一起时，你会读出北京对世界的盛情邀请——"北京欢迎您"。

福娃贝贝 Beibei　　福娃晶晶 Jingjing　　福娃欢欢 Huanhuan　　福娃迎迎 Yingying　　福娃妮妮 Nini

"福娃贝贝"传递的祝福是繁荣。在中国传统文化艺术中，"鱼"和"水"的图案是繁荣与收获的象征，用"鲤鱼跳龙门"寓意事业有成和梦想实现。贝贝的头部纹饰使用了中国新石器时代的鱼纹图案。贝贝温柔纯洁，是水上运动的高手，和奥林匹克五环中的蓝环相互辉映。

"福娃晶晶"是一只憨态可掬的大熊猫，无论走到哪里都会带给人们欢乐。晶晶来自广袤的森林，象征着人与自然的和谐共存，他的头部纹饰源自宋瓷上的莲花瓣造型。晶晶慈厚乐观，充满力量，代表奥林匹克五环中黑色的一环。

"福娃欢欢"是福娃中的大哥哥。他是一个火娃娃，象征奥林匹克圣火。欢欢是运动激情的化身，所到之处，洋溢着北京2008对世界的热情。欢欢的头部纹饰源自敦煌壁画中火焰的纹样。他性格外向奔放，熟稔各项球类运动，代表奥林匹克运动五环中红色的一环。

"福娃迎迎"是一只机敏灵活、驰骋如飞的藏羚羊，他来自中国辽阔的西部大地，将健康的美好祝福传向世界。迎迎的头部纹饰融入了青藏高原和新疆等西部地区的装饰风格。他身手敏捷，是田径好手，代表奥林匹克五环中黄色的一环。

"福娃妮妮"来自天空，是一只展翅飞翔的燕子，"燕"还代表燕京（古代北京的称谓），其造型创意来自北京传统的沙燕风筝。天真烂漫、欢快矫

什刹海又称十刹海、十汉海或石版海，由西海、后海、前海组成，位于地安门西大街北海公园后门对面，保留了老北京的传统特色，又有燕京小八景"银锭观山"之美称。

奥运看北京
什 刹 海

捷的妮妮将在体操比赛中闪亮登场，她代表奥林匹克五环中绿色的一环。

同历届奥运吉祥物相比，北京奥运会吉祥物在设计思路和手法上都有创新和突破。在设计思想上，北京奥运会吉祥物首次把动物和人的形象完美结合，强调以人为本、人与动物、自然界和谐相处的天人合一的理念，并首次把奥运元素直接引用到吉祥物上，激情四溢的圣火娃娃的创意来源于奥运会圣火，更好地体现了奥林匹克精神。

主题歌

每届奥运会的主办国或主办地都会自行创作一首集中反映主办国、主办地鲜明人文特色以及人类追求奥林匹克精神的主题歌曲，即该届奥运会的主题歌。由奥运会组委会负责征集遴选。一般每届奥运会组委会只确定一首主题歌。根据奥运会的传统，奥运会主题歌演奏是奥运会开幕式的组成部分。

宣传画

随着2008年北京奥运会的日益临近，国人关注奥运的热情空前高涨，越来越多的人通过媒体及网络等途径积极参与到与奥运相关的各项活动中来，以奥运为主题的各种形式的宣传海报层出不穷。

中国民间传说中广为流传的哪吒、门神等都成了艺术家们设计和创作的灵感源泉。"运动保安康，奥运载人心"——门神图案体现了全民健身观念的普及，也说明了奥运主题已深入老百姓的日常生活之中；奔跑中的龙象征着中华民族在新世纪中实现了伟大的飞跃；以水袖为元素的宣传画代表了国粹京剧；普通百姓十分喜爱的麻花也成为反映中国传统民俗文化的独特表现。

▲北京2008年奥运会纪念币以其精美的设计、高超的铸造水平和浓郁的民族特色，很好地宣传和弘扬了奥林匹克精神，记载和传承了中华民族璀璨文化，营造了浓厚的北京2008年奥运会的文化氛围，为世人提供了难得的收藏珍品。根据中国人民银行与北京奥组委签署的《第29届奥林匹克运动会纪念币发行协议》，中国人民银行还将分别于2007年和2008年发行奥运会纪念币第2组和第3组。

看奥运

景山在西城区故宫神武门对面，是一座环境优美的皇家园林。景山始建于明代，明永乐十四年（1416）为营建宫殿，将拆除元代宫城和挖掘紫禁城护城河的渣土堆加其上，取名万岁山。清顺治帝将其改名为景山。

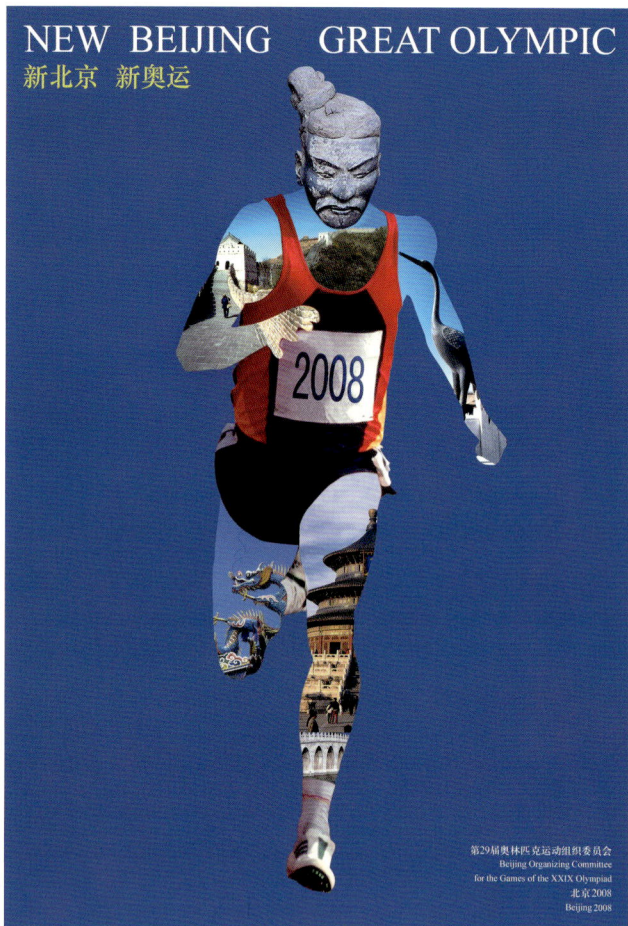

NEW BEIJING   GREAT OLYMPIC

新北京 新奥运

第29届奥林匹克运动组织委员会
Beijing Organizing Committee
for the Games of the XXIX Olympiad
北京2008
Beijing 2008

第29届奥林匹克运动组织委员会
Beijing Organizing Committee
for the Games of the XXIX Olympiad
北京2008
Beijing 2008

北京2008

BEIJING 2008 NEW BEIJING, GREAT OLYMPICS

　　秦兵马俑，被誉为世界第八大奇迹，不仅象征着中华民族的悠久文明，也向人们再现了大秦王朝泱泱大国的胸襟气概。秦兵马俑，以其古朴浑然天成的造型再现了秦军这支百战无敌的劲旅最真实的原貌，更向人们展示了先人刚健强悍、勇于开拓的伟大品格。正是这种不畏艰险的进取精神，让秦人首次在中华大地上建立起统一强大的王朝，创造了人类历史上一个又一个的奇迹。奥林匹克源于战争，在古代奥运会上，跑步是最早的比赛项目之一，矫健的步伐、坚定的眼神，跑步承载着奥运最初的梦想。凝聚着东方文明精华的兵马俑战士奔跑着穿越时空，带着历史的印记，以奥林匹克最初的形式来到我们面前。征途不息，奔跑不息，东西方几千年的文明在这一刻交融，一同诠释了"同一个世界，同一个梦想"的奥运理念。

　　佛教中把空中飞行的天神称为飞天，是天神乾闼婆和紧那罗的化身。乾闼婆意译为天歌神，紧那罗意译为天乐神，原是古印度神话中的娱乐神和歌舞神，乾闼婆的任务是在佛国里散发香气，为佛献花、供宝，栖身于花丛，飞翔于天宫。紧那罗的任务是在佛国里奏乐、歌舞，但不能飞翔于云霄。后来，乾闼婆和紧那罗相混合，男女不分，职能不分，合为一体，变为飞天。中国飞天源于佛教，却融合了中国道家飞仙或天人的形象。飞天形象成熟于唐朝，千姿百态，千变万化，飘曳的衣裙、飞舞的彩带，飞天凌空翱翔，以美妙的音乐和动人的舞姿向人间撒播欢乐和幸福，是印度文化、西域文化和中原文化共同孕育的产物。五位飞天翩然起舞，手中圆环恰好组成了五色奥运会标，象征着奥运精神与古老文明的完美融合，必将在2008年的北京舞出更加华美动人的乐章。

鼓楼位于北京市中轴线上，与钟楼一起成为元、明、清时期北京全城报时中心。钟楼位于鼓楼正北约100米，建于高大的砖石城台上，高约33米，全部砖石结构，精致坚固。

奥运看北京
鼓 楼、钟 楼

同一个世界 同一个梦想
One World   One Dream

同一个世界 同一个梦想
One World   One Dream

看奥运

盘髻是将头发归拢在一起，于头顶、头侧或脑后盘绕成髻。中国历代汉族妇女皆喜盘发成髻，少女则多于头顶两侧梳髻。河南安阳即出土有盘发于头顶的商代妇女俑；隋朝妇女的盘髻，当是称"盘桓髻"；唐代妇女尚梳螺髻，清代妇女盘髻于脑后。发髻不仅反映了千百年来中国女子审美观念的变迁，也被赋予了深厚的文化内涵及象征意义。相传侗家姑娘出嫁，不仅要换上媳妇的装束，还得把象征姑娘标志的两个盘髻改为一个发髻。改髻的当晚，村上的姑娘们以及房族的嫂子婶子聚集来给姑娘送行，一起唱起"解髻歌"和"盘髻歌"，让女伴们用的是朝夕相伴的银雕漆梳梳理云髻，直到满意为止。精美的五色奥运圆环盘髻、象征中国的大红锦绣旗袍、优雅婀娜的女子背影，传统之美与奥运元素在画中巧妙地融为一体，也让人们对即将到来的北京奥运充满了期待。

日晷，又称"日规"，是我国古代利用日影测得时刻的一种计时仪器，铜制的指针叫做"晷针"，垂直地穿过圆盘中心，又称"表"；石制的圆盘叫做"晷面"，安放在南高北低的石台上，使晷面平行于天赤道面，上端指向北天极，下端指向南天极，正反两面各刻画出12个大格，每格代表两个小时，以晷针影子投向晷面的刻度来显示时刻，是我国最为古老精密的计时仪器。在男子竞技体操六个项目中，鞍马是最难"驯服"的一个项目，运动员必须挑战自身平衡和力量的极限，在马上完成全旋、转体、移位、交叉以及倒立等高难度动作。火红的背景、矫健的身姿，单手支撑日晷顶端，悠久历史文明与现代奥林匹克运动的碰撞，给运动本身赋予了丰富的人文内涵，也为我们勾勒出一幅不断挑战身体极限，实现天人合一境界的激情画面。

东便门箭楼建于明正德四年（1509），平面呈"L"字形，筑于高12米的拐角城台上，楼高17米，角楼东、西、南三面共设箭窗144孔，以起防御作用，1982年被列为全国重点文物保护单位。

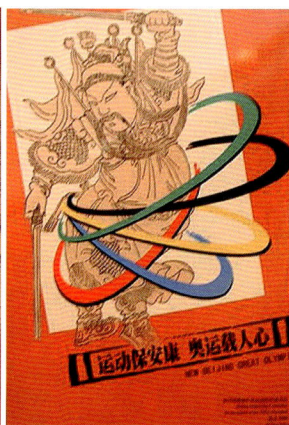

▲第29届奥林匹克运动会志愿者标志。

▲第29届奥林匹克运动会环境标志。

▲第29届奥林匹克运动会文化活动标志。

二级标志

北京奥运会的二级标志在设计中运用了中国独特的传统文化形式——中国书画艺术风格，与会徽"中国印·舞动的北京"相互映衬，浑然一体。

志愿者标志

北京奥运会志愿者标志是心心相印的心形，象征志愿者与运动员及奥林匹克大家庭和所有宾客心连着心，用心服务、奉献爱心，为奥林匹克运动增添光彩。舞动的人形，展现了志愿者，奉献为乐的志愿者的精神。志愿者真挚的笑容、出色的服务、友善的行为将唤起每一位奥运会参与者的心灵共鸣。

环境标志

绿色奥运是北京奥运会提出的重要理念之一，可持续性发展是奥林匹克运动不懈的追求。奥运会环保标志由人与绿树为主要形态。绿色的线条形如舞动的彩带，环绕交错，一笔描出，仿佛茂密的树冠，又似盛开的花朵，充满无限生机和希望，充分体现了自然环境的可持续性发展。树冠与人组成参天大树，代表着人与自然的和谐统一。

北京奥运会文化活动标志

北京奥运会文化活动是人与灯欢快舞动的形象。灯笼是中华民族传统节日不可或缺的吉祥物，象征着团圆与喜庆，代表着中国传统的文化精髓。北京奥运会文化节也是全人类的重大文化盛会，中华大地喜迎盛事，北京将张灯结彩迎接各方嘉宾。

体育图标：篆书之美

奥运会体育图标是奥运会重要的视觉形象元素之一，它要以生动准确的运动造型表现奥运会的各种体育项目。作为通用图形的体育图标，它需要超越通过语言文字传播举办国文化的局限，将广泛应用于奥运会道路指示系统、广告宣传、景观环境布置、电视转播、纪念品设计等领域，是构成一届奥运会形象与景观的重要组成部分。

2005年3月，北京奥组委邀请中央美术学院、清华大学美术学院等4家专业设计院校和设计机构，定向征集北京2008年奥运会体育图标设计方

德胜门箭楼位于西城区北二环路北侧，始建于明正统四年（1439）。占地面积约4000平方米，是明清京师内城保存至今的箭楼之一，距今已有500多年历史。

案。经专家评选，由中央美术学院设计提交的以篆书为创意来源的设计方案和清华大学美术学院以线为创意来源的设计方案入选。

2005年12月，北京奥运会体育图标设计修改完善完成，经组委会审议后，确定最终设计方案为"篆书之美"。该设计方案为以篆字结构为基本形式，兼具中国古代甲骨文、金文等文字的象形意趣和现代图形的简化特征。它不仅符合体育图标易识别、易记忆、易使用的简化要求，更通过其特有的形态动势将体育图标的运动特征和丰富的文化内涵高度凝练，达到了形与意的和谐统一。

2005年12月20日，北京奥组委向各国际体育联合会提交了北京奥运会体育图标设计方案。2006年4月，所有28个国际单项体育联合会分别审核批准了北京奥运会体育图标设计方案；6月8日，国际奥委会正式批准通过了北京奥运会体育图标设计方案。

▼北京奥运会体育图标，包括35个图标。

看
奥
运

马术	铁人三项	篮球	赛艇	田径
手球	摔跤	游泳	射箭	皮划艇（静水）
乒乓球	跆拳道	网球	体操	沙滩排球
垒球	举重	羽毛球	皮划艇（激流回旋）	曲棍球
排球	艺术体操	柔道	水球	射击
现代五项	跳水	足球	蹦床	自行车
棒球	花样游泳	帆船	拳击	击剑

圆明园是圆明、长春、绮春(后更名万春)三园的统称，始建于清代康熙朝后期，总占地350万平方米，山水之间广植树木花卉，仿建了全国各地、特别是江南许多名园盛景，并引进了一组欧式建筑，是当时最出色的一座大型皇家园林，被誉为"万园之园"。

Athletics

田径

金牌榜

金牌榜	比赛单项	运动员姓名	夺金时间	成　绩	备　注

精彩看点

得田径者得天下

田径是体育运动中最古老的项目，它是奥林匹克运动的基石，有"运动之母"的美称。田径运动是比速度、比高度、比远度和比耐力的体能项目，要求在很短的时间内表现出最大的速度和力量，或要求在很长的时间内表现出最大的耐力，"更快、更高、更强"的奥林匹克精神在激烈的田径运动中得到精彩而淋漓尽致的展现。

　　田径项目历来是奥运会金牌数目最多的项目。2008年奥运会田径项目设有47枚金牌，从8月15日开始到8月24日闭幕当天结束，整个奥运会的后半段将是田径的天下，每天都会有几枚金牌产生，所以有人用"得田径者得天下"来形容田径在奥运会中的地位。因此，田径成为众多体育强国的必争之地。

走进历史
——最久远的奥运项目

　　田径运动是径赛、田赛和全能比赛的全称。以时间计算成绩的竞走和跑的项目，叫"径赛"。以高度和远度计算成绩的跳跃、投掷项目叫"田赛"。

　　田径运动的形成与人类社会的发展有着千丝万缕的联系。远古时代，我们的祖先为了获得生活资料，在和大自然及禽兽的斗争中，不得不走或跑相当的距离，跳过各种障碍，投掷石块和使用各种捕猎工具。在劳动中不断地重复这些动作，便形成了走、跑、跳跃、投掷等技能。随着社会的发展，人们有意识地将这些技能作为练习和比赛形式，以在劳动之余作为娱乐活动，并增强体能。这些技能和最基本的动作经过不断延续、发展，流传至今，形成了我们今天的田径运动项目。

　　公元前776年，第1届古代奥运会在古希腊奥林匹克村举行。据记载，这届奥运会只有一个比赛项目，那就是——赛跑。赛程也只有一天。从那时起，田径运动就成为正式比赛项目。到公元393年的第293届古代奥运会上，项目由赛跑扩大到角力、跳远、赛马、掷铁饼、标枪等。1896年，在希腊举行的第1届现代奥运会上，走、跑、跳跃、投掷等项目被列为大会的主要项目。至今已举行的各届奥运会上，田径运动都是主要比赛项目之一。

▲ 刘翔在2004年雅典奥运会上夺得110米栏冠军，为中国赢得了短跑项目上的第一块奥运金牌。

径赛项目的起源和发展

跨栏跑

跨栏跑起源于英国，由牧羊人跨越羊圈栅栏的游戏演变而来。跨栏跑

看奥运

国子监位于北京市东城区府学胡同，是元、明、清三代的国家最高学府，创建于元大德十年（1306）。建筑坐北朝南，中轴线上分布有集贤门、太学门、辟雍、彝伦堂、敬一亭等。

▲绘有参加场地跑运动员的希腊古瓶。

▲公元前480年~前470年的希腊古瓶，绘有中距离赛跑的运动员。

▲公元前500年的希腊酒罐绘画表现了正在进行的长距离赛跑场景。

最早使用的栏架是埋在地上的木支架或栅栏，1900年出现可移动的T字形栏架，1935年有人改成L形栏架。L形栏架支脚朝向运动员的起跑方向，稍加阻力即可向前翻倒，减轻了运动员过栏的恐惧心理和过栏的危险性。

奥运会设置男子110米跨栏跑、男子400米跨栏跑和女子100米跨栏跑、400米跨栏跑。其中男子项目早在1896年第1届奥运会时就已经成为比赛项目，不过当时不是110米栏，而是100米，设8个栏架，栏高1米；而女子100米跨栏跑早期则为80米跨栏跑，于1932年列入第10届奥运会比赛项目，1972年第20届奥运会时改为100米跨栏跑，女子400米跨栏跑直到1984年在洛杉矶举行的第23届奥运会上才成为比赛项目。

男子110米跨栏跑的栏高为106.7厘米，400米跨栏跑的栏高为91.4厘米；女子100米跨栏跑的栏高为84厘米，女子400米跨栏跑的栏高为76.2厘米。比赛时，运动员必须跨越10个栏架，除故意用手推或用脚踢倒栏架外，碰倒栏架不算犯规。

短跑

跑是人类与生俱来的能力，自古以来就是一种比赛形式，几乎每个国家的文献对此都有描述。据史料记载，短跑是公元前776年第1届古希腊奥运会唯一的竞技项目，距离为192.27米。相传这个距离是大力神脚长的600倍。

现代短跑起源于欧洲，最早被列入正式比赛是在1850年的牛津大学运动会上，当时设有100码、330码和440码跑项目。19世纪末，为规范项目设置，将赛跑距离由码制改为米制。短跑最初是职业选手的表演项目，后来逐渐扩展到业余运动员。奥运会的短跑设置了100米跑、200米跑和400米跑项目，其中每一项都包括男子项目和女子项目。男子项目在1896年第1届奥运会中就列入比赛项目；女子100米和200米则于1928年列入第9届奥运会比赛项目，400米于1964年列入第18届奥运会比赛项目。

中长跑

中跑最初是指880码跑和1英里跑。从19世纪中叶开始，880码跑和1英里跑逐渐被800米跑和1500米跑所替代。有的学者认为，中跑项目最早的正式比赛是1847年11月1日在英国伦敦举行的比赛，英国的利兰以2分1秒的成绩获得880码跑冠军。中跑最初也是职业选手的表演项目，后来才逐渐扩展到业余运动员。运动员比赛时不使用起跑器，听信号统一起跑。奥运会的中距离跑设置800米跑和1500米跑项目，包括男子项目和女子项目。其中男子项目于1896年第1届奥运会列入比赛项目；女子800米于1928年第9届奥运会列入比赛项目，1500米于1972年列入第20届奥运会比赛项目。

长跑最初包括3英里跑和6英里跑，从19世纪中叶开始，逐渐被5000米跑和10000米跑替代。据记载，现代最早的正式长跑比赛是1847年4月5日在英国伦敦举行的职业比赛，英国的杰克逊以32分35秒的成绩夺得6英里跑冠军。奥运会设置的长跑为5000米跑和10000米跑项目，包括男子

项目和女子项目。男子项目于1912年第5届奥运会列入比赛项目；女子10000米跑于1988年第24届奥运会上被列入比赛项目，5000米跑则于1996年第26届奥运会上被列入比赛项目。

接力跑

接力跑是田径运动中唯一的集体项目。它以队为单位，每队4人，跑相同的距离。它的起源有多种说法，有的说起源于古代奥运会祭祀仪式中的火炬传递，有的说与古埃及盛行的"搬运木料"或"搬运水坛"游戏有关，也有的说是由传递信件文书的邮驿演变而来。

奥运会比赛项目包括男、女4×100米接力跑和4×400米接力跑。1908年在伦敦举行的第4届奥运会首次设置男子200米＋200米＋400米＋800米的4人接力项目。1912年第5届斯德哥尔摩奥运会改为4×100米接力跑和4×400米接力跑。女子4×100米接力跑和4×400米接力跑分别于1928年第9届、1972年第20届奥运会上设为比赛项目。

障碍跑

障碍跑于19世纪在英国兴起，最初在野外进行，跨越的障碍是树枝、河沟，各障碍间的距离长短不一，19世纪中叶开始转到跑道上进行，但各障碍间的距离依然具有很大的随意性，短的440码，长的可达3英里。

1900年在巴黎举行的第2届奥运会首次设置男子障碍跑，分2500米和4000米两个项目，从1904年第3届奥运会起，障碍跑的距离确定为3000米，并沿用至今。国际田联直到1954年才开始承认障碍跑的世界纪录。女子障碍跑运动开展得较晚，国际田联于1997年才开始推广。

3000米障碍跑在田径跑道上进行，全程必须28次越过障碍架，7次越过水池。每圈设5个障碍，障碍均匀分布。在3000米比赛中，由起点到第一圈开始处不设障碍，等运动员进入第一圈后，再放置障碍架。障碍架的高度，男子为91.4厘米（±3毫米），女子为76.2厘米（±3毫米），宽为3.96米，重量为80到100千克，两边底座长1.20米到1.40米。运动员可跨越障碍架，也可跳上障碍架再跳下，或用手撑越。水池的长宽均为3.66米，池水与地面平齐。靠近障碍架一侧的水池深为70厘米，池底有规律地

▲ 短跑比赛要求运动员必须自始至终在自己的跑道内跑进。图为1896年第1届奥运会上的百米比赛场景。当时的跑道线不是画在地上，而是用铁棒将线固定在半空中。在这届奥运会上，蹲踞式起跑姿势第一次出现。

看奥运

奥运看北京

北　大　红　楼

北大红楼于1918年建成，整栋楼共分五层，因建筑主体用红砖建成，故得此称谓。其西洋式建筑风格，在建成以后的三十多年中都是北京城最有现代气息的建筑。红楼的建成标志着一个新北大的诞生。

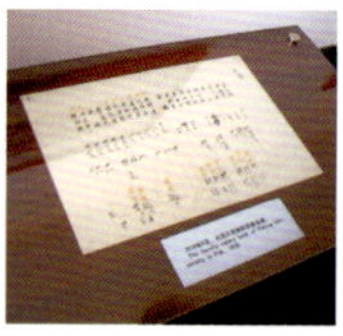

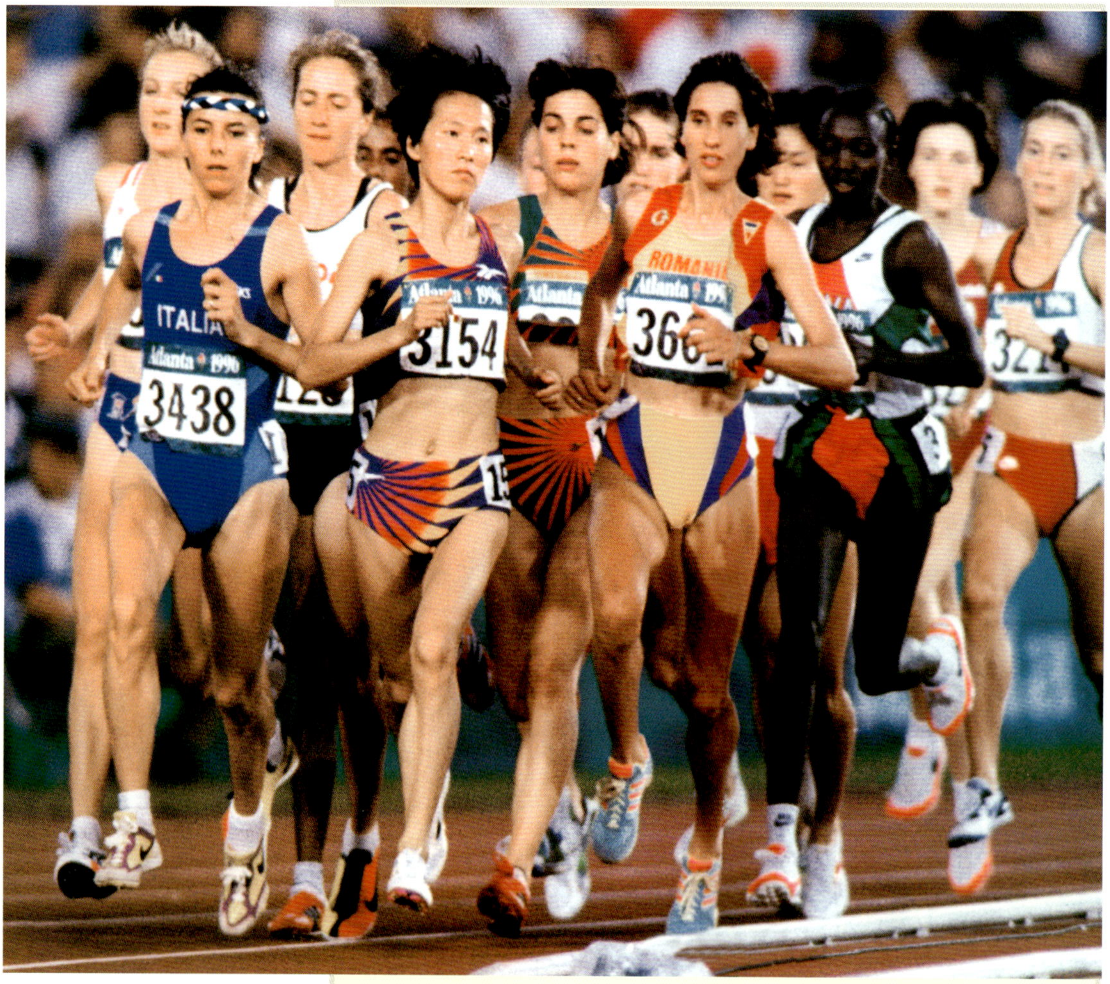

▲王军霞是亚洲第一位欧文斯奖获得者。1996年7月28日，王军霞在亚特兰大奥运会女子5000米跑决赛中，以14分59秒88的成绩，为中国体育代表团赢得本届奥运会唯一的一枚田径比赛的金牌，也是中国奥运史上第一枚赛跑比赛的金牌。

向前上方成斜坡，直至远端与地面齐平。为保证运动员落地安全，池底铺有塑胶面或垫子。

田赛项目的起源和发展

跳高

跳高来源于我们的祖先在生活和劳动中越过障碍的活动，在1896年第1届奥运会上男子跳高就已经被列为比赛项目。最初，跳高属于体操项目，后来才被列为田径项目，经历了跨越式、剪式、滚式、俯卧式、背越式5个发展阶段。女子跳高在1928年第9届阿姆斯特丹奥运会上成为比赛项目。

中国运动员在跳高项目上曾取得过辉煌成绩。1957年，中国选手郑凤荣以1米77的成绩打破女子跳高世界纪录，中国选手朱建华则在1983年、1984年三破男子跳高世界纪录。

撑杆跳

起源于古代人类利用木棍、长矛等撑越障碍的活动。据记载，554年爱

京报馆旧址位于魏染胡同30号院，是一座旧式二层灰砖小楼，门额上"京报馆"三字仍清晰可见，据说这是当年小楼主人、也是我国新闻事业先驱者邵飘萍的手迹。

尔兰就有撑杆越过河的游戏。撑杆跳高原为体操项目，流行于德国学校。1789年德国的布施跳过1.83米，这是目前世界上有据可查的最早成绩。作为田径运动项目首先在英国开展。1843年4月17日，英国职业选手罗珀在彭里斯越过2.44米。19世纪末这项运动开始流行于欧洲国家。男、女撑杆跳高分别于1896年和2000年被列为奥运会比赛项目。

撑杆的长度和直径不限，但表面必须光滑。运动员一般都自带撑杆参加比赛。比赛时，运动员必须将撑杆插在插斗内起跳；起跳离地后，握杆的手不得向上移动；可以在规定的任一起跳高度上试跳，但每一高度只有3次试跳机会。

跳远

跳远源于人类猎取或逃避野兽时跨越河沟的活动，后来成为军事训练的方法，在公元前708年的古代奥运会上成为五项全能项目之一。现代跳远运动始于英国，1827年9月26日，在英国圣罗兰·博德尔俱乐部举行的第一次职业田径比赛中，英国人威尔逊跳出5.41米的距离，这是第一个有记载的世界跳远成绩。男、女跳远分别在1896年第1届和1948年第14届奥运会上被列为比赛项目。

最初跳远运动员是在地面起跳，1886年开始采用起跳板，运动员必须在起跳板后起跳。跳远的腾空动作有蹲踞式、挺身式和走步式。20世纪70年代出现了空中的前空翻动作，因为危险性大，被国际田联禁用。

三级跳远

三级跳远起源于18世纪中叶的苏格兰和爱尔兰。它们两者的跳法并不相同，苏格兰采用单足跳、跨步跳、跳跃，而爱尔兰用的是单足跳、单足跳、跳跃。现代的三级跳远是从苏格兰跳法发展而来的，1908年，国际田联规定三级跳远比赛必须使用苏格兰跳法。比赛时，运动员助跑后应连续做3次不同形式的跳跃，第一跳为单足跳，用起跳脚落地，第二跳为跨步跳，用摆动腿的脚落地，第三跳为跳跃，必须用双脚落入沙坑。

三级跳远最早的正式比赛可以追溯到1826年3月17日举行的首届苏格兰地区运动会，在这次运动会上产生了12.95米的第一个三级跳远纪录。男子三级跳远于1896年被列为首届奥运会比赛项目，女子三级跳远在20世纪80年代初逐渐广泛开展，1992年被列为奥运会比赛项目。

推铅球

推铅球起源于古代人类用石块猎取禽兽或防御攻击的活动。现代推铅球始于14世纪40年代，当时欧洲出现了大炮，士兵们闲暇期间就将炮弹推来推去以做娱乐和比赛，后逐渐形成体育运动项目。这种炮弹重16磅，以后一直作为铅球比赛的标准重量。铅球的制作经历了铁、铅以及外铁内铅的过程。

早期推铅球没有固定的方式，可以原地推，也可以助跑推；可以单手推，也可以双手推；还出现过按体重分级别的比赛。最初采用原地推铅球

国际业余田径联合会（IAAF）

国际业余田径联合会，简称国际田联（IAAF），1912年7月17日在瑞典首都斯德哥尔摩成立。现有协会会员210个。

国际田联的任务是在世界上开展田径运动，在所有会员之间建立友好关系，制定国际比赛的章程和规则，保证会员之间的比赛按田联制定的章程和规则进行，解决在田径运动中出现的有争议的问题，与奥运会组委会合作举办田径比赛，确认世界纪录。

国际田联的主要赛事有世界锦标赛、世界青年锦标赛、世界室内锦标赛、世界杯赛、世界越野锦标赛、世界竞走杯赛、世界半程马拉松锦标赛、世界公路接力锦标赛、国际巡回大奖赛和国际越野巡回赛等。此外田径也是14个地区综合性运动会的比赛项目。

中国田径运动协会于1978年加入国际田联。

看奥运

北京城东南角楼始建于明正统元年（1436），是中国唯一的、规模最大的城垣转角楼，全国重点文物保护单位。楼沿城台外缘建起，平面呈曲尺形，四面砖垣，重檐歇山顶，两条大脊于转角处相交成十字形，四面开箭窗孔144个，是古代军事防御建筑，因坐落在北京内城东南角而得名。

技术，后逐渐发展到侧向推、上步侧向推。20世纪50年代，美国运动员奥布赖恩发明背向滑步推铅球技术，该技术被称为"铅球史上的一场革命"。70年代，苏联运动员巴雷什尼科夫发明旋转推铅球技术，由于旋转后难以控制身体平衡，至今只有极少数运动员使用。男、女铅球分别于1896年和1948年被列为奥运会比赛项目。

掷铁饼

掷铁饼起源于公元前12～前8世纪古希腊人投掷石片的活动。公元前708年第18届古代奥运会上被列为五项全能项目之一。铁饼最初为盘形石块，后逐渐采用铜、铁等金属制作。现代奥运会史上，曾有过双手掷铁饼的比赛项目。掷铁饼技术经历过原地投、侧向原地投、侧向旋转投、背向旋转投几个阶段；铁饼可用木料或其他适宜材料制作，男子铁饼重2公斤，直径22厘米；女子铁饼重1公斤，直径18.1厘米。比赛时，运动员应该在直径2.50米的圈内将饼掷出，铁饼必须落在40度的角度线内方为有效。男、女铁饼分别于1896年和1928年被列为奥运会比赛项目。

掷链球

掷链球起源于中世纪苏格兰矿工在劳动之余用带木柄的生产工具——铁锤进行的掷远比赛，后来逐渐在英国流行。链球的英语词意即铁锤。19世纪后期，成为英国牛津大学和剑桥大学运动会的比赛项目。当时使用的器械是木柄的铁球，后来为便于投掷，将木柄改为钢链，链球由此而来。

掷链球最初采用原地投，后来逐渐改进为侧向投，旋转一圈投、两圈投、三圈投，现运动员多采用四圈投。比赛时，运动员必须在直径2.135米的圈内用双手将球掷出，链球必须落在40度的角度线内方为有效。圈外有U形护笼，确保投掷安全。男子链球于1900年被列为奥运会比赛项目，女子链球于2000年列入。

掷标枪

掷标枪起源于古代人类用长矛猎取野兽的活动，后来长矛又发展成为作战的兵器。公元前708年被列为第18届古代奥运会五项全能项目之一。现代标枪运动始于19世纪的瑞典、希腊、匈牙利和芬兰等欧洲国家。1792年瑞典的法隆开始举行标枪比赛。

最初运动员使用的木制标枪前后一样粗，20世纪50年代初，美国标枪

▲撑杆跳高起跳后的身体腾空动作。图中为我国女子撑杆跳高运动员高淑英，她曾先后以4米35和4米52的成绩打破女子撑杆跳高亚洲纪录。

▲撑杆跳高越过横杆的瞬间。

北魏太和造像是北京市境内年代最久、文物价值最高、带有彩绘的石佛像，高1.65米，面部慈祥，两耳垂肩，坦胸赤足，斜披袈裟，长袖垂地。整个石像构图、雕刻高超，彩绘艳丽。

运动员赫尔德研制出两端细、中间粗的木制标枪，延长了标枪在空中飞行的时间，因而被称为"滑翔标枪"。20世纪60年代瑞典制造出金属标枪，使标枪的滑翔性能更强，大幅度提高了运动成绩。1984年民主德国运动员霍恩以104.80米的成绩打破世界纪录。1986年，国际田联为保证看台观众的安全，将男子标枪重心向枪尖方向前移4厘米，以降低飞行性能，1999年又将女子标枪重心向枪尖方向前移3厘米。标枪可用金属或其他适宜的类似材料制作。男子标枪重800克，长260～270厘米；女子标枪重600克，长220～230厘米。比赛时，运动员必须单手将标枪从肩上方掷出，枪尖必须落在投掷区角度线内方为有效。男、女标枪分别于1908年和1932年被列为奥运会比赛项目。

公路赛和全能项目的起源和发展

田径比赛中的公路项目一般是指马拉松和竞走这样的超长距离竞赛。全能项目则包含了男子十项全能和女子七项全能。

马拉松

马拉松是古希腊的一个地名。公元前490年，希腊军队在马拉松平原击退波斯军队的入侵。传令兵菲迪皮德斯从马拉松跑到雅典城，在报告胜利的消息后，因体力衰竭倒地而亡。1896年举行首届奥运会时，现代奥运之父顾拜旦采纳了历史学家布莱尔以这一史实设立一个比赛项目的建议，并定名为"马拉松"。比赛沿用当年菲迪皮德斯所跑的路线，距离约为40千米。此后十几年，马拉松跑的距离一直保持在40千米左右。

1908年第4届奥运会在伦敦举行时，为方便英国王室人员观看马拉松赛，特意将起点设在温莎宫的阳台下，终点设在奥林匹克运动场内，起点到终点的距离经丈量为26英里385码，折合为42.195千米。国际田联后来将该距离确定为马拉松跑的标准距离。女子马拉松开展较晚，1984年才被列入第23届奥运会。

1896年首届奥运会后，马拉松赛在世界各地广泛举行，美国从1897年起举行波士顿马拉松赛，至2000年已举办了104届，成为世界上历史最悠久的马拉松赛。马拉松在公路上举行，可采用起、终点在同一地点的往返路线或起、终点不在同一地点的单程路线。比赛时，沿途必须摆放标有已跑距离的千米牌，并要每隔5千米设一个饮料站提供饮料，两个饮料站之间设一个用水站，提供饮水或用水。赛前需经身体健康检查，合格者方可报名参加比赛。因比赛路线、条件差异较大，故国际田联不设世界纪录，只公布世界最好成绩。

竞走

竞走起源于英国。19世纪初，英国出现步行比赛的活动。19世纪末，部分欧洲国家盛行从一个城市到另一个城市的竞走旅行。1866年英国业余

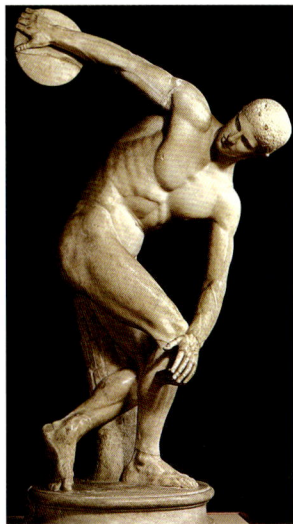

▲ 古希腊现实主义雕塑家米隆创作的雕塑《掷铁饼者》的复制品。

看奥运

▼ 赛场ABC

marathon 马拉松
decathlon 十项全能
cross-countryrace 越野跑

北京明城墙遗址公园位于市中心，东起城东南角楼，西至崇文门，总面积约15.5万平方米。现存的崇文门至城东南角楼一线的城墙遗址全长1.5千米，是原北京内城城垣的组成部分，是仅存的一段，也是北京城的标志。

▲ 苏格兰高地运动会上的掷链球比赛。

▲ 从1908年奥运会开始，马拉松赛将42.195千米确定为准确距离。在1908年马拉松比赛中，意大利选手、面包师皮艾崔前38千米一直处于领先地位。然而进入运动场后，由于体力不支他跌跌撞撞，数次跌倒在地。几名工作人员情急之下跑过去驾着皮艾崔通过了终点线。但比赛中运动员是不得有人协助的，皮艾崔因犯规被取消成绩。然而，皮艾崔的名字却因他的精神——"重在参与"而被载入奥运史册。

体育俱乐部举行首次冠军赛，距离为7英里。竞走分场地竞走和公路竞走两种。

1908年男子竞走首次进入在伦敦举行的第4届奥运会，当时的距离是3500米和10英里。此后几届奥运会的竞走距离有所不同，有过3000米、10千米等，从1956年第16届奥运会起定为20千米(1956年列入)、50千米(1932年列入第10届奥运会)。女子竞走于1992年才被列入第25届奥运会，距离为10千米，2000年第27届奥运会将其改为20千米。

全能项目起源和发展

全能项目起源于古希腊，早在公元前708年第18届古代奥运会上便设有五项全能，由赛跑、跳远、铁饼、标枪和摔跤项目组成。现代全能运动始于欧洲。18世纪初，部分欧洲国家开展全能运动，但比赛项目不尽一致。1904年第3届圣路易斯奥运会就设立了十项全能，项目包括100码跑、800码竞走、120码栏等；现在奥运会上的男子全能项目内容是在1912年的斯德哥尔摩第五届奥运会上确定下来的。女子全能项目在1964年第18届东京奥运会首次被列入比赛项目，当时只有五个项目，1984年第23届洛杉矶奥运会时改为七项全能。

比赛按规定的项目顺序分两天进行。男子十项全能第一天为100米跑、跳远、铅球、跳高、400米跑，第二天为110米跨栏跑、铁饼、撑杆跳高、标枪和1500米跑。女子七项全能第一天为100米跨栏跑、跳高、铅球、200米跑，第二天为跳远、标枪和800米跑。根据各单项成绩查国际田联制定的全能评分表，以累加总分计算名次，总分高者列前。运动员必须参加所有项目的比赛，如某个项目弃权，则不能参加后续项目，也不计算总分，但如果某个项目因成绩太低或失败，没有得分，仍可计算总分。

元大都遗址，又名汗八里城，位于北京市旧城的内域及其以北地区，呈长方形，面积约50平方千米。它三重城垣、前朝后市、左祖右社，有九经九纬的街道和标准的纵街横巷制的街网布局，在中国都城发展史上占有重要地位。

奥运看北京
元 大 都 遗 址

观赛指南

比赛地点：国家体育场
赛时功能：田径、足球
场馆介绍：

国家体育场位于奥林匹克公园内，它是由2001年普利茨克奖获得者赫尔佐格、德梅隆与中国建筑师合作设计完成的，形态如同孕育生命的"巢"，它更像一个摇篮，寄托着人类对未来的希望。"鸟巢"，是人们冠以它的形象别称。艺术性与实用性兼顾，是"鸟巢"的突出特征，它既是一座大型的体育场，也是一个超大的艺术品，就像它的名字一样，它带给人的最大感受就是：孕育希望。

▲ 国家体育场效果图。

▲ 国家体育场的造型让人联想起鸟巢。

"鸟巢"长340米，宽近300米，可以容纳9.1万人。2008年奥运会的开幕式、闭幕式、田径比赛、男子足球决赛等重头戏都将在这里举行。

公交路线

1.113、386、407、656、660、689、740内、740外、753、939、944、944支、983支路到北辰桥西站下。

2.207、417路到北辰东路站下。

3.510、839路到北辰西桥北站下。

比赛日期和金牌数目

比赛项目	8 五	9 六	10 日	11 一	12 二	13 三	14 四	15 五	16 六	17 日	18 一	19 二	20 三	21 四	22 五	23 六	24 日	25 一	金牌数目
田径								2	4	6	6	5	3	6	7	7	1		47

注：预赛日和决赛日为同一天。

运动现场观赛礼仪

田径运动是奥运会最受欢迎的项目之一，特别是短跑及接力项目是历届奥运会上最受关注的比赛。观众在观看田径比赛的时候，还应该遵循一些注意事项：

观看径赛类项目的时候，在运动员起跑阶段，观众应保持安静，否则会影响运动员听发令枪的效果。

观看田赛的跳和投掷项目时，运动员在未起跳和未投出时，观众应当保持安静，不要分散运动员高度集中的注意力。适时的加油助威，才能起到为田径参赛选手鼓劲的作用。

观看马拉松和室外竞走时，不要随便给运动员递

▼鸟瞰"鸟巢"与"水立方"。

看 奥 运

"东胡林人"遗址位于门头沟区军饷乡东胡林村西侧，出土物品有人骨化石，是继"北京人"和"山顶洞人"旧石器文化遗址之后的又一重要发现，因为发现于东胡林村，故被命名为"东胡林人"。

▲具有开启式屋顶的蒙特利尔奥林匹克体育场。

水，赛场上会有补水安排，也千万不要冲上去拥抱运动员，因为这样很容易导致选手犯规。

观看现场比赛的观众要放松心情，以欣赏竞技体育力与美的态度去欣赏比赛，这样就能很好得做到文明观赛、轻松享受比赛的精彩，而不至于情绪失控。

10分钟课堂

奥运田径参赛资格和名额

为了提高奥运会的竞技水平，缩短赛程并增强观赏性，同时也照顾到不同国家或地区田径水平的差异，鼓励竞争，保证公平，奥运会对于田径的参赛资格设定了一定的门槛，这就是A级标准和B级标准（接力跑只有一个标准，不分A标和B标），以及每项每个国家或地区最多的参赛人数。

比如对于田径强国美国来说，它可能拥有很多运动员达到了男子100米10.27秒的A级标准，但是奥运会规定每个国家或地区的田径协会只能在同一项目中派出3名运动员，这就防止了可能出现的奥运会前八名中大部分都是美国运动员的情况。对于田径比较弱但又积极参与的国家或地区，奥委会规定如果它没有达到A级标准的运动员，那么允许它派出1名达到B级标准的运动员参赛；再退一步，如果连达到B级标准的运动员也没有，则允许各报1名男女运动员参加除田赛项目、10000米跑、七项全能、十项全能以外的其他径赛项目比赛。

▲慕尼黑奥林匹克体育场。

团结湖公园占地13.8万平方米，其中水面4.6万平方米，是北京市十大人工湖之一。公园设计为苏州园林风格，北部"半壁长廊"临水架于湖岸，东部"云山"遮挡，南岸码头百余游船可供游人荡波湖中。

08 奥运田径分项设置

2008年北京奥运会共设47个项目，其中男子项目24个，女子项目23个（其中女子3000米障碍跑是新增项目）。

田径	男子项目	女子项目
径赛	100米 200米 400米 800米 1500米 5000米 10000米 110米跨栏跑 400米跨栏跑 3000米障碍跑 4×100米接力 4×400米接力	100米 200米 400米 800米 1500米 5000米 10000米 100米跨栏跑 400米跨栏跑 3000米障碍跑（新增） 4×100米接力 4×400米接力
田赛	跳高 撑杆跳高 跳远 三级跳远 铅球 铁饼 链球 标枪	跳高 撑杆跳高 跳远 三级跳远 铅球 铁饼 链球 标枪
公路赛	男子20千米竞走 男子50千米竞走 男子马拉松	女子20千米竞走 女子马拉松
混合赛	男子十项全能	女子七项全能

奥运田径赛制和比赛方法

在田赛的各项目比赛中，如果参赛人数过多，应在正式比赛之前先举行及格赛，达到及格标准才能参加正式比赛。对于距离项目(跳远、三级跳远和投掷)，如果参加人数多于8人，每人先试跳或者试掷3次，从中择优录取8人，每人再试跳或者试掷3次，最后以每名运动员最优的一次成绩作为该项的比赛成绩，并根据这一成绩排列名次。高度项目比赛时，裁判员应宣布起跳高度和横杆升高幅度。在每个高度上，每人都有3次按顺序试跳的机会，运动员可在规定起跳高度以上的任何高度起跳，并可以自行决定选择在任何高度上的任何一次"免跳"。但是无论在任何高度上连续3次失败，均失去继续比赛的资格。以运动员最后试跳成功的高度作为个人正式成绩，并依次排定名次。

赛事最敏感字眼：兴奋剂

对渴望成功，夺取金牌的运动员来讲，兴奋剂就如同毒品，极具诱惑性。因此，兴奋剂成为各级比赛中最敏感的字眼。

什么是兴奋剂

兴奋剂在医学上是指能刺激人体神经系统，使人产生兴奋从而提高机能状态的药物。体育界认为，当健康人为了在比赛中提高运动成绩，把药物以任何形式摄入体内，或者以不正常的方法应用了非正常量的生理物质，这种做法就是应用兴奋剂。

兴奋剂对人体危害严重，对肝脏、心血管系统、肌腱、性别畸变和生殖系统功能紊乱等都会产生很强的影响，副作用极大，甚至危及生命。

兴奋剂检测方式

自国际奥委会在1964年奥运会上首次试行兴奋剂检查以来，国际上一直采用的是尿检。直到1989年，国际滑雪联合会才在世界滑雪锦标赛上首次进行血检。

迄今为止，尿检仍是主要方式，而血检只是作为一种辅助手段，用来对付那些在尿样中难于检测的违禁物质和违禁方法。

▼ **赛场ABC**

polevault 撑竿跳
throw 投掷

朝阳公园位于北京市朝阳区中部，占地面积32万平方米，千亩水面连成一体。已建成的景点有：中央领导人植树林、国际友谊林、将军林、澳门回归林、礼花广场、世纪喷泉广场、勇敢者天地、欧陆风韵、层林浩渺、酒吧文化广场等。

田径全能运动由若干跑、跳、投项目组合而成，它的成绩计算要按各个项目的成绩从国际统一的《全能评分表》中查出得分，依综合评分的多少评定全能运动比赛的名次。

径赛运动场地

环形跑道是椭圆形的，有400米长，内部画着跑道线。环形跑道内沿有5厘米高的边线，跑道线之间间距1.22米到1.25米。赛跑按逆时针方向进行，环形跑道从内向外依次是第1至8号跑道。

成绩好的运动员可以占据较好的跑道

运动员在所有短跑比赛、110米跨栏和4×100米接力赛中自始至终都必须留在自己的跑道里。800米和4×400米接力赛起跑是在自己的跑道里，直到运动员通过表明可以串道的分离线后才能离开自己的跑道。

在小组第一轮比赛中，运动员被排在哪一个跑道上是由计算机自由排列出来的。其后的各轮比赛，跑道的选择依据运动员在上一轮的比赛成绩而定。这个规则的目标是让更优秀的运动员可以排在靠中间的跑道上，好的跑道是第3、4、5、6号跑道，它们应由排名前4位的运动员分别占据。第1、2、7、8道则由后4名占据。

撑杆跳的撑杆对成绩提高的影响

撑杆跳最早使用木杆，最高成绩为3.30米；1905年开始使用重量较轻、有一定弹性的竹竿，最高成绩达到4.77米。1930年出现较为坚固的金属杆，运动员无撑杆折断之虑，可以提高握杆点，加快助跑速度；但由于金属杆太硬、弹性较差，对运动员提高成绩并没有太大的帮助，15年中撑杆世界纪录只从4.77米提高到4.80米。1948年美国设计制造出重量更轻、弹性更强的玻璃纤维杆，它具有很强的弯曲所形成的弹性，握杆点能提高80到90厘米，运动员利用助跑来弯曲杆子，并使之向前，然后利用杆子的反弹能够最有效地提高身体重心，因此获得了"弹射机"的美称。目前使用该杆已突破了6米的高度。撑杆跳高的横杆可用玻璃纤维、金属或其他适宜材料制成，长4.48～4.52米，最大重量2.25公斤。

跳远与三级跳的比赛场地

跳远和三级跳远的助跑距离至少40米长。犯规线是20厘米宽的起跳板的远端线，这条线由黏土制作，运动员起跳时越线或者踩线均为犯规。在跳远比赛中，沙坑离起跳板有1～3米远；在三级跳远比赛中，男子比赛的沙坑离起跳板13米远，女子比赛的沙坑离起跳板是11米远。

跳高与撑杆跳的场地

在跳高比赛中，跳高运动员从起跑点到横杆下有20米长。横杆有4米长，不超过4公斤重，由两根竖杆支撑。

在撑杆跳比赛中，撑杆跳运动员助跑距离有40米长，起跳时他们将撑杆伸出，插向跑道尽头一米长的凹陷槽。凹陷槽的槽面向跑道尽头加深，最深处达20厘米。凹陷槽呈锥形，以便在跑道尽头卡住撑杆。撑杆

▼ **赛场ABC**

walk 竞走
frequency of stride 步频

陶然亭公园是以北京城南隅的燕京名胜陶然亭为中心修建的一座城市园林，占地59万平方米，其中水面17万平方米，因陶然亭是中国四大名亭之一而得名。

很平滑，并且按运动员需要的长度和粗细来制作。撑杆跳的横杆与跳高横杆基本相同，但为了安全，它更轻一些。

投掷项目的场地

在铁饼、铅球、链球比赛中，运动员都是站立在投掷圈中开始投掷。投掷圈外围是铁镶的边，有6毫米厚，顶端涂白。在投掷时，运动员不能接触铁边的顶端或者投掷圈以外的地面。铅球和链球的投掷圈直径2.135米，铁饼的投掷圈稍大一点，直径2.5米。圈内地面由水泥或者有相似的硬度又能防滑的物质构成，它的高度略低于地面高度。铅球投掷圈的正前方放着一个木质的挡板，这个挡板长1.21～1.23米，它是用来防止运动员滑出圈外的。运动员可以碰挡板的内侧，但不能碰挡板的顶部。

标枪的参赛者要在投枪前助跑30～36.5米长的一段距离。在助跑的跑道两边有两条边界线，边界线的顶端是一个金属或者木质的弧形，投掷者必须在弧形后面将标枪投出。

在上述四种比赛中，着陆区都是由煤渣、草坪或者其他能留下印记的物质构成的平坦区域。每一个扇形区由5厘米宽的白线分开。在铅球、链球和铁饼比赛中，着陆区的扇面角度是40度，而标枪比赛是29度。

▲ 正在投掷链球的运动员。

竞技战术解析
——不断改进的田径技术

以动物为师的中长跑技术

中长跑技术的演变是逐步的，是在向动物学习、模仿动物的过程中发展的。

"袋鼠式"的跳跃跑技术

早期中长跑的技术特点是跑的后蹬角度较大，跑进中身体重心上下波动幅度大，如同袋鼠跳着跑，向前的实效性较差，这种技术限制了运动水平的提高。因此，观众在比赛中已经很难看到运动员采用这种技术了。

"毛驴式"的小步高频跑技术

小步高频跑的技术特点是充分利用良好的体能，支撑腿的

▼我国田径运动员肖艳玲是女子铁饼亚洲纪录创造者。

看奥运

人民出版社始建于1921年9月1日，重建于1950年12月1日，是中华人民共和国诞生后重要的党和国家政治书籍出版社，也是我国第一家著名的哲学社会科学综合性出版社。毛泽东主席亲笔题写的"人民出版社"社名，成为国家和各省级人民出版社人民版图书最为显著的形象标志。

▲公元前6世纪的一个希腊花瓶上的图案，描绘了四位做准备活动的五项全能运动员。其中两名手持标枪，一名手拿铁饼，另一名双手拿重物的是在为跳远做准备。

蹬伸和摆动腿的摆动并不充分，但较迅速，形成了快频率跑的技术，通常这种技术碰到对手的突然变速性跑或冲刺性跑便很难应付，较为被动。

"驼鸟式"的大步幅跑技术

由于各国重视中长跑运动员的身材条件，同时加强运动员的身体素质训练，如提高力量耐力，提高柔韧素质、髋关节灵活性素质等，运动员跑进中的蹬摆更有力量，使步幅增大，水平不断提高。

"梅花鹿式"的组合跑技术

自然、稳健、适宜的步长、步频跑技术是能量节省的基本特征。跑进中运动员注重技术动作自然放松，身体重心更平稳，与梅花鹿跑的动作相似，轻松自然。大部分非洲运动员已经运用和掌握了此种技术。

看似简单实则不易的竞走技术

竞走运动员使用与众不同的步法，比赛规则对这种步法做出了严格的规定。其技术要点主要有以下几点：

规范的大步幅、高步频技术

现代高水平的竞走技术要点是大步幅、高步频。因此必须在确保正确技术、不犯规的前提下提高步幅和频率。通常步幅大容易腾空，步频快容易屈膝，因此，掌握合理、正确的竞走技术是极其重要的。

头部、躯干技术

走进中，躯干保持正直，加速时稍前倾，头部正直，两眼平视，头颈放松。

摆臂技术

两臂屈肘以肩为轴作前后摆动。大幅度地摆动和快频率的摆臂能有效地诱导腿部动作。通常竞走的步幅在1.2～1.5米，步频可达每分钟220步以上，但无论步幅多么大，切不可形成肉眼看出的腾空或蹬伸时的屈膝动作。

快速发展的跳远技术

跳远的技术是由助跑、起跳、腾空、落地四个动作过程连续完成的。助跑与起跳的紧密结合，是取得优异成绩的关键。这四个动作过程是统一的整体，无论哪一个环节出现问题，都会影响技术水平的发挥和成绩的提高。

跳远的腾空技术有蹲踞式、挺身式、走步式和空翻式四种。

在跳远运动发展过程中，跳远技术的改进，主要是起跳后空中身体姿势的变化和发展。1890年以前，采用的是原始的蹲踞式跳远，即起跳后立即团身，并自然向前伸小腿落地。1895～1935年采用蹲踞式和半蹲挺身式跳远。1935～1960年，挺身式跳远日趋完善，并出现了走步式跳远。目前，男子高水平运动员基本采用更加完美的走步式跳远，女子高水平选手多数采用挺身式或走步式。

▲我国选手邢慧娜在雅典奥运会上以30分24秒36的成绩获得女子万米跑金牌。

▲短跑比赛中，运动员必须使用起跑器，听信号统一起跑。

走步式技术

走步式就是运动员腾空后，在空中形成走两步半的姿势。走步式技术的重点是控制重心。人体的重心，是随身体姿势的改变而变化的。有时重心在人体之内，有时重心在体外。如跳远腾空时重心就在体内；临落地时，身体向前屈体，于是重心就移向体外。

运动员起跳完成瞬间，地面的反作用力是不可能正好通过人体重心的，因而会造成人体向各个方向的转动，特别是向前的转动。运动员完成空中动作的目的，是为了使自己沿着已确定好的身体重心的抛物线轨迹，改变身体各个不同部位的姿势，减少身体向前、后、左、右的旋转动作，并在着地前，双足尽可能地伸到身体重心之前，以获得最大的成绩而又不至于失败。走步式之所以能跳得比较远，就是因为它比其他两种姿势能较好地达到上述目的。另外，走步式的空中技术与助跑技术衔接紧密，能有效地发挥运动员的助跑速度，并使起跳加快、蹬伸充分。目前，走步式跳远技术被广大优秀跳远运动员所采用。

空翻式技术

值得一提的是，在20世纪70年代中期，世界上曾有人尝试过前空翻式跳远。运动员借助于快速助跑，采用制动性起跳，腾空后低头含胸，抱膝收腹，在空中旋转一周，然后打开身体落地。这种大胆的设想与尝试，是一种积极的探索。当时有人在正式比赛中跳出了7.93米的成绩。但是，后来国际田联认为空翻式技术的危险性太大，不宜推广。最终做出裁决，取消空翻式跳远的成绩，并规定，在比赛中不允许采用任何空翻的姿势。不过，最近又有人提出，随着科学技术的不断发展，场地的不断更新，空翻跳远技术的不断完善，空翻式跳远将来也许会成为跳远家族的一名正式成员。

▲竞走比赛过程中要求运动员没有肉眼可见的腾空，运动员前腿从脚触地瞬间至垂直部位应该伸直(膝关节不得弯曲)。运动员出现腾空或膝关节弯曲，均给予严重警告，受到3名不同裁判员的严重警告即取消比赛资格。

图为我国选手王丽萍在悉尼奥运会竞走比赛中。王丽萍以正确的技术和顽强的拼搏精神走完全程，在处于领先位置的三名选手均因犯规被罚下后，她第一个冲过终点，夺得金牌。

看奥运

铅球的滑步技术

现代推铅球技术正朝着"模式化"和"个体化"的方向发展。铅球的技术要点就是最大限度地利用人体的全部能力来努力提高出手的初速度，并把这个理想的高速度全部转移到铅球上。铅球技术包括滑步、最后用力和出手技术。

观众在观看比赛时，可以看运动员推铅球的滑步方向是否与球被推出后的飞行方向一致，如果一致，那么就达到了滑步的"直线性"，球就推得远。如果脱离了这种"直线性"，便会形成铅球"助跑"的曲线运动，使铅球获得的力量受到损失。滑步的动力来源于：身体重心向推球方向的移动、摆动的后摆力、支撑脚的蹬伸力、支撑腿的屈腿收服力。其中两腿动作的协调配合是动力的主要来源。两腿动作的协调配合关键是：以摆带蹬，摆蹬结合，收落快速。

▲腾空后的跳远运动员。

太和殿俗称金銮殿，是故宫内最大、等级最高的建筑物。太和殿初建于明永乐十八年（1420），当时名为奉天殿，清代方改称为太和殿。太和殿自建成后屡遭焚毁，多次重建，今天见到的太和殿是清代康熙三十四年（1695）所建。

▲ 接力跑运动员必须持棒跑完各自规定的距离，并且必须在20米的接力区内完成传接棒。

▲ 黄志红是第一个在世界田径锦标赛夺冠的亚洲运动员，曾5次夺得女子铅球世界冠军。1992年黄志红在第25届奥运会上以20.47米的成绩获得银牌，这是我国女运动员在奥运会田赛项目中取得的最好成绩。图为黄志红在田径世锦赛铅球决赛中。

福娃问答

⅍ 接力赛起跑有何规定？

4×100米接力跑是分道进行，接棒者可以在接棒区前10米内起跑。

4×400米接力跑中，第一棒全程及第二棒的第一弯道是分道跑，第二棒运动员要跑至抢道线后才可以自由抢道。第一棒的传接必须在参赛者指定的线道内进行，其余各棒的传接，裁判员会根据第二及第三棒运动员通过200米起点处之先后，按次序让其第三及第四棒的队友在接棒范围内，由内至外排列等候接棒。所有接棒者均不可以在接棒区外起跑。

⅍ 接力赛对交接棒有何规定？

接力棒必须拿在手上，直到比赛结束为止。任何人掉了棒，必须由其本人拾回，而且要在不影响别人的情况下，方可越出自己的跑道以拾回接力棒。所有接力赛事，必须在接棒区内完成交接棒。"接棒区内"的判定是根据接力棒的位置，而不是根据参赛者的身体或四肢的位置。任何参赛者在传接棒完毕后故意越出跑道以妨碍其他参赛队伍，其队伍都会被取消资格。

⅍ 田径比赛对风速助力有何限制？

在短跑或跨栏比赛中，如果顺风风速超过2米／秒(7.2千米／小时)，那么比赛创造的成绩就不能成为新的世界纪录。

跳远或者三级跳的成绩在顺风风速超过7.2千米／小时的时候不能承认为新的世界纪录。

⅍ 竞走比赛的白卡和红卡代表什么？

竞走比赛中，有9名裁判分布在比赛线路上监督任何运动员的犯规动作。他们不使用电子设备帮助判断，因为规则规定参赛者要由裸眼监督。当裁判看到竞走运动员有腾空或曲腿的动作时，就提醒他一次。提醒一般是通过在道路两边向犯规者出示白色标志卡来表示的，此后裁判员会通知主裁判。如果三个裁判都警告了同一运动员，他（她）就会被亮红卡罚出局。

⅍ 运动员在公路赛中是怎样利用饮料站的？

任何公路赛的参赛者都可以得到场外帮助，但对此有严格的规定。在

老舍茶馆位于前门西大街3号楼，是以人民艺术家老舍先生及其名剧《茶馆》命名的茶馆。老舍茶馆建于1988年，现有营业面积3300多平方米，是集书茶馆、餐茶馆、茶艺馆于一体的多功能综合性大茶馆。

比赛的起点和终点都提供水和其他饮料,饮料站在比赛路线上每隔5千米设置一个。饮料放在运动员经过时很容易拿到的地方。运动员可以准备他们自己的用水，并且可以提议在他们要求的地方设置饮料站。饮用水和湿海绵提供站设置在两个饮料站之间。在那里运动员经过时可以取到饮用水，还可以从海绵中挤水冲洗头部，起到冷却作用。除了已经设置的站点之外，运动员不能从比赛线路上其他地方获得饮料。

大事记

公元前708年，最早有历史记录的全能项目出现在第18届古代奥运会，由赛跑、跳远、铁饼、标枪和摔跤组成。

1896年，现代奥运之父顾拜旦创立"马拉松"项目。

1900年，突破了古代奥运会和第一届现代奥运会不许女子参加的禁令，首次出现了19名女选手，开创了女子走向世界体坛的先河。

1904年，奥运会第一位黑人选手、美国田径运动员波格获得了400米栏和200米栏两枚铜牌。

1908年，可容纳7万余观众的伦敦白城体育场建成。它是第一个专门为奥运会修建的体育场。

1912年，国际业余田径联合会在瑞典首都斯德哥尔摩成立。

1924年，芬兰田径名将里托拉创造了在一届奥运会中独得6枚田径奖牌的奇迹。

1926年，三级跳远最早的正式比赛出现在首届苏格兰地区运动会上。

1926年，在牛津大学运动会上，现代短跑第一次被列入正式比赛。

1928年，商业赞助第一次在奥运会出现。首开先例的是美国可口可乐饮料公司。

1957年，中国选手郑凤荣以1米77的成绩打破女子跳高世界纪录。

1960年，中国台北选手杨传广获得男子十项全能亚军，这是中国人在奥运会上获得的第一块奖牌。

1964年，国际奥委会首次在奥运会上实行兴奋剂检查。

1984年，中国选手朱建华在1983、1984年三破男子跳高世界纪录。

1992年，陈跃玲获得女子10千米竞走金牌，这是中国的第一块奥运会田径金牌。

2004年，雅典奥运会上，中国选手刘翔获得110米栏金牌。

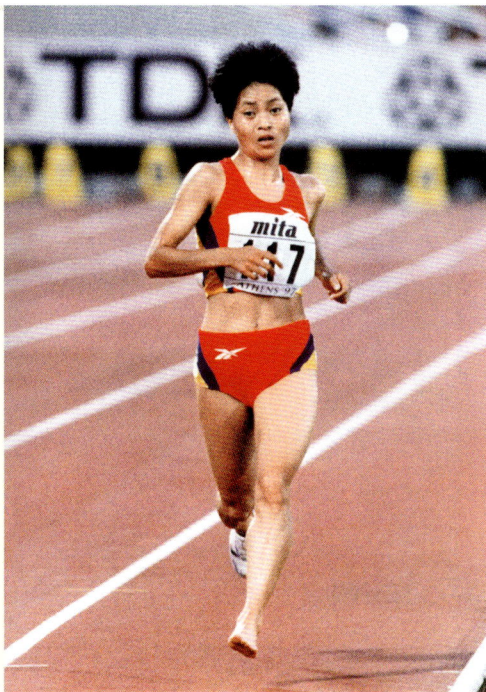

▲1997年8月5日，中国运动员杨思菊在第六届世界田径锦标赛女子10000米决赛中，本来有冲击奖牌的希望。但当比赛还剩1300米时，却意外地被人踩掉了一只鞋。面对突然出现的窘况，她没有气馁，光着脚跑完全程。最后获得第七名，并把当年个人最好成绩提高了4秒多。

照片中杨思菊的表情很无奈，但她顽强拼搏的精神赢得了人们的尊重。

看奥运

▼ 赛场ABC

throwing the discus　掷铁饼
throwing the hammer　掷链锤
throwing the javelin　掷标枪

早在金代，玉渊潭就已成为金中都城西北郊有名的风景游览胜地。清乾隆三十八年（1873），著名的香山引河治水工程，挖掘了玉渊潭湖系。新中国成立后正式定名玉渊潭公园。经过30多年的建设，已初步形成了独居闹市而具有自然野趣、田园风光的市级综合性公园。

Synchronized Swimming Waterpolo   *Diving*   *Swimming*

游泳

金牌榜

金牌榜	比赛单项	运动员姓名	夺金时间	成 绩	备 注

精彩看点

08奥运新项目：10千米公开水域赛

　　2005年10月27日，国际奥委会在瑞士洛桑举行执委会会议，正式决定将男、女10千米公开水域游泳项目增设为北京奥运会的正式比赛项目。公开水域游泳进入奥运会后，国际游泳联合会管理的5个项目（游泳、跳水、花样游泳、水球、公开水域游泳）将首次全部进入奥运会。

公开水域游泳项目之所以能够进入奥运会，主要在于它的广泛性。公开水域游泳在1975年就开始有成绩记录，经过多年的发展，目前已有世界游泳锦标赛公开水域比赛、公开水域游泳世界锦标赛、世界杯赛等国际级赛事。这些都是公开水域游泳能够被选为奥运项目的重要条件。

在公开水域赛的世界水平上，目前成绩较好的有意大利、俄罗斯、德国、美国、英国等。中国开展公开水域游泳时间较短，在10千米项目上优势不及欧美国家的运动员。

难度已达极致中国跳水追求质量

在2006年的第15届跳水世界杯赛上，中国队主场囊括10枚金牌。赛后，中国队领队周继红表示，中国运动员在跳台上的难度基本上已经到了极致。尤其在一米板项目上，大家只能到这个难度，所有跳水选手难度动作几乎都一样。"我们要抓紧时间磨炼选手，以后的比赛，运动员已经不能有任何的失误，难度提高已经不太可能，更多的是完善质量。"

从本次比赛上看，不仅中国队拥有很多高难度动作，外国选手更是拿出了一个又一个的高难度动作，中国选手在难度上很难占到什么便宜。

虽然中国选手有信心再上新的难度，但是贾童表示，上难度最重要的是体能，力量不行上什么难度都没有用。劳丽诗也认为，难度和个人能力有关，要先提高个人能力，才能谈难度。但是短时间内提高个人能力，难度可想而知。

而且，平心而论，这次外国选手的难度虽然很高，但是高难度伴随的高风险也没让她们占到便宜。而正是因为中国选手娇小的身材和漂亮的压水花技术，才使得自己做出了高质量的动作，逼得国外选手不得不上难度来抵制中国选手的稳定。在努力上难度的同时，中国队仍然会握住高质量的法宝。

▲ 郭晶晶与吴敏霞在女子双人跳水中。

走进历史
——远古的泅水活动

游泳的起源和发展

远古时代，人类为适应生存环境，逐渐学会了游泳。在我国的春秋时代就已经有了泅水活动，在利比亚的史前岩画中也有游泳姿势的描绘。现代游泳运动始于英国，17世纪60年代流行于约克郡地区。1828年，英国利物浦的乔治码头修建了世界上第一个室内游泳池。1837年世界上第一个游泳协会宣布成立。1908年规定游泳必须在水池内比赛。

▲ 北魏敦煌壁画：游泳。

看 奥 运

北京动物园位于西直门外，原是明代皇家庄园，清末建为万牲园，后为北京动物园，是我国目前面积最大、动物种类最多的动物园，也是世界著名的动物园之一。

▲战国铜壶纹饰，图中下方表现的是游泳。

▲印度古代游泳池。这个游泳池是为国王和王后准备的。

▲自由泳。

国际标准游泳池长50米，宽至少21米，深1.80米以上。设8条泳道，每条泳道宽2.50米，分道线由直径5～10厘米的单个浮标连接而成。运动员比赛必须站在出发台上出发（仰泳除外），出发台高出水面50～75厘米，台面积为50×50厘米。

1896年男子游泳被列为奥运会竞赛项目时，不分泳姿，是真正的"自由式"，只设了100米、500米、1200米3个项目。1900年第2届奥运会时，将仰泳分出；1904年第3届奥运会时，又分出蛙泳。1912年第5届奥运会时，女子游泳被列为比赛项目。1956年第16届奥运会，又增加了蝶泳，从此定型为4种泳姿。此后的奥运会游泳比赛发展到共有自由泳、蛙泳、蝶泳、仰泳、混合泳和接力（自由泳与混合泳）6大项32个小项，是奥运会仅次于田径运动的金牌大户。

自由泳泳姿的起源

自由泳又称为爬泳。公元前758年的一个希腊陶瓶上就绘有两臂交替划水的动作。1890年，英国游泳爱好者特拉金首先使用两臂交替划水的游泳姿势，后被称为"特拉金式"。1900年，澳大利亚的卡维尔在研究了南海群岛居民的游泳方式后，发明了一种蹬水的方式，这就是今天的自由泳蹬水的姿势。

爬泳是四种竞技游泳泳姿中速度最快的一种姿势，在游泳比赛的自由泳项目中（不规定泳姿的比赛），运动员都采用这种姿势，所以通常人们也称之为"自由泳"。

蛙泳泳姿的起源

19世纪30年代的英格兰就出现了现在的标准蛙泳。它是最古老的游泳姿势。公元前2000年的中国、罗马、埃及就已产生类似的游泳姿势。19世纪初，蛙泳是最常用的比赛泳姿。1875年，英国的韦布成为世界上第一位用蛙泳横渡英吉利海峡的尝试者。

仰泳泳姿的起源

仰泳起源于水上拖带、搬运物品等活动，其发展过程与蛙泳和自由泳有关。1794年出现有关人体仰卧水面，两臂在体侧向后划水，两腿做蛙泳的蹬夹动作的文字记载，故最初有"反蛙泳"或"蛙式仰泳"之称。1912年，美国运动员赫布纳采用两臂轮流从头后经体侧划水，两腿上下交替打水的动作，后传入其他国家，逐渐成为独立项目。

蝶泳泳姿的起源

蝶泳又称为海豚泳，由蛙泳动作演变而来。1933年，美国人迈尔斯在布鲁克林青年总会的游泳比赛中，首次向世界展示两臂同时出水从空中移向前方，两腿并拢上下打水的游泳姿势。由于动作似蝴蝶展翅，故又称"蝶泳"。这一泳姿1935年获得国际游泳联合会的承认，成为独立

北京海洋馆坐落在北京动物园内，是世界最大的内陆海洋馆，总建筑面积达4.2万平方米，绿化面积达8万多平方米。馆内共分六个不同的展示场馆。置身其中，人们可以领略不同种类的海洋生物。

奥运看北京
北京海洋馆

的运动项目。

花样游泳的起源和发展

花样游泳是一项女子项目，20世纪20年代起源于德国、英国等欧洲国家，原为游泳比赛间歇时的水中表演项目，由游泳、技巧、舞蹈和音乐编排而成，有"水中芭蕾"之称。1920年花样游泳创始人柯蒂斯将跳水和体操的翻滚动作编排成套在水中表演。后传入美国和加拿大。1934年在美国芝加哥万国博览会上举行首次表演。1952年被列为奥运会表演项目。1973年举行首届世界花样游泳锦标赛。1984年成为奥运会正式比赛项目，有单人和双人两项，1996年改为团体赛。

跳水运动的起源和发展

跳水起源于游泳运动的发展过程中。5世纪时，古希腊陶瓶上已有一群男孩头朝下跳水的描绘。17世纪，在斯堪的纳维亚半岛、地中海、红海沿岸的港口上，盛行从岸上、桅杆上跳入水中的活动。现代跳水运动始于20世纪，1900年瑞典运动员在第2届奥运会上表演了跳水，1904年成为奥运会比赛项目。有跳台跳水和跳板跳水之分。

跳台跳水在坚硬无弹性的平台上进行。跳台距水面高度分为5米、7.5米和10米3种，奥运会、世界锦标赛、世界杯赛限用10米跳台。男、女跳台跳水分别于1904年和1912年被列为奥运会比赛项目。

跳板跳水是在一端固定，另一端有弹性的板上进行，跳板离水面的高度有1米和3米两种。男、女跳板跳水分别于1908年和1920年被列为奥运会比赛项目。

水球运动

水球起源于19世纪60年代的英国，最初是人们游泳时在水中传掷足球的一种娱乐活动，故有"水上足球"之称，后来逐渐形成两队之间的竞技运动。1869年英国出现用小旗标定边线和球门的水球比赛。1877年英格兰伯顿俱乐部聘请威尔森制定世界上第一部水球竞赛规则。1879年开始设置球门。1885年英国游泳协会将水球列为单独比赛项目。1890年首先传入美国，后来又逐渐在德国、奥地利、匈牙利等国家广泛开展。

1973年起举办世界水球锦标赛，1979年又开始举办世界杯水球赛。水球比赛场地男子长30米、宽20米，女子长25米、宽17米，水深至少1.80米，两端各有一个高90厘米、宽3米的球门。比赛分两队，每队由7名运动员组成，其中1名为守门员。替补运动员不得超过6名。每场比赛为28分钟，分4节，每节实际比赛时间为7分钟，每两节之间休息2分钟并交换场地。除守门员外，任何人不得用双手触球。射入对方球门得1分，以最后得分多者为胜。

▲ 蛙泳。

▲ 仰泳。

▲ 四种泳姿中只有仰泳是从游泳池中出发的。

看奥运

北京游乐园地处北京市崇文区龙潭湖畔，占地面积40万平方米，园内30多项大型游乐设施与优美的园林建筑融为一体，是游客休闲娱乐的好去处。

▲ 蝶泳。

▲ "水立方"外部效果图。

▲ "水立方"内部效果图。

观赛指南

比赛场馆：国家游泳中心
赛时功能：游泳、跳水、水球、花样游泳

场馆介绍

国家游泳中心位于北京奥林匹克公园内，中心规划建设用地62950平方米，总建筑面积65000～80000平方米。与"鸟巢"一样，国家游泳中心也有着一个别致的名字："水立方"。"水立方"以其独特外形吸引了世人的目光，内敛的柔美风格让人流连忘返。

"水立方"可容纳观众坐席17000座，其中永久观众坐席为6000座，奥运会期间增设临时性座位11000个。赛后将建成为具有国际先进水平的、集游泳、运动、健身于一体的休闲中心。

公交路线

1. 113、386、407、656、660、689、740内、740外、753、939、944、944支、983支路到北辰桥西站下车。

2. 207、417路到北辰东路站下。

3. 510、839路到北辰西桥北站下。

运动现场观赛礼仪

在游泳馆内不应吸烟，因为烟气会融入水中，被运动员吸入。

观看比赛时不要起身张望。

在裁判员入场时，一般会有音乐，观众应跟着音乐的节奏鼓掌。

在裁判员发令时，全场都要保持安静，让运动员能很清楚地听到发令声，运动员入水后，观众可以尽情地鼓掌欢呼。

游泳馆内一般温度很高，可以穿少一些，但注意不要赤膊上阵。

北京石景山游乐园位于北京西山风景区南麓，占地面积约30万平方米，拥有哥特式的灰姑娘城堡、阿拉伯式餐厅、欧式风格的蓝桥、俄罗斯风情的门楼等世界各国民族特色建筑以及原子滑车、勇敢者转盘、大观览车等大型游艺设施。

奥运看北京
石景山游乐园

比赛日期和金牌数目

比赛项目		8 五	9 六	10 日	11 一	12 二	13 三	14 四	15 五	16 六	17 日	18 一	19 二	20 三	21 四	22 五	23 六	24 日	金牌数目
水上运动	游泳		■	4	4	4	4	4	4	4	4			1	1				34
	花样游泳											■	■	1		■	1		2
	跳水			1	1	1	1	■	■	■	1	■	1	■	1	■	1		8
	水球		■	■	■	■	■	■	■	■	■	■	■		1	■		1	2

注：蓝色为比赛日，黄色为决赛日。

10分钟课堂

08奥运游泳项目参赛资格和名额

国际奥委会为了提高奥运会的竞技水平，缩短赛程并增强观赏性，同时也照顾到不同国家游泳运动水平的差异，鼓励竞争，保证公平，对于游泳比赛项目设定了一定的门槛。即国际游泳联合会公布的A级和B级达标标准(接力赛不分A、B)。

奥委会规定，每个国家(或地区)的游泳协会在同一项目中只能派出2名运动员，这就防止了个别游泳强国运动员在同一个游泳项目中霸占众多决赛位置的现象。而且，每个协会每个单项如只有1名运动员参赛时，该运动员必须达到B级标准；如有2名运动员参赛时，则这2名运动员都必须达到A级标准。对于游泳项目比较弱而积极性又比较高的国家，国际泳联有补充规定，那就是如果某游泳协会没有达到A级标准的运动员，允许它派出1名达到B级标准的运动员参赛；再退一步，如果连达到B级标准的运动员都没有，则允许各报1名男女运动员参赛。而且无论是哪个国家，都只能派出一个团队参加游泳接力比赛。

花样游泳的参赛资格一般由奥运预选赛名次以及东道主资格

▼游泳接力赛。

看奥运

53

北京天桥乐茶园由天乐戏院改建而成，建筑面积1300平方米，集传统文化、民俗小吃、品茶看戏为一体，是老北京的缩影，也是中外游客了解东方文化的窗口。

游得最慢的游泳选手

在2000年的第27届奥运会上，22岁的赤道几内亚选手埃里克·莫桑巴尼成为游泳"明星"。他拥有笨拙的入水和转身姿势，以及从来没有潜到水下换气的业余泳姿，很难想象这一幕发生在屡破世界纪录的奥运会游泳比赛中。在男子100米自由泳预赛中，莫桑巴尼游了将近两分钟，比世界纪录慢了一分多钟。此前，莫桑巴尼只在家乡参加过25米的自由泳比赛，国际泳联是为了推广游泳运动才让他持外卡参加奥运会。

▲"水立方"内部构造。

"水立方"建筑的外层覆盖着一层四氟乙烯透明膜，这赋予了整个建筑冰晶状的外貌，使其充满了梦幻般的蓝色，水的神韵在建筑中得到了完美的体现。"水立方"里面的表层宛如海洋中的一个个水泡，置身其中，感觉奇妙无比。

▲广州天河游泳馆顶部的锤状微穿孔吸声结构。

获得。

对于跳水项目的比赛资格，国际泳联也做出了一定的限制，这就是A级标准和B级标准，和游泳比赛的标准限制相似。

水球项目可以通过奥运预选赛、世界杯赛、欧洲和美洲地区赛以及东道主身份获得参赛资格。

08奥运游泳项目分项设置

2008年奥运会水上项目共计46个小项，是仅次于田径项目的比赛项目。其中男子项目22个，女子项目24个。其中男女10千米马拉松游泳（公开水域）是2008年奥运新增比赛项目。

游泳项目	男子项目	女子项目
游泳	50米自由泳 100米自由泳 200米自由泳 400米自由泳 1500米自由泳 100米仰泳 200米仰泳 100米蛙泳 200米蛙泳 100米蝶泳 200米蝶泳 200米混合泳 400米混合泳 4×100米自由泳接力 4×200米自由泳接力 4×100米混合泳接力 男子10千米马拉松游泳（公开水域）（新增）	50米自由泳 100米自由泳 200米自由泳 400米自由泳 1500米自由泳 100米仰泳 200米仰泳 100米蛙泳 200米蛙泳 100米蝶泳 200米蝶泳 200米混合泳 400米混合泳 4×100米自由泳接力 4×200米自由泳接力 4×100米混合泳接力 女子10千米马拉松游泳（公开水域）（新增）
跳水	男子3米跳板 男子10米跳台 男子双人3米跳板 男子双人10米跳台	女子3米跳板 女子10米跳台 女子双人3米跳板 女子双人10米跳台
花样游泳		双人 团体
水球	12支参赛队	8支参赛队

奥运水上项目赛制和比赛方法

游泳

奥运游泳每一项比赛中，最快的24名运动员，根据他们的报名成绩，分成三组参加预赛，每组8名选手。在游泳比赛中，最快的运动员被安排在中华民族园位于朝阳区北辰西路，是一座复原、收藏、陈列和研究中国56个民族文化、文物、社会生活的大型人类学博物院，占地50万平方米，园内规划有中国56个民族博物馆和景区。

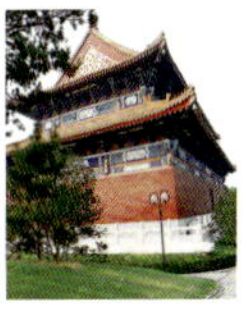

最后一场预赛的第4道，第二名被排在第二场预赛，第三名排在第一场预赛，第四名又被排在最后一场预赛，依此类推。如果在一项比赛中有超过24名运动员通过了报名资格，剩下的运动员将被安排参加附加赛。

在400米或者更长的接力和个人项目中，最快的8名选手将直接进入决赛。而对于200米以及更短的所有项目，预赛中成绩最好的16名选手将参加两场半决赛。

个人混合泳运动员必须在比赛过程中分别使用四种不同的泳姿游相同的距离，顺序依次是蝶泳、仰泳、蛙泳和自由泳。包括200米和400米比赛。在4×100米混合泳接力项目中，四名运动员也必须分别使用不同的泳姿，顺序则与个人混合泳有所不同，依次为仰泳、蛙泳、蝶泳和自由泳。所有距离在50米以上的项目都必须在途中折返。

▲花样游泳动作。

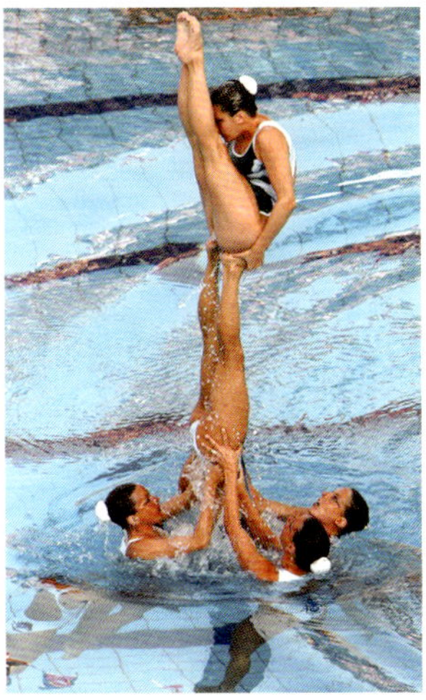

花样游泳

在奥运会比赛中，花样游泳比赛泳池至少要有20米宽、30米长，在其中12米长、12米宽的区域内水深必须达到3米。水必须十分干净，并能让人看到水底。水的温度应是26摄氏度，允许有1度的温差。

运动员可以在陆上开始比赛，但必须在水中结束。分规定动作和自选动作，自选动作应有音乐伴奏。各动作均有难度系数。每个动作最高得分为10分，以得分总和评定成绩，总分高者名次列前。

花样游泳的一般评分标准，一是划水和推水质量，对于运动员的要求是水位高，动作流畅有力，打腿和划水的动作恰如其分。二是踩水的动作，花样游泳主要依靠踩水使身体悬浮在水中，并为各种花样动作提供推动力。三是动作的连贯性和精准性，在整个比赛中所有队员的动作要协调一致，不能有过多的冗余动作和凌乱的摆动。

跳水

跳水是一项由单人或双人参加的竞赛项目。跳水运动员本人由跳台或跳板腾空，运动员要在空中做各种难度的花样动作，以干净利索而优美的姿势入水。跳水采用计分制给运动员排定名次。裁判员根据运动员完成动作的难度、精确度和优美程度给予评分。从预赛中选出12名成绩最好的运动员进行决赛，决赛时必须重复预赛时候的全部动作，以决赛成绩总分高者为优胜。

水球

水球比赛是在两队之间进行，每队7人。比赛中队员们不得触池壁或池底，要一直游动或踩水。

男子比赛中，入选队分成两个

▼花样游泳动作。花样游泳主要依靠踩水使身体悬浮在水中，并为各种花样动作提供推动力。

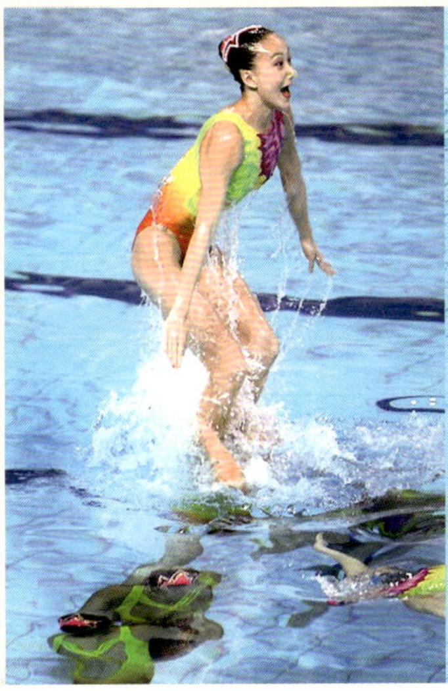

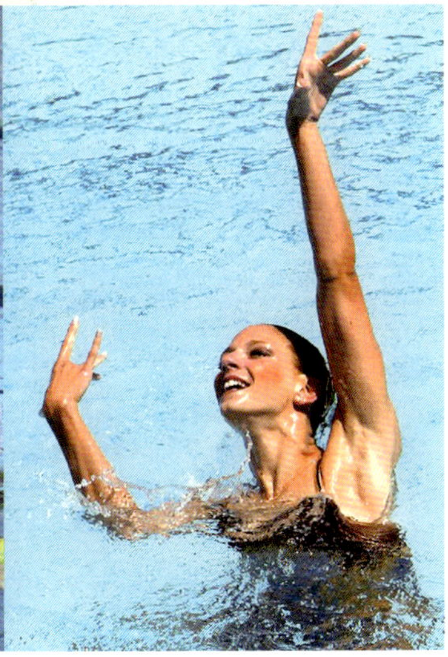

北京世界公园位于北京市丰台区花乡大葆台，是一座集世界名胜之大成、融人类文化于一体的大型娱乐景观，总面积为46.7万平方米，主要分为世界各国名胜微缩景点和欧美建筑两大景区。

▲ 水下的花样游泳运动员。

▲ 花样游泳动作。

▼ 水下的花样游泳运动员。花样游泳池的水必须十分干净，能让人看到水底。

组，每组6个队进行循环预赛。每组积分靠前的4个队进行四分之一决赛。四分之一决赛的胜者进入争夺奖牌的循环决赛。女子比赛则进行单循环预赛，积分靠前的4个队进入半决赛，其余2个队加赛决定第5名和第6名名次。

公开水域游泳

根据国际游泳联合会制定的公开水域游泳竞赛规则，公开水域游泳比赛是指在江、河、湖、海等自然水域举行的比赛，其中距离不超过10千米的比赛称为长距离游泳赛，超过10千米的叫马拉松游泳赛。参加公开水域游泳比赛的运动员年龄不得小于14周岁。

公开水域游泳比赛开始时，所有运动员都应站在水中或由踩水开始出发。出发端水深应有足够深度，以便发出信号之后，运动员马上就可以投入比赛，一般运动员都是采用自由泳姿势比赛。比赛途中运动员可站立，也可以进食，但不得走动或跳动。

公开水域游泳还设有"关门时间"，即在第一个完成比赛的运动员到达终点后的一定期限内，还未能游完全程的运动员必须退出比赛。"关门时间"具体规定为：赛程短于25千米的比赛为30分钟；赛程为25千米的赛事为60分钟；赛程长于25千米的赛事为120分钟。

游泳比赛的场地

奥运会游泳比赛使用的是50米长的标准泳池。泳道之间使用泳道线来标记，池内一般设8～10条泳道，由9条分道线分隔。从结束端看，从右向左依次标记1到8号。在奥运会期间，泳池的水温必须保持在25～27摄氏度之间。

水球比赛的场地和器材

通常水球比赛使用一个标准的50米游泳池，水深要超过2米。男子比赛场地是30米×20米，女子比赛场地是25米×17米。比赛区用浮绳标出。

水球球门宽2米，高90厘米，浮在水面上。水球为圆形，内中储满空气，并装有自动封闭阀。球的周长为68～71厘米，标准重量为400～450克。由于比赛中球受水的浸泡，因而重量往往超过规定的标准。水球比赛用球多为橡胶制造。

水球比赛中的彩色浮标

彩色浮标标出了比赛区内的各种标记。白色浮标标出球门线和中线。红色浮标标出双方球门前的两米线，黄色浮标标记4米线，绿色浮标标记7米线。红色的处罚区位于泳池的两端，在球门线后面，距离正对比赛官员席的池角大约2米。球员进入该区即意味着该球员离开了比赛区，被罚球员在处罚区等待重新进场比赛的信号。

竞技战术解析
——在水域中搏击

水球的阵型战术

对于水球比赛而言，战术的正确运用，是球队获胜的前提。其战术主要有阵型及进攻、防守，这一点与足球有些类似。

水球的阵型主要包括以下几种：

2—2—2阵式

也称为"二前锋二中卫二后卫制"。比赛中，场上除守门员外，形成二前锋、二中卫、二后卫的布局。中卫对组织和配合全队的攻防具有中坚作用。进攻时中卫助攻，形成4个前锋；防守时，中卫退守，形成4个后卫。这种阵式人员分布均衡，攻防兼顾，机动性大，便于进行各种战术配合，及时组织进攻和防守。以增强进攻能力或防守能力。在比赛时，中场队员接到后卫传来的球，再传给2米前后的前锋。前锋可射门，也可向边上拉开，待中场队员突破后，立即快传给突破同伴；使之接球射门。

3—3阵式

也称"三前锋三后卫制"。比赛时场上除守门员外，前、后场各形成两个三角形阵式。可分为两种攻守形式：前锋、后卫都成前三角时，有利于防守；形成后三角时，有利于进攻。当对方防守较弱，可采用后三角阵式。用这种阵式，要求后卫速度快，战术意识强，前锋灵活，技术全面；同时要加强中卫活动，控制中场，防止前锋与后卫脱节。当对方防守能力较强时，可采用前三角阵式，用这种阵式要求前锋灵活地利用外拉内进的位置变化，打乱对方的防守，然后伺机进攻。

4—2进攻阵式

这是指进攻中摆出4名前锋2名后卫的布局。目的是在得分区充分利用进攻潜力，要求前锋在连续进攻中控制住球，并不断寻找射门机会，使防守者始终处于紧张状态。这种阵式还用于控制拖延战术。4名前锋在紧逼防守下不断游动，自如地控球，以避免在门前被逼死或回缩夹抢造成的失误。这种阵式适合于无突出的高大中锋，而队员有较好的体力和较强控

▲水球比赛中。防守员张开双臂封锁阻挡持球者的掷球。

▼郭晶晶获得雅典奥运会女子3米跳板金牌。

北京电影旅游城位于北三环中路蓟门桥东北角的北京电影制片厂院内，其建筑设计以影视技术为主，突出时代特色和变化特点，着意为游客提供一试身手的好天地，让游客亲身感受"蒙太奇"电影语言变幻无穷的神奇魅力。

FINA

国际游泳联合会
(FINA)

国际业余游泳联合会，简称国际泳联(FINA)。1908年由比利时、丹麦、芬兰、法国、德国、英国、匈牙利和瑞典等国倡议成立。现有协会会员179个，总部设在瑞士的洛桑。

从1896年第一届奥运会起，游泳就是奥运会的竞赛项目。国际泳联的任务是确定奥运会和其他国际比赛中游泳、跳水、水球和花样游泳的规则，审核和确认世界纪录，指导奥运会中的游泳比赛。

国际泳联负责主办的赛事除了奥运会游泳比赛外，还有世界锦标赛、世界杯赛、世界短池锦标赛、跳水大奖赛等。中国在中华人民共和国成立前即为国际泳联会员。

▼ 赛场ABC

swimming pool 游泳池
changing room 更衣室
shower 淋浴
diving platform 跳台
ten-meter platform 10米跳台

球能力的球队。

水球的个人攻守技术

在水球比赛中，个人技术的强弱也是影响比赛胜负的关键因素之一，如果哪一方队员的个人技术较强，那么，胜利可能就会属于这个队。个人技术主要有进攻、防守技术。

突破

突破是指进攻者把防守者甩在后面，使自己处于领先地位。当进攻者切入成功；或在反击过程中，反击者快速推进，暂时摆脱了防守者，均为突破。

封挡

封挡是水球防守技术之一，指防守者运用手臂封锁阻挡持球者的掷球。当一名右手持球的进攻者由背向控球的姿势变为仰卧姿势准备掷球时，防守者用右手抓住对方的右手腕，臂去挡进攻者的射门角度，这叫"抓手封挡"。当进攻队员准备射门时，防守者以一手按压对方的胸部，举起另一手臂去封射门角度，称为"按胸封挡"。

切入

切入指进攻者利用虚晃动作摆脱防守者。进攻者，可先假装向左侧游进，突然用力作剪式夹水，转向右侧，并立即改换爬泳打腿，快速游进。待防守者转身追逐，为时已晚。切入时，手臂不能压在防守者的肩上，以免犯规。

堵位

堵位是水球个人防守技术之一，指防守者运用身体阻挡进攻者切入的去路。当进攻者从防守者右侧切入时，防守者两手臂张开，两腿向左侧蹬水，使整个身体向右侧移动，从而挡住进攻者的切入路线。如进攻者突然转向左侧切入时，防守者应立即用左手向右划水，右手从左侧甩过去，同时整个身体跟上，臀部抬起，两腿准备蹬出，用身体堵住进攻者去路。

福娃问答

游泳比赛中的出发召回线有何作用？

游泳比赛中的出发召回线是绑在离游泳池出发端15米处的固定柱子上的一条横跨游泳池的绳子，距水面1.2米以上，要求能迅速放入水中，并可以盖住全部泳道。游泳比赛设出发召回线的目的是拦截因出发抢码而犯规的运动员。

游泳比赛中运动员的泳道是如何安排的？

在设有8条泳道的游泳池比赛时，同一组成绩最好的运动员或接力队，

北京国际高尔夫俱乐部于1986年开业，球场总面积达100万平方米，全长6986码，18洞，标准72杆，是北京市第一家高尔夫球场。

▼水球比赛场地。

踢打对手

持球(除守门员之外)或握拳击球

将球压入水中

按住球门阻止对方得分

▲水球比赛中的典型犯规动作。

中线

球门线

2米线

4米线

看奥运

会被安排在第4泳道，其他运动员或接力队按成绩的优劣以5、3、6、2、7、1、8的顺序安排。成绩相同的运动员或接力队用抽签的方法决定先后。

花样游泳比赛如何打分？

花样游泳比赛有两组裁判，每组5名，一组评判技术价值，一组则考虑队员的艺术表现。评分时，每组中的最高分和最低分都被去掉，剩下的三个得分将被平均计算。然后，得出的技术价值分乘以6，艺术印象分乘以4，这两项得分总和就等于动作组合的得分。

跳水比赛如何打分？

跳水参赛选手进行6轮比赛，裁判根据运动员完成动作的难度、精确度和优美程度给运动员打分，最高分为10分。裁判一般由7名裁判人员组成专门的小组，另外还有一名总裁判和两名秘书，即记录员。总裁判的职责是管理竞赛过程和对裁判工作进行检查监督。7名裁判从运动员起跳就开始评分。

在双人比赛中，裁判为9位，其中4人盯住两个运动员各自的表现，另5名裁判评判两人的配合，包括高度、与跳板或跳台的距离、旋转度以及入水的时间等是否协调一致。

跳水比赛对运动员入水有何要求？

跳水运动员入水时可以用脚或头先入水，头先入水时身体必须保持垂直，足趾伸直并拢。双臂伸过头并与身体成直线，双手并拢。

水球比赛如何判定得分？

水球比赛中进攻方有35秒的时间射门，球员射门时若球的整体越过了

▼赛场ABC

diving pool 跳水池
starting block 出发台
starting dive 出发起跳

59

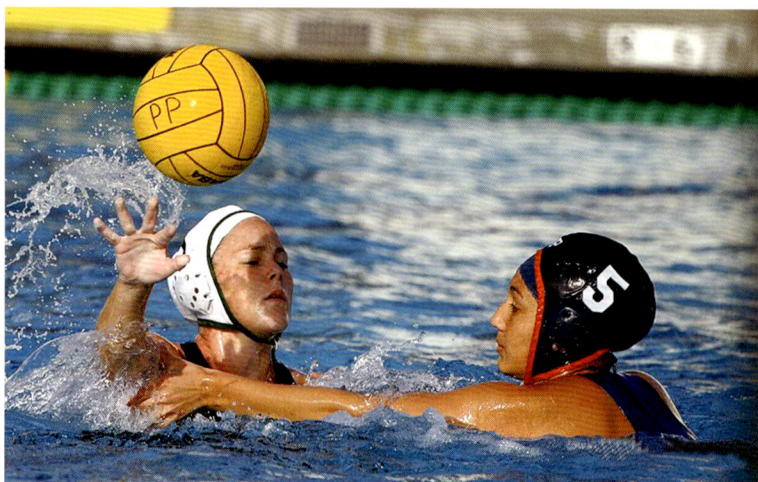

▲ 水球比赛中，防守者用左手抓住了右手持球的进攻者的手腕，并且用臂去挡进攻者的射门角度。

两个球门柱之间的连线，就算射门得分。球员只要不握拳击球，在比赛场地的任何地方都可射门。如果35秒内没有形成一次射门，则由对方发球或掷边线球，自己一方开始防守。

水球比赛打平了怎么办？

如果在规定的比赛时间内双方比分相同，则两个队在休息5分钟后开始上下半场各3分钟的加时赛，加时赛中间双方互换场地。如果加时赛结束后双方比分仍然相同，则再进行一节没有时间限制的突然死亡加时赛，先进球一方获胜。

大事记

1828年，英国利物浦的乔治码头修建了世界上第一个室内游泳池。

1837年，世界上第一个游泳协会宣布成立。

1875年，英国的韦布成为世界上第一位用蛙泳横渡英吉利海峡的人。

1896年，男子游泳被列为奥运会比赛项目，不分泳姿，是真正的"自由式"。

1900年，男子水球被列为奥运会比赛项目。

1908年，国际业余游泳联合会成立。

1908年，规则第一次规定游泳比赛必须在水池内进行。100米长的游泳池建在专门为奥运会建造的白城体育场内。

1920年，柯蒂斯将跳水和体操的翻滚动作编排成套在水中表演，创立了花样游泳项目。

1984年，花样游泳成为奥运会正式比赛项目。

1992年，庄泳在巴塞罗那奥运会上夺得100米自由泳冠军，为中国队赢得奥运史上第一枚游泳金牌。

1992年，高敏蝉联奥运会三米板冠军，成为当之无愧的"跳水女皇"。

1996年，熊倪为中国赢得第一枚男子跳板金牌。

2000年，伏明霞实现跳水三连冠。

▼ 赛场ABC

timekeeper 计时员
lifesaver; lifeguard 救生员
land drill 陆上练习
breast stroke 蛙泳
crawl stroke 爬泳
back stroke 仰泳
side stroke 侧泳

毛泽东故居在景山东街吉安所左巷8号，北房3间，东西耳房各1间，东房2间。1918年9月19日，毛泽东为组织新民学会会员赴法勤工俭学，来北京居此。

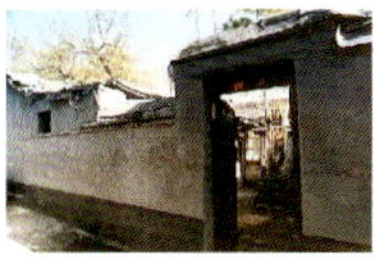

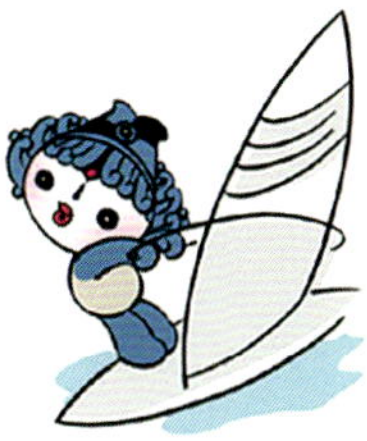

Sailing

帆船

金牌榜

金牌榜	比赛单项	运动员姓名	夺金时间	成 绩	备 注

精彩看点

帆船比赛，海滨假日之旅

柔软的沙滩、凉爽的海风、林立的桅帆、金色的阳光、运动员驭风破浪的矫健身姿，这一切都使得帆船比赛成了观众们一次近两周的海滨假日之旅。

陈独秀故居位于东城区北池子大街箭杆胡同20号。1917年1月，陈独秀担任北京大学文科学长时，箭杆胡同20号就成为他的住所兼《新青年》杂志编辑部。距离他的住所不远，就是五四运动的发祥地，位于沙滩的北大红楼。

▲ 蒸汽动力发明以前，风力是航船的主要动力。图中为早期欧洲的海员利用测量太阳或恒星的角度来计算船舶到达的位置。

帆船依靠自然风力作用于帆而推动船只前进，但是由于水上风云变幻、潮涨潮落，各种气候条件变化万千，所以对运动员的驶帆技术也提出了更高的要求。比赛中，运动员要与风浪顽强搏斗，驾驶帆船快速前行。帆船比赛是速度的竞争，更是一种感受人、船、水、风的完美结合的全新体验。

帆船比赛是海上壮丽的风景线，但它对船员在艰苦环境中的耐受力要求很高。因此，对运动员的耐力和意志品质的欣赏也是观看帆船比赛的一个重要方面。

走进历史
——源于征服大海的欲望

帆船运动的起源和发展

帆船运动起源于居住在海河区域的古代人类的水上交通运输活动。在15世纪初期，我国明代的郑和就曾7次率领庞大船队出海，先后到达亚洲和非洲的三十多个国家。

现代帆船运动始于荷兰。1660年荷兰的阿姆斯特丹市长将一艘名为"玛丽"的帆船送给英国国王查理二世。1662年查理二世举办了英国与荷兰之间的帆船比赛。1720年爱尔兰成立皇家科克帆船俱乐部。1851年英国举行环怀特岛国际帆船赛。1870年美国和英国首次举行横渡大西洋的美洲杯帆船赛。

帆船分稳向板帆艇、龙骨帆艇和多体型帆艇。稳向板帆艇轻快灵活，可在浅水中行驶，奥运会项目中的飞行荷兰人型、芬兰人型、470型、星型、托纳多型等均属此类，是世界最普及的帆船。龙骨帆艇也称稳向舵艇，体大不灵活，但稳定性好，帆力强，只能在深水中行驶。奥运会项目中的暴风雨型、索林型等均属此类。多体型帆艇有"托纳多"级、"十平方米"级等。

1896年被列为首届奥运会比赛项目，因天气不好未能举行。1900年，帆船再次被列为奥运会比赛项目。原为男女混合

▲帆板RSX级。

张之洞旧宅位于西城区白米斜街路北，大门在白米斜街，门外有照壁、上马石、八字门墙，是一座高台建筑，台为城砖所砌。东楼面阔5间，2层，西楼面阔6间，2层。

▶这艘张满帆的快船是19世纪50年代使用的，虽然那时铁壳汽船的发展相当快，但这种木制的快船速度仍是最高的。

最后期的大帆船是用来把肥料从南美洲经合恩角运往欧洲的，这种船直至1914年才停止使用。

不同时代的帆船。

▲方帆帆船（13世纪）。这种坚固的木船是北欧的产物，可作商船或战船。

▲武装商船（16世纪）。在"无敌舰队"时期，英国和西班牙同样使用武装商船。这些帆船还用来把黄金等战利品由美洲运回欧洲。

▲三角帆船（20世纪）。阿拉伯的三角帆船已有数百年历史，现在还用来捕鱼和在沿岸地区经商。

▲中国式帆船（20世纪）。中国式帆船在中国和远东地区已使用了几百年，纵帆式的帆由木圆杆牢牢支撑着。

▲19世纪90年代的三桅船，三桅船的后桅上的帆是纵帆式的，有些三桅船用钢制造成。现在，一些三桅船仍用作航海训练。

▲20世纪初的六桅纵帆船，所有船桅都是纵帆式的。

看奥运

鲁迅（原名周树人）、周作人、周建人一大家人于1919年11月21日搬进了西直门内公用库八道湾11号。该院是北京唯一一座周氏三兄弟共同居住过的宅子，也是《阿Q正传》等著名文学作品的诞生地。

项目，从1988年奥运会起男女分设。

▲ 这艘设有帆和发动机的日本油轮1980年9月下水。使用风力可大大减少开动发动机消耗的燃料。

▼青岛国际帆船中心效果图。

观赛指南

比赛场馆：青岛国际帆船中心
比赛地点：青岛市
赛时功能：帆船

场馆介绍

　　第29届奥运会和12届残奥会帆船比赛的赛场将设在青岛国际帆船中心。这个中心坐落于青岛市东部新区浮山湾畔，毗邻五四广场和东海路，中心依山面海，风景优美，市内的著名风景点"燕岛秋潮"就位于中心内的燕儿岛山上。

　　青岛国际帆船中心包括奥运分村居住区、奥运分村国际区、行政管理中心、场馆媒体中心和后勤保障中心，总建筑面积约13.3万平方米，另外还有测量大厅、陆域停船区、下水坡道、主次防波堤、奥运纪念墙等配套设施。

运动现场观赛礼仪

　　在帆船比赛过程中观众们可以很放松地在岸边看比赛，但受项目本身所限，观众一般离岸较远，很难看到比赛中的细节，不过这可以通过场边的大屏幕来弥补。观看比赛时，观众还可以带上国旗，当本土队员靠近时摇旗呐喊为他们助威。

　　由于帆船比赛是在室外自然海域中进行的，因此场地和大气对比赛的影响比较大。对于观众来说，观看比赛时也要考虑天气因素，做好应付各种天气状况的准备。而且，由于天气的原因，如下雨、无风等情况，当日的比赛可能会被取消或推迟，观众也要有心理准备。

公交路线

　　1.208、225、369、210、224路在燕儿岛路站下

　　2.316、31、104、231、232、501、321路在福州路（东泰佳士客）站下

比赛日期和金牌数目

比赛项目	8 五	9 六	10 日	11 一	12 二	13 三	14 四	15 五	16 六	17 日	18 一	19 二	20 三	21 四	22 五	23 六	24 日	25 一	金牌数目
帆船									2	1	2	2	2	2					11

　　注：蓝色为比赛日，黄色为决赛日。

茅盾故居位于交道口南大街后圆恩寺胡同13号，坐北朝南，分前后两进院落，共有大小房间22间。故居内的书房、卧室、会客厅等处陈设均按照茅盾先生生前的原貌布置，茅盾一生的最后几年就是在这里度过的。

10分钟课堂

奥运帆船参赛资格和名额

奥运会帆船比赛的选拔基本上是通过世界锦标赛进行的，每个协会每个项目最多1条船参加。

奥运帆船赛制和比赛方法

2008年奥运会帆船帆板赛将采用新的赛制。在新赛制中，比赛分初赛和奖牌轮，每个项目进行10轮初赛，取其中最好的9轮来计算成绩，前10名进入奖牌轮，奖牌轮的成绩将双倍积分，和以前的成绩相加，确定最终的名次。

帆船比赛通常在开阔的海面上进行，距海岸应有1~2千米，场地由3个浮标构成等边三角形。比赛为绕标航行，直线距离约28千米。组织指挥采用国际旗语传达命令，航行中不按规定绕标视为未完成比赛；碰撞标志判罚绕该标志360度，犯规则判罚原地旋转720度。

帆船比赛主要有两种形式，一种为集体出发的"团队比赛"，另一种为两只船同时比赛的一对一比赛。只有索林级比赛采用一对一的比赛形式进行，其他比赛都是集体出发。帆船比赛的计分是按照每一场比赛船只的排名给予相应的积分，排名越靠前，得分越低。最后得分最低的选手获得冠军。

帆船比赛裁判船的信号旗含义

帆船比赛裁判船是在帆船比赛中用于组织和指挥的设施。帆船比赛的水域较大，要组织好以风力为动力的帆船进行比赛，只有通过裁判船用国际旗语和音响来传递命令。

裁判船的每一种信号旗均用不同颜色和图形代表一个拉丁字母，用以表示一种指令。国际上通常用一面旗或两面旗来表示一个意思。例如"红旗"表示比赛帆船必须按顺时针方向绕过规定标志；"绿旗"表示帆船必须按逆时针方向绕过标志。蓝旗表示终点。"P"字旗，表示离起航还有5分钟，以后每隔1分钟，按4、3、2、1的次序用音响信号通知每一条帆船。

08奥运帆船分项设置

奥运帆船有男子、女子、混合三个大项，2008年北京奥运会设11枚金牌，见下表：

男子项目4个	女子项目4个	混合项目3个
男子帆板－RSX级	女子帆板－RSX级	多体公开艇－托纳多级
男子单人艇－激光级	女子单人艇－激光镭迪尔级	双人公开艇－49人级
男子双人艇－470级	女子双人艇－470级	单人公开艇－芬兰人级
男子龙骨艇－星级	女子龙骨艇－鹰铃级	

▲遥望青岛国际帆船中心。

▲郑和，中国明代航海家、外交家。从1405年到1431年的28年间，郑和率船队七下西洋，出访了东南亚、南亚、西亚、阿拉伯地区、东非等30多个国家和地区，史称"郑和下西洋"。郑和船队的船只超过200艘，载运量达到1000多吨，船队总人数2万多人。如此大规模的远航活动是人类历史上的第一次，比其他国家的远航早了近百年。

看奥运

冰心故居位于东城区中剪子巷33号院，冰心在此创作了组诗《繁星》以及最初的《寄小读者》。冰心晚年深情地写道："只有住着我的父母和弟弟们的中剪子巷才是我灵魂深处永久的家。"

▲郑和下西洋海船复原图。

与2004年奥运会相比，2008年奥运会帆船项目替换了一些竞赛级别（船型），例如：在男子和女子帆板项目中，用RSX级替换了雅典奥运会上的米斯特拉级，在女子单人艇项目中，用激光镭迪尔级替换了欧洲级。

奥运会帆船比赛用船

奥运会帆船比赛按船型分项目，历届奥运会比赛船型不固定，最近几届主要有：

芬兰人型——为芬兰人萨尔比设计，船帆标志≈，属稳向板帆艇类，1952年开始列为奥运会比赛项目。

索林型——挪威人索林设计，船帆标志Ω，3人驾驶，属龙骨帆艇类，1972年开始列为奥运会比赛项目。

飞行荷兰人型——由荷兰人埃森设计，船帆标志为FIJ，2人驾驶，属稳向板帆艇类，1960年开始列为奥运会比赛项目。

龙卷风型——英国人普罗克特设计，船帆标志T，2人驾驶，属龙骨帆艇类，1972年开始列为奥运会比赛项目。

470型——船身长4.70米，船帆标志为470，2人驾驶，属稳向板帆艇类，1976年开始列为奥运会比赛项目。

星型——船帆标志☆，2人驾驶，属龙骨帆艇类，1932年开始列为奥运会比赛项目。

帆船运动员素质要求

帆船比赛在海上进行，而海上情况比较复杂，对帆船运动员的要求首先是要会游泳，并能游较长的距离。此外，必须有良好的身体素质和耐力去适应长时间的海上风浪的颠簸。国际帆船比赛，经常在强风中进行，风速每秒10～12米，既要保持航向和一定的航速，又要不翻船，这就需要运动员尽力去压舷，保持船的平衡。同时又要以清醒的头脑去掌握周围的环境、水的流速、流向和气流变化；在参赛船只较多的情况下，还必须熟悉竞赛规则、避免犯规。优秀运动员还必须懂得检查和整理船上的装备，尤其是调整帆型，以适合最大的升力。

▲龙卷风型。

▼男子帆船星级。

竞技战术解析
——乘风破浪遨沧海

踏浪、越浪滑行技术

在顺风航行中，帆船可以利用涌浪的推动，滑行一个浪或几个浪，使

老舍先生的故居位于北京市东城区丰富胡同19号，因院中种有柿子树，也叫"丹柿小院"。老舍先生在这里度过了生命中的最后16年，写下了建国后的全部作品。话剧《龙须沟》、《茶馆》等24部著作都是在这里完成的。

奥运看北京
老 舍 故 居

船加速。但是要想取得比赛的胜利，则需保持连续不断的滑行，在航线中始终保持滑行状态。

越浪滑行时，运动员首先要控制船体的平衡，防止涌浪对船推动后发生船体失控现象。在船没开始加速时，运动员会使船稍微做迎风偏转，建立起更快的速度，随着速度的增加，再做顺风偏转，一直保持这种速度跑下去，找准下涌浪的前部，使船以头低尾高的状态继续滑行。身体在控制船体平衡的同时要做前后移动以加重船的下滑力。

阵风的操作技术

在航行中经常会遇到阵风，阵风时的风速要比阵风前的风速大，在阵风来临前瞬间的风速可能突然减小，然后又突然加大，阵风过后，也有缓慢降速，恢复到正常风速。在阵风来临时，常见的操作技术有以下三种：

一是保持船体的平衡，放松主帆，稍微地拉一点舵，使风向角增大，目的就是利用阵风提高船的速度。遇到较大的风力时可以采用这种操作技术。

二是保持航向不变，精力集中"感觉"阵风的风向和风速的变化，及时调整帆角，保持帆的最佳受风，并调整人员的身体，保持船体的平稳行驶，目的也是利用阵风提高船的速度。

三是保持帆船行驶时的帆角，用身体控制船体向下风稍微倾斜（特大风速、难控制船体平衡时除外），然后推舵收帆，使帆船迎风偏转，目的是利用阵风，抢上风位置。

国际帆船联合会（ISAF）

国际帆船联合会，简称国际帆联（ISAF）。1907年成立于巴黎，创始国是英国。现有协会会员121个，总部设在英国伦敦。

国际帆联的任务是开展各类帆船运动；制定、监督和解释帆船比赛规则，处理项目间的矛盾；决定各类帆船比赛的竞赛资格；组织奥运会帆船赛；组织各种比赛和活动。

看奥运

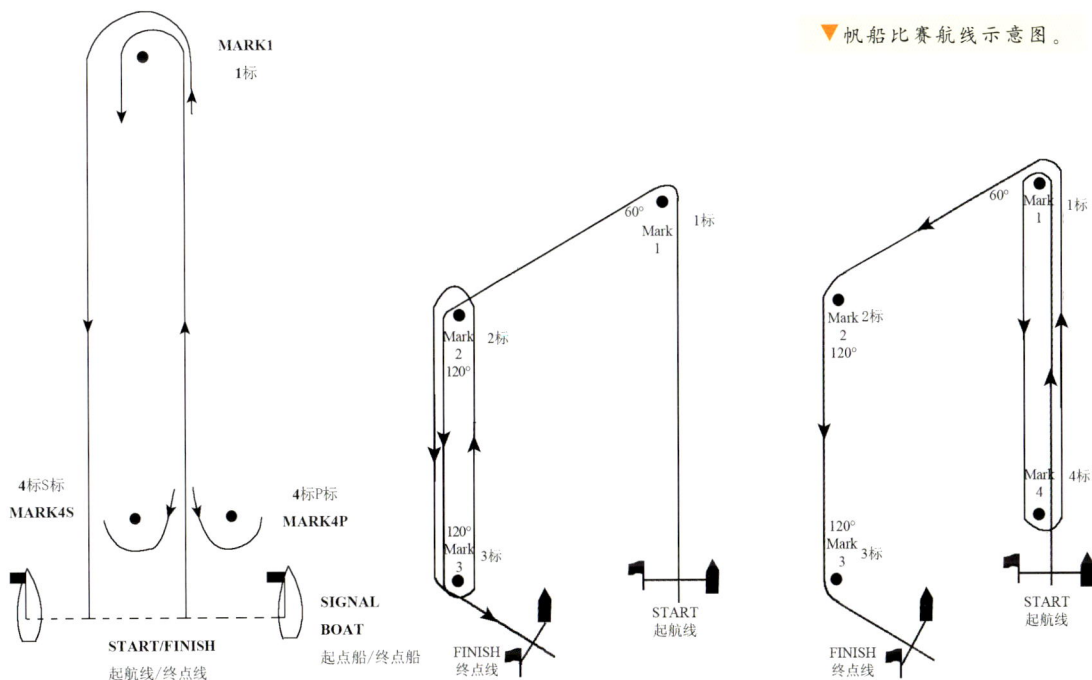

▼帆船比赛航线示意图。

MARK1
1标

4标S标 MARK4S   4标P标 MARK4P

START/FINISH 起航线/终点线   SIGNAL BOAT 起点船/终点船

Mark 2 2标 120°   Mark 1 1标 60°   Mark 3 3标 120°   FINISH 终点线   START 起航线

Mark 1 1标 60°   Mark 2标 2 120°   Mark 4 4标   Mark 3标 3 120°   START 起航线   FINISH 终点线

蔡元培故居在东城区东堂子胡同75号，故居原门牌33号，为东、西各三进的院落，原大门在中间。现分为75、77号两个院落，二进院北房3间，前有走廊，左右各带1间耳房，东西厢房各3间，南房4间，第三进北房5间，带走廊。

▲女子单人艇－激光镭迪尔级。

▲中国人民银行1995年发行的"古代航海船"系列纪念金币。这套纪念金币共有三枚，分别为5盎司"龙舟图"金币、1/2盎司"封舟图"和"漕舫图"金币。三枚金币的正面均是长城图案。

封舟：明朝中国和琉球有友好交往，福州与琉球那霸港是两国互访的口岸，明朝廷派往琉球的册封使乘坐的专用船叫"册封舟"，简称为"封舟"。

"漕"是用船通过水道运粮至京都的意思，漕舫就是用于漕运的船只。漕舫以中型帆船为主，属于江海两用的沙船，是典型的中国平底帆船，船尾部明显高于船头，低平的船头便于下锚碇泊。

福娃问答

帆船比赛如何记分？

奥运会帆船采用短距离三角绕标航行，直线航程约为28千米。帆船比赛共进行7场，取其中成绩最好的6场得分之和评定总分，总分最少者为优胜。

每场计分方法为：第一名0分，第二名3分，第三名5.7分，第四名8分，第五名10分，第六名11.7分，第七名13分，后续每个名次加1分。因犯规被取消比赛资格的船以参赛总船数加1再加6记得分。每条帆船在每一轮比赛中的名次得分相加就是该船的总成绩。总成绩得分越少者名次越靠前。

帆船比赛中的避让规则是怎样的？

帆船竞赛规则规定了比赛进行中的各种信号和避让规则，以免碰撞和发生事故，竞赛的帆船必须共同遵守。其中一条是公平航行，必须以高超的技术和优越的速度去赢得胜利，不允许用不正当的手段取胜。在航行细则中还规定了航程和绕标的方向，所有帆船必须按规定绕标，否则以没有完成比赛对待。如果碰撞了标志，则判罚它绕被碰标志360度，然后继续参加比赛；如果帆船在比赛中犯规，则判罚它原地向同一方向连续旋转720度，即在原地旋转两圈，以解脱自己，然后继续参加比赛。

大事记

1851年，英国举行环怀特岛国际帆船赛。

1870年，美国和英国首次举行横渡大西洋的美洲杯帆船赛。

1900年，男子帆船比赛成为奥运会正式比赛项目。

1907年，国际帆船联合会在巴黎成立。

1984年，中国帆船协会加入国际帆联。

1988年，女子帆船比赛成为奥运会正式比赛项目。

1996年，李丽珊获得女子帆板冠军，成为中国香港的第一位奥运冠军。

2004年，中国女子帆船帆板选手殷剑获得雅典奥运会帆板亚军。

2006年，中国女子帆船选手徐莉佳获得雷迪尔级世锦赛冠军。

朱彝尊故居在宣武区海柏胡同16号。朱彝尊是清代著名学者，曾参加编撰《明史》，在康熙年间编辑了《日下旧闻考》一书。屋前种植了青藤，故名"古藤书屋"。

奥运看北京

朱 彝 尊 故 居

Rowing

赛艇

金牌榜

金牌榜	比赛单项	运动员姓名	夺金时间	成 绩	备 注

看奥运

精彩看点

比力量，更比技巧

　　赛艇运动是一项需要力量、耐力、协作、平衡和节奏感的项目。桨手整齐划一的动作、协调自然的配合、轻盈出水的桨叶、起伏流畅的行船，使赛艇比赛看起来既充满力量，又具有古老而优雅的韵味。

▲龙舟竞渡纹铜钺。

梁启超故居位于东城区北沟沿23号。梁启超是广东新会人，举人出身。他与康有为一起，于1895年发动"公车上书"，1898年促成变法维新，史称戊戌变法，变法失败后逃亡日本，晚年在清华讲学。

2008年赛艇比赛赛场是位于顺义区潮白河的奥林匹克水上公园，这里植被茂盛，风景秀美，空气清新、阳光充足，观众们能够在现场充分享受到大自然所带给人们的健康魅力。决出金牌的最后两个比赛日恰逢周末，必将会吸引不少赛艇运动爱好者现场观赛！

▲ 法国印象派画家居斯塔夫·卡耶博特（1848~1894）的油画《赛艇》。这幅画反映了那个时代的人在户外嬉戏的乐趣。

走进历史
——自古就有的划船比赛

赛艇的起源和发展

赛艇运动起源于英国，17世纪泰晤士河上的船工就经常举行划船比赛，1715年，为了庆祝英王加冕，举行了首次赛艇比赛。1775年英国制定赛艇竞赛规则，同年成立了赛艇俱乐部。1811年伊顿公学首次举行八人赛艇比赛。正规比赛是从1829年英国牛津大学和剑桥大学之间的校际赛艇比赛开始的，这项传统的划船比赛，每年都在泰晤士河上举行，迄今已延续了170余年。

1846年英国人在艇舷上安装了桨架，加长了桨的长度，提高了划桨效果；1847年又将重叠板的外龙骨艇改装成平滑的内龙骨艇，提高了赛艇的速度。1857年美国的巴布科克发明了滑座，运动员划桨时能够前后移动，增加了腿部力量。1882年俄国人将封闭式桨栓改为活动式桨环，提高了划桨幅度。

▼ 北京顺义马坡乡潮白河赛艇、皮划艇（静水、激流回旋）比赛场地效果图。

观赛指南

比赛场馆：奥林匹克水上公园
比赛地点：北京顺义马坡乡潮白河
赛时功能：赛艇、皮划艇
场馆介绍

奥林匹克水上公园位于北京市顺义区潮白河向阳闸东北侧，占地面积140.49公顷。水上公园位于顺义最优美的旅游区内，南北和东侧平原林地中植被茂盛，林带宽100多米，形成一面临水、三面环林的自然环境。

比赛期间，赛艇、皮划艇比赛合用一个赛场，激流回旋比赛单设赛场。其中，赛艇、皮划艇分赛场设置3万个观众席，包括永久坐席4000个，临时坐席1.6万个，赛道两边还将设置可容纳1万名观众的站席；激流皮划艇分赛场设置1.5万个临时坐席。

运动现场观赛礼仪

由于赛程较长，观看赛艇时，如果你的位置离起点比较近，目睹了"万舟竞发"的场面，很可能就无法看到最后冲刺阶段千钧一发的精彩一瞬了，特别喜爱此项运动的观众可以骑着自行车在岸边一路追逐赛艇观看比赛，充分领略赛艇的精彩赛程。

▲泛舟泰晤士河。

公交路线

934、970路到北小营站下车

比赛日期和金牌数目

比赛项目	8 五	9 六	10 日	11 一	12 二	13 三	14 四	15 五	16 六	17 日	18 一	19 二	20 三	21 四	22 五	23 六	24 日	25 一	金牌数目
赛艇									7	7									14

注：蓝色为比赛日，黄色为决赛日。

看奥运

10分钟课堂

奥运赛艇参赛资格和名额

获得奥运会赛艇参赛入场券有3条途径，首先是通过世界锦标赛；其次是在非洲、亚洲、拉丁美洲奥运会预选赛中获得好的名次；最后是在欧洲举行的除非洲、亚洲、拉丁美洲以外其他协会都可以参加的预选赛中获得参赛资格。奥运会赛艇比赛项目资格以艇为单位，每个协会每个项目最多报名1条艇。

▲我国云南丽江少数民族的赛艇活动。

宋庆龄故居位于什刹海后海北沿46号，这里原是醇亲王府花园，宋庆龄于1963年起在这里居住，直至逝世，前后共计18年。

▲元代吴廷晖的龙舟夺标轴画。画中三艘龙舟在河中竞渡。

赛龙舟是中华民族传统的民俗体育活动。

作为中华民族最重要的原始图腾崇拜，龙影响着古人的生活、信仰与习俗，古代中国的许多地区和民族都盛行举行崇敬龙、模仿龙、祭祀龙的仪式。赛龙舟是古代楚人为了纪念爱国诗人屈原而在每年农历五月初五端午节举行的划船比赛，这个活动流传至今，就是今天的赛龙舟。

赛艇比赛的赛道

国际上所有的主要赛道全部由人工设计建造，要保证能将风力和波浪对比赛的影响减至最小，以使每个参赛选手不论在哪段航道上参赛都会拥有基本相同的比赛环境。赛道两边不能有任何高大物体，比如建筑物、小山或树丛，因为这些物体会拦阻风力或使风向发生偏转，从而出现比赛环境不均等现象。另外，赛道两岸应为斜坡状，表面覆有不规则碎石。这一设计会尽可能减小水流冲击岸边产生的回弹，从而减小了波浪的产生。

通常建有6条航道，最多为8条。每条航道宽13.5米，长2200米，航道之间用彩色浮标隔开，各浮标点水深均不少于3.5米。整条赛道上的浮标颜色呈规律分布，浮标在前100米为红色，接下来的150米换为第二种颜色，之后的250米又换为第三种颜色。在接下来的赛程中，第二、第三种颜色每隔250米交替出现一次，直至最后250米，换为第四种颜色。浮标颜色在最后100米又恢复为红色。

奥运赛艇赛制和比赛方法

根据不同的艇数，赛艇比赛的淘汰赛有预赛、复赛、半决赛、决赛。任何一条艇都有两次机会进入决赛：预赛第一名，或者是复赛排名靠前而进入。

由于参加奥运会赛艇的运动员比较多，所以各个项目的预赛和复赛都采取分组计时的方法进行，最后有6只船参加决赛。比赛距离男子为2000米，女子为1000米。运动员必须在自己的航道内完成赛程。以艇首到达终点的先后顺序判定名次。

赛艇运动与皮划艇运动的区别

赛艇运动与皮划艇运动的主要不同之处有：赛艇比赛中桨手要背对船的行进方向，而皮划艇的桨手们则是正面朝向赛船的行进方向。由于桨手在赛艇比赛中要背对行进方向，身体向后运动，浸水板在比赛中途容易给运动员带来危险。另外一个不同的方面是皮划艇上没有固定桨的支架，而赛艇运动的所有艇都有固定桨的支架，就像杠杆的支点一样，桨手只能以该支点为轴作划桨运动。

赛艇比赛的发令塔

发令塔是赛艇比赛的专用设施。赛艇比赛开始时，运动员的船艇排在起航线后面，由位于起航线一侧的起点裁判员和取齐裁判员排齐船艇，使各艇的艇首在起航线上成一直线。发令员则站在专门设置的发令塔上。

发令塔设在起航线外30~50米处，3航道和4航道之间的航道线的延长线上。塔上供发令员工作的发令台至少要高出水面3米，但不超过6米，这样的设计是为了让各艇上的运动员均能看到和听到发令员的各种信号，同时由于发令员在发令塔上居高临下，也方便及时发现和处理运动员出发时出现的各种意外情况。

当取齐员在起点线一侧用白旗示意各艇已排齐，可以出发的信号，发令员即开始逐道点名。点名结束，发令员用英语叫"Attention"（注意），然后举起红旗。在不定长的间歇后再叫"Go"，同时挥下红旗。运动员看到和听到发令员的信号后，即可划桨出发，比赛开始。

▲我国民间的赛龙舟。

08 奥运赛艇分项设置

赛艇按乘坐人数、体重、有无舵手，以及使用单桨还是双桨划分项目。

2008年北京奥运赛艇总共14个项目，其中有8项是男子项目，6项是女子项目。

	男子项目8个	女子项目6个
赛艇	男子单人双桨 男子双人单桨无舵手 男子双人双桨 男子四人单桨无舵手 男子四人双桨 男子八人单桨有舵手	女子单人双桨 女子双人单桨无舵手 女子双人双桨 女子四人双桨 女子八人单桨有舵手
轻艇	男子双人双桨 男子四人单桨无舵手	女子双人双桨

竞技战术解析
——协调配合的赛艇战术

在赛艇比赛中，战术是决定比赛胜负的一个重要因素，对高水平的赛艇运动员来说，战术往往起着决定性的作用，战术安排得当往往能使比赛取胜，甚至可以战胜实力比自己强的对手，缺乏战术训练或战术安排不当，

▲赛艇单人双桨。

看奥运

▲ 赛艇八人单桨有舵手。

▲ 赛艇四人双桨。

▲ 赛艇双人双桨。

▲ 赛艇男子四人单桨无舵手。

往往会失败。

人员配合战术

赛艇运动除单人艇外都是集体项目，因此，多人艇的成绩与多人艇的人员配备有着密切的关系。如何选择一条艇的最佳组合，是教练员的重要课题。在多人艇项目中，要求几名运动员像一个人一样，不允许任何人有任何配合失误，全艇队员要协调统一，心理相容。要做到一条艇的最佳配合，教练员应在平时训练中，全面观察运动员，把多人艇组艇工作作为训练计划的一个重要组成部分。

选择运动员时，应考虑身体形态上尽量一致，运动能力和协调配合能力很强，具有较好的团结和合作精神。在桨位的选择上要反复多次换位，通过比赛测试比较，最后确定桨位运动员。桨位运动员中领桨手是最重要的，他是全艇的灵魂，要求他的个人能力突出，技术全面，节奏感好，心理素质好，战术意识强，具有清醒的头脑和团结协作的精神。这样一条艇才称得上最佳的集体配合。

合理的体力分配战术

合理的体力分配也是一种战术安排，运动员必须训练有素，经过多种战术方案的实践试验，找出最佳的体力分配方案。赛艇比赛中体力分配的战术方案有多种，常用的有等速战术、出发领先战术、变速冲刺战术、终点冲刺战术。各种战术的体力分配都不同，如等速战术，要求在比赛全过程（从出发到最后冲刺）都要发挥最大力量，显然这种战术是最有效的战术，然而它只有高水平的艇队才能采用这种战术。

出发领先战术要求运动员掌握十分出色的出发技能和具有出发后立即发挥高速度的能力，在转入途中划时，开始快速冲刺，始终保持划在前面，把对手甩开，领先划到终点。这种战术体能消耗很大，所以领先时所使用的力量要考虑自己的体能。熟悉马拉松的体育迷都清楚，在比赛一开始就冲刺是很愚蠢的战术。但是在2000米的赛艇比赛中，前500米却的确需要全力冲刺。这项需要耐力和力量的运动要求运动员每秒前进10米，中间1000米每分钟划桨40次，而在前500米和最后500米，划桨的频率要达到每分钟47次。

程砚秋故居位于西城区西四北三条39号，面积约390平方米。从1937年起居住在此，直到逝世。后院北房外屋两间是书房和练功的地方，自命为"御霜簃书斋"。御霜是芙蓉花的别名，又称拒霜。

福娃问答

赛艇比赛的航线是怎样规定的？

赛艇运动是一种在平直的浅水航线上进行的比赛，比赛规则并不严格要求赛艇始终沿航线行进。根据规则，只要在比赛过程中赛艇没有妨碍其他航道上的选手比赛就可以，但绝不能在与其他赛艇距离很近时制造波浪冲击其他航道上选手的比赛。当然，沿直线航行可使赛程最短。

参赛艇的出发有什么规定？

发令员下达出发口令后，挡在每条赛艇前端的保护挡板会沉入水中，比赛正式开始。裁判员会在监测棚里监视，如果发现有人抢跑，他将用铃声召回赛艇，重新比赛。两次发船犯规的赛艇会被取消继续比赛的资格。

赛艇冲刺时有何规定，如何判定名次？

每条赛艇的船首通过终点线的时候，裁判都要拉响终点汽笛。每一赛道都有3名裁判根据冲刺影像资料来判断名次。如果在决赛中出现两条赛艇同时冲线的情况，则两条船名次并列。如果在其他比赛中出现两条船同时冲线的情况，并且这一结果可能会影响某队参加下一轮比赛的情况，则安排在2小时内进行重赛。

赛艇比赛中出现意外或机械故障如何处理？

任何一名桨手落水不影响该队继续比赛，但如果舵手落水，该队则不能继续比赛。比赛前最多可更换半数参赛队员。如果赛艇在比赛开始的前100米内出现严重机械故障，比赛可中止。

赛艇比赛对选手的体重有何规定？

因为赛艇运动是一种在平直的浅水航线上进行的比赛，所以运动员之间的较量实质上是他们体力的较量，因此，比赛胜负还和参赛队员的体重有很大关系。

男子比赛，舵手体重不能低于55公斤；女子比赛，舵手体重不能低于50公斤。如果舵手体重不足，应增加相应的加重物，放在离舵手最近的地方。虽然对舵手体重超重没有硬性规定，但舵手体重无疑增加了桨手的负担。

舵手是比赛成员之一，因此，男舵手不能为女子船队导向，女舵手也不能参加男子比赛。

桨频对比赛成绩有什么影响？

赛艇运动技术术语。指单位时间内的划桨次数。即比赛全程所划的桨数除以比赛成绩。从生物力学观点看，船速是由划桨频率和划距决定的。这两个变量又受到技术和器材等方面的影响。因此提高船速主要从划距和桨频两个方面提高，但是桨频

看奥运

▼ 我国民间的赛龙舟。

龚自珍故居在西城区手帕胡同21号,是龚自珍在京住地之一。故居坐北朝南,三进院落,另有东西跨院。院内当年曾有道光御笔"福"字匾及"耕读堂"匾。故居基本保持原状。

不可能无限地增加,更不能为了增加桨频而降低划水的效果。赛艇比赛的桨频从30～40桨／分不等。以男子八人赛艇的桨频为最高,尤以起航时的桨频更为突出,甚至高达48桨／分。在训练中,不同的桨频往往可以反映出不同的训练强度。

划距对比赛成绩有什么影响?

划距是赛艇技术术语。指比赛中每划一桨船艇移动的距离,即比赛全程距离除以该艇所划的桨数。例如赛艇比赛全程为2000米,某艇共划了250桨,说明其每桨的划距为8米。

因此划距反映了运动员划水的效果,它与运动员的划幅、桨频等因素有关。初学者和青少年运动员应强调划距,从每桨的划分效果来改进划桨技术。

什么是轻量级?

男子8人赛艇比赛和女子6人赛艇比赛一般包括3个轻量级比赛。所谓轻量级是指:女子单人体重不超过59公斤,团队平均体重不超过57公斤;男子单人体重不超过72.5公斤,团队平均体重不超过70公斤。

什么是无舵手?

比赛中的"无舵手"是指在比赛中没有舵手来引领方向。

大事记

1715年,为庆祝英王加冕,首次举行赛艇比赛。

1775年,英国制定赛艇竞赛规则,同年成立了赛艇俱乐部。

1811年,伊顿公学首次举行八人赛艇比赛。

1890年,英国制定类似现代的赛艇竞赛规则。

1892年,在意大利都灵成立国际赛艇联合会,当时有6个会员。

1896年,第1届奥运会已将赛艇列为正式比赛项目,但由于天气恶劣临时取消。

1900年,第2届奥运会上举行了赛艇比赛,设6个单项。但当时的比赛规则不完善,比赛的距离、航道和比赛细则都不明确。

1923年,国际赛艇联合会的总部由都灵迁至瑞士,从1997年起设在瑞士的洛桑。

1962年,在瑞士举行第1届世界赛艇锦标赛。

从1975年起,每年都举办一届世界锦标赛。赛艇运动项目较多。

1976年开始,允许女子运动员参加奥运会赛艇比赛。

1996年,亚特兰大奥运会,轻量级赛艇比赛及新规则被引入奥运会,男子、女子同时设立了轻量级赛艇项目,比赛仍为14项。

赛场ABC

double sculls 双人双桨
eight oars with coxswain
八人艇单桨有舵手
four with coxswain
四人单桨有舵手

谭嗣同故居在宣武区北半截胡同 41 号，谭嗣同生前住西房北套间，自题为"莽苍苍斋"。他的许多诗文、信札在这里写成。会馆里还保留有维新志士开会的里院北屋。

Canoe/Kayak-Slalom Canoe/Kayak-Flatwater

皮划艇

金牌榜

金牌榜	比赛单项	运动员姓名	夺金时间	成 绩	备 注

看奥运

精彩看点

静水与激流中的较量

以前中国运动员在皮划艇项目中比较落后，所以得到的关注也比较少。然而从 2004 年以来，中国皮划艇运动取得了长足的进步，中国选手分别在 6 个小项目中冲进雅典奥运会，孟关良、杨文军在男子 500 米划艇比赛中为

▲ 独木舟由树干挖空而成，用途甚广，例如在非洲西部，这种独木舟就用于近海捕鱼。

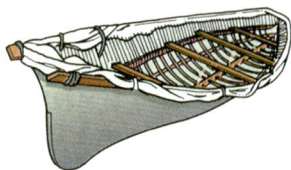

中国皮划艇队获得首枚奥运金牌。2005年，中国皮划艇队聘请了原德国皮划艇队总教练约瑟夫前来执教。约瑟夫在担任德国队总教练期间，共带领德国队获得了17枚奥运会金牌和67枚世锦赛金牌。约瑟夫表示，中国皮划艇队具备了很大的潜力，尤其是女子皮艇，在雅典奥运会上，在所有3个项目中与德国、匈牙利队一起进入决赛。中国男子划艇虽然在雅典拿到一枚金牌，但优势并不明显，想要达到世界水平并在北京奥运会上取得更好成绩仍需不断努力。

▲ 孟关良、杨文军在雅典奥运会男子500米划艇比赛中获得金牌。

走进历史
——独木舟走进了奥运会

皮划艇运动包括皮艇和划艇两种运动项目，皮艇的英文是Kayak，其原意是指爱斯基摩人的独木舟；划艇的英文是Canoe，其原意也是独木舟。因此，在欧美一些地区把皮艇和划艇统称为Canoe。

皮划艇运动起源于原始人类渔猎和运输的生产实践过程。近代皮划艇与16世纪人们的探险和漫游欧洲北部海域有关。当时人们将鲸鱼骨和浮木组合做成骨架，再把海狮皮紧绷在上面，最后用鲸鱼脂做防水材料制成划艇当作交通工具。竞技皮艇和近代皮艇之间的桥梁是19世纪的英国律师迈克·格雷格。他研究以往的皮艇，制作了1条长4米、宽75厘米、重30公斤的"诺布·诺依"号皮艇，驾艇穿越了瑞典、芬兰、德国、英国，成为当时非常著名的旅游作家。当人们开始效仿他建造小艇时，他就创建了皇家皮艇俱乐部，而皮艇比赛也在一年后的1866年出现。皮艇有舵，比赛时运动员坐在艇内，面向前方，手持两头带桨叶的桨在艇的两侧轮流划动，依靠脚操纵舵控制航向。皮艇有单人艇、双人艇、四人艇和障碍回旋项目。

划艇起源于加拿大的北阿拉斯加，以渔猎为生的印第安人将树干掏空，坐在里面用木棍划行，故又称独木舟。划艇两头尖，艇身短，无桨架，无舵。划桨时前腿成弓步立，后腿半跪，手持一头带有铲状桨叶的桨在固定的舷侧划水并控制方向。划艇有单人、双人、障碍回旋项目。

皮划艇项目分为静水和激流两个部分。

静水项目在天然或人工湖面上进行比赛，水面宽90米以上，长2200米，设9条航道，航道宽5~9米，用串有塑料浮球的钢索划分。静水比赛是根据比赛距离、舟艇的种类和运动员的性别予以区分的。

激流比赛项目又分为激流回旋和漂流两种。

皮划艇激流回旋的历史最早可以追溯到1932年的瑞士。早期的激流回

▲ 因纽特人的船是用海豹皮包着很轻的船架造成的，他们用这种船打猎和捕鱼。

杨家花园位于海淀区北安河乡鹫峰森林公园南侧象鼻子山下，是1924年杨玉德所建的私家花园，园内主要建筑有清水脊门楼、厅堂、后罩房、方亭等。园内以紫丁香闻名。该花园现存建筑保存完整。

旋比赛在静水中进行，不久人们改在湍急的自然河溪中从事这项运动并延续至今。

"皮划艇障碍回旋赛"规定运动员必须在规定河道内穿越或绕过规定的障碍到达终点，以扣分少者为胜。航道长为300米，有人工障碍和自然障碍。人工障碍是25个宽为90～102厘米的门框，运动员须驾舟穿越每一个门框，如有碰撞或少穿越门框者就要被扣分。

在比赛中，运动员力争按照正确的顺序和方向、用最短的时间准确地通过设在一段湍急河道中的门框，其中至少有6个逆水门。

漂流项目采用各种艇型或橡皮艇在有一定流速和落差的河流进行，可分为单人、双人或多人。属于皮划艇范畴的还有皮划艇马拉松和皮艇球。

皮划艇在1936年被列为奥运会比赛项目，1938年举行了首届皮划艇锦标赛。1972年，皮划艇又增加了激流回旋项目。由于所需费用太高，该项目在慕尼黑奥运会之后撤出了奥运会。1992年巴塞罗那奥运会恢复了该项目比赛。

德国、瑞典和独联体等欧洲国家在静水比赛中一直占有优势。

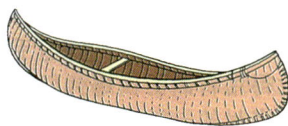
▲美洲原住民发明了美观的桦树皮独木舟，这种独木舟的船架裹着一幅幅缝合起来的树皮。

▲云南丽江泸沽湖摩梭人的独木舟。

观赛指南

比赛场馆：顺义奥林匹克水上公园

比赛地点：马坡乡潮白河

赛时功能：赛艇、皮划艇（静水、激流回旋）

场馆介绍

奥林匹克水上公园位于北京市顺义区潮白河向阳闸东北侧，占地面积140.49公顷。水上公园位于顺义最优美的旅游区内，南北和东侧平原林地中植被茂盛，林带宽100多米，形成一面临水，三面环林的自然环境。

比赛期间，赛艇、皮划艇比赛合用一个赛场，激流回旋比赛单设赛场。其中，赛艇、皮划艇分赛场设置3万个观众席，包括永久坐席4000个，临时坐席1.6万个，赛道两边还将设置可容纳1万名观众的站席；激流皮划艇分赛场设置1.5万个临时坐席。

▲2008年奥运会皮划艇激流回旋场地效果图。

运动现场观赛礼仪

皮划艇比赛需要宽阔的水域，因此比赛场地都选在室外，观众也只能

看奥运

贝家花园位于海淀区北安河乡鹫峰森林公园南侧，花园正门为城堡式方形楼，园内林木繁茂，奇石遍布，环境清幽，整体布局以贴近自然的方式布置，使建筑与山水融为一体。

在水面的两岸为运动员加油助威。由于皮划艇项目的场地比较空旷，运动员在比赛中很难听到观众发出的加油声，所以观众可以借助其他辅助工具为运动员加油。在静水比赛项目中，无论是单人项目还是多人项目，比赛的关键都在于节奏的掌控。观众最好能找准运动员的比赛节奏，跟着运动员划桨的节奏为他们加油，这样才会真正做到给运动员鼓劲。

公交路线

934、970路到北小营站下

比赛日期和金牌数目

比赛项目		8 五	9 六	10 日	11 一	12 二	13 三	14 四	15 五	16 六	17 日	18 一	19 二	20 三	21 四	22 五	23 六	24 日	金牌数目
皮划艇	静水															6	6		12
	激流					2		2											4

注：蓝色为比赛日，黄色为决赛日。

▲ 单人划艇激流回旋。

canoe /kayak flatwater
皮划艇静水
kayak slalom 激流
length of rowing oar 划幅
wakf 划水路线
rate of stroke 划桨频率
rhythm or rowing 划桨节奏
rowing phase 划桨周期

10 分钟课堂

08 奥运皮划艇分项设置

奥运会皮划艇比赛项目共有16项，其中男子12项，女子4项。

皮划	男子项目	女子项目
静水	500 米单人皮艇 500 米双人皮艇 1000 米单人皮艇 1000 米双人皮艇 1000 米四人皮艇 500 米单人划艇 500 米双人划艇 1000 米单人划艇 1000 米双人划艇	500 米单人皮艇 500 米双人皮艇 500 米四人皮艇
激流回旋	单人皮艇激流回旋 单人划艇激流回旋 双人划艇激流回旋	单人皮艇激流回旋

奥运皮划艇参赛资格和名额

皮划艇参赛资格可以通过奥运会前一年的世界锦标赛、洲际资格赛获得，世界锦标赛上各项目的前6名或前8名运动员将为其国家奥组委获得参赛资格。各洲将分别或者共同举行洲际资格赛进一步分配名额。国际奥委会、国家奥委会和国际皮划艇联合会还有一定的特邀名额可以分配给特定的运动员，部分剩余名额按照规定进行分配。

▲ 皮艇激流回旋。

激流回旋项目赛制

在激流回旋项目上，选手要越过设有25个障碍门的水道。获得包括罚时在内的积累时间最低的选手将成为获胜者。选手每接触障碍门一次，就要被罚时两秒。漏穿障碍门是最糟糕的犯规，每次漏穿要被罚时50秒。

静水项目赛制

比赛在静水中进行，各路选手必须在自己的赛道内行进。

比赛用船分两种：划艇和皮艇。两种比赛用船的主要区别在于选手划桨的位置和所用划桨的种类。

划艇为开放式船只，选手持单片划桨在曲膝的位置划水。每只划艇可乘一两名选手，划桨选手仅限男性。

皮艇为封闭式船只，选手坐在艇内划水，用脚操纵一个机械舵来控制船体。所用的划桨两头均有桨片。皮艇可乘一名、两名或四名选手，奥运会设有男子皮艇赛和女子皮艇赛。

▲ 单人划艇。

皮艇和划艇的区别

皮艇运动员是坐在前后都有甲板的座舱内，握一支两端都有桨叶的桨，在艇两侧左右轮流划桨。划艇则是桨手前腿成弓步，后腿跪着，两手握一支单面桨在艇的一侧划水，分左桨和右桨。皮艇有尾舵，由桨手两脚操纵；划艇无舵。

皮艇桨和划艇桨的区别

皮艇桨是桨杆两头都有桨叶的双叶桨。其主要结构特点是两片桨叶的方向成垂直或接近垂直的交角。根据桨叶偏转的方向不同，分左转桨和右转桨，运动员可根据其握桨习惯而选择左、右桨。

划艇桨是一头有桨叶的铲状桨。单人划艇、双人划艇、四人划艇桨的规格稍有区别。桨杆的横截面通常成圆形，使桨叶有更好的方向性，有利于用力，也使桨杆有更大的抗弯能力。划艇桨的桨叶与皮艇不同，桨叶沿中心线成对称状。不对称的桨叶会产生不平衡的表面积，从而在动力作用下产生扭距。划艇桨的桨叶面起着推进、操向和控制船平稳的多种功能。

▼ 四人划艇。

皮艇的防浪裙

皮艇运动员专用的特殊服装，又称围裙。通常用防水尼龙布制成，是上下开口的桶式裙，上下两口均有松紧带，上口紧扎在运动员的腰部，下口紧扣住皮艇座舱

看
奥
运

81

▲双人划艇激流回旋。

的舱口。皮艇运动员坐在舱内划桨时，常有浪花溅入舱内，特别是双人艇或四人艇，前面运动员的划桨出水动作，往往有水花甩向后座；用围裙围住座舱后，即使水花溅向后座，也可以防止舱内积水。在障碍回旋和激流皮艇项目中，围裙更是必备的器材，因为这些项目的运动员在训练和比赛时，翻船是不可避免的。用了防水围裙，皮艇舱内就成了密封舱，即使翻船也不会进水，运动员通过拧腰和压桨等动作，可以将艇翻过来后继续划进。

皮划艇运动术语

划幅。划幅指桨叶入水至出水间划行的距离。

划水路线。划水路线指桨叶在水中划行的轨迹。

划桨频率。划桨频率指一定时间内划桨的次数。一般为每分钟30~40桨。各类艇的男子和女子项目，根据训练水平对有效桨频均有规定。

划桨节奏。划桨节奏指桨叶划水和回桨的时间比例。每一划桨周期中，推桨时放松，拉桨时用力，形成鲜明节奏。能使有关部位的肌肉得到短暂休息，有利于合理发挥体力、加快划速。

划桨周期。划桨周期指划桨完整动作的总称。由桨叶入水、划水和回桨3个连贯动作组成。一个完整动作称为一个划桨周期。

起航。起航指舟艇由静止状态转为运动状态，称为"起航"。及时正确掌握起航技术，能使舟艇在最短时间内获得最快速度，取得预先的优势。

倒桨。倒桨同划桨动作相反，倒桨可使舟艇反方向前进。

乘浪。皮划艇行进时，借助其他艇产生的波浪力量，使自己舟艇加速向前推进的一种操纵技术。

领桨手

划船运动员职位名称。皮艇、划艇靠

▼四人皮艇。

近艇首的划桨手和赛艇靠近艇尾的划桨手，均称为"领桨手"。

竞技战术解析
——化阻力为助力

皮划艇战术方面，直道上比赛常用的战术有领先战术、匀速战术和负分段战术（前松后紧）即加速战术；5000米长距离比赛中常用的战术有借浪和转弯绕标战术。

领先战术

领先战术是500米比赛中最常用的战术，这一战术的指导思想是利用领先并坚持下去的方法给对手施加心理压力。控制节奏是这一战术中的重要部分。出发领先以后，如果感到没有对手给自己构成威胁，那么可以将中途划速降低到舒适的水平，以便节省体力，到接近终点时再加速；如果出发后互相咬得很紧，自己略微领先或根本不占优势，那么可以尽量发挥最高速度。

桨频的控制是这种战术的另一重要部分。艇静止起航，随着前三四桨，艇的速度将从零加到最大速度，这开始的几桨是非常重要的，要求高度集中。在随后的10~20秒内，艇速达到最高点，如果一直处于领先的位置，那么桨频要降到次高的水平，为最后冲刺时进一步提高桨频、加快速度做好准备。

匀速战术

用这种战术时，运动员前半程的速度低于出发速度，后半程的速度却高于整个赛程的平均速度。因此，这一战术要求有较高的平均速度。1976年和1980年连续两届奥运会1000米双人皮艇冠军被同两名苏联运动员夺得，就是匀速战术最好的例证。两次比赛中，开始250米都比领先舟艇要慢，而在后面3个250米中，他们保持较高的平均速度，匀速前进，1976年他们在750米后领先，1980年在500米后就处于领先地位，两次比赛采用相同的战术取得明显的效果。

负分段战术

负分段战术是指划完各个分段的时间是递减的，即时间增量是负数，所以叫负分段。因为在比赛中，舟艇要受到邻近舟艇的波浪的影响，尤其当邻近航道上的艇是划得比较快的强手时，这样可以借助前面艇的波浪，充分运用乘浪，来实施负分段战术。负分段战术适用于1000米和长距离比赛。

借浪战术

长距离比赛战术除了运用直道比赛的"领先战术"、"匀速战术"外，还可以采用规则允许的借浪战术（乘浪战术）和转弯绕标战术。

借浪是利用前面一条艇的尾浪来帮助推动自己船艇向前的技术。如果自己的艇在前面的尾浪峰前，借浪运动员的艇与前面造浪运动员的艇的速度相同，借浪运动员可以节省30%~50%的体力。

如果前面的艇吃水深或运动员较重，则其尾浪较大，乘浪就是将自己的艇置于尾浪尖上，造成艇尾翘起，使艇持续"顺山坡往下滑"。

乘浪时，要辨认乘第一浪，还是第二浪、第三浪。领先艇所造的第一

▲福建省长泰县马洋溪的中国皮划艇训练基地，该基地具备举办国际皮划艇激流比赛的能力。

▲雅鲁藏布江流域藏族的牛皮船"果哇"。

▲兰州黄河流域的羊皮囊筏。

看奥运

▲张家界激流回旋基地。位于张家界武陵源索溪湖天然瀑布下，2008年北京奥运会激流回旋指定训练基地。

浪最深，利用效果最好，而第二、第三浪几乎不能将艇尾托起。

在单人划艇乘浪中，当划桨一侧靠近领先的艇时，能够避免碰撞，每一桨都不要使自己的艇头靠近领先艇，这样乘浪较好。若是非划桨一侧靠近领先艇，将造成更大的吸力，这就需要运用强有力的操向，同时会影响乘浪的效果。

转弯绕标战术

长距离比赛的拐弯有专门的战术。皮艇运动员成群甚至成行地到达弯道，所有这些艇不能同时拐弯。一般来说，在拐弯处领先的艇比落后的艇要略占优势。因此，在到达弯道之前，都要力争领先。但速度慢的运动员如果战术运用得当，不一定会落后很多。例如，接近弯道时，在里道稍落后的艇可以立即划到领先者的尾浪上去，这样可以避免碰着弯道上的浮标，既拐了小弯又节省了体力，等到拐弯结束，他又悄悄地划到领先者的边浪上去；靠在右边的艇有两种选择，一是加速并与领先的艇几乎并排拐弯，二是留在后面绕到前者的尾浪上，然后再尽力赶上去。

多人艇艇身大，速度快，惯性也大，要注意在拐弯处避免发生许多不必要的碰撞。在拐弯处发生的碰撞事故最多，所以无论如何都要避免碰撞。

福娃问答

皮划艇比赛起航有什么规定？

比赛一般采用固定起航方式。如不具备这种条件时，可以采用活动式起航，在起航线后将舟艇排齐出发。起航前5分钟，第1次召集，运动员开始进入航道，以后每隔1分钟报1次时间。起航前2分钟点名，发令员开始将舟艇排齐，准备发令。

皮划艇比赛途中有哪些犯规和判罚？

皮划艇在有航道标志的场地中比赛，选手应自始至终严格按照自己的航道划行，禁止逗留，不准串道或妨碍他人前进。皮划艇的任何部分越出自己的航道就算犯规，取消比赛资格，而且任何舟艇不得在任何方向靠近另一舟艇5米以内，也不得尾随其他舟艇的航迹划行。航道主裁判应及时向可能违反5米规则的舟艇警告，航道主裁判也有权决定是否要重新比赛。如比赛不中止，则令犯规的舟艇立即离开航道。同时不得妨碍其他舟艇划行。如航道上出现特殊情况，一些舟艇为了避开它而引起聚集时，不能算犯规，由于这样而影响某些舟艇比赛成绩时，应进行重赛。

▲连独木舟都不需要，只要一根圆木就可以去涉水漂流，老人高超的驭水技能令人叹服。

晏公祠位于海淀区四季青乡万安山麓，原名道统庙，明代正德七年所建。庙门依山崖石壁凿建，有"停云岩"石洞，面阔3间，庙内原供有三皇、五帝、三王、周公、孔子、孟子以及宋代儒家周敦颐、程颢、程颐、张载、朱熹等人的石像。

奥运看北京
晏　公　祠

皮划艇比赛途中出现意外如何处理？

在15米起航区以外发生断桨时，运动员不得从他人处接受新桨继续划行。运动员应立即举手或桨示意，由发令员摇铃召回，待换桨后重新组织起航。在比赛航道上，由于本身原因而翻船的舟艇，允许运动员不依靠他人帮助重新上船继续比赛，但不得越出本航道，并应在下一组比赛开始前划到终点才有效。

舟艇在航道上由于受他人干扰而影响自己成绩或认为航道主裁判的判决不合理时，应在到达终点后立即向总裁判或检查裁长提出申诉。

皮划艇比赛赛艇绕标时有哪些规定？

皮划艇长距离比赛，可在有转弯标志的航道上进行。一律以左舷弯标志的外侧通过转弯处，即逆时针方向划进，处于外航道的舟艇必须给里航道的舟艇留出足够的水域进行绕标。在绕标时，为了给本队同伴造成有利条件而故意犯规者，应取消全队成绩。比赛舟艇不是因取巧而碰撞转弯标志时，可以继续比赛。但所有运动员必须绕过规定的所有标志，如有遗漏，应取消比赛资格。

大事记

1865年，英国律师迈克·格雷格创建皮艇俱乐部。

1866年，世界第一次皮艇比赛在英国出现。

1924年，国际皮划艇联合会在丹麦首都哥本哈根成立。现有协会会员113个。

1936年，皮划艇静水项目成为奥运会正式比赛项目。

1972年，皮划艇激流回旋项目成为奥运会正式比赛项目。

1974年，中国皮划艇运动协会加入国际皮划艇联合会。

2000年，德国运动员费舍尔在长达20年的奥运参赛过程中获得了7枚皮划艇奥运金牌。

2004年，中国选手孟关良、杨文军获得男子500米双人划艇金牌，这是中国获得的首枚皮划艇奥运金牌。

2004年，我国皮划艇运动员徐琳蓓、钟红燕获得女子双人皮艇500米第四名。

2004年，斯洛伐克选手皮特·霍奇斯乔尔内，帕沃尔·霍奇斯乔尔内夺得奥运会男子双人划艇激流回旋比赛冠军。

2006年，加拿大选手亚当·范克沃登夺得皮划艇世界杯德国站1000米单人皮艇冠军。

国际皮划艇联合会
(ICF)

国际皮划艇联合会 (ICF)，由奥地利、丹麦、德国和瑞士划艇协会发起，于1924年1月20日在丹麦首都哥本哈根成立。现有协会会员113个。

国际皮划艇联合会的任务是制订皮划艇分类标准、规章和细则、国际比赛的规则和规程，监督各种规则的实施，组织洲级和世界锦标赛；普及水上活动、鼓励并确保所有成员参加国际比赛；促进国际联系，加强与国际奥委会和地区体育组织的合作与交流，解决会员间的争论问题；审议违反国际皮划艇联合会规程的事件，并采取纠正措施。

▲民间的驾驶独木舟活动。

袁崇焕祠和墓位于崇文区东北部，东花斜街，原广东义园旧址，其庙位于崇文区东南部龙潭公园东湖畔。袁崇焕是明末抗击后金、保卫山海关和北京的著名将领，后人为纪念袁崇焕，先后修建了祠和庙。

Equestrian

马术

金牌榜

金牌榜	比赛单项	运动员姓名	夺金时间	成 绩	备 注

精彩看点

绅士间的较量

盛装舞步可以说是马术比赛的艺术品。在自编路线的比赛中，还要配上优美的音乐，选手们多选用世界名曲结合动作重新配乐，操作过程非常讲究也非常复杂。

盛装舞步比赛"等级分明"，从初级、中级、高级到大奖赛，最高水平

梅兰芳纪念馆位于北京西城区护国寺街9号，是一座典型的两进院落四合院，占地716平方米，是梅兰芳先生生前最后10年的居所。此院原为清末庆亲王王府的一部分，解放后经过修缮，梅兰芳先生搬到这里居住。

当属奥运会。在最高级别的比赛中，不但行进路线非常复杂，而且动作变化很快，动作要求十分精确。稍有误差就会扣分。观看盛装舞步比赛，可以从马匹的顺从、调教程度和马匹对骑手的缰、脚、骑坐扶助的反应能力，以及选手和马匹动作配合的协调性等来判断水平的高低。盛装舞步既是激烈的比赛，也是一场处处要求完美和谐的艺术盛宴。

▲马术盛装舞步比赛中。盛装舞步比赛对于选手和马匹动作配合的协调性要求十分高。

走进历史
——最绅士的运动

　　现代马术运动始于欧洲。1734年美国弗吉尼亚成立查尔列斯顿马术俱乐部，这是世界最早的马术俱乐部。1900年马术比赛首次进入奥运会，当时只设障碍赛一个项目。1912年，马术比赛扩大为盛装舞步赛、障碍赛和三日赛三项。1953年首次举办世界场地障碍马术锦标赛。1966年起举办花样骑术锦标赛。奥运会比赛项目有花样骑术、三日赛和障碍赛。

　　花样骑术又称盛装舞步骑术赛。比赛时，马和骑手要在长60米、宽20米的场地内用12分钟的时间完成一系列规定和自选动作。以骑手完成动作的姿势、风度、难度等技巧和艺术水平评分，得分高者名次列前。花样骑术个人赛于1912年被列为奥运会比赛项目，团体赛于1928年被列为奥运会比赛项目。

　　三日赛又称综合全能马术赛。骑手在3日内连续参加3项比赛，第一天花样骑术，第二天越野赛，第三天障碍赛。以3项总分评定名次。分个人和团体两个项目，1912年被列为奥运会比赛项目。

▲赛马活动早在公元前648年的第33届古代奥运会上就被列为竞赛项目。竞赛全程为12圈，赛程约14千米。

看奥运

◀清宫画家意大利人朗士宁绘制的《马术图》，形象生动地表现了清军在马术训练中的动作与场景。

徐悲鸿纪念馆新馆1982年建于新街口北大街53号，馆坐西朝东，展厅分上下两层，共七个展室。馆藏徐悲鸿绘画1200余件和其生前收集的绘画珍品及资料1万余件。

▼ **赛场ABC**

gelding　骟马
rising trot　轻快步
canter　跑步

障碍赛的场地至少有2500平方米，设置十多个高1.40～1.70米的障碍。运动员骑马必须按规定的路线、顺序跳越全部障碍。超过规定时间、马匹拒跳以及运动员从马上跌落等都要罚分。罚分是负分，最好成绩为零分，罚分少者名次列前。个人项目1900年列入奥运会，团体项目1912年列入奥运会。

观赛指南

比赛场馆：香港奥运赛马场
比赛地点：香港沙田马场
赛时功能：马术比赛

场馆介绍

　　香港沙田马场位于香港火炭火车站，落成于1978年，现可容纳85000名观众，赛马跑道设备之先进在全球可谓数一数二，是世界最完善的马场之一，亦是香港国际赛事的发祥地。赛事报告板由电脑控制，详尽显示每场赛事的资料及结果。进入马季后（九月至翌年六月），沙田马场每周举行一次赛马比赛，比赛通常在星期六或星期日下午举行。

运动现场观赛礼仪

　　马术比赛赛场宁静优雅，骑手的骑术动作潇洒迷人，这一切都传递出儒雅的绅士气派和高贵气质。因此，观看马术比赛，观众也要表现出绅士风度，在优雅的赛场环境和人马合一的境界中陶冶性情。为了保证马术赛场上良好的环境，让选手和马有良好的配合，观众看比赛时就必须保持安静，不能高声喧哗，更不能摇摆任何旗帜和饰品。

▲ 香港沙田马场模型。

比赛日期和金牌数目

比赛项目		8 五	9 六	10 日	11 一	12 二	13 三	14 四	15 五	16 六	17 日	18 一	19 二	20 三	21 四	22 五	23 六	24 日	金牌数目
马术	障 碍											1		1					2
	舞 步							1					1						2
	三日赛					2													2

注：蓝色为比赛日，黄色为决赛日。

曹雪芹纪念馆位于海淀区四季青乡正白旗村。是我国清代伟大的现实主义作家曹雪芹晚年居住的地方。1983年4月22日开馆。溥杰题写匾额"曹雪芹纪念馆"。纪念馆坐北朝南，东邻金山，北邻卧佛寺，西望香炉峰，南与北京植物园相邻，风景秀丽，环境幽雅。

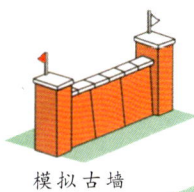

◀马术障碍赛场地。

▼马术障碍赛障碍物。

圆木堆

篱笆

模拟古墙

栅栏

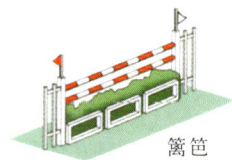
篱笆

陷阱

▼马术障碍赛罚分动作。

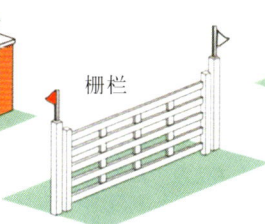
猪背栅栏

三根栅栏

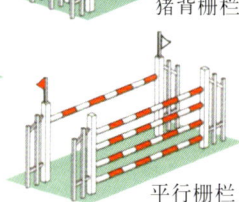
平行栅栏

水沟

碰落栅栏

跌入水池

马匹或骑士跌倒

跨越跑道

马匹拒跳

▲马术越野赛障碍物。

公交路线

802、807、811、848、868、869、872、885、886、887、888、889、891路到沙田马场站下

10分钟课堂

奥运马术参赛资格和名额

2005年4月6日～10日，在伦敦举行的国际马术联合会代表大会通过新提案，决定奥运会马术团体比赛规定骑手总数为50人，2008年北京奥运会马术团体赛队伍将有所增加，各队的参赛人数由原来的4人改为每队3人，而总参赛人数不变。这个规定将使2008年北京奥运会上更多国家的马术队伍同场竞技。其中盛装舞步团体赛和三日团体赛中均有10支队参加。

▲约制作于公元2世纪，描绘四马战车赛车场景的陶土镶板浮雕。

▲早在公元前680年的第25届古代奥运会上战车比赛就被列为了正式竞赛项目。战车比赛规则规定：每辆双轮战车只允许套上四匹战马并由一名骑手驾驭；竞赛全程为12圈，大约14千米，由抽签决定道次；最先到达终点的优胜者将获得一顶神圣的橄榄枝桂冠和一笔可观的财富。图为表现胜利的战车手的马赛克装饰画。

08 奥运马术分项设置

马术比赛是奥运会中唯一一项完全体现男女平等的项目。在马术比赛的每一个项目中，男女骑手、公马母马，同台竞技，并组成不同的团体。

2008年北京奥运马术设6个项目，它们分别是：盛装舞步个人、盛装舞步团体、障碍赛个人、障碍赛团体、三日赛个人、三日赛团体。

奥运马术赛制和比赛方法

马术比赛共有3轮比赛，每轮中参赛的选手和马匹都要表演一系列不同的动作，以检验骑马者对马的控制水平，而裁判组根据运动员的表现给他打分。在个人比赛中，得分最高的运动员获胜；团体比赛时是根据第一轮比赛结束时每队成绩最高的3名运动员成绩之和确定该队的成绩。

盛装舞步比赛在60米×20米的场地里进行，通过马在规定时间内做出行进、疾走和慢跑等规定动作来展现马和骑师的协调性、马的灵活性以及马对骑师的服从程度，力求给裁判和观众留下马匹完全是在自己的意愿下完成动作的印象。盛装舞步又被形容为马的芭蕾表演，裁判员对马匹在规定时间内完成规定动作的姿势、风度、难度等技巧和艺术水平评分，得分高者名次列前。

障碍赛需要骑手和马匹一同越过水池、模拟石墙和横杆等一系列专门为比赛设置的障碍。在跨越过程中碰倒障碍、拒绝跨越、摔倒、顺序出错或者超时都将被扣分。

三日赛分三个部分，盛装舞步、耐力赛和障碍赛，主要向观众展现马的综合能力。盛装舞步由一整套规定动作构成，用来测试马的服从程度、动作的灵活性以及和骑手动作的和谐程度。裁判为马的每一个动作打分。耐力赛中，马和骑手要完成25千米长的赛程。赛程设在郊外，途中会遇到各种障碍、道路坎坷不平。骑手要在规定的时间内尽可能不失误地完成比赛，以使其罚分保持最低。障碍赛也就是跳跃表演，是三日赛的最后一部分。该比赛组合了10到12个障碍的跳跃。有时要做15个这样的跳跃，以便在耐力赛后展示马动作的柔韧度和马的耐久力。

马术比赛中的红旗和白旗

马术比赛中的红旗和白旗是马术比赛的界限旗，用来标明起点、障碍物边缘、必须通过的回场线、终点等。运动员通过时必须是白旗在其左边，红旗在其右边。

马术比赛中选手的服装和器械

马术比赛中，骑手都必须戴高帽子、穿燕尾服。男选手必须是白马裤，而女选手是白或浅黄褐色的马裤，同时着黑靴子。建议穿打猎袜子和颈部围宽带子。但也允许穿白衬衫和带领带。身为军人和警察的运动员则可以例外，穿自己的制服。

马鞍要求使用英式的马嚼子，其直径不能大于8厘米。马刺必须是金属的，但是马刺的臀部必须平滑。马的鬃毛可以梳理成辫子，但不允许其

▲两河流域苏美尔人的两马牵拉双人战车（约公元前2500年左右）。

马术运动是在马上进行的各种运动的总称，早在4000多年前的铜器时代就有骑马比赛。古代为了确保战车所用的马匹在战场上移动的准确性，常对马匹进行各种技巧和协调性的训练，后来就发展成为马术比赛。公元前680年的古代奥运会就设有马车比赛。中国的马术也具有悠久的历史，兴于周代，盛于唐代。

他的装饰。另外,马必须有双重的缰绳。

马刺

骑手用具。马靴后跟上的钝圆头铁针或小齿轮,用来驱赶马匹和加强脚扶助效果。

马匹眼罩

马匹眼罩是一个半椭圆形小挡板,稍向内弯曲成弧形,用皮革制成。眼罩固定在马匹眼睛两侧的颊革上,遮挡马匹向跑道两侧及向后的视线,以减少视觉上的干扰。多用于马车赛和竞速赛马。

马匹护腿

马术比赛的护腿由皮革或橡胶制成,呈半圆筒状,套在马匹的胫骨部分。其作用是防止马球比赛中马球或球拐碰伤马匹。

马笼头

套在马头上,固定马口角的马嚼子与马缰相连的一整套革带,骑手就是通过缰及水勒来控制马匹的行动。马笼头包括额革、项革、颊革、鼻革、咽革、缰革和马嚼子等。

马嚼子

马嚼子又叫"水勒",指马口中的衔铁。分大勒衔和小勒衔。大勒衔又称"糊口马衔",是一根中间呈半圆形弯曲的铁条,两端有侧枝,呈H形,且附有口锁链。口锁链经马颚缘下方与两侧枝上方的口锁连接环相接。马缰固定在两侧枝下方。衔铁的凸起部分随衔铁的转动可撑开马口。由于杠杆作用,对马口角的压力较重,多用于马球和悍威较强的马匹。

小勒衔是一根直的或半月形的铁条。两端有圆环,以固定马缰,控制马匹行动,对马口角的压力较轻。

马鞍

一种用包着皮革的木框做成的座位,内塞软物,形状做成适合骑者臀部,前后均凸起,由前鞍桥、鞍座、鞍翼、鞍桥四大部分构成。马鞍两端设计为高翘,限制了骑手身体的前后滑动趋势,提供了纵向的稳定性。

马匹肚带

经过马匹腹下连接马鞍两侧来将马鞍固定在马背上的皮带。

马匹护飞节

由皮革或橡胶制成。呈半球形,套在马匹的后膝部。马前膝护具称为"护财"或"护腕"。

马匹护照

马匹的一种文件。由国际马术协会颁发。主要记载马匹

▲ 马术障碍比赛中。

▼ 马术越野比赛中。

看奥运

▲清宫画家意大利人朗士宁绘制的《乾隆皇帝大阅图》。

▲汉字"马"的演变。

▼马术障碍赛比赛中，骑手正在驭马跨过模拟古墙。

的名字、品种、年龄、血统、所有权、比赛成绩、护照号码等，如所载资料不符合比赛规则，则不得参加比赛。马匹护照是每一匹参赛马匹必备的文件，报名参赛的马匹如不具备此文件，马主将受到罚款。

赛马彩票

1870年，由法国巴黎实业家奥莱发明的一种赛马赌博方法，盛行于世界。由赛马场主办，参赌者可购买他喜欢的马的彩票。每场比赛中，在全部押注中扣除给经营者的手续费和税款，余额全部付给赢家。1920年后，由于发明了赌金计算器，赛马彩票的计算方法有了重大改革，现代赛马采用闪光数字当场显示结果。随着设备改进，复合赌博方式也出现了。

竞技战术解析
——稳健优雅的马步

马术比赛中最能体现选手水平的是马的步法。步法是指马运步的方法，是马自然的或后天获得的特有的行进方式。马的步法一般分为自然步法和人工步法两种。马生来会走的步法称自然步法，经过人工专门训练的步法叫人工步法。马的基本步法主要有慢步、快步、跑步等几种。

慢步

慢步是马步中速度最慢的步法，运步的次序是右前肢、左后肢、左前肢、右后肢，步调有规律，因动摇小而疲劳少，这样的步伐最适宜马作休息或调整呼吸以保持镇静。

马慢步时，要求动作明确、有弹性、整齐而确实保持稳定。

快步

快步是马从一对角两肢向另一对角两肢的跳跃前进。因此每一步马体都有一个瞬间的悬空期，其步幅的大小就取决于悬空期跃进的距离。在由对角肢向对角肢转换的瞬间马有一次腾跃，因此马就会颠一下马背上的骑手。

快步步调富有节奏，具有前进气势，步伐轻快活泼而不感疲劳，适于长时间的运动。

跑步

跑步分为右跑步、左跑步。跑步时马体的重心左、右倾斜移动，所以直线跑步较困难，且步伐幅度很大的振动容易疲劳。另外要做回转动作时，方向需与马体的重心方向一致，才能顺利回转，否则会乱了平衡及回转困难。

变换跑步

指马匹在马蹄悬空的一瞬间变换领先步和引导腿，从而进行左、右跑步反复交换的运动。

空中换步

指马匹作变换跑步时，在一个步度后四肢悬空的瞬间变换引导腿。常用于盛装舞步赛的高级跑步。

横向运动

其目的是为了增进马匹的服从性，使其与骑手相互配合，同时它能使马嘴部、颈部、背部与臀部的关节富有弹性，增进马匹的柔韧性和肩部的自由及后臀部的柔和，加强韵律使与步调和谐。横向运动可分为偏横步、根步、正横步、反横步、斜横步。

缩短步法

指经调教后的马匹采用的一种缩短步度，步态高抬，步调徐缓的步法。马匹在各个调教阶段收缩程度不一样。盛装舞步赛中的高级快步和高级慢步，几乎与原地运步相同，是极度缩短和高抬的快步及慢步。

马匹步伐术语

步样：步样指马匹四肢行动时运步的姿态。如低伸(宜于持久)、高扬(运步轻快)等。

步速：步速指马匹在单位时间内所行进的距离。一般慢步100米／分钟，快步220米／分钟，跑步为320米／分钟，伸长跑步为420米／分钟。

步度：步度指马的每一运步间的距离(步幅)、大小(长短)、动作(步速)和快慢(急缓)，是步法与速度的合称。

步调：步调指马匹四肢行动时运步的节奏。有徐缓、急速、缩短、伸长等。

步度变换：步度变换指马匹在运动过程中变换步法和步速。如缩短步变伸长步、慢步变快步、快步变慢步等。

▲ 马术盛装舞步场地。

福娃问答

马术比赛中裁判怎样打分？

马术一共有五名裁判，坐在圆形竞技场的四周，评估运动员的表现。根据选手的表现打出从未出场0分到表现优秀10分不等的分数。有些难度较大的动作的得分要加倍。在给总分时裁判还会考虑表演的总体美学水平，包括马的步伐、动作和恭顺程度以及运动员的骑姿等。

马术比赛对马的表现怎样评分？

首先马应该表现出高兴和警觉，耳朵向上直立或略向后，头部稳定，尾

▼ 骑马射箭。

看奥运

93

广安大街（也称两广路）由广安门内大街、骡马市大街、珠市口西大街、珠市口东大街、广渠门内大街等街道组成，西起西二环路广安门立交桥，东至东二环路广渠门立交桥，全长约8.5千米。

部轻摆。尾巴来回摇动，头摇晃，耳朵向后附的马则认为是处于紧张和抵抗状态。而且马必须愿意听从骑手的指挥。马应该时刻处于马嚼子的控制之下，也就是头部直立，颈部向上弯曲，表明处于马嚼子的控制之中。马怎样完成直线和曲线运动也很重要。而且后腿应该与前腿走相同的路线。身体要直，或弯向它所走的弧线。马所走的圆弧步伐之间的转换要圆滑，而且在转换步伐后马应该很快适应新的节奏。

在比赛开始前骑手有几分钟时间来使自己的马适应场地。裁判的哨声响后运动员要从标有A的地方入场在标有X的地方行礼。马此时应该静止，整个身体直立。

马术裁判对骑手怎样打分？

马术比赛中骑手的每一个动作都要做到自然不费力气。骑手的腰部和髋部应该保持平衡，上体自然，放松且直立。双手放低接近，但相互不接触也不触及马。大腿和小腿连贯且向下伸直。拇指向上，而手臂和关节靠近身体。骑手只能用施压和接触的方法控制马，而不许吆喝和喊叫，否则将受到很高的罚分。

盛装舞步的基本规则有哪些？

盛装舞步比赛一般由三名不同国家或地区的选手同时登场。比赛动作有变换跑步、后退慢步、变换方向、斜横步、原地快步、旋转和高级花式骑乘。裁判员根据每个动作的顺序和标准，按骑手的姿势、风度、难度完成情况和艺术造诣来打分，满分10分。凡动作有错漏及超时等都要扣分。盛装舞步团体赛每队由4名骑手组成，4人得分的总和就是团体成绩。

盛装舞步选手和马的表现有何评判标准？

盛装舞步是骑乘艺术的最高境界。在整个骑乘过程中，骑手要与马匹完全融为一体，同时展现力与美、张力与韵律、协调与奔放。在奥运会的盛装舞步比赛中，每个动作都是对骑手与马匹极致表现的考验，而每场比赛都会让观众只听到马匹的动作声和自己的呼吸声。

盛装舞步比赛中，所有动作在实施中从外部不应该看出骑手做出的努力。骑手的背部要柔和灵活，腿要充分下蹬，不能晃动，必须保持平整。上体自然放松。比赛时要求双手持缰，表演结束时可以单手持缰。

障碍赛的基本规则有哪些？

障碍赛在室外的专用草地上进行。比赛中，骑手必须按规定路线和顺序依次进行。运动员必须以平均每分钟400米的速度跑完全程。此项目和三日赛中的场地障碍赛相同，距离为4000米，全程设有10~12个障碍，其高度为80~100厘米。障碍形式主要有垂直障碍物、横幅障碍物、水沟障碍物、组合障碍物、堤岸土丘和拱坡、封闭式组合障碍物、局部封闭式及局部开放式组合障碍物等几种形式。其中三分之一的障碍必须是100厘米高，中途必须设置一个水沟作为障碍。

比赛根据骑手越障碍的失误或超过的时限进行罚分。扣分越少，成绩

国际马术联合会（FEI）

国际马术联合会（FEI），简称国际马联，1921年11月24日在巴黎成立。现有协会会员国127个。

国际马联是领导国际马术运动的唯一的国际组织，项目包括盛装舞步、骑术、跨越障碍赛、三日赛、马车赛、耐力赛和跳跃等。其任务是举办国际比赛；确定、统一和公布比赛规则；确定和批准世界锦标赛、奥运会和地区性比赛的规程和项目；促进各会员国之间的接触。

国际马联的主要比赛有：盛装舞步骑术、超越障碍赛、三日赛和马车赛等世界锦标赛（逢双年举行），包括上述项目的欧洲锦标赛（逢单年举行），欧洲三项和超越障碍锦标赛（每年举行），奥运会比赛（包括个人和团体的三项赛、超越障碍赛和骑术赛）。

中国于1983年6月加入国际马联。

越好。罚分是负分，最好成绩为零分，罚分少者名次列前。

障碍赛的犯规和判罚是怎样的？

障碍赛中包括的主要处罚情况有踢破障碍物、马蹄踏入水中或者踏在水沟障碍边缘的板条上、不服从指挥、偏离比赛路线、坠马或者马匹跌倒、未经许可的协助行为以及超出许可时间或者限定时间等等。

比赛的处罚规则规定每超过规定时间 1 秒钟即判罚 0.25 分，每碰落一个障碍要罚 4 分。如果马匹拒跳或者逃避障碍物，第一次罚 3 分，第二次罚 6 分，第三次便取消比赛资格。骑手落马或马匹失蹄跌倒，均判罚 8 分。不能按比赛路线顺序跨越障碍，不能通过起始线、终点线，超过规定时间一倍，用鞭子暴打坐骑等，都要受到取消比赛资格的处罚。提前跑完全程不获得奖分。

比赛时，允许每位骑手跑两次，以两次累积的罚分来决定胜负和名次，罚分累计越高，名次越差。比赛中如遇到两名以上骑手成绩相同的情况，则可再附加一次决赛，附加决赛的项目一般通过加高加宽障碍、减少障碍项目来进行。

大事记

公元前 648 年，赛马在第 33 届古代奥运会上被列为正式竞赛项目。

1900 年，现代首次国际马术比赛在巴黎举办。

1912 年，奥运会马术项目扩为盛装舞步赛、障碍赛和三日赛三项。

1921 年，国际马术联合会在巴黎成立。

1952 年，女骑师被允许参加奥运会马术比赛，马术成为奥运会中唯一一个男女同场竞技的比赛项目。

1952 年，丹麦马术运动员丽莎·哈特尔在小腿瘫痪的情况下坚持参赛，获得银牌。

1983 年，中国加入国际马术联合会。

2000 年，德国在悉尼奥运会上实现盛装舞步团体赛的奥运会五连冠。

2004 年，荷兰女子马术运动员安齐·范格伦斯文夺得雅典奥运会马术盛装舞步个人冠军。

2004 年，爱尔兰男子马术选手奥康纳夺得奥运会马术障碍个人赛冠军。

▲ 蒙古族那达慕（运动会）上的马术比赛。

看奥运

▼ 赛场ABC

horse 马
equestrianism 骑术
equestrian sport 马术运动
halt 立定
pony 矮马

Road Cycling　　*Track Cycling*　　*BMX*　　*Mountain Bike*

自行车

金牌榜

金牌榜	比赛单项	运动员姓名	夺金时间	成　绩	备　注

精彩看点

为了吸引年轻人，新增小轮车（BMX）项目

　　在本届奥运会的自行车比赛中，BMX自行车越野赛将作为新增项目首次进入奥运会。

　　国际奥委会主席罗格说，BMX"是一项新的、引人入胜的比赛，相信它将会提高奥运会的知名度和观赏性。"罗格称，BMX和冬奥会项目中的滑板滑雪、自由式滑雪一样，都是为吸引年轻人而被添加进奥运大家庭的。

BMX是自行车运动的一个新成员，"B、M"的意思分别是Bicycle（自行车）、Motorcycle(摩托车)的缩写，"X"在国际自联的定义为越野赛。因此套用我国体育总局自行车部主任蒋国锋的话说，就是用自行车来代替摩托车的越野比赛。

这项运动所用自行车车型较小，即20英寸的小轮，轮胎比较粗而且它的比赛赛道也和越野摩托车赛道十分相似。车身一般采用钛合金制成，可以承受从几米高的地方摔下的冲力。设计上也有许多的特殊之处，如不受车闸线的限制，可以做360度转动的车把，前后轮都有可供脚踩的"火箭筒"等。

BMX自行车赛是追求极限竞技的自行车运动，对选手的体能和心理都有很高的要求，我国于2005年4月组建了首支BMX小轮车国家队。目前美国在这项运动上占有最大优势。

▲ 早期的实心轮子自行车。

走进历史
——从木马轮到BMX小轮车

自行车运动的起源和发展

自行车起源于欧洲。1790年法国的西夫拉克伯爵将两个轮了装在木马上，人骑在上面用脚蹬地前行，称为木马轮。1816年，德国的冯德赖斯男爵发明有车把可控制方向的木轮车，1818年获英国专利。1839年苏格兰铁匠麦克米兰制成曲柄连杆结构驱动后轮的铁制自行车。1861年法国的米肖父子发明前轮大、后轮小，前轮上装有曲柄和能转动的踏板的自行车，并于1867年在巴黎博览会上展出。1874年英国的劳森在自行车上采用了链条传动结构。1886年英国的斯塔利使用了滚珠轴承和车闸，并将前后轮改为大小相同。1888年英国的邓洛普成功使用了充气橡胶轮胎，自行车至此基本完善。

1868年5月31日在法国的圣克劳德公园举行了自行车比赛，这是有记载的最早的自行车比赛。1893年举行了首届世界业余自行车锦标赛。1895年举行了首届世界职业自行车锦标赛。1896年自行车比赛被列入奥运会项

▲ 19世纪末期，人们发明了前轮大后轮小的自行车。

▼ 一幅19世纪的插图，描绘了在巴黎卢森堡花园骑自行车的人。

看
奥
运

建外SOHO位于北京市朝阳区东三环中路39号(国贸中心对面),总建筑面积约70万平方米,也被媒体称为北京"最时尚的生活橱窗"。

▲ 小轮自行车。

目。奥运会自行车比赛分场地赛、公路赛和越野赛3大类,每类中各包含若干男女分项。

公路自行车赛在有各种地形变化的公路上举行。奥运会设有公路个人赛和公路团体赛。公路男、女个人赛分别于1896年和1984年被列为奥运会比赛项目。公路团体赛在奥运会仅设男子团体赛,1912年被列为比赛项目。

山地车越野赛始于法国。20世纪50年代,一些自行车运动员厌倦了在现代化公路上枯燥的训练和比赛,他们到丘陵地带寻找新的环境、新的挑战,于是一种全新的运动方式产生了。自行车越野应骑山地车,据传,美国加利福尼亚大学学生斯科特是第一位将普通自行车改装成山地车式样的人。以后越野运动逐渐在欧洲流行,并形成赛事。1990年国际自行车联盟承认了这项运动,1991年首次举行世界杯赛。男、女个人越野赛均于1996年被列为奥运会比赛项目。

场地自行车奥运会比赛项目有追逐赛、计时赛、计分赛、争先赛。

新增项目小轮车（BMX）介绍

小轮车(BMX)运动诞生于20世纪60年代的加利福尼亚,在很短的时间里以其独特的魅力征服了全美国。对越野摩托车可望而不可及的青少年而言,这项运动可以使他们体会到在自建的越野跑道上驾车飞驰的美妙感觉。虽然使用的是自行车,但不妨碍他们充分体会那瞬间的撞击所带来的刺激与兴奋。

▲ 小轮自行车比赛中。

20世纪70年代初,美国建立了最早的BMX组织,这也被认为是BMX成为正式运动项目的标志。在其后的十年间,小轮车运动又传入了其他一些国家。1981年4月,国际BMX联盟正式成立,1982年举行了第一届世界BMX锦标赛。BMX这一独特的运动项目便在全球范围内迅速发展起来。由于这项运动与自行车运动有较多的相似,1993年BMX正式成为自行车运动大家庭的一员,继美国之后在欧洲、澳洲的一些国家蓬勃发展起来。但美国仍是这个项目的超级强国。我国在短短的三年时间里,已经有10多个省市组建了专业的BMX自行车队。

BMX运动分为5类,第一种是最原始的泥地竞速比赛;第二种是泥地跳跃比赛,在泥土做成的斜坡上进行跳跃花式比赛;第三种是在模仿街道障碍的道具场地上进行比赛;第四种是在半管道场地里进行跳跃花式比

▼ 赛场ABC

axle fracture 车轴断裂
team race 团体赛
back-pedal 倒蹬
curve 弯道

数码大厦位于中关村，125米的高度使它成为这个以电子信息技术为主要产业的高科技地区的最高楼宇。

赛；第五种是在指定的平地里利用BMX车做各种平衡滑行的动作进行比赛。

平地花式是最基础的，也是最重要的，它的动作有上百种，其中最基本的是车上静平衡，如后轮点地跳，前轮点地跳，擦轮，定车，飘，过桥等。初学者在提高静平衡能力后才能练习更高难度的动半衡。

观赛指南

比赛场馆：城区公路自行车赛场

比赛地点：城区内

赛时功能：公路自行车

比赛场馆：老山自行车馆、老山自行车场

比赛地点：石景山老山

赛时功能：场地自行车、山地自行车

▲老山自行车场效果图。

场馆介绍

老山自行车馆位于北京市石景山区老山国家体育总局自行车和击剑运动管理中心基地西侧，建筑面积32920平方米，坐席数6000个。

公交路线

1.337、389、728、941路到老山站下。

2.318、663路到晋元桥南站下。

3.645、981路到晋元桥西下。

▲老山自行车馆效果图。

运动现场观赛礼仪

自行车观赛比较自由，但到现场观看自行车比赛时，观众切记一定不能突然冲入自行车赛道，即使是在自行车比赛队伍并没有到达你所在的路段时，也不要冲入赛道，以防发生意外。这是因为自行车比赛与其他的场地比赛不同，自行车比赛场地上不仅有快速行驶的自行车，还有各种宣传广告车、警车、裁判车等诸多机动车，因此绝对禁止观众在观看过程中冲进赛道，此举将十分危险。

▲雅典奥运会自行车场地赛的比赛场馆。

看
奥
运

紧临东三环的佳程广场由两栋甲级写字楼、配套商业楼及大型地下停车库组成，为国际顶级建筑公司——巴马丹拿的代表之作。

比赛日期和金牌数目

比赛项目	8 五	9 六	10 日	11 一	12 二	13 三	14 四	15 五	16 六	17 日	18 一	19 二	20 三	21 四	22 五	23 六	24 日	金牌数目
自行车 场地								1	3	1	2	3						10
公路		1	1			2												4
山地															1	1		2
小轮车														2				2

注：蓝色为比赛日，黄色为决赛日。

▼ 自行车发明后，骑自行车成为一项时髦而又深受人们喜爱的运动，这些国外的海报表现出了人类在遇到自行车之后的惊喜。

10分钟课堂

08 奥运自行车分项设置

2008年自行车项目共有18个小项目，其中男子项目11个，女子项目7个。与2004年雅典奥运会相比，取消了男子1000米计时和女子500米计时赛，增加了男子和女子小轮车个人（BMX）项目。

自行车	男子项目	女子项目
场地赛	男子争先赛 男子4000米个人追逐赛 男子记分赛 男子凯林赛 男子团体竞速赛 男子4000米团体追逐赛 男子麦迪逊赛	女子争先赛 女子3000米个人追逐赛 女子记分赛
公路赛	男子公路个人赛 男子公路个人计时赛	女子公路个人赛 女子公路个人计时赛
山地车	男子山地车越野赛	女子山地车越野赛
小轮车（新增）	男子个人赛	女子个人赛

奥运自行车参赛资格和名额

奥运会参赛名额首先根据奥运会之前的世界锦标赛成绩进行分配；然后，从世界四大洲(亚洲、非洲、大洋洲和美洲)进行的奥运会预选赛中选拔出一定数量的参赛选手；除了参加这些主要的资格赛以外，那些在世界资格赛中落选的选手还可以参加B级世界锦标赛，以获取奥运会的参赛资格。

2008年奥运自行车比赛将有约300名选手参赛。由于北京奥运会增加了两项小轮车个人（BMX）项目，国际自行车协会提出增加运动员人数。在取消两个计时赛项目的前提下，即取消女子500米计时赛和男子1000米计时赛的前提下，国际奥委会同意增加20名运动员。

奥运自行车赛制和比赛方法

自行车比赛因比赛性质的区别，有直接决赛和单淘汰赛之分。直接决赛是经过一轮比赛后，根据比赛成绩决定最终排名。采用直接决赛的比赛有计时赛、记分赛、公路赛、越野赛。单淘汰赛是指比赛失败一次即被淘汰，获胜者继续比赛，直至最后决出冠军为止。采用单淘汰赛的比赛有争先赛、追逐赛、奥林匹克竞速赛和凯林赛。

自行车场地赛

场地赛在赛车场进行。赛车场为椭圆盆形，跑道用硬木、水泥或沥青筑造，跑道周长分400米、250米和333.33米三种，其中333.33米为国际标准场地。跑道宽5～9米，弯道坡度25～45度。所用自行车均应为死飞轮，不得安装变速装置和车闸。奥运会比赛项目有计时赛、争先赛、记分赛和追逐赛。

争先赛

争先赛是一种场地性比赛，比赛距离为1000米（周长333.33米或250米的场地上骑行3圈或4圈），比赛不计时，先到达终点者获胜。赛次分资格赛、1/8赛、1/4赛、1/2赛、决赛。争先赛的资格赛以200米计时赛的方式进行，取12～24名运动员进行下一赛次的比赛。1/4赛前，负者之间可通过胜出复活赛获得继续比赛的资格。1/4赛后实行三战两胜制。比赛分组进行，每组2～3人在起点线上同时出发，出发后里道的运动员必须以快于步行的速度领骑1圈。第二圈起，尤其是最后200米间，运动员采用各种战术使自己领先，以最快速度冲过终点线，取得比赛的最后胜利。

记分赛

记分赛中男子比赛的距离为40千米，女子比赛的距离为25千米。比赛前先抽签排列顺序，由指定的一名运动员领骑1圈作为预跑，而后发令员鸣枪，比赛正式开始。途中每2千米进行一次冲刺，每次冲刺记前4名分数，按名次分别记5分、3分、2分和1分，半程和终点记分加倍。

车手完成比赛距离之后，胜利者将是

看奥运

奥运看北京

西 奥 中 心

西奥中心位于奥运村西侧，是总建筑面积6万平米的商业物业，由两栋23层的椭圆型双塔构成。

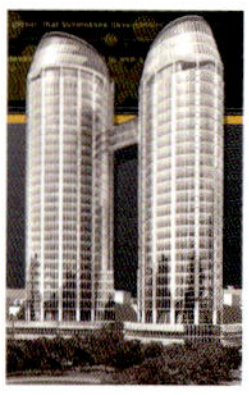

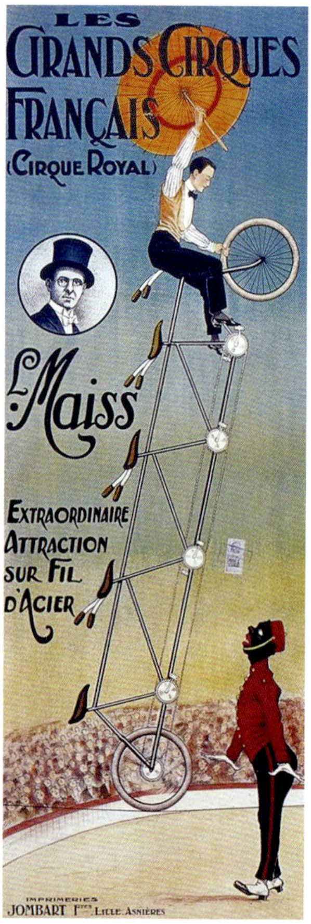

领先1圈的选手，也就是追上最后一名的人。通常情况下，2名或是更多车手会领先1圈，那么胜利者就将通过比较积分决出，如果是平分，则以冲刺时的名次为准。

个人追逐赛

出发时两名运动员分别位于跑道正中的起、终点线上，枪响后同时出发，互相追逐。在规定的距离内，如后面的运动员追上前面的运动员或与之并排，则被追上或被并排者淘汰；如未被追上，则以到达终点的时间决定胜负。获胜者参加下一轮比赛。

团体追逐赛

团体追逐赛中，每队4名运动员。比赛时，运动员之间保持1米左右的距离，呈梯形队站立，枪响后同时出发。每队必须有3名选手到达终点，并以第三名到达终点的成绩判定名次。如一队的第三名运动员追上另一队的第三名运动员或与之并排，则被追上或被并排的队被淘汰；如未追上，则以各队第三名运动员到达终点的成绩判定名次。

凯林赛

凯林赛于20世纪40年代在日本作为打赌赛首次出现，并于2000年第27届奥运会首次成为奥运会比赛项目。凯林赛中，一群运动员由摩托车牵引一定圈数后再进行冲刺。摩托车时速限制在每小时45千米。领骑员要在测量线上骑行，开始的速度是每小时25千米，逐渐增加到每小时45千米，但是不能突然加速。当裁判员发布命令后，领骑员要离开跑道，原则上在终点线前600～700米处离开。随后选手们向终点冲刺，最先冲过终点的是胜利者。

奥林匹克竞速赛

尽管被称为奥林匹克竞速赛，但它并不是一直在奥运会上进行，2000年第27届悉尼奥运会上才首次出现。奥林匹克竞速赛是由两支队伍同时出发在跑道上完成3圈骑行距离的比赛，每队由3名运动员组成，每名运动员领骑1圈，竞赛模式与追逐赛相似。

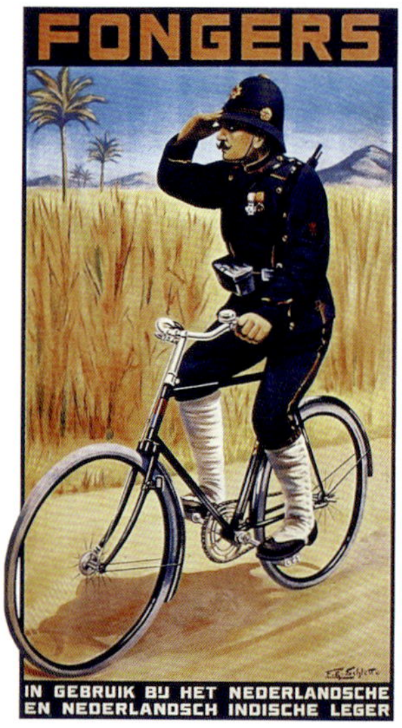

麦迪逊赛

麦迪逊赛是与记分赛类似的战术性男子集体比赛，团队通常由1名冲刺力强的选手和1名耐力强的选手组成，他们根据比赛速度交换位置，并利用在交替冲刺中的积分来争取胜利。比赛距离为60千米，该项目因首次比赛在纽约麦迪逊广场公园举行而得名。

麦迪逊比赛开始时，每队派出1名选手，各队选手集体出发。不进行比赛的选手可选择在位于赛道上部的休息赛圈缓慢骑行。为交换位置，同一团队的一对选手握住手，领先者给予原先处于放松状态的队友一定助力使之加入竞赛。这一行为被称为“交手”。

交换位置通常在拐弯之后的直道上进行，因为那时赛道较高，有利于加速和控制速度。麦迪逊赛要进行240圈，每20圈一次冲刺。在积分赛中，

恒基中心位于北京市中心的黄金地段——建国门内大街18号。面对北京国际饭店，南朝北京火车站，东邻中粮广场及海关大楼，西向北京市邮政大楼，位于商业中心区。

奥运看北京
恒 基 中 心

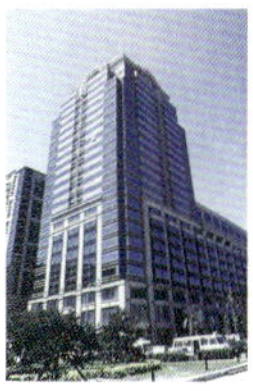

每次冲刺第一名将获得5分，第二名3分，第三名2分，第四名1分。

自行车公路赛

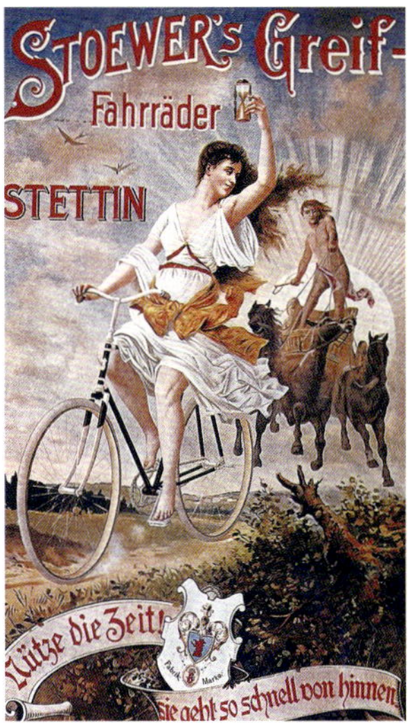

公路自行车赛好像马拉松一样，所有选手都在起点处同时出发，最先到终点的选手获得比赛的胜利。公路自行车比赛的车长度不得超过2米，高度不得超过50厘米，车身的重量应在8～10千克之间。他们有向下弯曲的车把，薄而耐压的轮胎和狭窄的车座垫，同时还安装了车闸和有8个齿轮组成的变速器。

公路个人赛

公路个人赛选择环形或往返路线，路面要有起伏和斜坡，起、终点应尽可能设在同一地点。比赛时所有运动员依据前一年排名先后在起点处依次排开，集体出发，以运动员到达终点的顺序排列名次。男子自行车公路赛全程总共234千米，女子公路自行车赛全程126千米。

因为公路自行车赛持续时间过长，比赛对参赛队员的体能要求很高，所以，在赛段沿线的指定地点为队员提供巧克力、三明治及香蕉等食物和提神的饮料。同国籍的队员可以与其队友分享食物和饮料。

公路个人计时赛

这个项目要求选手先后出发，时间间隔90秒钟，然后将每名选手骑完全程的时间进行比较和排名，用时最少者获胜。

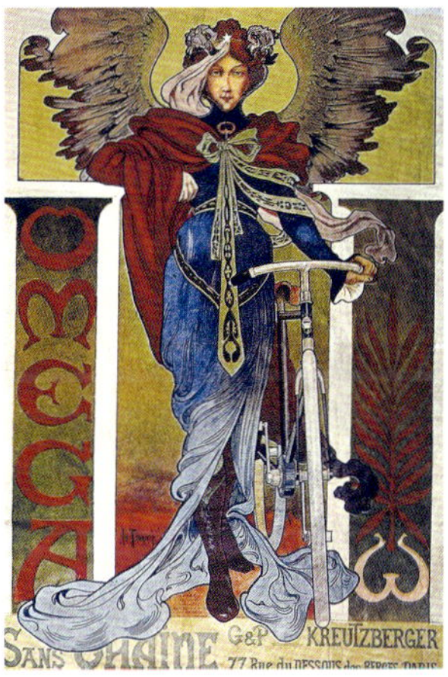

公路团体赛

公路团体赛选择比较平坦的路面，途中应设转折点，起、终点应在同一地点。每队由4名选手组成，他们必须穿统一颜色的运动服装。出发前全队在起点线后排成一列横队，出发后有1名选手为领骑者，其余3名紧贴其后，队与队出发间隔时间为2～3分钟。每队必须有3名选手到达终点，并以第三名到达终点的成绩判定名次。若成绩相等，则以该队第一名到达终点的成绩判定名次。由于各届奥运会的比赛条件存在差异，因此公路自行车赛只有名次，未设奥运会纪录。

比赛时因速度快、风阻大，各队在骑行中一般排成一条直线，这样领骑的选手最吃力、体力消耗最大，所以比赛时要不断变换领骑者，以使队员体力得到一定恢复。公路团体赛中，非常忌讳途中有人掉队，因为这样会使轮换领骑的节奏加快，尾随恢复体力的时间减少，最终影响比赛成绩，到最后阶段，各队将由成绩较好、体力较充沛的3人完成冲刺。

自行车越野赛

越野赛是山地车赛的一种，分绕圈、超长、短程和耐力4种。

男子越野赛全程为40～50千米（6～7圈），女子越野赛全程为30～40千米（5～6圈），每

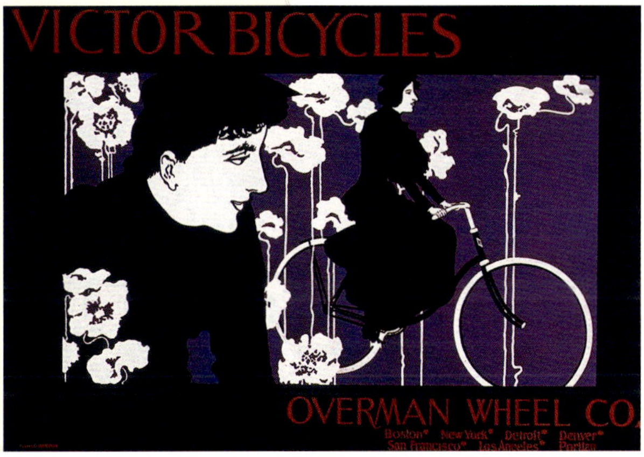

王府井大街地处天安门以东，是一条南北走向的长街，全长一千八百多米，是一条综合性商业步行街。王府井汇聚着博大精深的传统文化，记录着同升和、盛锡福、瑞蚨祥、东来顺、全聚德、翠华楼等诸多老字号的历史沧桑巨变。

▲ 小轮自行车比赛中。

圈至少6千米。这种比赛的赛场有明显的海拔高度变化。比赛时，各队队员从左到右排成一列横队集体出发，以到达终点的时间判定名次。一般男选手需要2小时15分左右、女选手需要2小时左右完成比赛。

自行车山地赛的赛道和自行车

自行车山地赛赛道主要是由艰险地段组成，参赛队员每环都必须越过，其中还包括一些峡谷和其他障碍物。赛道沿线每隔一千米都有一个路标，用以提示参赛选手离赛完全程还有多远。

参赛选手应该尽量避开过于平整的赛道，而选择更艰险崎岖的山路，以考验他们的实力及自行车技术。正因为如此，选手除必须具备相当出色的自行车驾驭技术以外，还必须配备性能良好而且结实耐用的自行车。所以，山地自行车与别的自行车不同。虽然山地赛对于自行车的型号及零部件的型号没有做出特别规定，但跟摩托车一样，山地车配有叉形的前悬架，在车尾可能还有减震器。山地车采用直车把，强有力的刹车，以及有24种速度选择。山地车的另外一个特点是它的又宽又厚又粗糙的车胎。比赛严禁使用挡风镜、导流罩和其他用来减小空气阻力或人为地提高车速或加速度的附加装置。

竞技战术解析
——战术胜于速度

争先赛中的争后现象

争后现象一般在场地自行车争先赛中出现。争先赛是比技术和战术的比赛。比赛时选手们从起点同时出发，在周长333.33米或250米的场地上骑行3圈或4圈共1000米。争先赛的资格赛以200米计时赛的方式进行，1/4赛后实行三战两胜制。

▼ 自行车场地赛比赛中。

比赛不计时间，只看谁最先冲终点。比赛分组进行，每组2~3人在起点线上同时出发，出发后里道的运动员必须以快于步行的速度领骑1圈。第二圈起，尤其是最后200米间，运动员采用各种战术使自己领先，以最快速度冲过终点线，取得比赛的最后胜利。

在比赛中，因为有风的阻力，骑在前面的运动员体力消耗较大，所以，在前几百米为节省体力和寻找突出时机，有时谁也不愿当领骑，所以人们往往看到这样的现象，运动员先是慢吞吞地骑，甚至还故意落在对手后边。运动员在前800米时骑的很慢，以保存体力；最后200米时却又你争我夺，竭尽全力，最快的时速已经超过了70千米。

定车

运动员根据战术需要，在跑道上突然停止前进，称为定车，一般在争先赛中采用。在争先赛时，里道运动员必须领先骑一圈。当比赛进入第2圈可采用"定车"使别人越前，因为运动员只有尾随他人之后，才能观察掌握对手的战术意图. 从而采取相应措施. 但定车时向后移动不得超过20厘米，也不得在放松道上定车，违者判重新领骑。如再次违例，则判为失败。

爬坡

自行车运动骑行技术之一。在公路个人赛上坡时，运动员采用相应的传动比，并合理地分配体力，采用离座立式骑行以加大脚踏力量，克服阻力。下坡时，身体稍前倾，以增加前冲力，两脚肌肉自然放松，使赛车发挥最大骑行速度，并掌握好继续发力蹬车的时机，保持车速。下坡时，若遇到弯道，要根据弯道的情况控制车速。需要刹车时，应前后闸同时刹，切忌用力过猛；也可采用点闸的方法逐渐减速。

猛冲

猛冲是运动员在比赛中突然集中力量，以最快速度骑行前进的技术。比赛时运动员为了节省体力，往往愿意尾随他人之后，形成集聚骑行。然而当赛程尚余100米时突然用力骑行，在最有利的位置上以最快的速度冲向终点，力争取得最好的成绩。

梯形队形

在场地团体赛中，为了减少本队的空气阻力，选手一般均以此为出发队形，本队运动员排成间隔1米左右的梯形队形，同时骑在车上，由裁判员扶车。发令员发出信号后，按照此队形出发进入比赛。在公路团体赛中常遇到逆风，一般尾随者都会自觉地形成这种队形以取得最佳成绩。

弯道骑行

比赛时运动员为了克服高速过弯道时产生的巨大离心力，把身体和赛车一起向里侧倾斜，里侧的手臂肘关节尽量伸开，用力按住车把，膝关节靠近车架横梁，使身体重心平衡，顺利地快速通过弯道。

福娃问答

自行车场地赛有哪些主要规则？

自行车场地赛在起跑时如运动员犯规两次，将被取消比赛资格。

争先赛中，运动员如定车，定车的时间总和不得超过3分钟，退后不

国际自行车联盟（UCI）

国际自行车联盟，简称国际自联（UCI），该组织已经成为世界自行车运动的领导力量。现有160个协会会员。

国际自联的任务是发展各种形式的业余自行车运动；制订规则；领导和监督该项运动；鼓励协会会员参加奥运会，改善协会会员的相互关系和加强联系。

国际自联举办的主要比赛有奥运会自行车赛、世界自行车锦标赛、世界青年自行车锦标赛等。

看奥运

赛场ABC

get rid of　摆脱
individual race　个人赛
individual road race　个人追逐赛
lap scorer　计圈员
lap start　出发过迟

木化石群国家地质公园位于延庆东部山区，主要分布在白河两岸，确立了20余处保护地。位于千家店镇的木化石群是我国华北地区规模最大、保存最完整的原地木化石群，产生于距今1.4亿～1.8亿年前的侏罗纪，是地质遗迹中的珍品。

得超过20厘米，两次违例者将被判为失败。

比赛过程中，出现公认的机械事故时，一般由裁判员中止比赛，再重新开始。

团体赛每队由4人组成，团体赛中，起跑犯规时，第1次令其返回重新起跑，第2次则取消犯规运动员的比赛资格，第3次取消全队比赛资格。

记分赛中，有超过半数的运动员摔倒时可暂停几分钟比赛，然后原地出发重新比赛。

自行车公路赛中选手如何进行自行车维修？

参赛选手可以从后面跟着的可搭载报废车辆的工作车上得到一些维修服务，比如说当自行车爆胎的时候；也可以在设置在赛段中间的维修站那儿进行维修。同一队的队友可以互相提供工具进行维修，但是沿着赛道推车将意味着被取消比赛资格，该选手将被要求离开赛道。

自行车山地赛的基本规则是怎样的？

选手必须戴头盔，必须严格按照规定的比赛路线行驶。

当选手超车时，其他队员应为他让道，不许故意阻挡。

选手如果在某一环节犯规，他可以继续骑完那一环节，然后他将被驱逐出比赛。

赛道上所有的路障都必须是原先计划好的，而且事先通知过参赛选手。

当有一名或几名选手在开赛时处于不利状况，比赛可以重新开始。

在赛道沿线必须有箭形标志或其他标志告诉选手们前进的方向，前方是否有危险，以及危险程度。

自行车山地赛对犯规如何判罚？

自行车山地赛与自行车公路赛及自行车赛道赛有很大的区别，即自行车山地赛的选手不能接受任何形式的援助。参赛选手在比赛中要自备修车工具，而且如果自行车在比赛过程中坏了，选手们应自己负责修理。选手一旦接受任何来自外界的帮助，他将会被立即取消比赛资格。

选手一旦被发现有推搡其他参赛选手，或倚在他人身上，或者拉别人的运动衫等犯规行为，都将被驱逐出比赛。在此情况下，参赛选手可以先骑完全部赛段，然后比赛组委会将通告这位选手因几处犯规而失去了比赛的最终排名。

裁判依据选手犯规的性质及犯规对比赛结果的影响对该选手做出判罚。选手如果在比赛的最后冲刺阶段干扰其他选手，那么该选手将被取消比赛资格。为了比赛的安全起见，参赛选手可以更换护眼镜，可以在赛道特定地点接受食物及饮料。选手如果在其他地方接受饮食将会被取消比赛资格。

自行车比赛中可以领骑挡风吗？

领骑以挡风在计时赛中是不允许的。当选手们之间很接近时，他们不

▲在自行车团体赛中，为了减少本队的空气阻力，选手们一般都会自觉尾随以获得最佳成绩。

新东安市场位于王府井大街北段，老东安市场原址。新东安市场1998年竣工开业，是集购物、餐饮、娱乐和办公于一体的现代化多功能的商业中心，地下3层，地上11层。

奥运看北京
新东安市场

得利用前面的队员形成的带动助力，相反，紧跟的选手必须从侧面闪开两米的空当。

🚲 自行车比赛中出现事故如何处理？

在所有赛道规则中，事故分为可知性的和不可知性两类。被认为是有效的可知性事故包括摔倒、自行车零件破裂或突出，这些都不受惩罚。不可知事故是车轮、手柄或脚踏板松紧错误，或链条阻塞的结果。在这些情况下车手将被取消资格。冲撞很少导致比赛中途停止，最后1圈铃响后则不会停止比赛。车手必须毫无阻挡地让更快的选手超过。如果有车手感觉因推挤或阻挡而处于不利位置，他们必须在比赛结束后10分钟内向裁判提交书面抗议。

大事记

1790年，法国的西夫拉克伯爵将两个轮子装在木马上，人骑在上面用脚蹬地前行，这被称为最早的自行车。

1868年，有记载的最早的自行车比赛在法国的圣克劳德公园举行。

1888年，经过几十年的改进，我们现在所骑的自行车基本形成。

1896年，男子自行车比赛成为第一届奥运会的比赛项目。

1939年，中国自行车协会加入国际自行车联盟。

1960年，两名丹麦自行车选手因服用兴奋剂在比赛中猝死，这是奥运会历史上第一次因服用兴奋剂而导致死亡的事故。

1984年，女子自行车比赛成为奥运会比赛项目。

2000年，我国女子自行车选手姜翠华获得悉尼奥运会女子场地自行车500米计时赛铜牌。

2004年，挪威选手达赫尔获得奥运会山地自行车女子越野赛冠军。

▲ 我国新疆维吾尔族人阿迪力1995年在云南少数民族运动会上表演的高空骑车走钢丝。高空骑车走钢丝是一项要求极高的技术，不但要掌握身体在高空中的平衡，还要有骑车技术的过硬本领。

看奥运

▼ 赛场ABC

pacemaker　　领先者；领骑者
road race　　公路自行车赛
stage racing　　分段赛
tyre burst　　爆胎

Triathlon

铁人三项

金牌榜

金牌榜	比赛单项	运动员姓名	夺金时间	成 绩	备 注

精彩看点

挑战极限的运动

铁人三项运动是奥运史上最年轻的运动项目之一,因比赛难度大、赛程长和连续性,具有强烈的刺激性和挑战性,故深受崇尚自然、挑战自我、挑战极限的现代人的喜爱。

2008年北京奥运会的铁人三项比赛主会场设立在十三陵水库大坝附近,

那里绿树成荫，水面宽阔，自然风光非常好。在比赛中，观众不但会欣赏到运动员挑战人类极限的壮举和美不胜收的自然风景，还能充分感受天人合一的境界。除了购票进入主会场外，观众还可以在比赛沿途为运动员加油助威，领略铁人三项比赛的魅力。

▲运动员从搭建在水中的浮台上鱼跃入水。

走进历史
——寻找坚毅的征服者

铁人三项运动的起源和发展

铁人三项运动起源于美国。1974年2月17日，一群体育爱好者聚集在夏威夷的一家酒吧里争论当地举办渡海游泳赛、环岛自行车赛、檀香山马拉松赛哪个项目最有刺激性、挑战性、最能考验人的意志和体能。美国海军中校科林斯提出，谁能在一天内先在海里游3.8千米，然后骑自行车环岛180千米，再跑完42.195千米的马拉松全程，中途不得停留，谁就是真正的铁人。科林斯的想法得到大家的支持。第二天，有15人参加比赛，其中还有1位女选手。结果有14人赛完全程。第一名的成绩是11小时46分。该次比赛后来被追认为首届世界铁人三项锦标赛。

这项运动最初仅在夏威夷和加利福尼亚流行，后来逐渐在澳大利亚、新西兰、西班牙、法国、英国、日本、中国等国家广泛开展。铁人三项有三种不同距离的比赛：第一种是夏威夷铁人三项锦标赛：游泳3.8千米，自行车180千米，马拉松42.195千米。第二种是尼斯世界铁人三项锦标赛：游泳3.04千米，自行车120千米，长跑29.44千米。第三种是世界铁人三项锦标赛：游泳1.5千米，自行车40千米，长跑10千米。第三种也是铁人三项比赛的标准距离，按游泳、自行车、长跑的顺序进行。2000年悉尼奥运会首次将铁人三项列为奥运会比赛项目。

▼自行车赛段过程中。

看奥运

▲十三陵水库。

观赛指南

比赛场馆：铁人三项赛场
比赛地点：十三陵水库
赛时功能：铁人三项

场馆介绍

　　铁人三项对比赛场地要求不是很高，需要的只是平整的公路和清洁的天然水域，但出于电视转播和人们亲近自然的需要，比赛路线不仅要具备挑战性和安全性，还要求环境优美，风景宜人。十三陵水库及东侧的蟒山公园等地恰为奥运铁人三项赛提供了完美的舞台，也充分体现了"绿色奥运"理念。

　　观众席位于十三陵水库大坝的斜坡上，共有4000个座位，此外比赛沿线还设有4个自由观赛区，观众可以在这些指定区域步行观赛。

公交路线

　　643路到十三陵水库站下。

比赛日期和金牌数目

比赛项目	8 五	9 六	10 日	11 一	12 二	13 三	14 四	15 五	16 六	17 日	18 一	19 二	20 三	21 四	22 五	23 六	24 日	25 一	金牌数目
铁人三项											1	1							2

注：预赛日和决赛日为同一天。

观赛礼仪

▼运动员在游泳赛段中。

　　由于铁人三项所有比赛都在室外进行，所以观众一定要考虑天气问题，如注意防晒、防雨等。同时要对比赛时间心中有数，耐心观赛。一般来说，最棒的男子运动员要用1小时50分钟完成比赛，而最好的女子运动员要比男子运动员多用12分钟左右。

　　比赛过程中，观众要为成绩最好的运动员喝彩，同时也应该对表现出坚强意志品质的运动员加油。还应该自觉地把饮料瓶、食品包装袋和其他垃圾集中起来扔到垃圾筒。

10分钟课堂

奥运铁人三项参赛资格和名额

2008年奥运会铁人三项的参赛人数将由原来的男女各50人，增至男女各55人。但是每个国家最多只允许3名运动员参赛。男子和女子的铁人三项比赛都是一次性的在同一个路线上分别举行。

2008年奥运会铁人三项比赛资格可以通过以下几个途径获取：世界杯积分前45名的选手；2008年世锦赛前3名；2008年洲际锦标赛冠军；东道主国家自动获得男女各1个名额。此外，还有2张外卡，由国际铁人三项联盟掌握。标准同时规定，每个协会最多只能派出男女各3名选手。

08奥运铁人三项分项设置

2008年奥运会设男子个人赛和女子个人赛两个小项目，两个项目都是进行1500米游泳、40千米自行车和10千米长跑的比赛。

奥运铁人三项赛制和比赛方法

铁人三项运动属于新兴综合性运动竞赛项目，比赛由天然水域游泳、公路自行车、公路长跑三项目按顺序组成，运动员需要一鼓作气赛完全程。铁人三项运动是一项培养参赛者战胜自然和自我的铁人精神，充分锻炼和体现运动员体能、技术、意志的项目。竞赛设有男子组和女子组，男女组同时分批进行，分别计成绩，先到达终点者为胜。比赛时，选手一齐出发，三个项目之间的转换不会有任何停顿。

铁人三项比赛的比赛场地

铁人三项比赛场地包括铁人三项水陆赛区及其换项处。赛事一般选择依山傍水的自然环境进行。具体要求为：

游泳以水域宽阔的江河湖海为赛区；赛区水面能安排三角形比赛路线；起终点设在同一地点，应有上下的台阶、扶梯或沙滩；水深至少1.8米，水情稳定安全，水质须符合卫生标准，水温一般应在20℃以上，略偏低亦可；游程路线按规定的间隔距离、方向排列要求等设置浮标和转弯浮标。

自行车选择有上下坡、转弯等地形变化的路面为赛区；起点与游泳终点设一个50米长交接区，存放运动员赛车等器材用品；要求赛程道路畅通，沿途隔5千米设一个里程牌，急转弯及危险处设置缓冲物。

长跑在单程、往返或环形公路上进行；路面须平整，应全线交通管制，不可与自行车比赛的路线重合或交叉；沿途每1千米设一个标志牌，转弯路段前均设转弯标志牌；起点与自行车终点设有100米交接区，供运动员存放自行车以及跑程开始。

游泳路线（750米/圈）
Swim(750M/lap)
自行车路线（6.6千米/圈）
Cycle(6.6KM/lap)
跑步路线（2.5千米/圈）
Run(2.5KM/lap)

▲ 2006傲胜北京铁人三项世界杯赛路线图，这次比赛的路线与2008年北京奥运会铁人三项比赛路线基本相同。

▼ 赛场ABC

transition area　转换项目区域
stitch　腹部的疼痛，俗称"岔气"，由于动作变形或运动前进食所致。
olympic distance triathlon
奥运会铁人三项标准游泳1.5千米，自行车40千米，跑步10千米。

▲骑自行车行驶40千米。在自行车赛段，由于有风的阻力，骑在前面的运动员体力消耗较大，因此，为了保存体力，运动员们都不愿意领先骑。

铁人三项的参赛器具、装束

游泳应选择弹性好表面光洁的泳装，以减少阻力；也有软式游泳衣，具备隔水、保温、增浮效果，在水温低于规定标准时，经组委会同意，可统一使用，另外还包括游泳帽和游泳眼镜。

自行车要选用以轻合金钢架或碳素纤维架制作的公路赛车。车轮用半封闭或全封闭的，以减小骑行阻力并可借助风力增速；轮胎选用内外合的；传动装置选用10速的，以便根据赛程路面坡度、体力和战术调节飞轮组合。此外还需准备头盔、紧身骑短裤、骑行鞋、水壶、计速器、打气筒等配套辅助装备。

长跑装备应选用轻、软、舒服、牢固的跑鞋，包括短裤、背心等。现在有三项赛专用装备，包括专用眼镜、专用背心、专用手表等，可供比赛自始至终通用。

竞技战术解析
——挑战体力的极限

在铁人三项比赛中，为了能取得比赛的最后胜利，必须在不同的阶段采用不同的战术，并根据情况的变化及时调整战术。

游泳赛段的开始游战术

由于铁人三项比赛参加的选手很多，少则百余人，多则上千人，而游泳比赛又被排在头一项，加之在自然水域中进行，没有固定的泳道和出发标志线，发令时又不喊"各就各位"的口令，一般是在运动员注意力还没集中的情况下就鸣枪发令了。所以在出发前，需要集中注意力，听到枪声，便全力以赴，以自由泳摆脱对手。

游泳赛段的跟随游战术

▼自行车赛拐弯过程中。

如果出发后你处于中间位置应该很好地利用跟随游的战术。跟随游的技术是跟在前面队员的身后，速度和前面运动员保持一致，并尽量靠近，让他为你开路。但要注意不要故意拉位，否则会被判犯规。跟随游的好处有很多，因为每个人在游进时都会在身后形成一个"旋涡"，这个旋涡也是向前移动的，如果能跟在前面队员的后面向前游进，肯定会节省一定的体力。

在运用这一战术时，应注意选择一个和自己实力、水平接近或者比自己稍强一点的，免得拖垮自己。跟随游泳战术能否运用得当，就要看选手能否捕捉到赛场中瞬息变化的战机，从而不断地改变、调整自己的速度及泳姿，以获得最好的成绩。

游泳赛段的冲刺战术

当你快要接近终点时，不管跟随在别的队员后面，还是单独领先或落后，这时都应该全力加速，最好采用自由泳。如果跟在别的队员后面，就应从左边超上前去。但是由于铁人三项的游泳竞赛场地复杂，所以需要注意前面的目标和最浅处的地理环境，不可盲目游进，以免产生危险或徒劳无功等不良后果。而且也要注意体力的合理分配，毕竟后面的赛程还很长。

自行车赛段的定车技术

定车是控制自行车所必需的方法之一。定车技术水平较高的运动员，在掌握骑行技术方面会更快、更全面，骑起车来会感到更有把握，无论是以最慢的速度骑行或是和运动员挤在一起时，都不怕失去平衡。此外，还会感到轻松自如，减少两脚踏蹬的负担。可以说，定车是学会骑行技术和自我保护的前提和基础。

众所周知，铁人三项参赛的运动员很多，要想避免发生事故，就必须学会定车技术，尤其在赛场上出现一对一的情况下，处在领先地位的运动员是很不利的，而想摆脱这种不利地位，则必须凭借良好的定车技术来实现自己的战术目的。

要想把车定得稳，车的前轮应稍偏向一边，两个脚蹬应差不多处在一条水平线上，两脚前后放在前轮的后部。车子定住后，必须迅速找到身体的平衡，然后借助脚的动作使车子稍微移动，使身体不失去已找到的平衡。

定车时需要运动员采取站立姿势，这时如果是右脚在前，那么前轮就要转向右边，当身体感到要失去平衡时，立即向右歪，并使车子稍向右移动。为了使身体恢复到需要的平衡点上，有时两脚须做一系列迅速的踏蹬或回轮动作以进行协调。如果左脚在前，那么前轮和身体歪的方向就要向左。注意在移动重心时要用前脚踏车，并要非常轻。

自行车赛段的弯道骑行技术

快速而安全地转弯技巧是自行车赛段成败的关键因素，特别是在遇到下坡或双弯道比赛时，这一技巧更为有效。

弯道骑行的技术有两种：第一种是转弯时运动员与车子以同样的角度向里侧倾斜，即上体与车身在一条直线上；第二种是运动员的躯干几乎保持垂直姿势（略往里倾斜），而车子却往里倾斜得很厉害。在遇到半径大或中等半径的弯道，通常采用第一种方法骑行；半径较小的弯道，通常采用第二种方法骑行。

▲奥运会铁人三项比赛的总距离是51.5千米。运动员们首先在水中游1.5千米，然后进入换项区，戴上头盔，骑上自行车进行40千米的自行车赛，最后，他们骑回换项区，穿上跑鞋进行10千米的长跑。图中运动员刚刚游上岸后就开始跑向换项区。

看奥运

▲ 铁人三项自行车比赛用自行车。

马拉松赛段的不同战术

在铁人三项运动的马拉松竞赛中,运动员多以均匀的速度、合理分配体力为最主要战术。除此之外,还有"领先跑"和"跟随跑"战术。

在比赛中采用什么样的战术要根据情况而定。如自己的实力较强,水平明显高于其他对手,对比赛夺冠把握很大,信心和争先欲望很强;或是为了战术的需要,牺牲自己而给同伴创造条件,则可采用领先跑的战术。反之,自己实力不突出的情况下,就应当恰当选择跟随对象,采用跟随跑战术。

福娃问答

赛场ABC

triathlon   铁人三项
t1- first transition
第一个转换项目(从游泳到自行车)的人。
t2 - second transition
第二个转换项目(从游泳到自行车)的人。

🏃 **铁人三项的规则与游泳、自行车、长跑单项规则有何异同?**

游泳是三项赛的第1项,运动员可以用他们喜欢的任何姿势游泳,但实际大多数运动员都选择自由泳。

从水里上岸后,运动员要马上转入自行车的赛程。在自行车赛段中,整个赛程必须骑自行车完成。但是如果车胎出了问题,运动员可以带车跑到换胎站换胎。一般来说,运动员必须自己换胎。

马拉松赛段最重要的规则就是运动员必须用自己的双脚完成全部比赛。在最艰苦的夏威夷铁人三项赛中曾发生过选手爬过终点线的情况,这在奥运会是不允许的。

🏃 **铁人三项中的长跑有何规定?**

铁人三项中长跑比赛规则主要有:比赛按组委会制定的路线进行,如遇特殊情况要离开路线,须向裁判员声明并在裁判监督下重新进入比赛;运动员按规定在胸、背处各佩带一块号码布,赛事结束前不得自行取下;赛时不许借助车辆或其他动力前进;不准冲撞或阻挡其他运动员跑;不能继续比赛者,可向裁判员提出自动弃权要求,在裁判员取下号码布后作弃权者身份上收容车。

🏃 **铁人三项中的自行车基本规则是怎样的?**

铁人三项中自行车比赛规则主要有:赛车用公路赛车,可装变速器及圆盘式车轮。禁止装车链盒;可有备用轮胎、打气筒、饮料架及饮料。赛程中须自始至终戴安全帽。服装可穿三项赛专用服或单项服装。起点设在与游泳终点的交接地段,区内有按号码排列的存车架,出口处划有白色起点线。赛途中不得更换车辆;短距离赛程中车辆出故障,只能修理不得更换部件。终点线为两边白色、中间黑色标志,须人、车同时到达为准;换项区域按号码顺序排列车架,赛车须对号上架。

▼ 从水里上岸后,运动员要马上转入自行车的赛程。在自行车赛段中,整个赛程必须骑自行车完成。但是如果车胎出了问题,运动员可以带车跑到换胎站换胎。一般来说,运动员必须自己换胎。

🏃 **铁人三项中的游泳比赛有哪些规则?**

参赛者必须按照奥委会制定的游程路线,并绕浮标外沿游完全程。

游程中允许借助水道线、救护船、监护船、浮标等原地休息，但不准借力游进。

赶超对手须从侧方绕过，不得影响其正常游进。

游泳过程中运动员体力不支，可举一手在头上挥摆以示紧急求救，凡被救起上船的运动员按自动弃权论。

铁人三项比赛的换项有何规定？

在紧张的铁人三项比赛中，一名运动员从游泳换到自行车或者从自行车换到长跑所用的时间至关重要。所以比赛规定在换项区域里的动作要受到严格的监控。运动员在换项区域内不能阻止其他的运动员，或者侵犯他人的竞赛设备。运动员必须在指定的区域或者起始线处上下自行车，在换项区域内不得骑车。

"禁止任何人裸体或者不适当的暴露身体"，这条规则看似简单，但当运动员快速从水中上岸，脱掉防水衣、戴上头盔、套上鞋子，还要从架上取下自行车，"事故"常常会在这时发生。运动员被规定在30秒以内完成换项工作。

铁人三项比赛对犯规者怎样处罚？

铁人三项比赛期间，运动员不能互相阻挡或妨碍，更不能恶性竞争，做出危险动作。如果运动员在游泳比赛中犯规就要被罚在游泳赛结束后停留30秒再继续比赛。如果在自行车或者长跑赛段中犯规，裁判可能出示黄牌警告。这时运动员必须停止比赛等待裁判警告后才能继续。如果严重犯规或者多次犯规，运动员就会被红牌罚出赛场。两张黄牌积累就会得到一张红牌，红牌自动罚下。

大事记

1974年，铁人三项运动在美国夏威夷创立。

1989年，国际铁人三项联盟成立。

2000年，悉尼奥运会首次将铁人三项列为奥运会比赛项目。

2002年，澳大利亚选手布莱德在墨西哥夺得世锦赛(23岁以下)冠军。

2004年，新西兰选手卡特得奥运会男子铁人三项冠军。

2005年，葡萄牙女选手费尔南德斯获得马德里铁人三项世界标赛冠军。

2005年，美国铁人名将亨特夺得北京铁人三项世界杯赛冠军，在2005年世界男子铁人排名中位列第一，成为美国铁人三项先生。

2005年，中国山东女子铁人三项运动员王虹霓获得亚锦赛冠军和十运会冠军。

2006年，中国女子铁人三项运动员刑琳在多哈世界杯分站赛上夺取第6名。

ITU

**国际铁人三项联盟
(ITU)**

国际铁人三项联盟(ITU)成立于1989年，是旨在推动铁人三项和两项（自行车和长跑）运动发展的国际体育组织。

1994年9月，国际奥委会决定将铁人三项列为2000年悉尼奥运会比赛项目，此举极大地促进了这一运动的发展，目前该组织的协会会员已达87个。国际铁人三项联盟不仅主办铁人三项和两项世界锦标赛、铁人三项世界杯赛、铁人两项世界杯赛、冬季三项和室内三项比赛等专项比赛，也负责国际大型综合运动会，如奥运会、英联邦运动会、世界运动会等活动中的有关比赛。

看 奥 运

▼ **赛场ABC**

bicycle saddle   自行车鞍座
brake   刹车闸

郑亲王府位于西城区大木仓胡同，是清代开国元勋济尔哈朗的封邸。民国后，先是将王府抵押给西什库教堂，1925年复赁给中国大学为校址。现存建筑只是东部残留，为北京市重点保护文物。

Modern Pentathlon

现代五项

金牌榜

金牌榜	比赛单项	运动员姓名	夺金时间	成 绩	备 注

精彩看点

在矛盾中寻求协调

　　正像现代奥林匹克运动创始人顾拜旦所期望的那样，现代五项可以说是奥运会中最"男子汉"的运动，也是最艰苦的项目之一。在一天内，运

敬谨亲王府位于西单路口南侧教育街3号，曾为清敬谨亲王府，光绪年间改为学部，民国时期为北洋政府教育部，鲁迅先生当年曾在此任职。

动员要完成射击、击剑、游泳、骑马越障和越野跑五个差异很大的项目，这就要求运动员具有顽强的拼搏精神、坚韧的韧性与极强的协调和控制能力。

参加现代五项的运动员们先要埋头射击，之后与对手一对一拼剑法，然后需要具备驾御生马的耐心和调教能力（现代五项运动规定由主办方提供竞赛用马），接着分别在水中与陆地上与对手比速度、赛耐力。

因为人的体型、关节和力量有差别，不同的运动对人体的要求也不同。游泳要求脚腕是松的，但跑步要求运动员脚腕紧；游泳体型都是比较宽比较壮，但中长距离的越野跑，又要求体型块头不能太大；射击需要心静，击剑需要兴奋，游泳和跑步是体能性的项目，而马术却要求人与马的配合，需要协调性。

运动员的体能和技术水平、意志和心理素质、顽强拼搏精神与韧性构成了这项运动最吸引观众的精彩看点。

▲现代五项运动中的射击比赛。

走进历史
——最"男子汉"的运动

现代五项运动由现代奥林匹克运动奠基人顾拜旦创设，以衡量运动员的全面能力，比赛按射击、击剑、游泳、骑马越障和赛跑的顺序在1天内连续赛完。项目设计是模仿拿破仑时代信使穿越战场所经历的活动：先骑马穿过村庄，游过一条挡住去路的河，上岸后又使用剑和手枪与遭遇的敌人搏斗，最后跑过田野完成任务。1912年被作为唯一的军事项目列入奥运会比赛，但仅限军队中的军官参加；1949年，国际奥委会取消了这一限制；2000年悉尼奥运会首次引入了女子现代五项比赛。

观赛指南

比赛场馆：奥体中心体育场
比赛地点：奥体中心
赛时功能：足球、现代五项（跑步和马术）
场馆介绍

奥体中心体育场建筑面积136340平方米，曾举办过亚运会的开、闭幕

看奥运

▼赛场ABC

modern pentathlon
现代五项运动
pistol shooting 射击
epee fencing 击剑
wide 离开跑道
yearling 1岁至2岁的马

▲英东游泳馆外观。

式以及田径、足球比赛，观众席位60000个。该体育场的主要特征是多功能性、灵活性、通用性，可举办田径、足球等多种体育赛事和大型演出。

公交路线

1. 86、656、660、689、696、740内、740外、753、939、944、944支、983支、运通113路到亚运村站下。

2. 8、108、124、207、328、358、380、387、409、426、644、653、694、758、803、849、850、858、985、特2路到奥体东门站下。

比赛场馆：英东游泳馆
比赛地点：奥体中心

赛时功能：水球、现代五项（游泳）

场馆介绍

英东游泳馆坐落于花园式的国家奥林匹克体育中心内，始建于1986年，是为第11届亚运会而兴建的。游泳馆建筑面积3.8万平方米，可容纳6000名观众。其建筑风格独特，设备先进，附属设施完善，水处理系统先进，水质经氯气、臭氧等消毒，并使用天然石英海砂分级分层过滤，水质符合国际专业比赛用水标准。

公交路线

1. 86、656、660、689、696、740内、740外、753、939、944、944支、983支、运通113路到亚运村站下。

2. 8、108、124、207、328、358、380、387、409、426、644、653、694、758、803、849、850、858、985、特2路到奥体东门站

▲国家会议中心击剑馆效果图。

寿恩公主府位于内务部街11号，东临朝阳门南小街，西靠东花厅胡同。此宅原为清乾隆时定边右副将军，一等诚嘉毅勇公明瑞的府邸，又称"六公主府"。民国后为盐业银行经理购得，现为单位宿舍。

下。

比赛场馆：国家会议中心击剑馆

比赛地点：奥林匹克公园

赛时功能：击剑预决赛、现代五项（击剑和射击）

场馆介绍

国家会议中心击剑馆位于奥林匹克公园，建筑总规模约27万平方米，为2008年奥运会提供击剑和气手枪比赛场地，同时作为赛时的国际广播中心和主新闻中心。作为国内一流、国际领先的大型现代化会议展览中心，奥运会之后，国家会议中心将大大提高北京会展设施的硬件水平。

公交路线

1. 113、386、407、656、660、689、740内、740外、753、939、944、944支、983支路到北辰桥西站下。

2. 207、417路到北辰东路站下。

比赛日期和金牌数目

比赛项目	8 五	9 六	10 日	11 一	12 二	13 三	14 四	15 五	16 六	17 日	18 一	19 二	20 三	21 四	22 五	23 六	24 日	25 一	金牌数目
现代五项														1	1				2

注：预赛日和决赛日为同一天。

运动现场观赛礼仪

在一天内观看完五个不同类别的比赛，对观众的耐力是个考验，所以，观众要有心理准备。观看击剑、射击等在场馆内进行的比赛项目，需要相对安静的环境，观众应该关闭手机铃声，禁止吸烟和刺耳的叫喊。

观看游泳比赛时，尤其是在运动员起跳前，全场要十分安静，如果观众发出声音，运动员很容易由于过分紧张提前跳入泳池。而现代五项中的单项游泳与专业游泳比赛不同的是，运动员提前起跳之后，裁判并不会将其召回，比赛继续进行，但是犯规的运动员会被罚掉40分。观看现代五项的马术比赛，观众不能触摸马匹或向场地内抛掷杂物，否则会影响比赛。另外需要了解马术比赛是一项传统的贵族运动，有很多礼仪，比如选手入场后要敬礼致意，此时观众也必须向选手致意，不然会显得很没有礼貌。

另外由于这五个项目的比赛要在不同的场地和场馆中进行，因此观众要做好准备，如自行车等交通工具，以便于在各个场馆间往来。

赛场ABC

swimming 游泳
riding 马术
cross-country running 越野跑
swipes 饲养员
tack 马具

血液回输

所谓血液回输就是运动员在赛前先从自己身上抽出一部分血液，临近比赛时再注射回来，以增加自身血红细胞的数量，把更多的氧气输送到肌肉中，进而提高比赛成绩。20世纪70年代初，瑞典的专家开始将这一技术用在运动员身上，1972年蒙特利尔奥运会上首次有运动员使用这一方法。

看奥运

涛贝勒府在西城区柳荫街27号，原是康熙第十五子愉郡王王府，后改作原辅仁大学附中男生部校舍，1952年辅仁男中改为北京市第十三中学，现已定为西城区重点保护文物。

10 分钟课堂

奥运现代五项参赛资格和名额

在现代五项运动中，参赛的男子运动员必须在洲际奥运会预选赛达到5100分，女子达到4800分，同时，必须在世界锦标赛等重要赛事上取得一定的名次才能拿到奥运会的入场券。2008年奥运会现代五项男女参赛运动员各增加4名，也就是说男女各有20名运动员参加比赛。

08 奥运现代五项分项设置

2008年北京奥运会设男子个人项目和女子个人项目两个小分项，各1枚奖牌。

奥运现代五项赛制和比赛方法

现代五项女子和男子项目都是在一天内完成。

射击选手将使用气手枪射击20发子弹，每40秒射击一次。靶子距离射手10米，直径为15.5厘米，靶子由若干同心圆组成。射手击中最外侧的同心圆得1分，击中最里侧的同心圆得2分。

击剑选手采用佩剑向对手发起攻击，并要在1分钟内击中对方。击剑的进攻区域为对方的整个身体，通过剑尖安装的电子端测定每一次有效击中。

男女游泳项目采用200米自由式游泳，根据预选赛中的各自最好成绩确定种子排名。

障碍赛马选手要骑生疏的马匹越过12个障碍。选手按随机抽取的方式获得坐骑。

男女选手要进行3千米的越野赛和公路赛。比赛选手按头四个项目得分的不同，按秒计算，间歇出发。这种追逐式起跑意味着第一个越过终点线的选手将获得金牌。

奥运会的现代五项比赛分个人和团体两类，个人赛是以单项得分的总和计算个人成绩，得分多者名次列前。团体赛以各队4名成绩最好的运动员计算团体总分，总分多名次列前。

现代五项比赛的比赛场地

射击比赛男女运动员站成一排进行比赛，靶子是电子靶，在每轮射击后，这种电子靶能自动重置。

击剑在一个宽1.5米、长14米的传统击剑台或条形击剑台上进行，警

▲ 现代五项中的马术比赛。

戒线离中心线2米，后部底线离中心线7米。

游泳项目是在50米长的标准游泳池内进行的，选手要游两个来回。

马术参赛者必须停在标明场地的旗帜之间，看到红色的旗帜向自己的右手方向骑行，看到白色的旗帜向自己的左手方向骑行。参赛骑手还必须按照固定的顺序骑马跳越1.2米～1.5米高的障碍物。骑手必须戴保护头盔、穿骑手服进行比赛，可以有限制地使用鞭子和马刺，但禁止使用头罩和马目罩。

越野跑是在体育场里模仿越野比赛而建的一个750米旋转扭曲的场地上进行的，椭圆的场地上并没有用于赛跑的跑道。

竞技战术解析
——在五项运动中灵活应战

现代五项比赛考察的是运动员的耐力和综合素质，是奥运会比赛中难度最大的项目之一。因此，在现代五项比赛中，我们主要观看运动员运用技术的能力。

应变与转换的能力

现代五项运动要求运动员在一天内完成五项运动项目。射击要求在几乎静止的状态中，稳定地射出好成绩；击剑要求在兴奋状态中比出好成绩；马术要跟动物打好交道；游泳和越野跑分别是水上和陆地比赛体能的运动。这五种运动，对运动员的基础素质要求不同，有的是"矛盾"、"满拧"，如游泳要求脚软，而越野跑却要求脚硬。因此，只有基础素质好、应变与转换能力较强的选手才能取得好成绩。

处理复杂问题的能力

现代五项运动不仅要求运动员有良好的综合运动技能，还必须具备处理复杂问题的能力。一天转战5个战场，时间长，竞争方式不同，器械不同，与人同台竞技，还要"伺候"好马匹，不可预知的困难比其他项目要多出许多，而比赛又都是要求在一定时间内完成的。因此，运动员"脑子灵光"，能及时处理各种复杂问题，是较好地完成比赛任务，取得好成绩的必要条件。

▲2005年，我国现代五项选手钱震华在波兰世锦赛上以近乎完美的表现征服了所有人：他在射击项目中取得191环的成绩，这是世界现代五项射击项目迄今的最好成绩；在马术项目中，他得了满分1200分；而他在击剑、游泳和越野跑项目中分别取得1028分、1328分和972分。最后，钱震华以总分5756分夺冠，夺得了这个含金量极高的冠军。他的成绩比亚军得主、俄罗斯队选手阿列克谢·图尔金高出整整48分，包括奥运会冠军和世锦赛冠军在内的众多高手都在他面前黯然失色。图为钱震华在现代五项比赛中。

国际现代五项和冬季两项联盟（UIPMB）

由气手枪射击、击剑、游泳、马术和跑步等夏季项目组成的现代五项运动和由越野滑雪和步枪射击组成的冬季两项运动性质完全不同，但由于历史的原因，这两项运动以奥运会为契机，处于同一个国际体育组织——国际现代五项和冬季两项联盟（UIPMB）中。

国际现代五项联盟于1948年成立，主要赛事有奥运会、世界锦标赛（分为成年男女和少年男女、17～18岁的青年组及男子接力赛等类型）、团体接力赛（12个队参加）、世界杯赛（优秀男女运动员参加）。

▼ **赛场ABC**

turf　赛马场；赛马
umpir　副裁判
unseat　将骑手摔下来

福娃问答

射击比赛如何计分？

在射击项目中，运动员有两次2分半钟的热身时段以供练习。如果运动员的手枪在比赛期间发生故障，可有5分钟的时间进行修理，这主要取决于故障的严重程度。5分钟用完后，选手可以申请额外的时间。如果运动员确信在其射击时受到干扰，他们还可要求重射。所有子弹射完后，要将参赛运动员取得的环数换算成比赛积分，172环（最多200环）可换算成1000比赛积分。高于或低于172环，每一环可增加或减少12分。例如，175环等于1036分。

击剑是怎样进行的？

在这个项目中，每位参赛者都要与其他参赛者交手，相当于重剑比赛，但与奥运重剑比赛规则最重要的区别是每回合只有1分钟，胜者是第一个击中的人，如果两人都未击中，则双双输掉。如果参赛者在0.04秒中互相击中，则记一个双中，双方均不得分。击剑的规定积分是1000分，但起码要赢得所有回合的70%。

比赛期间的危险动作、越过界线以及其他犯规将得到罚分。击剑手背对对手要罚掉10分，击中任何其他东西罚10分。为避击中有意越线在警告一次后罚10分，暴力或危险动作在警告一次后罚10分，直至取消比赛资格。

游泳比赛是如何记分的？

游泳采用的是200米自由泳。在先前进行的项目中运动员已经热身，只是游泳的记分与奥运游泳比赛明显不同，不是运动员之间相互比谁游得快，而是按时间来记分。男子2′30″相当于1000积分，女子是2′40″记1000分。每超过或少于前述时间的1秒，运动员的积分将减少或增加10分。例如，如果一位男子运动员游了2′35″09，他的得分为950分。任何两次起跳犯规或折返时未触及池壁的运动员将被扣罚40分。

骑术比赛有什么规定？

游泳比赛完成后，根据积分将参赛运动员分成两组。运动员可随意挑选马匹参加骑术比赛，位居第一的运动员和位居第九的运动员骑同一匹马，位居第二和第十位的运动员骑同一匹马，位居第三和第十一位的骑同一匹马，以此类推。每位参赛者有20分钟的热身时间，以使自己适应并熟悉马匹。

骑术在一个250米～450米的场地上进行，要骑马跳跃12个障碍，包括一次双跳、一次三跳，也许会有一次涉水跳。参赛运动员按照积分顺序进行比赛。运动员必须在规定的时间内完成比赛，规定的时间主要取决于场地的大小，按每350米／分钟计算，故时限一般在1分钟至1分钟18秒之间。

僧王府位于东城区炒豆胡同77号、板厂胡同30至34号，僧格林沁死后，该府由其子伯彦讷谟祜继承。后该府由其孙阿穆尔灵圭所袭，故该府又称为阿王府。

每位运动员开始比赛时的积分为1100分，每次罚分将使积分减少。罚分包括超过时限，超时每秒钟罚1分，跳跃时踢掉障碍物的任何部分罚30分，骑手的马在涉水跳跃时踩在任何一边的水中罚30分，马摔倒或马拒绝听从骑手的指令罚60分，马拒绝跳跃或从场地上绕开罚40分。

骑手从马背上落下或与马匹分离是犯规行为。马匹双肩以及四肢着地视为马匹摔倒。不论马匹还是骑手，两次摔倒或落地将被取消比赛资格。如果马匹三次拒绝跳跃一个障碍物，骑手必须命马匹跨越下一个障碍物。踢掉一面旗帜要受罚，除非是发生在马匹不听从命令时。参赛运动员在骑行开始前要步行察看场地。

越野跑如何确定出发顺序?

在这个项目开始前，积分领先者与其他每个选手之间的积分差距被换算成秒。领先者先跑，其他每位运动员以他（她）与领先者之间的差距（秒），随后起跑，差多少秒就在其领先者起跑多少秒后起跑。第一位冲过终点线的运动员获得金牌。

大事记

1912年，现代五项被作为唯一的军事项目列入奥运会比赛。

1948年，国际现代五项联盟成立。

1981年，中国现代五项协会加入国际现代五项联盟。

2000年，女子现代五项首次被列为奥运会比赛项目。

2000年，英国选手库克夺得悉尼奥运会女子现代五项金牌。

2004年，匈牙利女子现代五项运动员沃罗斯获得雅典奥运会冠军。

2005年，中国现代五项选手钱震华获得世锦赛冠军，这是中国也是亚洲选手首次获得现代五项世界冠军。

2006年，中国现代五项选手曹忠嵘在现代五项世界杯埃及站上夺得男子个人冠军。

▲现代五项击剑比赛。

鹤年堂始建于1403~1405年间，至今已有600年左右的历史。"丸散膏丹同仁堂，汤剂饮片鹤年堂。"那古香古色的两层小楼，早已成为北京菜市口的标志性建筑。

Football

足球

金牌榜

金牌榜	比赛单项	运动员姓名	夺金时间	成 绩	备 注

精彩看点

奥运会男子足球赛仍可派三名超龄球员

2008年北京奥运会的足球比赛将在奥运会开幕式前进行，小组赛将于8月6日在秦皇岛、沈阳、上海等赛区拉开帷幕，再次成为奥运会上最早开始的比赛项目。足球比赛还是整个北京奥运会跨度最长的一个项目，决赛将在闭幕式前一天举行。

与其他足球比赛相比，奥运足球比赛规定男运动员必须在23岁或者23岁以下，女运动员则必须在16岁以上，并每个队允许有3名超龄球员。国际足联规定2008年北京奥运会男子足球比赛决赛阶段中各队仍可以派上3名超过23岁的球员。

走进历史
——蹴鞠，世界上最早的足球

足球的起源：蹴鞠

足球起源于古老的东方，在古代的中国、希腊、罗马，很早就有类似的体育活动。2004年初，国际足联确认足球起源于中国，"蹴鞠"是有史料记载的最早足球活动。据古代史书《轩辕黄帝传》记载，黄帝曾以蹴鞠让士兵练武；《战国策·齐策》记载："临淄甚富而实，其民无不吹竽、鼓瑟、击筑、弹琴、斗鸡、走犬、六博、蹴鞠者。"文献史料的研究表明，中国的蹴鞠这一运动形式既能嬉戏取乐又能强体健身，为广大民众喜爱，还成为军队训练的基本科目。

《史记》记载："临淄之中七万户，临淄之途，车毂击，人肩摩，连衽成帷，举袂成幕，挥汗成雨，家殷人足，趾高气扬。"临淄是当时著名的工商业大都市，手工业发达，"蹴鞠"就诞生在这里。

蹴鞠在汉代获得极大发展，场地、赛制渐趋完善。1978年，在临淄的汉齐王墓考古发掘中出土了六博用的骰子，旁证了《史记》中对与六博并列的蹴鞠描写的真实性。

西汉时期的项处是第一个因足球而名垂史册的人，不过他的经历却很不幸。《史记·扁鹊仓公列传》记载，名医淳于意为项处看病，叮嘱他不要过度劳累，但项处不听，仍外出踢球，结果呕血身亡，这也使得项处成为了世界上有史可查的第一个狂热"球迷"。

随着社会生产力的发展，唐代的蹴鞠制作技术有了很大改进，蹴鞠运动在民间更为流行。到唐宋时期达到高潮，甚至出现了按照场上位置分工的踢法。王维的《寒食城东即事》一诗就描绘了寒食节蹴鞠的习俗："清溪一道穿桃李，演漾绿蒲涵白芷。溪上人家凡几家，落花半落东流水。蹴鞠屡过飞鸟上，秋千竞出垂杨里。少年分日作遨游，不用清明兼上巳。"宋元时代，蹴鞠的专业书籍已更为多样化，先后出现了《事林广记·戊集》、《蹴鞠图谱》、《蹴鞠谱》。

唐代蹴鞠运动设有四种游戏方式，有不用球门的"打鞠"——比赛时不限人数，各自独踢，身体各部位均可代替两足触球，以球不落地、连续

汉代宫苑内校阅的足球竞赛图

汉代训练军队的足球竞赛图

▲蹴鞠是汉代训练士兵的手段之一，并拥有了较为完备的规则，如专门设置了球场，规定为东西方向的长方形，两端各设六个对称的"鞠域"（也称"鞠室"），各由一人把守。场地四周设有围墙。比赛分为两队，互有攻守，以踢进对方鞠室的次数决定胜负。

内联陞鞋店是北京有名的老字号，开业于咸丰三年，创办人叫赵廷，专供当朝权贵、王公大臣、豪绅贵族穿着的靴鞋，逐渐形成了自己的经营特色。

▲ 蹴鞠在我国唐代非常盛行，已成为广大女性十分喜爱的一项休闲游戏。

触球次数多者为胜；有考验球技的"白打"——比赛时中间挂网，可二人对踢或多人对踢，类似网式足球；有娱乐性很强的"跃鞠"——不用球网、球门，相互追逐奔走，以踢球次数多且高者为胜，等等。

唐代开始有了女子蹴球活动，女子蹴球的踢法不用球门，以踢得高、踢出花样为能事。

南宋《武林旧事》第一次详细记载了蹴鞠比赛的出场名单，并列出了"筑球三十二人"竞赛时两队的名单与位置："左军一十六人：球头张俊、跷球王怜、正挟朱选、头挟施泽、左竿网丁诠、右竿网张林、散立胡椿等；右军一十六人：球头李正、跷球朱珍、正挟朱选、副挟张宁、左竿网徐宾、右竿网王用、散立陈俊等"。这恐怕是历史上的第一份足球"首发名单"了。

宋代，踢球的艺人们组织了自己的团体，称为"圆社"，专门推广蹴鞠活动和比赛。北宋时期的高俅就出身于圆社，王明清的《挥麈后录》记载，高俅球技高超，因陪侍宋徽宗踢球，被提拔为殿前都指挥使，这当是最早的著名球星之一了。

宋人刘邠的《中山诗话》则记载了另一个因踢球而扬名的人，秀才柳三复球技出众，他知道宰相丁谓喜欢踢球，为了升官，他天天等候在宰相府球场的围墙外，有一天终于等到球飞出了墙外，柳三复捡起球以还球为名进了相府，在拜见丁谓时，他把球抛在空中，一面跪拜，一面用头、肩膀、后背等部位颠球，球一直未落地，丁谓见此大悦，给了柳三复一个官职。

从春秋时期到元明时代，蹴鞠经历了发展到高潮的过程，元明清时期由于社会上的娱乐形式不断增加，古老的蹴鞠运动慢慢被取代。同时，一些蹴鞠高手和民间艺人年事已高，有的退出历史舞台，有的相继谢世，使蹴鞠技艺难以传承，到了清代，这项活动走入了衰落。

1863年，现代足球运动在英国诞生，揭开了足球发展的又一历史篇章。

现代足球的诞生

从8世纪到19世纪，现代足球运动的前身以各种方式在欧洲存在着，直到1863年，第一份正式的足球比赛规则在英国创立，这也标志着现代足球运动的诞生。

"暴徒足球"时代

古希腊和古罗马都有过类似足球活动的记载，后传入法国高卢地区，1066年，征服者威廉入侵英国，足球也随之传入英伦三岛。当时这项游戏没有规则可言，在市镇之间展开，街道、广场、农田等都是场地，参赛的往往可达数千人，只要把球踢

▲ 唐代蹴鞠图。

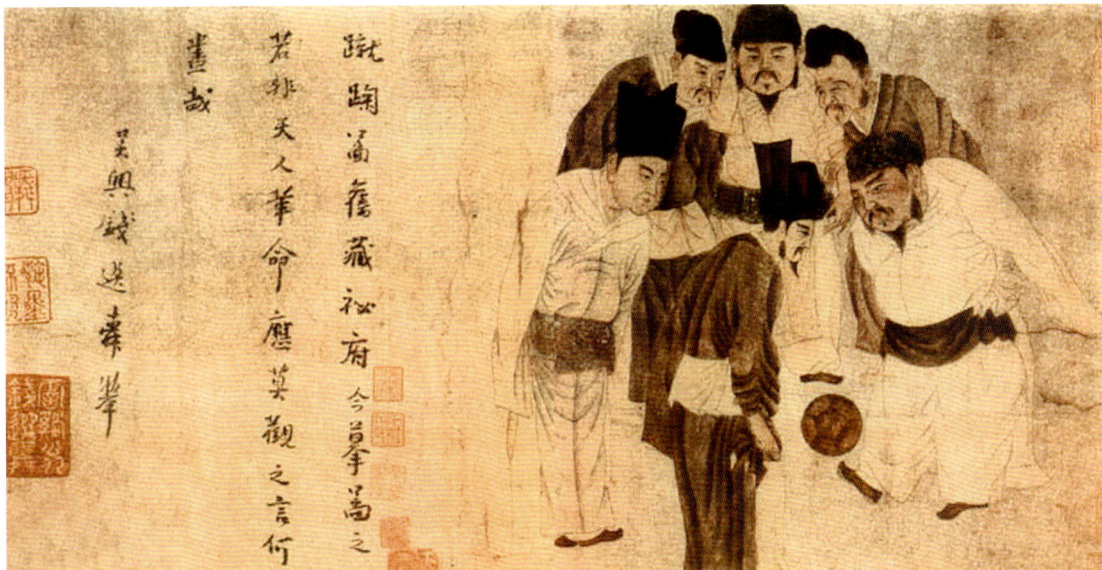

▲宋代帝王也参与了蹴鞠运动，元《宋太祖蹴鞠图》描绘的便是宋太祖与其弟赵光义、宰相赵普等六人用白打方式蹴鞠嬉戏的场景。

看奥运

到对方城市的中心区就算胜利。比赛中，人们乱拥乱挤，允许互相踢打和殴斗，经常出现流血、断腿甚至丧命的事故，足球所到之处，店铺、公共设施、居民宅院等难逃破坏，以至于这段时期的足球被称为"暴徒足球"。1314年，伦敦市长颁布规定，禁止居民踢球。1331年，英王爱德华三世颁布全国性禁令，取缔公众的足球活动，此后多代英王均禁止足球游戏，足球以不合法的身份在民间存在了500多年。

酒馆中诞生世界第一运动

从17世纪中后期开始，足球运动逐步从欧美传入世界各国，越来越多的人走向球场，投身到这一富有刺激性和畅快感的运动中去。1863年10月26日，来自11个伦敦俱乐部和学院的代表们在伦敦皇后大街弗里马森旅馆成立了世界第一个足球协会——英格兰足球协会。会上除了宣布英格兰足协正式成立之外，还制定和通过了世界第一部较为统一的足球竞赛规则，并以文字形式记载下来。这一天也被公认为现代足球的生日。会上关于规则的争论十分激烈，最终表决结果13比4，现代足球运动不允许用手的标志性规则通过。为此，甘贝尔等人愤怒离开会场，后于1871年创立了英式橄榄球联合会。

▲1878年的"暴力足球"。

两个月后的1863年12月26日，英格兰足球协会在伦敦克鲁米沙街的一家小酒店内再度召开会议，将足球运动规则细化为14条，并开始在全国范围内推广足球比赛，如今风靡全球的世界第一运动也由此诞生。

英格兰足球协会的诞生，标志着足球运动的发展进入了一个崭新的阶段。因而，人们公认1863年10月26日，即英格兰足球协会成立之日为现代足球的诞生日。

一个男孩的冲动

19世纪，足球运动得以恢复，并在英国的一些学院内广泛开展。那时的足球赛没有统一规则，比赛在长方形场地内进行，时间和参赛人数由双方

▲1892年的西布朗队。

127

瑞蚨祥绸布店创始人叫孟鸿升，是孟子的后裔，济南府章丘县旧军镇人，到清末民国初年，瑞蚨祥已成为北京最大的绸布店。

场馆1

场馆2

场馆3

场馆4

场馆5

场馆6

临时商定，球踢到对方的门杆内为得分，然而一个男孩的冲动改变了一切。1823年11月21日，在一场比赛中，一个名叫威廉·韦伯·埃斯利的15岁男孩突然用手捡起球，抱着它冲向对方场地发动进攻。这个动作后来引发了有关足球规则的大争论，人们也意识到有必要设定统一的足球规则。在争论中，赞同手脚并用的一方，逐渐将比赛发展为今天的橄榄球，而坚持只能用脚的一方，则开始了现代足球比赛规则的摸索。

观战指南

2008北京奥运会足球男、女队在预赛阶段将要进行的42场比赛中，天津、秦皇岛、沈阳和上海获得分配的比赛场次依次为12场、11场、10场和9场。其中，天津获得分配的比赛场次最多，男、女各6个场次。而足球的决赛将最后回到奥运会主场——北京。

比赛场馆1：奥体中心体育场
地点：北京奥体中心
赛时功能：足球、现代五项（跑步和马术）
公交路线：386、656、660、689、696、740内、740外、753、358、380、387、409、426、644、653、694、758路

比赛场馆2：工人体育场
地点：北京朝阳区工体路
赛时功能：足球
公交路线：110、113、115、117、118、120、208、403、406、416、431、673、701、758、823、855路

比赛场馆3：上海体育场
地点：上海市徐家汇

赛时功能：足球预选赛
公交路线：111、92、824(上行)、92(上行)、927、92B线、957路(上行)

比赛场馆4：天津奥林匹克体育场
地点：天津市
赛时功能：足球预选赛
公交路线：12、608、658、668、685、705、711、712、8、870、872、879、901、951、953

比赛场馆5：五里河体育场
地点：沈阳市
赛时功能：足球预选赛
公交路线：214、238路

比赛场馆6：秦皇岛奥林匹克体育场
地点：秦皇岛市河北大街
赛时功能：足球预选赛
公交路线：6、34、25、32路

荣宝斋主要经营木刻水印画，其前身是"松竹斋"，始建于清朝康熙十一年(1672)，清光绪二十年(1894)，将店名改为"荣宝斋"，取其"以文会友，荣名为宝"之意。

比赛日期和金牌数目

比赛项目	6 五	7 六	8 日	9 一	10 二	11 三	12 四	13 五	14 六	15 日	16 一	17 二	18 三	19 四	20 五	21 六	22 日	23 一	24 二	金牌数目
足球																1		1		2

注：蓝色代表预赛日期，黄色代表决赛日期。

观赛礼仪

观众进入足球比赛场时，要注意遵守赛场规定，为了保证球场的安全，入场时要配合赛场的安检工作，不将违规的器具和饮料带入场内。观众在观看比赛时不要大声地对比赛形势和队员表现指指点点，以免影响他人观赛。加油助威时，要使用文明的语言行为，不要喝倒彩，不要向场地内投掷矿泉水瓶等。另外，在比赛中，当裁判做出对自己喜欢的队伍的判罚时，切忌盲目指责。在比赛结束后，应该有序退场，不能聚众闹事，撕毁、焚烧球衣、围堵球员和裁判等。

经典回顾

看奥运

奥运足球史上的六大战役

兄弟相煎何太急

南斯拉夫和苏联都是欧洲的足球强国，在1952年的赫尔辛基奥运会上，南斯拉夫和苏联在第一轮比赛中相遇。场上的气氛是友好的，然而，比赛的结果却是相当的不平凡，比赛距结束还有14分钟时，南斯拉夫还以5∶2领先，没想到奇迹就在这短短的十几分钟内发生了，苏联队的波博罗夫表现神勇，一人上演帽子戏法，在最后一分钟用头球把比分扳成5∶5平。南斯拉夫最终在复赛中以3∶1让"老大哥"俯首称臣。

猫玩老鼠玩不转

这是世界足球史上最具喜剧性的比赛，对阵的双方是足球超级大国苏联和亚洲弱旅印度尼西亚，时间是1956年的11月29日，比赛的地点就是澳大利亚的墨尔本。印度尼西亚与苏联实力相差悬殊，但印尼人的铁桶阵使苏联队毫无办法。比赛中，苏联队员尽数

▼意大利U-21球队云集了亚平宁绝大多数希望之星，在1992年以来的7次欧青赛中5次夺冠，并在2004年雅典奥运上夺得第三名，其成员几乎全部效力于欧洲顶级联赛，清一色的职业球员也让他们成为奥运会上身价最高的球队。

ITALIA
18

北京"一得阁"以生产墨汁而闻名遐迩，距今已有100多年的生产历史。清同治四年(1865)，谢松岱在北京琉璃厂44号开设了第一家生产经营墨汁的店铺，店铺名称叫"一得阁"，并亲手书写牌匾，悬挂于门前。

巴西队是唯一参加过全部17届世界杯决赛的球队，他们曾五次夺得冠军，两次获得亚军，但在奥运足球比赛中，巴西队的战绩却是平淡无奇，奥运会冠军也成为"足球王国"巴西最大的缺憾。

在世界足球的舞台上，阿根廷一直以足球明星加工厂闻名，曾在1996年亚特兰大奥运会的决赛中2：3惜败于尼日利亚，八年后的雅典，来自潘帕斯的战士们击败巴拉圭队，时隔48年后为南美重新夺回奥运足球金牌。

▲三届世界足球小姐得主普林茨。

压上，在对方半场苦苦寻找战机，而印尼则把大部分兵力收缩到禁区内防守，只留一人在前牵制对方后卫。苏联人到最后也没能攻破印尼队的球门。由于当时还没有加时赛，也没有金球或点球制度，所以双方不得不进行复赛。复赛中，苏联队痛快淋漓地以4：0击败印尼晋级。

同胞兄弟"反目"

1972年慕尼黑奥运会上，西德与东德同时派队参加足球比赛。第一阶段小组赛，两队都顺利过关，却在第二阶段小组赛中与匈牙利和墨西哥分在一组。结果实力强大的匈牙利队如愿出线，墨西哥队1分垫底，东西两德同积1分，将在最后一场比赛中争夺小组第二。最终东德队以3：2胜出，并在第三名决赛中，与苏联战成2：2平，同获铜牌。值得一提的是，在两年以后（1974年）的世界杯赛中，东德队在第一阶段小组赛中虽以1：0战胜了西德，但他们在第二阶段小组赛就被淘汰出局，而西德则一路凯歌，并最终捧走了世界杯。

赞比亚痛"宰"意大利

对于意大利国奥队来说，1988年9月19日值得他们永久纪念，这一天，他们在韩国的汉城奥运会上0：4输给了名不见经传的中南非球队赞比亚。虽然这场比赛并没有阻止意大利从小组出线，但当时的赞比亚队的队长布瓦拉却成为本届奥运足球赛中最具传奇色彩的人物，他在本场比赛中，分别于40、55和63分钟时各攻入1球，完成帽子戏法。不幸的是，在四分之一决赛中，西德的克林斯曼同样大耍帽子戏法，并率队以4：0淘汰了赞比亚。最不幸的是，这最好的一届赞比亚队的大部分队员，在1993年世界杯外围赛的征程中，因飞机失事全部遇难。

国王观战，斗牛士来"神"

1992年的巴塞罗那奥运会上，占尽天时地利人和的西班牙队以全胜战绩杀入最后对波兰的决赛。

决赛的观众人数达到了95000人，到场的还有西班牙国王胡安·卡洛斯、索菲娅皇后和奥运会主席萨马兰奇。开场后第6秒钟，波兰的科瓦尔茨克就为本队先下一城，下半场，西班牙国王进场后10分钟，"斗牛士"们掀起了疯狂报复，65分钟时赫尔南德兹头球把比分扳平，被称为"西班

全聚德创建于1864年，至今已有140年的历史，创始人是杨全仁。他初到北京时在前门外肉市街做生鸡鸭买卖，后来买下一间名叫"德聚全"的店铺，并更名为"全聚德"，开始经营烤鸭。

牙济科"的纳巴厄兹5分钟后把比分反超，波兰人凭借顽强的精神由斯塔涅克把比分扳成2：2平。倒计时进行到最后25秒时，"济科"梅开二度，他门前捡漏，把守门员脱手的球轻松搓入网内。为此，西班牙队成了继比利时之后第二支本土夺得奥运足球冠军的球队。

▲ 美国女足

尼日利亚翻盘巴西

1996年7月31日下午6时，第26届亚特兰大奥运会足球决赛在近8万名观众面前打响。罗纳尔多、贝贝托和小罗纳尔多等领衔的巴西队开场仅1分钟就由中场孔塞桑建得头功。比赛进行到20分钟时，当时风头正劲的后卫卡洛斯助攻得手，2：0；8分钟后，老队长贝贝托也攻入一球，巴西队三球领先。就在人们以为大局已定时，尼日利亚队在卡努、伊克佩巴、奥科查等人的率领下展开了疯狂的反击——38分钟，伊克佩巴率先反击得手，并于78分钟再下一城，把进球差距缩小到一球。队长卡努在第90分钟时攻入扳平一球，并在加时赛进行到第4分钟时，于17码外远射打破迪达把守的大门，最终使本队以4：3淘汰了强敌巴西。

在随后进行的决赛中，尼日利亚人又击败了拥有克雷斯波、阿尔梅达、萨内蒂、查莫特和洛佩斯等名将的阿根廷队，以3：2勇夺冠军。

▲ 挪威女足

10分钟课堂

奥运会足球参赛资格和名额

奥运足球参赛资格需要在奥运会之前进行的奥运会预选赛确定。东道主自动获得参赛资格。

北京奥运会男足比赛有16支参赛队，亚洲获得4席，东道主中国自动占据其中一席。非洲足球联合会3席，中北美及加勒比地区足球联合会2席，南美洲足球联合会2席，大洋洲足球联合会1席，欧洲足球联合会4席。

北京奥运会女足比赛有12支参赛队，比2004年雅典奥运会多两支。各大洲参赛名额具体分配方案为：亚洲足球联合会3席（包括主办国中国队），非洲足球联合会1.5席(第一名直接晋级，第二名与南美洲足球联合会的第二名进行附加赛)，中北美及加勒比地区足球联合会2席，南美洲足球联合会1.5席（第一名直接晋级，第二名与非洲足球联合会的第二名进行附加

▼ 赛场ABC

midfield 中场
penalty mark 点球
penalty area 禁区
goal area 小禁区
left (right) back 左(右)后卫
sweeper 清道夫，拖后中卫
left (right) midfielder
左(右)前卫

看奥运

131

便宜坊是经营烤鸭的老字号，米市胡同便宜坊于明永乐十四年（1416）开业，清咸丰五年(1855)鲜鱼口"便宜坊"开业。清光绪年间，米市胡同便宜坊改称"老便宜坊"，后于1937年倒闭。到1949年，鲜鱼口便宜坊、全聚德为北京仅存的两家烤鸭店。

▲ 清代高足碗上的彩绘蹴鞠生动记录了当时中国民间开展足球运动的情景。

▲ 蹴鞠已成为北宋百姓的重要娱乐项目，图为蹴鞠枕头。

▼ 效力于西班牙巴塞罗纳队、绰号"黑豹"的喀麦隆球星埃托奥与世界足球先生罗纳尔迪尼奥、阿根廷新星梅西组成了全欧洲火力最强的前场攻击三叉戟，并连续三年获得非洲足球先生。

赛），大洋洲足球联合会1席，欧洲足球联合会3席。

奥运会足球赛制和比赛方法

每个国家的国奥队必须通过各地区的资格赛才能进入奥运足球比赛，男子足球通常是参赛球队分成四个组进行单循环赛，依次是预赛、四分之一决赛、半决赛和决赛，共计四轮；女子足球比赛一般分成两个小组进行单循环比赛，依次进行四分之一决赛、半决赛和决赛，共计三轮。

北京奥运会足球预赛于2008年8月6日至15日进行，16支男队的预赛分为4个小组进行，12支女队的预赛分为3个小组进行。男、女队在预赛阶段要进行42场比赛。

奥运足球比赛分两队参加，每队不得多于11人，其中必须有1名守门员。全场比赛为90分钟，分上、下两个半场，每半场45分钟。上、下半场之间的休息时间为15分钟。参赛的两队直接对抗，主要以脚和头支配球，以将球射入对方球门多者为胜。比赛双方如果在90分钟的常规比赛时间中战成平局，将先进行加时赛，若仍为平局，则互射点球决出胜负。

奥运会足球比赛场地和用球

国际比赛的场地长度不得多于110米或少于100米，宽度不得多于75米或少于64米。在任何情况下，长度必须超过宽度。球门应设在每条球门线的中央。

比赛用球应为圆形，外壳应用皮革或其他许可的材料制成。球的圆周不得多于70厘米或少于68厘米。球的重量，在比赛开始时不得多于450克或少于410克。在比赛进行中，未经裁判员许可，不得更换比赛用球。

奥运会足球比赛队员装备

足球比赛中上场队员必需的装备有：运动上衣、短裤、护袜、护腿板和足球鞋。上场队员不得穿戴可能危及其他运动员的任何物件。护腿板必须由护袜全部包住，守门员的服装颜色必须有别于其他上场队员和裁判。

足球裁判哨声、手势解读

足球比赛场地很大，所以了解一些裁判常识也是轻松观看足球比赛所必不可少的。下面分别介绍一下裁判员的哨声、各种手势分别代表什么意思。

裁判员的哨声

一声哨，哨声稍长：比赛开始（包括某队胜一球后重新开始比赛）。

二至三声短促哨，接一声长哨：比赛时间终了（包括上半时或全场比赛时间终了）。

一声长哨：判某队胜一球。

"烤肉季"原是北京北城一带群众送给在什刹海设摊售卖烤肉的季德彩的美名。烤肉季的第三代叫季阁臣，他把祖父和父亲做了几十年的行商"雨来散"，改为小铺子，在什刹海正式挂出"烤肉季"牌匾。

奥运看北京
烤 肉 季

一声哨，哨声稍长：执行罚球点球。

另外场上发生犯规或其他情况，裁判员暂停比赛时也会鸣哨。有时遇到特殊情况，裁判员也可能鸣哨。

除以上情况外，如球出边线或球门线成死球，以及掷界外球、踢任意球、球门球、角球、裁判员坠球等恢复比赛时，裁判员可以不鸣哨。

裁判员的手势

直接任意球：单臂侧平举，批示踢球方向。

间接任意球：单臂上举，掌心向前。此手势会持续到球踢出后，并被场上其他队员触及或成死球时为止。

球门球：单臂向前斜下举，指向执行球门球的球门区。

角球：单臂斜上举，指向执行角球的角球区。

罚球点球：单臂向前斜下举，指向执行罚球点球的罚球点。

示意继续比赛：双臂前举，手臂向前稍作连续挥动。

罚令队员出场和进行警告：对队员罚令出场或警告时，会分别出示红、黄牌。使用红、黄牌时，裁判员会一手持牌直臂上举，面向被处分队员，并有短暂时间的停顿，使场内外均能看清是对哪名队员进行处分。

越位：若是助理裁判员远端的队员越位，助理裁判员会面对场内，将旗向前斜上举。若是中间队员越位，助理裁判员会面对场内，将旗前平举。若是助理裁判员近端的队员越位，助理裁判员应面对场内，将旗向前斜下举。

▲奥运会男子足球比赛必须是23岁或以下的运动员才能参加，可加入3名超龄球员。

竞技战术解析
——足球，王者的游戏

在足球比赛中，足球技术和战术的合理运用是球队取得胜利的关键。随着足球运动水平的提高，足球比赛日趋激烈，对抗越来越强，技术、战术运用的难度也明显增加，比赛的精彩度也越来越高。

现代足球比赛攻守一体化，而且攻守速度明显加快，比赛中给予运动员完成技术动作的时间越来越短，空间越来越小。要想适应激烈争夺的比赛环境，充分发挥技术水平，速度显得异常重要，而双方快速的争夺反过来又使得比赛更加激烈。

灵活多变的足球战术

足球战术是球队在足球比赛中为了战胜对手，根据主客观的实际所采

▼赛场ABC

shoot 射门
offside 越位
offside trap 越位战术
beat the offside trap 反越位成功
send a player off 判罚出场
half time interval 中场休息
extra-time 加时赛
injury time 伤停补时

看奥运

▲盯人是足球比赛中重要的防守手段，也成为后卫破坏对方核心球员进攻的"杀手锏"。

▼铲球是一种被广泛运用的防守技术。

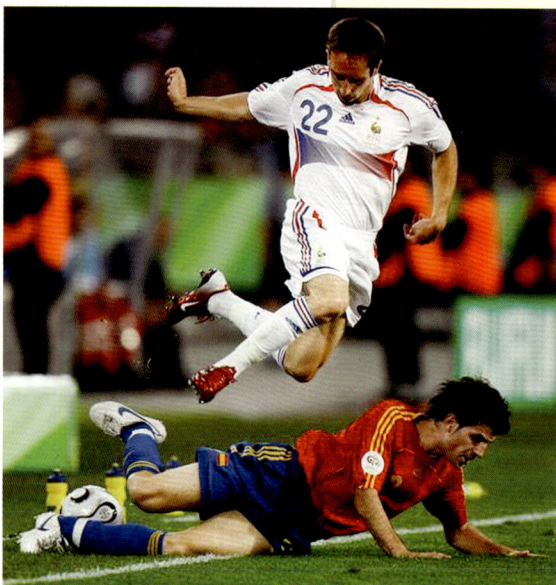

用的个人和集体配合的手段的综合表现。比赛实践证明，成功地组织战术和巧妙地运用战术是夺取比赛胜利的重要因素。

多变的比赛阵型

为了适应攻守战术的需要，全队队员在场上的位置排列和职责分工，称为比赛阵型。各阵型的名称是按队员排列的型状而定。有四三三、三五二、四四二等阵型之分。

全队进攻战术

全队进攻战术是指比赛中一方获得球后，通过队员之间的传递配合达到射门的目的而采用的配合方法。与局部进攻战术相比较，全队进攻战术的进攻面比较广，参加进攻和快速反击等。

全队防守战术

防守战术可分为两种基本类型：盯人紧逼防守（人盯人防守），即在规定的范围内盯人紧逼，不交换看守；区域紧逼防守（盯人和区域相结合），即现今流行的综合防守，紧逼和保护相结合，在个人的防区内紧逼，作交替看守。盯人防守即各自都有明确的防守对象，如对方左边锋大幅度地斜插至右路，则右后卫紧跟盯防，不交换看守。防守最根本的原则是紧逼和保护。只有紧逼才能有效地主动断抢，压制对方技术的优势而获取主动权；保护是为了更好地紧逼和控制空当。

定位球战术

定位球战术是指在比赛中，利用"死球"后重新开始比赛的机会组织进攻与防守配合的战术方法。定位球战术包括中圈开球、角球、任意球、点球、掷界外球等。

在势均力敌的高水平比赛中，定位球战术有时起决定胜负的作用。在配合上要利用简练的一次配合取得射门机会，配合越复杂成功率就越低。

局部配合进攻战术

集体战术是指两个或两个以上队员在比赛中为了完成全队攻防任务而采用的局部协同作战的配合方法，它包括"二过一"战术配合、"三过二"战术配合和反切配合等进攻战术。

局部配合防守战术

补位：补位是足球比赛中局部地区集体配合进

东来顺于 1903 年开业，设于北京王府井大街东安市场，原是回民丁德山创办的食摊，后取名为"东来顺粥摊"。1914 年改名为"东来顺羊肉馆"，以经营"涮羊肉"而著称。

行防守的一种方法。当防守过程中一个防守队员被对手突破时，另一个队员则立即上前进行堵封。

◀意大利前国脚，著名球星罗伯特·巴乔。

围抢：围抢是指比赛中在某局部位置上，防守一方利用人数上的相对优势（通常是两三个队员）同时围堵对方队员，以求在短暂时间内达到抢断或破坏对方的目的。

造越位战术：造越位战术是利用规则而设计的一种防守战术。是一种以巧制胜的省力打法，因而成为一种重要的防守手段。但由于其配合难度较大，搞不好会适得其反，让对手钻空子，故此战术往往为水平较高的球队所采纳，但在一场比赛中也不是多次运用。

福娃问答

什么是足球比赛的越位？

当进攻队员较对方更接近于对方球门线者，即为处于越位位置。如进攻队员比对方两个队员更接近于对方的球门线，队员被判罚越位，裁判员应判由对方队员在越位地点踢间接任意球。

足球比赛何时判罚直接任意球

当队员有下列行为时要判罚直接任意球：踢或企图踢对方球员；绊摔或企图绊摔对方队员；跳向对方队员；冲撞对方队员；打或企图打对方队员；推对方队员；为了得到对球的控制而抢截对方队员时，于触球前触及对方队员；拉扯对方队员；向对方队员吐唾沫；故意手球等。

球员主罚直接任意球，可以直接将球射入对方球门取分。队员在本方罚球区内踢直接或间接任意球时，在球被踢出球区前，所有对方队员都应站在该罚球区外，并距球至少须 9.15 米。当球滚至球的圆周距离，并出罚球区后比赛即为恢复。守门员不得将球接入手中后再踢出进入比赛，如球未被直接踢出罚球区，则会被罚令重踢。

足球比赛何时判罚间接任意球

当队员有下列行为时要判罚间接任意球：危险动作；阻挡对方队员；阻挡对方守门员从其手中发球；守门员若用手持球行走拖延时间超过 6 秒，仍未将球交出；若未得裁判员表示允许而擅自进入球场等。

犯规球员会受警告，球赛若因此停顿，裁判员应在犯规的地方判罚间接任意球给对方，使比赛恢复进行；凡犯行为不检之球员，包括对球证有不礼

国际足联（FIFA）

国际足球联合会（FIFA），简称国际足联。国际足联由比利时、法国、丹麦、西班牙、瑞典、荷兰和瑞士倡议，于 1904 年 5 月 21 日在法国巴黎成立。国际足联下设欧、亚、非、中北美和加勒比、南美、大洋洲 6 个地区性组织。现有协会会员 204 个。国际足联是国际单项体育联合会总会成员。工作用语为英、法、西班牙和德语，语言冲突时，以英语为准。

中国在 20 世纪 30 年代加入国际足联，1958 年由于国际足联也承认所谓"中华民国足球协会"为其会员，中国足协宣布退出。1979 年，中国足协在国际足联的合法席位得到恢复。

都一处烧麦馆坐落在繁华的前门大街36号，始建于乾隆三年（1738）距今已有250年的历史，因乾隆亲笔题"都一处"虎头匾而得名。

貌行为，将会受到警告并由对方罚间接任意球，使比赛恢复。判罚间接任意球时，球必须在主踢者将球踢出后再触及其他球员，然后进入球门，才算入球。

足球比赛何时判罚点球？

点球也称"十二码球"，如果防守队员在于本方罚球区内故意违反判罚直接任意球规则中任何一条者，则攻方可获得点球机会。或者在比赛结束时出现平局，也可用踢点球决胜负。

罚球点球可直接射门得分。当比赛进行中执行罚球点球，以及在上半场准全场比赛终了而延长时间执行或重踢罚球点球时，如踢出的球触及任何一个门柱或两个门柱；或触及横木；或触及守门员；或连续触及门柱、横木或守门员而进入球门，只要没有犯规现象发生，均应判为胜一球。

▲ 西班牙新秀法布雷加斯由于出色的表现获得了2006年欧洲最佳年轻球员的称号。

▲ 南宋蹴鞠镜所表现的欢快的游戏场景，真切地反映了南宋时期平民的市井生活。

大事记

1848年，足球运动拥有了第一部自己的规则，称剑桥规则。

1890年，英格兰举办有万人观看的女子足球赛。

1894年，首个女子足球俱乐部成立。

1900年，男子足球正式成为奥运比赛项目。

1904年，国际足球联合会成立，足球运动自此得到了巨大发展。

1920年，安特卫普奥运会的足球决赛中，捷克斯洛伐克0：2败于比利时，捷克斯洛伐克队因裁判的不公退出了那届奥运会的足球决赛。

1924年，来自南美的乌拉圭击败了各路欧洲劲旅获得冠军，并在4年后击败阿根廷队卫冕成功。

1940年，柏林奥运会上，中国足球队第一次参加奥运会足球比赛，金牌最终被意大利队夺得，这也是意大利历史上唯一一块奥运会足球的金牌。

1956年，墨尔本奥运会上，拥有伊万诺夫、斯特雷佐夫和门神雅辛的苏联队击败各路强手一举夺冠。

1960年，南斯拉夫依靠抽签淘汰意大利夺得罗马奥运会的冠军。

1968年，德国人克拉默带领日本队夺得奥运会季军，这也是亚洲球队在奥运会上取得的最好成绩。

1984年，洛杉矶奥运会上，足球比赛开始允许职业球员参加，金牌被由普拉蒂尼率领的法国队获得。

Basketball

篮球

金牌榜

金牌榜	比赛单项	运动员姓名	夺金时间	成 绩	备 注

看奥运

精彩看点

世界篮坛进入战国时代

随着西班牙成为世锦赛历史上又一个新冠军，2006年男篮世锦赛正式落下帷幕。传统豪强如美国、巴西、塞黑等纷纷提前落马，而欧洲新贵则登上世界巅峰。九支参赛欧洲球队，全部杀入16强，获得冠军、亚军、第五、第六、第七、第八名，以无可辩驳的雄厚实力打破了美国人在篮坛史

上的统治地位。

美国男篮能否突破欧洲军团的合围重新夺回奥运金牌，欧洲诸强能否延续在世锦赛上的出色表现，中国男篮能否在奥运会上取得更好的成绩，让我们拭目以待！

姚明为中国篮球塑魂

2006年4月30日，中国篮协公布了备战2008年奥运会男篮后备队名单，中国男篮将以全新的姿态出征两年后的北京奥运会。在这当中，作为中国篮球的领军人物，姚明的名字格外吸引眼球。

2006男篮世锦赛让国人清楚地意识到，中国篮球离世界顶尖水平还存在很大的差距，中国男篮的奥运之路还很漫长，但我们有理由相信，经历新老交替和阵容磨合后的中国男篮必将以一种全新的姿态出现在2008年的篮球赛场上，期待"小巨人"，期待中国男篮勇创佳绩！

姓名：姚明
性别：男
英文名：Yao Ming
出生年月：1980.09.12
身高：226cm
体重：150kg
国籍：中国
籍贯：上海
项目：篮球
位置：中锋
俱乐部：休斯顿火箭
俱乐部号码：11号
国家队号码：13号

走进历史
——篮板下的对决

篮球起源于1891年的美国，最初是开展于冬季和雨季的室内游戏。19世纪末至20世纪初，篮球运动流传到欧洲。因第二次世界大战，第二次奥运会篮球比赛于1948年在伦敦举行，共有23个队参加，也是奥运会篮球史上参赛队最多的一届，比赛移至室内球场进行。1952年赫尔辛基奥运会前，国际奥委会作出了只允许16支球队参加奥运会篮球比赛的限制决定。本届比赛中，1947年和1951年两届欧锦赛冠军苏联队首次组队参加奥运会篮球赛，然而苏联队却在复赛和决赛中两次败在美国队手下而屈居亚军。决赛最终以25：36结束，成为本届比赛中得分最低的一场比赛。1956年墨尔本奥运会上，美国队以紧逼性夹击防守战术瓦解了苏联等队控制球的战术。在同第三名的乌拉圭队比赛中，美国队采用紧逼战术使乌拉圭队上半时仅得10分，其中8分是通过罚球得到的。1960年，国际业余篮球联合会同时对篮球规则进行了重大修订，特别规定了进攻一方必须在30秒内完成进攻。美国队平均每场净胜对手20分的优势所向披靡，连续第五次赢得奥运会男篮冠军。

1976年蒙特利尔奥运会是篮球发展史上重要的里程碑——国际奥委会同意将参加篮球赛的队从16支增至18支；国际业余篮球联合会决定由12支男队和6支女队参加奥运会篮球赛，并重新规定了分配名额的办法，这

也是奥运会篮球史上首次举行女子篮球赛。

在这届比赛中，美国男队重新夺回了奥运冠军称号；苏联女队以平均每场胜对手20分以上的巨大优势赢得了第一枚奥运女子篮球金牌。1984年，苏联女篮未参加洛杉矶奥运会，冠军被美国女篮夺得。美国女篮于1986年在莫斯科举行的第十届世界女子篮球锦标赛决赛中击败苏联队夺得冠军，从而结束了苏联女篮独霸篮坛20多年的历史。

▲1936年德国柏林第十一届奥运会篮球赛票。比赛时间为1936年8月7日下午4时。

美国男篮除因抵制而未参加1980年莫斯科奥运会外，共获得9届冠军，仅在1972年慕尼黑奥运会上以1分之差输给苏联队而获亚军。苏联男篮于1952年首次在赫尔辛基奥运会上亮相，除23届洛杉矶奥运会外，每届均进入前三名，共获一届冠军、四届亚军和三届第三名。

美、苏男篮曾先后五次在决赛中争夺冠军，结果美国队四胜一负。只在1972年慕尼黑奥运会男篮决赛中因记录台计时出现严重错误才以一分之差负于苏联队。

在1972年的慕尼黑奥运会篮球决赛中，到最后一秒时，美国队以50：49领先，然而记录台却在这时出现严重错误，竟两次允许苏联队的要求，将时间倒拨回去两秒，变最后只剩一秒为三秒，苏联队利用这三秒钟，底线长传到美国篮下，进球得分，结果以51：50反败为胜。赛后美国队拒绝接受银牌，并向国际业余篮球联合会提出抗议。在苏联和波多黎各的比赛中，双方的犯规次数创纪录地高达了80次，共有9名队员先后被罚出场。

南斯拉夫男篮曾夺得过1980年莫斯科奥运会冠军、1968年墨西哥城奥运会和1976年蒙特利尔奥运会两届亚军以及1984年洛杉矶奥运会第三名。1984年洛杉矶奥运会篮球赛是在苏联男、女篮拒绝参加的情况下进行的。美国男篮在决赛中以96：65的绝对优势击败西班牙队，第九次荣获奥运会男篮冠军。美国女篮也以平均每场净胜对手32.6分的绝对优势夺得奥运会女篮金牌。1988年的汉城奥运会上，苏联与美国在决赛中狭路相逢，由萨博尼斯领衔的苏联队最终夺得了奥运会金牌，这也坚定了美国要派NBA职业球员参加世界大赛的决心。

2000年的悉尼奥运会上，中国男子篮球队主力身高2米26的姚明出现在赛场上，也是本届奥运会最高的运动员。然而拥有姚明、王治郅和巴特尔三大中锋的中国队在与法国队的比赛中先赢后输，最终未能进入前八，仅名列第十。美国队虽然最终夺得了2000年悉尼奥运会冠军，但是"梦之队"遭到了立陶宛、法国等队的顽强阻击，由此拉开了世界列强挑战美国

苏联女篮曾先后赢得1976年和1980年两届奥运会冠军，并在比赛中创下了两项奥运会女篮赛纪录：单场122分的最高得分纪录击败保加利亚队夺冠，又以119：53大胜意大利队创造了单场最悬殊比分纪录。

看奥运

▼ 赛场ABC

the dunk shot　大力灌篮
jump shot　跳投
hook shot　勾手投篮
field goalds　投篮命中率

地坛位于北京市安定门外大街东侧，始建于明嘉靖九年（1530），与雍和宫隔河相望，是明清两朝帝王祭祀"皇地祇神"的场所，也是我国现存的最大祭坛，又被称为祭坛、拜台、方泽坛。

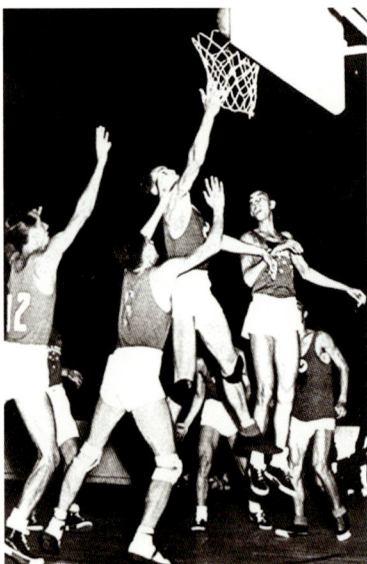

▲简易的队服，削瘦的身材，这就是早期的篮球运动。

篮球霸主地位的序幕。

2004年的雅典奥运会上，中国篮球队击败了塞黑队取得了第八名的成绩。美国篮球队在本届奥运会上遭遇到了前所未有的惨败，最终只取得了第三名的成绩，冠军被以吉诺比利为代表的阿根廷"黄金一代"夺得。

观战指南

现场观赛礼仪提示

篮球比赛通常可以提前入场，所以观众可以早点抵达，观赛前尽量熟悉比赛规则。不要因为球员的一次失误或者因裁判误判漏判而气愤不已，导致情绪失控。即使球队输球，观众也应一如既往地友好热情，这比谩骂、挖苦更能激发队员斗志。球场标语的制做可以发挥自己的想象力，用文字或图画表达都可以，但标语牌的尺寸要适中，文字不要过于粗俗，更不能带有人身攻击的字眼或含义。

比赛场馆：五棵松体育馆

地点：北京五棵松文化体育中心

赛时功能：篮球

场馆介绍

五棵松体育馆是五棵松文化体育中心的一部分。该中心占地52万平方米，包括五棵松体育馆、五棵松棒球场、文化体育设施，以及作为公共服务的配套商业设施，总建筑面积约35万平方米。

▲五棵松体育馆效果图。

比赛日期和金牌数目

比赛项目	6 五	7 六	8 日	9 一	10 二	11 三	12 四	13 五	14 六	15 日	16 一	17 二	18 三	19 四	20 五	21 六	22 日	23 一	24 二	金牌数目
篮球																		1	1	2

注：蓝色代表预赛日期，黄色代表决赛日期。

公交路线

1.地铁1号线、运通115路到五棵松站下

2.212、337、370、373、436、620、624、64、728、817路到五棵松桥东站下

日坛位于朝阳门外东南，以白石砌成一层方台，坛面原为红色琉璃，象征太阳，清代改为方砖墁砌。现坛台早已无存，只有四周的矮墙完好无缺。

3. 740内、740外、751、913、952、981、982、983支、996、特9路到五棵松桥北站下

世界蓝坛

▲詹姆斯的失望与安东尼的无助，是否能唤醒美国男篮的冠军之梦？

NBA——美国男篮的尴尬

2004年雅典，"梦六"惨败；2006年日本，"梦七"折戟，难道由NBA带来的巨大篮球优势已经不复存在了吗？2006年男篮世锦赛，美国队在面对团队配合出色、防守强悍的欧洲冠军希腊队时，战术和整体上的弱势让这支被人们寄予很高希望的"梦七队"不得不止步于半决赛。既没有派出最合适的球员，又未能进行有针对性地磨合演练，几乎所有的胜利都是倚靠球员超强的个人能力获得，而没有形成一套能够将球星特点糅合在一起的战术体系。原公牛队球星科尔在此问题上的观点一针见血，他说："我认为我们应该派出最有效率的团队，因为世界篮球进步太大了，所以只派出我们最好的球员远远不够。"

黄金一代的最后绝唱——阿根廷男篮

提起阿根廷男篮，人们首先想到的是在NBA打球的吉诺比利，然而这个队伍的可怕之处并不在于它有在NBA的一流球星，而是他们那耐人寻味的整体打法和进攻速度。

快是阿根廷男篮最突出的特点，也正是"快"让阿根廷的整体风格得以完美的体现，快速打法让世界篮坛震惊，也让人们见识了阿根廷男篮队员丝毫不逊色于足球选手的出众技术和扎实基本功。

告别也许短暂——塞黑男篮

在黑山共和国近日就独立进行的全民公决中，超过55%的投票者支持黑山独立。因此，黑山共和国公决委员会正式宣布：黑山在2006年7月份之后脱离塞尔维亚，成为一个单独的国家。

塞黑作为国家的解体意味着，在篮球领域，将出现两支新的国家队和两个新的篮球联赛。但在2006年举行的日本男篮世锦赛上，塞尔维亚和黑山仍然以一个国家的身份组队参赛，之后，两国才各自组建自己的国家队。对此，塞尔维亚篮协的一位代表这样说道："我们在这个夏天依旧代表着塞尔维亚和黑山共和国，但是这个夏天之后，我们将开始谱写塞尔维亚自己的历史。"

▲塞黑男篮运动员强攻篮下。

整体和身体——希腊男篮

欧洲冠军希腊队是整体防守篮球的代表，在2006年第十五届男篮世锦赛上，击败了强大美国男篮的希腊男篮在最后时刻负于西班牙屈居亚军，但希腊男篮独树一帜依靠整体作战的整体风格仍然成为世界篮坛关注的焦

月坛又名夕月坛，坛台是由汉白玉砌成的一座方台，东向，高1.5米，面积为13平方米。现坛台已不存在，存留的古建筑经修缮后，植树种花，成为一处环境优雅的市内公园。

▲以吉诺比利为代表的阿根廷黄金一代队进球后的快乐情景。

点。果敢的突破、合理的组织分球、精准的外线三分、顽强合理的防守，靠整体打球、队中没有一名超级巨星的希腊男篮表现出了令人惊叹的战斗力，其精彩表现也让希腊男篮真正成为了一支被世人铭记的劲旅。

疯狂的斗牛士——西班牙男篮

西班牙队曾8次参加世锦赛，但最好名次仅为1982年哥伦比亚世锦赛获得的第4名。然而在2006年的男篮世锦赛上，西班牙队以九战全胜战绩一举夺魁，同时也惊人地连胜18场，来自伊比利亚半岛的斗牛士们用自己的行动证明了世界篮球已经不再是东欧传统豪强或美国人的天下。

九场比赛，无论是小组赛的五连胜还是淘汰赛的四连胜，西班牙人都赢得干净利落，其中44分狂扫巴拿马、49分羞辱日本的比赛让人们清楚地看到了亚洲以及其他大洲弱旅与欧洲强队之间的差距；而21分大胜德国、23分横扫希腊的比赛，更是让西班牙队这枚金牌的含金量显得无比充足。

赛事专题——球星还是团队

说起欧洲本土篮球联赛，虽然在商业运作和影响力方面和NBA仍然存在着相当大的距离，但讲究"实用主义"的欧洲俱乐部正不断缩小着与NBA的距离，创办于2000年的欧洲冠军联赛已经成为了NBA外的第二大联赛，大大加速了欧洲俱乐部水平的提升。另一方面，国际化路线的推广也让越来越多的欧洲球员踏入NBA赛场，诺维斯基、加索尔、帕克等的成功也让欧洲球队不断吸收NBA的精华，美国篮球在世界篮坛的优势正在被欧洲篮球的不断追赶下削弱着。

FIBA体系下到底是球星更重要还是团队更重要？其实早在2005年欧锦赛的决赛上希腊人已经给出了答案。希腊全队没有一名真正意义上的大牌球星和绝对核心，全队人人都能够得分人人都懂得防守，正是这支平民球队依靠团队的力量，一举击溃了由NBA超级巨星诺维斯基领衔的德国队。

本届世锦赛上，希腊再一次用团队的力量成功阻击了被称为"黄金一代"的美国梦七队。再看西班牙，人们往往把西班牙看成加索尔一个人的球队。然而在2005年欧锦赛上，西班牙在加索尔缺席的情况下取得了第四名的成绩；2006年世锦赛，加索尔依然缺席，这一次，西班牙人夺得了冠军。

由此可见，一支球队的成功与NBA球员的数量并没有太多的直接联系。希腊和西班牙两个国家队的球员绝大部分都

▲强悍的防守和整体战术让希腊人赢得了欧洲冠军。

雍和宫是北京地区规模最大、保存最完好的喇嘛教黄教寺院，初建于清康熙三十三年(1694)，曾是雍正继位前的府邸。雍正三年赐名"雍和"，乾隆九年（1744），雍和宫改为正式的喇嘛庙，成为清政府管理全国喇嘛教事务的中心。

来自欧洲本土联赛，两国各自都拥有欧洲最一流的联赛，正式依托于国内高水准的联赛，才最终组成了眼前如此强大的西班牙和希腊国家队。从某种意义上讲，阿根廷也是一支不折不扣的"欧洲"队，现役国家队成员几乎都在西班牙和意大利联赛效力，几位当家的NBA球星吉诺比利、奥伯托等也同样是从西班牙和意大利的联赛中打拼出来的，阿根廷的成功同样要归功于欧洲联赛水平的提高。

美国队的失利固然也有太多自身的原因——球员太过年轻，缺乏国际大赛经验，内线薄弱，不能够很好地适应FIBA体系，攻守两端都缺乏团队配合等等，但不可否认的是，2006年的世锦赛充分展现了欧洲球队的整体实力，也暴露了美国篮球在FIBA体系下的弱点。

10分钟课堂

奥运会篮球各大洲参赛资格和名额

2008年奥运会男、女各有12支队伍参加比赛。男子项目获得参赛资格的是世界锦标赛冠军、美洲奥运会预选赛前两名、欧洲锦标赛前五名、全非洲锦标赛冠军、亚洲锦标赛冠军、大洋洲奥运会预选赛冠军。东道主中国自动获得参赛资格。每个协会每个项目最多1支球队参加比赛。

2008奥运会篮球分项设置

奥运会篮球项目属于团体项目，2008年北京奥运会篮球设两个分项：男子篮球和女子篮球。

奥运会篮球赛制和比赛方法

奥运会篮球比赛男女项目分别由12支球队参加，男女各12支队伍。不管男子篮球还是女子篮球，12支球队都是先分成两个组，每个组6个队进行单循环比赛，各组前四名进入四分之一决赛。半决赛胜者争夺冠军，负者争夺铜牌。

奥运篮球比赛采用四节制比赛，每节12分钟。分上下半场，全场48分钟。第一和第二节、第三和第四节中间的休息时间分别为2分钟；半场中间的休息时间为10分钟或15分钟。

每队由10到12名队员、一名教练员组成，如果球队需要，可配备一名助理教练员。比赛时每队上场5人，其中一人为队长，替补球员最多

▼ 保罗·加索尔来自加泰罗尼亚的加索尔是西班牙男篮的精神领袖，一个充满传奇色彩的风车武士，他是整个伊比利亚半岛的希望，人们把他称为风车武士和加泰罗尼亚的守护神。

加索尔是加泰罗尼亚人的骄傲，是整个欧洲的奇迹，就好比姚明之于中国，吉诺比利之于阿根廷，而热情的加泰罗尼亚人则用一种更为奔放的方式表达着他们对英雄的热爱。

看奥运

▲整体打法是欧洲球队最大的法宝。

7人。比赛结束两队积分相同时，则进行延长赛5分钟，若5分钟后比赛分数仍然相同，则再次进行5分钟延长赛，直至分出胜负为止。

篮球比赛的场地和器材

奥运会篮球比赛使用的标准场地为长28米，宽15米的长方形的坚实平面，无障碍物。中圈的直径与两条罚球线的长度均为3.60米，3分投篮区的半径为6.25米。

比赛用球圆周不得小于75厘米，不得大于78厘米；重量不得少于600克，不得多于650克；充气后，使球从1.80米的高度落到球场的地面上，反弹起来的高度不得低于1.20米，也不得高于1.40米。

竞技战术解析
——团队角力的篮球战术

篮球比赛不只是球员精湛球技和战术的较量，更是运动员的身体素质、运动技能、智慧和心理品质等多种因素的比拼。篮球战术是篮球比赛中队员之间相互协同行动的方法。其目的是为了更好地发挥本方队员的技术与特长，制约对方，力争掌握比赛的主动权，争取比赛的胜利。快攻、进攻人盯人防守、进攻区域联防、进攻紧逼防守、防快攻、区域联防等精彩战术在篮球比赛中都常常出现。

进攻战术

篮球进攻战术是指在篮球竞赛中，进攻队员个人技术的合理运用和全体队员相互间协调配合的组织形式和方法。这一战术的目的是使全体队员的行动一致，在统一的指导思想下，充分发挥每个进攻队员的攻击性，攻击对方的薄弱环节，获得良好的攻击机会，争取竞赛的胜利。

防守战术之区域联防

区域联防是由进攻转为防守时，防守队员迅速退回后场，每个队员分工负责防守一定的区域，严密防守进入该区域的球和进攻队员，并与同伴协同防守，用一定的队形把每个防守区域有机地联系起来而组成的防守战术。区域联防的特点是在每个人防守一定区域的基础上，随着球的转移和

▲进攻战术主要有几个人的基础配合、快攻、进攻人盯人、进攻全场区域紧逼、进攻区域联防等。现代进攻战术已由固定的打法发展到换位进攻和移动进攻的打法。

进攻队员的穿插移动而不断地调整防守的位置和队形,重点防守有球区域和篮下。这种防守战术的位置固定,分工明确,重点突出,有利于保护篮下、组织后场篮板球和发动快攻。依据防守队员的站位形式,常把区域联防分为"2-1-2"联防、"2-3"联防、"3-2"联防、"1-3-1"联防及对位联防等几种。其中"2-1-2"联防是最基本的区域联防。紧逼防守是集体防守,在防守中要求互相配合,积极协作,以多防少,攻击性强,是篮球运动中最有威力的武器之一,因此在比赛中被各队经常使用。

区域紧逼防守作为积极主动的攻击性防守战术,使运动员在全场范围内有组织、有计划地进行以球为中心的抢夺,并把区域联防的优点和队员的积极性与攻击性有机地结合起来,因此能打乱对方的进攻战术配合,给其施加心理压力。

▲ **篮球裁判鸣哨解读**
短哨音:在违例和犯规的宣判中,裁判会用短而有力的哨音。
长哨音:在比赛开始进场时、比赛结束时或提醒双方队员时裁判员要暂停时,裁判员会用长哨音。

福娃问答

选手替换如何进行?

每次替换选手要在20秒内完成,替换次数没有限定。替换选手的时间应在犯规、死球或暂停时进行。在暂停期间如果提出替换,替补队员在进入比赛前必须报告记录员,并要得到就近裁判员的入场招呼。替换选手时裁判会暂时中止球赛的计时。

篮球违例有哪些情况,怎样判罚?

违例的主要规定有:

(1) 24秒规则:两个队在场上控制活球时,必须在24秒出手投篮,否则视为违例。

(2) 8秒规则:一个队在后场控制活球开始必须在8秒内使球进入前场,否则视为违例。

(3) 5秒规则:持球后,球员必须在5秒钟内掷界外球出手,否则视为违例。

(4) 3秒规则:3秒区是指控制球后的一方运动员在对方限制区内停留不得超过3秒,否则视为违例。

(5) 球回后场:控制球队的队员在前场时,不得传球回后场,否则视为违例。

(6) 带球走:运球时在球离手前,不准提起中枢脚,投篮或传球时可提起中枢脚,但必须在脚落地前将球出手,否则视为违例。

(7) 两次运球:运球后停球在手,未经投篮或其他队员转手又再次运球则视为违例。

▲ 罚球是在没有防守的情况下进行投篮,作为对犯规队伍的处罚。罚球要站在罚球线后,从裁判手中接过球后5秒内要投篮。投篮后,球触到篮框前球员不能踩越罚球线。每名球员各有5次被允许犯规的机会,第五次即犯满退场,且不能在同一场比赛中再度上场。

看奥运

历代帝王庙位于阜成门内大街131号，是明清两代皇帝祭祀历代帝王和历代开国功臣的场所，也是全国现存唯一一处保存完整的祭祀历代帝王的皇家庙宇，其中供奉历代帝王188位，功臣79位。

国际篮球联合会（FIBA）

国际篮球联合会，简称国际篮联（FIBA），1932年6月18日在瑞士的日内瓦成立。创办国为阿根廷、希腊、意大利、葡萄牙、罗马尼亚、瑞士、捷克斯洛伐克和拉脱维亚共8国。现有212个协会会员，分属国际篮联承认的非、亚、美、欧和大洋洲5个大洲篮球联合会。国际篮联的正式工作用语为法、英、西、德、俄语。

国际篮联的主要比赛有奥运会篮球赛、世界锦标赛、世界男子青年锦标赛、世界男女少年锦标赛、大洲锦标赛、国际篮联杯赛和其他重要比赛。

▼ **赛场ABC**

3-point FGs 三分球命中率
points in paint 内线得分
charging 撞人犯规
holding 阻挡犯规
pushing 推人犯规
technical offence（fouls）
技术犯规

---

(8) 干扰球违例：即投篮的球在篮圈水平面上下落时，未触篮圈前，双方队员均不准触球、触篮网、触篮板，否则视为违例。

此外，还有故意用脚踢球，罚球违例等等。出现上述违例，均将球判给对方队在最靠近发生违例的地点掷界外球，直接位于篮板后面的地方除外。

篮球比赛中犯规有哪些情况，怎样处罚？

篮球比赛中的犯规主要有侵人犯规、双方犯规、违反体育道德的犯规、取消比赛资格的犯规、技术犯规和打架。侵人犯规是在活球、球进入比赛状态或死球时涉及与对方队员接触的犯规。针对这种情况的处罚为由非犯规队在距发生犯规地点最近的界外掷界外球重新开始比赛，判给罚球等。

双方犯规指两名对抗的队员大约同时互相犯规的情况。在这种情况下的处罚主要是由双方犯规队员在最近的圆圈内跳球重新开始比赛；如果双方犯规的同时投球命中得分，要由得分队的对方队员在端线使球进入比赛状态。违反体育道德的犯规，是指一名队员不是在规则范围内进行抢球而发生的接触犯规，即对人不对球的犯规，一场比赛中出现两次违反体育道德的犯规，即应判处取消该场比赛的资格，即罚下。

取消比赛资格的犯规，是指队员、替补队员、教练员、助理教练员或随队人员的任何恶劣的违反体育道德的行为。技术犯规是指所有不包括与对方队员接触的队员犯规。除此之外，比赛时运动员或教练员对裁判员不礼貌，不服从判决，拖延时间，妨碍比赛，均可判为技术犯规。

场上队员不论侵人犯规或技术犯规，达5次者必须自动退出比赛。

大事记

1936年，中国篮球协会加入国际篮联。篮球在柏林奥运会上正式成为奥运团体比赛项目，21支球队参加了这届奥运会的篮球比赛。

1936年，柏林奥运会的篮球场地被安排在了室外网球场进行，美国队以19∶8战胜加拿大队夺得了第一枚奥运篮球金牌。

1960年，罗马奥运会第一次采用各洲分配名额的方式参加篮球比赛，从而产生了奥运会预选赛。

1964年，奥运会首次在亚洲举行，美国队在决赛中以73∶59击败苏联队，连续第六次赢得金牌。

1968年，墨西哥城奥运会创下了奥运篮球比赛观众人数之最，拥有22500个座位的体育馆日日爆满。

1974年，恢复中国篮球协会在国际篮联的会员资格。

1980年，南斯拉夫男篮在莫斯科奥运会上夺冠，这是奥运会篮球史上第三个赢得篮球金牌的国家。

白云观位于北京西便门外，创建于唐代开元二十七年（739），距今已有1200多年历史，是道教全真三大祖庭之一，也是北京最大的道教庙宇，为中国道教协会所在地。

奥运看北京

白　云　观

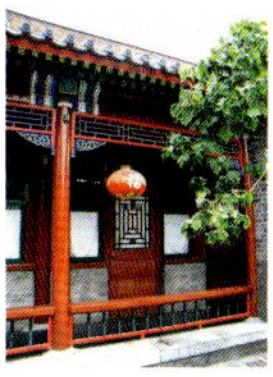

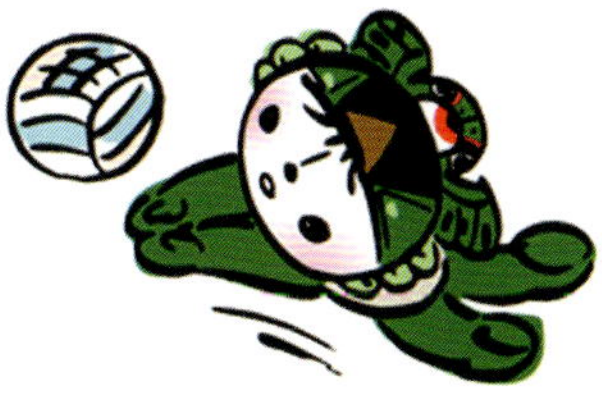

Volleyball

排球

金牌榜

金牌榜	比赛单项	运动员姓名	夺金时间	成　绩	备　注

精彩看点

沙排，休闲而美丽的比赛

沙滩排球，简称沙排，诞生于20世纪20年代美国加利福尼亚海滩。沙排原本只是人们休假时在海滩上玩的一种游戏，是一项极具娱乐性休闲性的运动，后来才发展成为正规比赛。

东岳庙位于北京市朝阳门外大街路北，占地面积6万平方米，由道教创始人张道陵的后裔张留孙筹资修建。东岳庙从1319年开始修建，到1323年竣工，由皇帝赐名东岳仁圣宫，作为东岳大帝的行宫。

沙滩排球比赛一般选择在海边沙滩上举行，海浪、蓝天、沙滩、阳光，沙滩排球的女子比赛比男子比赛更受观众青睐。身材健美、充满青春活力的沙排女运动员，更能给观众带来视觉和竞技的双重享受。

赛场ABC

clockwise rotation　顺时针轮转
coach　教练
substitute　替补队员
umpire　裁判

走进历史
——"空中飞球"

威廉·摩根

排球源于1895年由美国马萨诸塞州霍利奥克城的基督教青年会干事所创的室内游戏。1896年，世界上第一个排球竞赛规则由摩根制定；同年，在斯普林菲尔德专科学校举行了世界上最早的排球赛。斯普林菲尔德市立学院的特哈尔斯博士将其命名为volleyball，意为"空中飞球"。

排球运动出现后，通过教会的传播活动和美国军队的军事与战争活动，传播到了世界各国。

排球传入亚洲的时间较早，1900～1910年，排球运动先后传入亚洲的印度、中国、日本、菲律宾等国。当排球传入亚洲时，规则尚处于不完备的阶段，鉴于当时亚洲各国室内运动场馆远不如美国，来亚洲的基督教青年会的体育干事们根据亚洲的具体情况，介绍、传授了在室外开展的16人制排球。这种16人制的打法又随着1913年第一届远东运动会的采用而传播到了亚洲各国。亚洲前三届远东运动会排球比赛都是采用的16人制比赛。1919年第三届远东运动会后，比赛规则有了较大的修改，将16人制改为12人制，场地由90×45英尺缩小为80×40英尺。1927年又将12人制改为9人制。9人制排球一直延续到1949年。在相当长的时间里，9人制排球一直流行于包括中国在内的亚洲各国。亚洲各国在经历了16人、12人、9人制排球后，直到20世纪50年代才引进6人排球。

排球运动在1900年左右传入加拿大，1905年传入古巴、巴西等美洲国

▲2004年雅典奥运会上，中国女排重夺阔别已久的奥运金牌，仿佛带我们回到了"五连冠"的辉煌时代，图为中国女排夺冠瞬间。

家。1914～1918 年第一次世界大战期间，排球运动列入了美军军事训练营的训练计划，推广到美国国内及国外的军事营地，成千上万的排球和球网被送到美国军人的手中，同时它也被作为礼品赠送给了盟军的体育官员们。这样，排球随着美国军队的军事活动传到了欧洲大陆和地中海沿岸，先后传入法国、意大利、苏联、波兰等国家并得到了广泛推广。首届世界男子排球锦标赛于 1949 年举行，由苏联队获得冠军。世界女子排球锦标赛于 1952 年创办，冠军仍是苏联队。在 1964 年的东京奥运会上，排球成为奥运会正式比赛项目。

▲ 模糊的老照片带不走的是那一份永恒的记忆。图为中华苏维埃少共中央排球队合影，摄于 1933 年。

在比赛规则方面，1912 年规定双方上场的运动员必须轮转位置，1917 年规定每局为 15 分，1918 年规定上场运动员每队为 6 人，1922 年规定每方必须在 3 次以内将球击过网。

在中国，排球运动的历史可以追溯到 20 世纪初。早在 1905 年，排球活动首先在广州南武中学和香港皇仁书院倡行，后来主要通过基督教青年会体育部、留学生。外籍人士等以教学、游戏、训练班及表演等方式传播，排球运动逐步在中国部分城市的一些学校中开展起来。人们根据 volleyball 的译音，把空中飞球称为"华利波"。就这样，"华利波"在中国大地上出现了。

1913 年 5 月，第一届远东运动会在菲律宾首都马尼拉举行。然而到了开幕那一天，只有菲律宾一国报名，当时任中国队总领队的美国人勃郎·格雷同意了菲队的请求，从田径、足球队中临时选人，匆忙上阵，头顶脚踢，结果以 0：2 的比局连输两场。这是中国参加最早的国际排球赛。

1914 年，在北平举行的旧中国第二届全运会上，排球被列为男子正式比赛项目，并将"华利波"改称"队球"，取成队比赛之意。1921 年，旧中国广东省第八届运动会第一次有了女排比赛。1930 年旧中国第四届全运会之前，经中华全国体育协进会研究，根据其球在空中被来回排击和参加者成排站位这两个特点，将"队球"改称"排球"。从此，排球这一名称和运动形式在中国传播开来，沿用至今。

沙排运动里程碑

沙排起源于美国，据说是由 20 世纪 40 年代加利福尼亚北海湾的救生员所发明，之后很快传入巴西、意大利、澳大利亚、墨西哥、法国等国家，并

▲ 1976 年，美国在加利福尼亚的帕里塞德斯海滩举行了首个沙滩排球正式比赛，职业沙滩排球赛则始于 1979 年。1987 年，国际排球联合会（FIVB）在巴西里约热内卢创办了世界男子沙滩排球锦标赛，这被认为是国际排联和职业排球选手协会共同努力的成果。

看奥运

天宁寺位于北京广安门附近，前身是北魏光林寺，1435年定为今名。寺后有高57.8米的佛塔，为砖筑实心密檐式八角塔。寺塔建于辽代，当时它矗立于辽都燕京内城之东，是城内屈指可数的高大建筑。

于20世纪70年代逐渐在日本等亚洲国家广泛开展。

观战指南

比赛场馆：首都体育馆
地点：北京海淀区白石桥

赛时功能：排球
公交路线

　　特4、特5、601、360快、107、111、27、362、632、634、111、107、334、332、209、732、319、105、808、814、319、105、27、732、482、714、632、206、347、601、206路到白石桥东站下车。

比赛场馆：北京理工大学体育馆
地点：北京理工大学
赛时功能：排球
公交路线

　　26、209、320、332、651、653、660、689、697、717、732、808、814、特4、特6路到中国农业科学院站下。

比赛场馆：沙滩排球场
地点：北京朝阳公园
赛时功能：沙滩排球
公交路线

　　31、117、302、350、406、419、431、731、750、758、852、973、985、988路到朝阳公园站下车。

▲ 首都体育馆效果图。

▼ 朝阳公园沙滩排球比赛场地效果图。

奥运看北京
东堂

比赛日期和金牌数目

比赛项目	8 五	9 六	10 日	11 一	12 二	13 三	14 四	15 五	16 六	17 日	18 一	19 二	20 三	21 四	22 五	23 六	24 日	金牌数目
排球																1	1	2
沙排														1	1			2

注：蓝色为比赛日，黄色为决赛日。

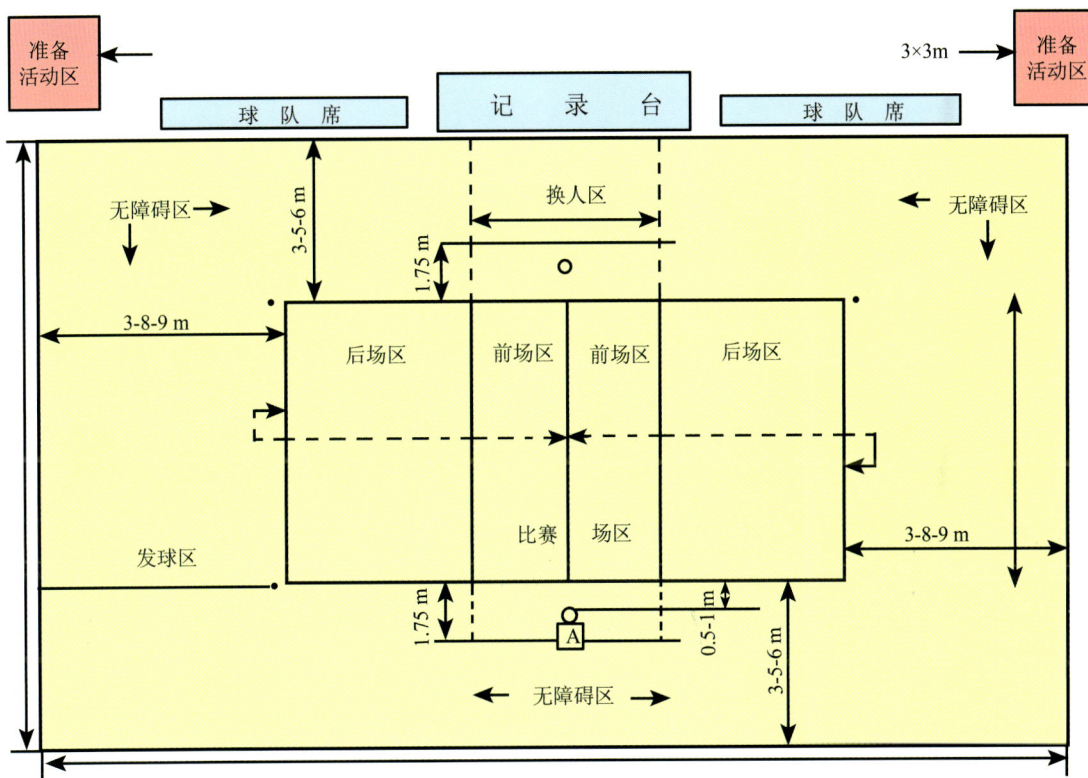

看奥运

现场观赛礼仪提示

观众进入排球比赛场后，尽量不要用闪光灯，不能吸烟。当运动员做准备活动时，一旦有球飞到看台上，不要扔回场内，应该捡起交给捡球员，更不要用脚踢球。

在观看排球比赛时，观众也应该学会配合队员们适时适度地加油或鼓励。观众可以在队员做出倒地救球、拦网或进攻得分时大声鼓掌喝彩，给队员以巨大的鼓励。而当自己支持的球队由于失误而失分时，切忌喝倒彩。

观众在露天观看沙滩排球比赛时最好佩戴墨镜，以避免强烈日光的直射，还要注意防晒补充水分。

▲排球比赛场地包括比赛场区和无障碍区，其形状为对称的长方形。比赛场区为长18米、宽9米的长方形。球网架设在中线上空，球网高度男子为2.43米，女子为2.24米。

排球比赛器材

比赛用球为圆形，由柔软皮革或合成革制成外壳，内装橡皮或类似质料制成的球胆。

国际排联世界性比赛中使用合成革球或彩色球需经国际排联同意并符合其标准。圆周一般为65厘米~67厘米。重量为260克~280克。奥运球比赛采用三球制。

沙排比赛场地和器材

国际排联最新规定沙滩排球比赛中比赛场地为8米×16米。无障碍场区最小5米，最大6米。球网长度为8.5米。

由于场地的沙子可能导致运动员受伤时，第一裁判员有权同意运动员穿袜子或鞋子进行比赛。队员可以戴帽子、眼镜或太阳镜进行比赛，但所引起的一切后果自行负责。

▲ 国际排联的主要赛事有：奥运会排球赛、世界锦标赛和世界杯赛，均为4年一届。此外还有各大洲的锦标赛和地区运动会中的比赛。到1997年，国际排联已成为拥有213个国家和地区会员的、世界上最大的单项体育运动联合会。参加排球运动的人数已超过1亿5千万，排球运动已成为当今世界上仅次于足球的广为普及的运动项目。

世界排坛

巴西、意大利、美国、俄罗斯等国家的男女排球队一直稳居世界排坛前列，中国女排也拥有问鼎冠军的实力。在亚洲，韩国、日本女排进步显著；塞黑、阿根廷男排也具备较强实力。

中国女排

中国女排是一支具有光荣历史的队伍。20世纪80年代曾获得辉煌的"五连冠"，即：1981年和1985年世界杯冠军；1982年和1986年世界锦标赛冠军；1984年奥运会冠军。时隔20年后，中国女排终于在雅典奥运会上重夺金牌。

中国女排2002年世界女排锦标赛中获第四名；第十四届亚运会获得冠军；2003年世界女排大奖赛冠军；2003年亚洲锦标赛冠军；2003年第九届世界杯冠军；2004年雅典奥运会冠军。随着赵蕊蕊等伤员的陆续归队和年轻队员的逐渐成熟，中国女排在经历一段时间的低谷后重新崛起。

中国女排技术全面、打法快速多变、攻守平衡，也秉承了老女排刻苦训练和顽强拼搏的优秀传统。

▼ 赛场ABC

double block　双人拦网
action of blocking　拦网
block point　拦网得分

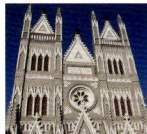
巴西女排

巴西男女排球的实力都很突出，在女子排球方面，巴西女排在世界大赛上一直稳居前四名，其富有激情的打法也吸引了广大观众，拥有很强的观赏性。

古巴女排

古巴女排是20世纪最成功的球队之一，一直称霸世界女子排坛。20年来，她们先后取得了1992、1996、2000三届奥运会冠军，1989、1991、1995、1999四届世界杯冠军和1994、1998两届世锦赛冠军，几乎囊括了20世纪90年代所有世界大赛的桂冠。

意大利男排

意大利男排是世界男排联赛历史上最成功的球队，曾先后8次在世界男排联赛中夺冠，并获得2次亚军、1次季军和2次第四名的骄人战绩。

尽管意大利男排在2002年的世界男排联赛上仅获得第四名，世锦赛也只取得了第五名，但在2004年的雅典奥运会上，蓝衣军团强势亮相，最终获得银牌。

巴西男排

巴西男排是参加了所有世界杯比赛的球队之一，自1978年意大利世锦赛后，巴西男排就一直位居世界强队之列。

巴西男排夺得了1982年的阿根廷世锦赛银牌、1984年洛杉矶奥运会银牌、1992年巴塞罗那奥运会金牌、1993年世界男排联赛冠军。

2002年的阿根廷世锦赛上，巴西男排3:2逆转俄罗斯队，首次问鼎世锦赛冠军。

▲男女排球（室内）1964年第18届奥运会被列为比赛项目，沙滩排球于1996年亚特兰大奥运会上成为正式比赛项目。奥运排球分男子项目、女子项目两项，奥运沙滩排球也分男子项目和女子项目两项。

看奥运

10分钟课堂

奥运会排球参赛资格和名额

奥运会排球比赛参赛资格的获得方法为：奥运会前一届世界杯排球赛的前3名，欧洲、亚洲、非洲、北美洲、南美洲奥运会的第一名获得参赛资格，东道主自动获得参赛资格。

奥运会沙滩排球则根据世界排名获得奥运会参赛资格，世界排名则根

▼赛场ABC

tie 平手
time-out 暂停

国际排联（FIVB）

国际排球联合会（FIVB），简称国际排联。1947年根据法国排协倡议在巴黎成立。创办国还有比利时、巴西、意大利、黎巴嫩、波兰、土耳其、捷克斯洛伐克。现有218个协会会员，分属欧洲、亚洲、非洲、中北美和加勒比地区、南美5个洲级排球联合会。国际排联总部设在瑞士洛桑，工作正式用语为法、俄、英、西语。

中国排协于1952年成为国际排联的临时会员，1953年为正式会员，1958年退出，1974年恢复国际排联的会员资格。

赛场ABC

recovery 救球
seam protection 补位

据上一年他们在世界巡回赛中的表现排定，这些巡回赛主要包括世界锦标赛和国际排协认可的洲际比赛。

共有男女各12支队伍参加北京奥运会排球比赛，中国作为主办国将自动获得参赛资格。其余奥运会排球比赛球队的参赛资格产生方法为：奥运会参赛资格的争夺将从2007年11月在日本举行的世界杯开始，在2007年11月2日至16日举行的女排世界杯和11月18日至12月2日举行的男排世界杯比赛的前3名，将获得北京奥运会的参赛资格。2007年12月1日至2008年1月15日，在亚洲、非洲、欧洲、中北美洲、南美洲男女排锦标赛中，夺冠的队伍也将获得北京奥运会入场券。而另外3个男女排参赛名额，将在2008年6月8日前举行的奥运选拔赛中产生。

2008年北京奥运会沙排方面，共有男女各24支队伍参加，中国将自动获得男女比赛的参赛资格各1个。从2007年1月1日至2008年7月20日，国际排联将会建立一个奥运会积分系统，根据期间在世界各地举办的沙排世界巡回赛、沙排世锦赛以及国际排联承认的洲际沙排锦标赛的成绩积分，给予成绩最好的男女共22支队伍参加北京奥运会的资格，而每个国家的参赛队伍不能超过两支。此外，考虑到奥运会比赛的普遍性原则，如果哪个洲没有队伍获得北京奥运会参赛资格，这个洲排名最高的队伍也将获得北京奥运会入场券。

沙排与排球的区别

沙排和排球的区别主要有下表所列的5个方面：

队员人数	赛制	比赛场地	队员场上位置	扣球角度
沙排只有两名选手上场，并且不准有替补队员；排球有6名队员，还可以有多名替补。	沙排一局15分决胜负。排球5局3胜制，每局25分，第5局决赛为15分。	沙排没有3米进攻线，在一局制的比赛中，双方得分每次累计为5分时要交换场地。排球有明确的3米进攻线的规定。在每局结束或第五局比赛到8时才交换场地。	沙排队员在赛场上没有固定的位置。而排球队员在场上有固定的位置，而且不断轮换，出现位置错误时将受罚。	沙排扣出的球必须同队员自身的双肩成垂直角度。排球没有此规定。

奥运会排球赛制和比赛方法

排球比赛由两队参加，每队出场6名队员；双方按照规则，运用发球、垫球、传球、扣球、拦网等动作组成进攻与防守，力争将球打入对方场内，而不使球落在本方场内。每场比赛共分为5局：第1局至第4局，先获得25分并至少领先2分的一方胜1局，若比分为24∶24时，则继续比赛，直至领先对方2分为止；获胜3局的球队为比赛的胜利者；若结果为2∶2时，进行决胜局也就是第5局的比赛时，先获得15分并领先对方2分者为胜队。

沙滩排球比赛也有两队参加，每队两名运动员，必须赤足参赛。每队可击球3次，将球击回对方场区。一名运动员不得连续击球两次。只有发球方可得分（决胜局除外），接发球方胜一球时，获发球权（决胜局则得分），运动员必须轮流发球。

沙滩排球比赛可采用一局定胜负制，也可采取三局两胜制。一局制比赛以先得15分并同时超过对方2分以上者为胜，当比分为14∶14时，要继续比赛至一队领先2分，但最高分限为17分。

排球比赛的红、黄牌解读

排球裁判员在判罚中有三种不同的方式：黄牌、红牌和红黄牌。球队成员对裁判员、对方队员、同队队员或观众的不良行为，根据程度分为粗鲁行为、冒犯行为、侵犯行为三类，裁判员根据不良行为的程度，对粗鲁行为给予黄牌处罚、对冒犯行为给予红牌处罚、对侵犯行为给予黄红牌的处罚。黄牌表示该队失一球。红牌表示判罚出场。裁判员将红、黄牌拿在一手中表示取消比赛资格。

司线员旗示解读

排球比赛中司线员的主要职责是判罚界内球和界外球，并以旗示表明自己的判断。向下示旗界内球。向上示旗界外球。一手举旗，另一手放置在旗顶上触手出界。一手举旗晃动，另一手指端线或标志杆，表示球从非过网区通过、发球犯规。两臂胸前交叉无法判断。

排球运动术语

一传

通常指比赛中在本方场区接对方来球的第一次击球，或本方拦网触手后的击球。可运用各种传球或垫球技术，其中以双手垫球运用最多。是一攻中的接发球和反攻中防守的重要环节，也是组成进攻战术的基础。

二传

指一传后的第二次击球，也是给扣球进攻者传的球。因这种技术动作基本上在第二次触球时运用而得名，起到组织进攻和反攻的桥梁作用。

垫二传

指一传来球又低又远，队员来不及移动到球下传球时，应急以垫击的方法来进行二传。

第三传

指比赛中对防守救起的球，无法组织进攻，常在第三次击球时，被动地将球推传向对方场区的空当或防守差的队员。要求利用手指手腕的张力

▲排球比赛中的主攻手，指场上的主要攻击手，防守反击中的主要得分队员。主攻手一般站在4号位或换位到4号位。主攻手一般要求身材高大，弹跳力强，拥有强劲的扣杀力，擅长强攻，善于突破对方的防御，精于扣调整球和各种战术球。

看
奥
运

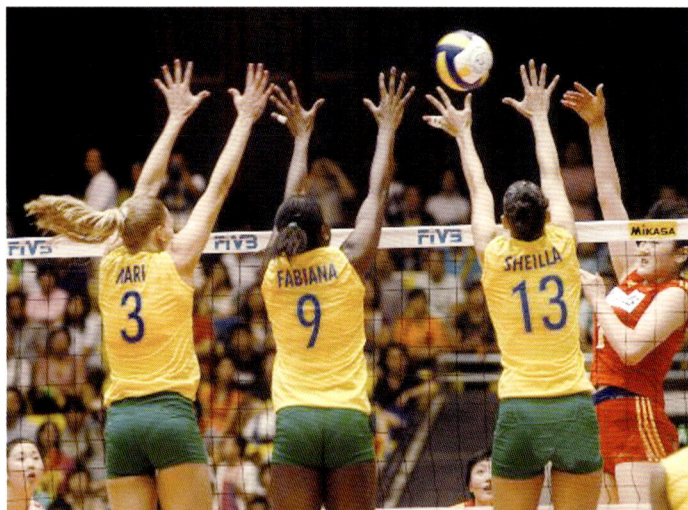

▲ 排球比赛中的副攻手是指在进攻中站在3号位的队员。副攻手要求队员身材高大，具有较强的冲跳弹跳力和变向跑移能力。副攻手进攻以快攻为主，并以快攻掩护队友组成各种快速多变进攻战术。副攻手防守时要善于拦截和配合两侧队友拦网，以阻遏对方的各种快攻战术。

▼ 赛场ABC

catching　持球
fail　失误，判罚失误

和伸臂压腕动作以提高传球的攻击性。

快球

也称"快板球"，排球运动扣球的一种。二传队员将球传出或传出前，扣球队员已跳在空中等待；当球传到合适的击球点时，扣球队员以极快的速度挥臂击球。特点是：速度快，变化多，牵制力强，命中率高，实效好。扣快球主要运用正面扣球技术，但也可运用勾手扣球技术。可分为近体快、短平快、平拉快、背快等。

背平快

俗称"背溜"。排球运动快球的一种。指扣球队员扣二传手背传的短平快球。

短平快

排球运动快球的一种。一般指二传手正面传出速度快、弧度平的球的同时，扣球手在距其2米左右处跳起，挥臂截击二传手平拉过来的球。可根据战术需要，利用球网位置，提前或错后击球。这类扣球由于速度快、弧度平、空中击球点多，故威力很强，并可用以掩护而组成多种集体进攻战术。

近体快

排球运动快球的一种。指在接近二传手体前或体侧50厘米范围内所扣的快球。它节奏快，威力大，具有良好的掩护作用。高水平的近体快球，必须在二传手出球之前的瞬间起跳，在空中捕球扣杀。

后排快

排球运动快球的一种。指运动员后排起跳扣快球的方法。扣球技术与快球基本相同。由于离网较远，要求判断准确，起跳及时，利用起跳的前冲力，加快击球速度。

背快

排球运动快球的一种。扣球队员在二传手背后，扣二传手背传的近体快球。由于二传手看不到扣球队员的动作，因此需要协同默契配合。

单脚快

排球运动快球的一种。一般在改变方向跑动或球距自己较远时运用。扣球时，采用单脚起跳加快起跳速度，充分利用起跳时的前冲力，使身体飞得更高、更远，在空中等球扣杀。多用于2号位进攻。

平拉快

也称"平拉开"，排球运动快球的一种。指扣球队员在边线处起跳。截

五塔寺位于海淀区西直门外，始建于明成化九年（1473），名真觉寺，乾隆二十六年（1761）大修，更名大正觉寺。因寺内建有五塔，故俗称五塔寺。这种类型的塔全国仅存6座，首推北京五塔寺之塔。

奥运看北京
五 塔 寺

扣二传手快速平传到网边标志杆内的球。扣球时，必须迎截来球的飞行路线，故扣球队员常外绕约30度弧形助跑起跳。特点是能充分利用球网全长，以争取有利的进攻时间和有效空间，从二传手出球到扣球之间的时间一般在1秒钟之内。

二点五

也称"半快球"，排球运动快球的一种。指二传手传出的球高出网口二个半球高度的快球。助跑角度和击球动作与近体快球相同。只是起跳时间稍晚，一般与二传手出球的同时或稍晚些起跳。这类快球有一定的突然性，可与交叉进攻和梯次进攻配合使用。

▲帅气俊朗的外形、灵活多变的打法——图为意大利男排夺冠瞬间。

吊球

排球运动技术名词，扣球的一种变化，是一种辅助性的进攻手段。因队员进攻时，利用紧张的手指轻击球体，使球越过球网落入对方场区的空当，故名吊球。

前飞

队员在扣短平快起跳点上起跳，佯扣短平快，突然冲跳，空中移位，接近球体，"飞"到二传手附近，扣预定近体半高球。可从3号位或4号位发动进攻，其"冲飞"的距离可达1.50米以上，很容易摆脱对方的拦网。也有后排队员利用"冲飞"技术，在后排起跳冲飞到进攻线前去扣球。

背飞

排球运动空间差的一种。队员在近体快起跳点上起跳，佯扣近体快球，突然冲跳，空中移位，"飞"到二传手背后1米处扣背传半高球。背飞与前飞的区别在于：后者迎着球打，容易在空中截住球；前者追着球打，难度较高，对二传手与扣球手的技术和相互配合的要求也较高。

背溜

溜，是指二传手传出去的球的飞行状态。一般把平行于球网飞行，出网不高而传向4号位的球称为平拉开球；而背传向2号位的球称为背溜。

▼ 赛场ABC

delayed spike 时间差
quick attack 快攻

看 奥 运

竞技战术解析
——排球，速度与技术的完美交融

　　排球运动一直都是人们喜闻乐见的集体项目之一，其精彩的发球、巧妙的传球、富于力量的扣球技术常常让观众大饱眼福。谁能想到在排球运动开展之初，只不过是隔网相对把球托来托去。现代排球的发球、垫球、传球、扣球和拦网技术以及优美的准备姿势和移动都是随着排球的深入展开而逐渐完善起来的。以发球为例，从威胁性很小的下手发球到上手大力球、勾手大力球、上手飘球、勾手飘球到现在的跳发球……随着排球运动的不断发展，其技术越来越完美，比赛也会越来越精彩。

精彩技术看点

　　排球比赛的技术主要包括发球、垫球、传球、扣球、拦网等技术，下面将一一介绍各技术的精彩之处。

扣人心弦的发球

　　排球比赛时，发球需站在端线之后，用手抛球后将球击入对方场内，是比赛开始第一个技术动作和一项先发制人的进攻技术。攻击性发球可以直接得分，还可以破坏对方的一传与进攻，动摇对方的士气，为本队拦网、防守创造有利条件。

鼓舞士气的垫球

　　垫球是防守的基础，是组织进攻的基础，在排球比赛中占有重要的地位。主要用于接发球、接扣球和接拦回球。接发球好有利于打好接发球进攻，否则就会陷入被动或失分。接扣球好，有利于防守反击的组织。垫球还可在无法运用传球技术进行二传的情况下用来组织进攻或处理球。

　　垫球技术要求很高，往往是正确的准备姿势、合理的击球手型、准确的击球动作和合理的击球部位以及调整手臂与地面的适宜用力角度等众多因素共同作用才会取得良好的垫球效果。

穿针引线的妙传

　　传球是排球比赛中组织战术的基础。传球主要用衔接防守和进攻的二传，为进攻创造条件，因此被认为是进攻的桥梁，在比赛中起着组织进攻的作用；传球也是各种技术串联的纽带，起着穿针引线的作用。传球技术也经常用来接对方的处理球、吊球和被拦回的高球，甚至接发球时也偶尔

▲拦网是指队员在球网上空拦阻对方击来的球。是防守反击的第一道防线，也是主要得分的手段，因此它是积极主动并具有攻击性的防守。拦网有单人拦网和集体拦网两种。

使用。传球还可用来吊球和处理球，出其不意，攻其不备，起着进攻的作用，从这一角度看，传球也是一项防守技术。

传球的精彩看点有正传、背传、侧传和跳传4种，这4种传球技术的传球手型基本相似，都是在额前上方击球。主要运用于二传。

迅速而有力的扣球

扣球的攻击性最强，是得分、得发球权的主要手段，也是进攻中最积极有效的武器。扣球由准备姿势、判断、助跑、起跳、空中击球和落地动作衔接而成。其攻击性和威力表现在高度、力量、速度变化、技巧、突然性以及各种假动作和佯攻等方面。主要有正面扣球、勾手扣球、快球、调整扣球、单脚起跳扣球等。

精彩战术看点

战术是否运用准确对排球比赛十分重要，只有精湛的技术并不一定能取得比赛的胜利，还要看是否合理地运用了战略战术。排球比赛中经常运用的战术有发球战术、传球战术、扣球战术、拦网战术、防守战术等。

发球战术

发球战术具有相对的独立性和自主性。运用发球战术的目的是破坏对方的一传，为本方得分或反击创造有利条件。可根据临场情况，针对不同对手的接发球适应能力，采用不同的战术。

发球战术运用时可以发不同性能的球，如力量性发球、飘晃球。控制落点的发球，如找薄弱区域或找人发球。也可变化发球的节奏，如加快节奏或放慢节奏。变化线路的发球，如长短线结合、直斜线结合、"站直发斜"或"站斜发直"等。

一传战术运用

一传战术是为了组织本队的进攻战术而有目的地垫击，由于各种进攻战术对一传的要求不同，所以一传的方向、弧度、速度、落点和节奏也各有特点。一传战术有多种方法，如组织快攻战术时，一传的弧度要平，速度稍快；组织两次球战术时，一传的弧度要高，接近垂直下落，以便扣两次球或转移等等。

二传战术运用

二传战术的基本任务是利用空间、时间和动作上的变化，有效地组织进攻战术，给扣球队员创造有利的条件，使对方难以组织防御。二传战术运用主要有隐蔽传球，二传队员尽可能地以相

▼ 排球比赛中自由人是指防守反击中的后排专职防守队员。根据战机的需要和防守的要求，无需请求裁判员的许可，即可随时自由地取代后排中的任一队员出场参赛。自由人着装的颜色必须有别于其他队员，以便辨认。

看奥运

159

卧佛寺即"十方普觉寺"，位于西山北的寿牛山南麓、香山东侧，始建于唐贞观年间(627～649)，原名兜率寺，又名寿安寺，因唐代寺内就有檀木雕成的卧佛而被称为"卧佛寺"。

▲古巴女排是传统强队，其技术特点是进攻犀利、技术全面，是中国女排的强劲对手。

▼赛场ABC

jump pass　跳传
setter　二传

似动作传出不同方向的球；晃传和两次球；二传队员先以扣两次球吸引对方拦两队员后，突然改扣为传；还有时间差跳传、高点二传、选择突破点及控制比赛节奏进行二传等。

个人扣球战术

扣球战术是指扣球队员根据比赛中对方拦网和防守的情况，有意识的选择扣球方法和路线，突破对方防守。扣球战术的运用有很多，除了前边提到的多种扣杀方法，还可以借助助跑起跳空间上的误差来迷惑对方快速扣杀。也可利用位置差、时间差等迅速扣球。

拦网战术

拦网战术是通过准确的跳起时机、空中的拦网高度和拦击面、手型动作的变化等因素而实现攻击。现代拦网战术往往具有攻防双重作用。常见的有重叠拦网和人盯人拦网等。

阵容配备

阵容配备是指比赛中合理地使用本队力量的一种组织手段。目的在于把全队力量有效地组织起来，最大限度地发挥每个队员的作用和特点。组织阵容时，均衡安排本方的攻防力量。

换位战术

为了调动全队力量，最大限度地发挥队员的特长，加强攻防力量，组织最佳阵容，同时弥补由于队员身体、技术发展不平衡所带来的阵容配备上的缺陷。

防守战术

防守垫击与接发球相比，因其来球速度更快、力量更大，并更具有突然性，因此难度较大。防守队员要选择有利的位置，采用合理的击球动作，将球有效地接起来，组织各种进攻。优秀的防守队员不仅要善于思考，判断准确，还要快速移动勇猛摔救。防守战术运用时主要是判断进攻点、合理取位，拦、防配合，进行有针对性的防守。

进攻战术

进攻阵型就是进攻时所采取的基本队形，合理地选择进攻阵型是各种进攻战术变化的基础。随着排球运动的发展，现代排球在技、战术打法上形成了高快结合、前后结合、全面型进攻的局面。

进攻打法是指二传队员与扣球队员之间所组成的各种配合。每一种进攻阵型中都可以灵活地运用多种进攻打法，以达到避开拦网、突破防线、争取主动的战术目的。进攻打法可分为强攻、快攻、两次攻及其转移、立体进攻等。

沙滩排球精彩技术看点

发球

沙滩排球发球的位置在球场两边端线延长线和底线之间的任意一点。发球可分为低手球、高位球和跳发球。

托球

托球即用托举方式，将球准确传给同伴。托球时两手抬起，肘部稍高于肩部，拇指打开，触球刹那伸直手腕，以腕和肘的力量将球弹出。要注意的是，托球时以手指前两个指节面的部位触球，而不仅是指尖，否则易造成扭伤。

扣球

扣球是最主要的得分方法，要求是快、准、狠。扣球时要注意时间的掌控，当身体跃至最高点时，以手掌的下部触球，再以全手掌盖住球体，以全身力量将球往下扣击。

▲接球一般用双手合握的方式，两手拇指伸直靠拢在上，一手四指合拢放于另一手虎口处，另一手四指合拢紧握，以拇指合并处的平坦部位接球。接球时身体前倾，两脚分开，眼睛紧盯来球，根据球路调整步伐，手臂要斜下伸直，将球击向预定位置。

看 奥 运

福娃问答

排球竞赛规则

什么是排球"自由人"规则？

室内排球虽然历史悠久，但近年来越来越受到沙滩排球的挑战，因此它开始进行了一些规则上的改进。其中最关键的就是引进了"自由人"规则。"自由人"身穿与队友不同颜色的衣服，可以在后场任何位置活动，但不许发球、扣球、击球过网或参与前场进攻。比赛中，如果自由防守人受伤，主教练则可以与第一裁判交涉，让另外的球员穿上自由防守人的衣服，充当自由防守人。

每球得分制是怎样的？

6人制的排球比赛实行每球得分制，在本队进攻成功时或是对方失误、犯规时，本方都得一分。国际排球比赛一般采用五局三胜制，现在前四局每局比分为25分，最后一局比分为15分。每局只有在超出两分的情况下才能算赢得一局，不过对每局比分没有封顶规则，直到一方超出对方两分，分出胜负为止。

▼ 赛场ABC

cross smash 斜线扣球
dig pass 垫传
drop 吊球

奥运看北京

法海寺

法海寺位于石景山区翠微山南麓，始建于明正统年间，距今已有556年历史，现为国家重点文物保护单位，其精华为大雄宝殿内保存完整的明代巨型壁画。

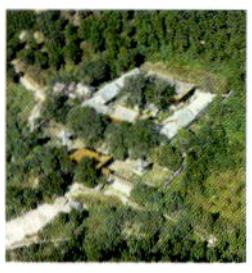

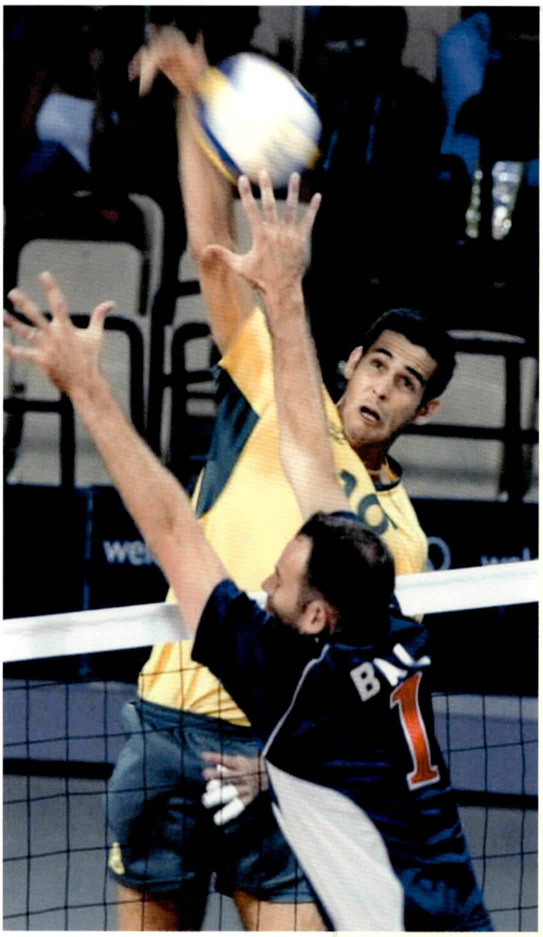

▲单脚快是排球运动快球的一种。一般在改变方向跑动或球距自己较远时运用。扣球时，采用单脚起跳加快起跳速度，充分利用起跳时的前冲力，使身体飞得更高、更远，在空中等球扣杀。多用于2号位进攻。

什么是无障碍区和3米线？

排球比赛场地分比赛场区和无障碍区。无障碍区是指在比赛场区四周，边线外至少有5米、端线外至少8米之内不得有任何障碍物周边区域。比赛中队员可以在无障碍区内击球救险。3米线也叫进攻限制线，因为距离中线位置3米远而得名。设3米线的目的是限制后排队员进攻。

排球比赛对上场队员位置有何规定？

排球比赛前，上场队员位置表一经交出，便不得更改。比赛开始后，双方队员必须在本场区内站成两排，前排三名队员从左至右为4号位、3号位和2号位；后排队三名队员位置必须比其相应的前排队员离网更远，从左至右为5号位、6号位和1号位。6名球员按顺时针方向轮流发球。

排球比赛对换人有哪些规定？

比赛中允许换人，换人次数每局规定为6人次。换人前，领队（教练）或队长需向裁判提出请求，裁判同意后，比赛成死球时，允许换人。

排球比赛对暂停有哪些规定？

第1～4局，每局有两次技术暂停，在任何一队领先到达8分、16分时自动执行，时间为1分钟。除此以外，每队还有一次请求普通暂停的机会。决胜局无技术暂停，每队可请求两次普通暂停，每次时间为30秒。

沙滩排球竞赛规则

沙滩排球计分方法是怎样的？

沙滩排球也实行每球得分制，三局两胜，每局21分，赢得对手2分或2分以上的队伍为胜队。比分没有上限，如出现1比1的局面，进行第三局比赛。第三局为15分，赢得对手2分或2分以上的队伍为该场比赛的胜队，在前2局比赛中，当双方比分相加为10分时，交换比赛场地。第三局中，双方比分相加为5分时，交换比赛场地。

沙排比赛中队员受伤怎样处理？

队员在比赛过程中受伤，可给予5分钟的恢复时间，但一局比赛中最多给予同一名队员两次恢复时间。队员5分钟内没有恢复或一局内同一名队员超过两次恢复时间，则宣布该队为阵容不完整。

潭柘寺位于门头沟区潭柘山。因寺内的龙潭和柘树非常有名，所以被称为潭柘寺。始建于西晋愍帝建兴四年（316），是北京现存最古老的寺院。北京流传着"先有潭柘寺，后有北京城"的说法。

奥运看北京
潭 柘 寺

大事记

1895年，美国马萨诸塞州霍利奥克城的基督教青年会干事威廉·摩根发明了室内排球。

1896年，世界上第一个排球竞赛规则由摩根制定；同年举行了世界上最早的排球赛，并被命名为volleyball，意为"空中飞球"。

1897年，美国首次公布的10条排球比赛规则中规定，球是一个外面包有皮套或帆布套的橡皮胆，球的圆周为63.5～68.6厘米，重340克。

1900年，加拿大成为第一个在美国之外开展排球活动的国家，排球随即传入南美各国。

1900年，排球传入印度，1905年传入中国，1908年传入日本，1910年传入菲律宾。

1912年，排球比赛规定双方上场的运动员必须轮转位置。

1913年，第一届远东运动会在菲律宾首都马尼拉举行，也是中国参加最早的国际排球赛。

1947年，第一部国际排球规则规定：排球重量250～300克，圆周65～68.5厘米，气压0.52～0.58公斤／平方厘米。

1949年，苏联队在布拉格夺得首届世界男子排球锦标赛冠军。

1952年，世界女子排球锦标赛正式创办，冠军为苏联队。

1964年，排球在东京奥运会上成为奥运正式比赛项目。

1979年，职业沙滩排球赛诞生。

1983年，苏联男排访问足球王国巴西，同巴西男排在可容纳10万观众的足球场中进行了比赛，观赛者有96000人，因天降倾盆大雨使比赛中断45分钟，竟无一人退场。

1984年，在洛杉矶奥运会上中国女排夺得冠军。

1996年，亚特兰大奥运会上，沙滩排球成为奥运会正式比赛项目。

2004年，在雅典奥运会上中国女排再次夺得冠军。

▲1986年，地中海岛国马尔他创办了一年一度的排球马拉松。排球马拉松从每年8月的第一个周末22点正式开始比赛，比赛在6支队伍间连续轮换进行，吸引了全城85%的人前往观战。1986年连续进行了100个小时，1987年120小时，1988年144小时，1989年170小时，1990年180小时，1991年190小时，1992年195小时，而今已超过了200小时。

看
奥
运

万寿寺位于海淀区苏州街北，历经明清几代皇朝的大规模兴建，形成了集寺庙、行宫、园林于一体的皇家佛教胜地，曾是清代皇家祝寿庆典的重要场所，有"京西小故宫"之誉。1985年，北京艺术博物馆建立于此。

Table Tennis

乒乓球

金牌榜

金牌榜	比赛单项	运动员姓名	夺金时间	成 绩	备 注

精彩看点

团体代替双打暗藏玄机

　　国际乒联公布，2008年北京奥运会乒乓球比赛取消了男女双打，由团体赛取而代之。并且公布了团体赛的赛制和比赛方法：国际乒联规定团体赛采用五盘三胜制，各代表队将有3名选手参加团体赛，分四盘单打和一

慈寿寺塔位于海淀区玉渊潭乡八里庄，名永安万寿塔，俗称慈寿寺塔，亦称八里庄塔。慈寿寺及塔是明神宗圣母慈圣皇太后于万历四年（1576）所建，清光绪年间寺废，仅有孤塔幸存。

盘双打，每场比赛每人最多只能参加两盘比赛包括单双打。

前两盘为单打，第三盘为双打，双打必须由此前没参加单打的那名选手和另外一名选手组对，换句话说，如果一支球队想要在团体赛中取胜，该队中的三名选手都必须上场。另外，后两盘比赛，此前已经打了两盘比赛的选手不得再上场，此前交手过的选手也不能再次对垒。

团体新赛制的特点为各队排兵布阵运筹帷幄提供了空间，也将使得比赛更加富有悬念。头两盘比赛的名单必须在赛前确定，比赛的玄机出现在双打项目上，由哪两人组队将由教练根据场上情况临时决定。这一决定还将直接影响到后面两盘单打的布阵，教练员若把握得当，则很有可能取得奖牌；若排阵失误，则极有可能导致全局被动，甚至可能将大好局面拱手让人。

同时这也意味着在现有球员中，黄金搭档，死配对等战术方法已经行不通。教练必须针对选手的打法和现场情况调配组合，任何两个参加团体比赛的队员都必须能组成威力强大的双打组合才能占据更大的优势。

中国军团强势出击

欧洲的崛起，亚洲雄风的再现，中国乒乓球队在2008年奥运会上面对的将是欧亚两大军团的全面挑战，中国乒乓球健儿们能否延续"国球"辉煌，能否在家门口实现大满贯，将是本届奥运会最大的看点。

▲所有乒乓球比赛的奖杯都是流动的。各项冠军获得者可保持该项奖杯到下届世乒赛开始前，并在奖杯上刻上自己的名字然后交给下一届世乒赛进行争夺。男女单打冠军如果连续3次获得勃莱德杯或连续4次获得盖斯特杯，则可获得一个小于原奖杯一半的复制品永久保存。

看奥运

走进历史
——流金岁月，国球百年

乒乓球通常被认为起源于19世纪后期的英国，大约在1890年，有位名叫詹姆斯·吉布的英格兰人到美国旅行时，偶然发现了一种用赛璐珞制成的空心玩具球，弹跳力很强，于是就将这种球稍加改进；之后，这项运动就逐步在英国和世界各地开展起来。由于此球在桌上打来打去发出了"乒乒乓乓"声音的缘故，英国一家体育用品公司首先用"乒乓"一词作了广告上的名称，乒乓球运动因此得名。

自19世纪90年代起，乒乓球运动得到了长足发展。

在当时，发球时可将球直接发到对方台面，亦可把球先发到本方台面再跳至对方台面。所用器材和今天也大不一样。球拍是空心的，用羊皮纸贴成，形状为长柄椭圆形。为了不损坏家具，在橡胶或软木实心球外，往往包一层轻而结实的毛线，是英国人晚餐后替代草地网球运动的一项室内高雅活动，风靡19世纪80年代到90年代。

▼赛场ABC

let 重发球
change service 换发球

165

红螺寺位于怀柔区城北5千米处，始建于东晋，扩建于盛唐，素有"南有普陀，北有红螺"的说法。如今已经建成以红螺山为背景、千年古刹红螺寺为主体、广阔秀美的自然景观为依托的旅游度假区。

▲20世纪初，上海四马路大新街一家文具店店主王老板从日本买了一些乒乓器材带回上海，并在店内作示范。从此，乒乓球在中国传播开来。当时的球拍形状长圆，拍柄瘦长，板上还钻有许多小孔。早期的乒乓球运动仅在上海、广州、北京、天津等少数大城市开展。

1916年，中华基督教青年会上海分会童子部首先开设乒乓球房，有球台九张。但一般市民无缘入内，仅资本家的子弟和有钱的大学生等少数人去寻找乐趣。两年后，上海成立了早期的乒乓球组织，不少球队纷纷建立并于1923年首次举办了比赛。比赛采取对抗方式，11人参赛，先胜六盘者为赢。同一年，全国乒乓球联合会在上海诞生，中国乒乓球运动从此得到了初步的发展。

"乒乓"一词原本是商业注册名称，由于原英国乒乓球协会缺乏代表性，因此英国乒乓球协会便解散了原组织，重新成立了"桌上网球"协会。"桌上网球"这个名字一直沿用了数十年，国际乒联至今还采用着这个名字。汉语的乒乓球是音译而来的，但将其翻译成英文时，仍为"table tennis"。

乒乓球运动经历了几个发展阶段。1926年1月，澳大利亚、英国、德国、匈牙利和瑞士五个国家参加了在德国柏林举行的国际乒乓球邀请赛，这也被认为是第一届世界乒乓球锦标赛，同时成立了国际乒乓球联合会即国际乒联（ITTF）。1957年后，世乒赛改为每两年举行一次。

20世纪50年代，日本选手首创直拍握法，使用海绵贴面球拍，弧圈球、发球抢攻等打法使其一度占据了乒坛霸主地位。20世纪60年代中国首创近台快攻打法，并且成为乒坛强国。20世纪80年代中后期，来自欧洲的瑞典男队以削球打法开始崛起，并连续三次夺得世乒赛的男团冠军。从90年代末期开始，中国乒乓球再度崛起，在1999年和2001年重新夺回了男团斯维思林杯。

乒乓球1988年首次进入奥运会，之后有了长足的发展，成为参与人数最多的体育项目之一。在中国，乒乓球也已成为名副其实的"国球"。

第一位世界冠军与"乒乓球外交"

乒乓球，中国称之为"国球"。从1952年迄今，乒乓球运动与中国体育风雨相随50余年。1959年3月，中国乒乓球队出征25届世乒赛，剑指多特蒙德。当时的队员有：王传耀、容国团、杨瑞华、胡炳权、徐寅生、庄家富、李仁苏、姜永宁和女选手孙梅英、邱钟惠、叶佩琼。在随后举行的男子单打决赛中，容国团以3∶1逆转击败匈牙利名将西多，成为中国历史上第一个乒乓球运动世界冠军。

代表中国队参加世乒赛一直是容国团的心愿，1957年秋，他跨过罗湖桥，回到内地，在广州体院工作。在1958年广州体育界的一次集会上，容国团曾语惊四座："两年之内，誓夺世界冠军！"当时，很多人并不信服他的话，觉得他年少轻狂，谁能想到这位瘦瘦的香港少年的这句狂言竟真的在一年后的第25届世乒赛中成为现实。从此，世界冠军的神秘大门向中国人隆隆洞开了。

容国团在25届世乒赛上拿到男单金牌这个消息传到国内后，全国沸腾了。中国乒乓球队回国后，毛主席、周总理等国家领导人接见了容国团和

▲容国团，1936年生于香港，家境贫寒，辍学后常到工联会的康乐馆去打乒乓球，他打球悟性高、进步很快，曾获得香港单打冠军，并击败来访的荻村伊智朗，一时间在香港声名大噪。香港媒体赞叹他是"令仕男敬慕，婵媛倾心的港埠才子"。

中国乒乓球队。

在1961年举行的第26届北京世乒赛上，中国队终于以5：3击败日本队首次捧得斯韦思林杯，并在接下来的单项比赛中由庄则栋、李富荣、张燮林和徐寅生包揽了男单前四名。三项冠军、四项亚军、八项第三，中国队一举确立了乒乓球世界强国的地位。

在女单决赛中，邱钟惠苦斗五局力克匈牙利名将高基安捧得吉·盖斯特杯，这也是新中国体育界的第一块女子金牌。

1962年4月，周恩来出席我国参加第26届世界乒乓球锦标赛组委会举行的联欢会，祝贺运动员取得好成绩。

1971年3月，第31届世乒赛在日本名古屋开战，在这届世乒赛上，至今仍为人们津津乐道的名垂青史的乒乓外交拉开了序幕。在世乒赛期间，庄则栋向美国队员科恩赠送了一幅杭州织锦，中美两国运动员之间这一友好的举动引起了媒体的关注。4月10日，美国乒乓球队一行15人取道香港踏上了中国的土地。周恩来总理亲自接见了美国队员。周总理会见美国乒乓球队的消息迅速轰动了全球，这条消息传到美国不到10个小时，尼克松总统就发表声明，宣布了向中国人发放访美签证等五个改善中美关系的新步骤。

在此后不到一年的时间里，基辛格博士、尼克松总统、田中首相等相继访华，新中国恢复了在联合国的合法席位。一年后中国乒乓球队回访美国，将先进的乒乓球技术带到美国。用周恩来总理的话说："乒乓球一弹过去，就震动了世界，小球转动了大球——地球。"

▲周恩来总理亲切接见中国乒乓球队员。右二为庄则栋、右三为徐寅生、右五为邱钟惠。

看奥运

观战指南

现场观赛礼仪

观众入场前需自觉关闭照相机闪光灯。由于乒乓球项目对光的要求相当高，球台、球都要求没有光泽，尤其是在运动员发球、回球的时候，如果对面有闪光灯，运动员很容易因闪光灯对眼睛的刺激而花眼，以致不能准确判断来球的方向和角度，从而给比赛带来致命的影响。所以请观众在照相时关掉闪光灯。

手机调到震动档：乒乓球运动在心理和精神集中方面有着相当高的要求，观众最好在一个回合结束后加油助威，不合时宜的呐喊会影响到运动员的心情和注意力。

▲奥运会乒乓球馆室内效果图。

大觉寺位于海淀区西北旸台山麓，始建于辽咸雍四年（1068），因寺内有清泉流入，故又名清水院，也是金章宗时著名的西山八院之一，被称为"西山三百寺中之巨刹"。明宣德三年（1428）重修后改称大觉寺。

▲ 北京大学体育馆全景效果图。

标语、旗帜尺寸适中：看比赛可以带一些标语和旗帜进场，尺寸大小也没有明确限制，但乒乓球比赛属于室内赛事，所以尽量不要带锣鼓或者太大的旗帜和标语。

比赛场馆：北京大学体育馆

地点：北京大学

赛时功能：乒乓球

场馆介绍

北京大学体育馆坐落在北京大学校园内，场馆建筑面积约为26900平方米，馆内拥有6000个固定座位和2000个临时座位，赛时可容纳观众8000人，赛后场内可容纳观众6000人。

▼ 北京大学体育馆夜景效果图。

公交路线

1.307、320、355、365、498、681、696、697、699、717、731、801、814、826、982、特4、特6、运通105、运通110、运通205路到中关园站下。

2.运通105、运通205路到中关村站下。

3.320、498、681、696、731、814、826、982、运通110路到中关村北站下。

比赛日期和金牌数目

比赛项目	8 五	9 六	10 日	11 一	12 二	13 三	14 四	15 五	16 六	17 日	18 一	19 二	20 三	21 四	22 五	23 六	24 日	25 一	金牌数目
乒乓球										1	1				1	1			4

注：蓝色为比赛日，黄色为决赛日。

10 分钟课堂

▼ 赛场ABC

net　擦网
outsidc　出界
edge ball　擦边球
deciding game　决胜局
match　场

奥运会乒乓球参赛资格和名额

奥运会乒乓球单打项目有3个获得参赛资格的途径：国际乒乓球联合会公布的世界排名前20名的运动员可以直接获得参赛资格，但每个协会最多只能有两名。洲际奥运会预选赛成绩最好的运动员，各州数额不一样。奥运会预选赛的前3名。东道主有1人自动获得参赛资格。团体项目根据洲际奥运会预选赛确定参赛资格。

北京奥运会将进行男子、女子的单打和团体（3人制）比赛。共有16支国家和地区的乒乓队参赛。男、女单打国家和地区的代表出场队员限定为3人，参加比赛的队员总数为64人。在2008年1月评出的世界排名前20名（国家、地区不超过2人）自动获得参赛资格。其余44名选手从各洲际预赛中产生，其中亚洲将产生11名选手。

奥运乒乓球赛制和比赛方法

北京奥运会乒乓球比赛将取消男女双打，由团体赛取而代之。关于2008年北京奥运会乒乓球团体赛的赛制和比赛方法，国际乒联规定：届时将有男女团体各16支队伍参赛，采用五盘三胜制，各代表队将有3名选手参加团体赛，分四盘单打和一盘双打，每场比赛每人最多只能参加两盘比赛包括单双打。在一局比赛中，先得11分的一方为胜方。10平后，先多得2分的一方为胜方。一场比赛由奇数局组成，单打为7局4胜，团体比赛为5局3胜。

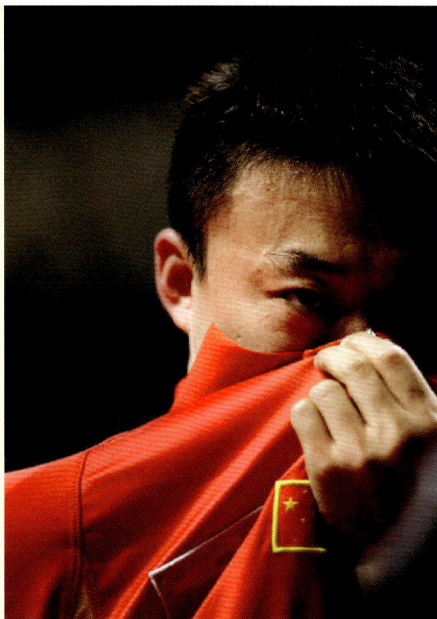

乒乓球比赛常见裁判器材

比分显示器

一个放在裁判桌上，其显示的数字中，大数字显示每一回合的比分，小数字显示每一场比赛的得局分。另一个显示器是大比分牌，放在赛场的边缘部位，显示每一局（单项比赛）或者每一场（团体比赛）的比赛结果。

红牌和黄牌

是裁判员处理运动员不良行为和管理场外非法指导的器材。

T牌

一场比赛中运动员要求暂停时使用的器材。

乒乓球比赛的器材规定

1.对球台的尺寸、材料、光泽的要求

球台的上层表面叫做比赛台面，应为与水平面平行的长方形，长2.74米，宽1.525米，离地面高0.76米。比赛台面应呈均匀的暗色，无光泽，可用任何材料制成，应具有一定的弹性。

比赛台面沿每个2.74米的比赛台面边缘各有一条2厘米宽的白色边线，沿每个1.525米的比赛台面边缘各有一条2厘米宽的白色端线。

2.比赛台面的划分

比赛台面由一个与端线平行的垂直的球网划分为两个相等的台区，各台区的整个面积应是一个整体。双打时，各台区应由一条3毫米宽的白色中线，划分为两个相等的"半区"。中线与边

▲ 落点是指将球击到对方台面的着台点。准确而富有变化的落点可以使对方的移动范围扩大、增大对方站位的难度，从而创造更多得分机会。比赛中，有经验的运动员往往能通过眼神使对手对落点的判断产生偏差。

▼ 前三板是指发球、接发球（或接发抢）、发球抢攻加起来的头三板。

看
奥
运

国际乒乓球联合会
(ITTF)

国际乒乓球联合会，简称国际乒联(ITTF)，1926年成立于柏林。国际乒联是国际单项体育联合会总会成员，总部设在英国。现有186个会员，分属国际乒联承认的欧洲乒联、亚洲乒联、非洲乒联和南美洲乒联。

国际乒联的主要赛事除奥运会乒乓球赛、世界锦标赛外，近年来有较大发展，出现了世界巡回赛、世界俱乐部锦标赛（取代1995年开始的原世界团体杯）、男子世界杯（1995年始）、女子世界杯（1996年始）、职业巡回大奖赛（1996年始）等。

线平行，并应视为右半区的一部分。

3.球网装置

球网装置包括球网、悬网绳、网柱及将它们固定在球台上的夹钳部分。球网应悬挂在一根绳子上，绳子两端系在高15.25厘米的直立网柱上，网柱外缘离开边线外缘的距离为15.25厘米。整个球网的顶端距离比赛台面15.25厘米。整个球网的底边应尽量贴近比赛台面，其两端应尽量贴近网柱。

4.比赛用球和球拍

球应为圆球体，直径为40毫米。球重2.7克。球应用赛璐珞或类似的塑料制成，呈白色或橙色，且无光泽。球拍击球拍面的覆盖物应是国际乒联现行许可的牌子和型号，并在其边缘必须附有清晰可见的商标型号及国际乒联的标记。球拍的大小、形状和重量不限。

5.球拍底板及其材料

底板应平整、坚硬。底板厚度至少应有85%的天然木料，加强底板的粘合层可用诸如碳纤维、玻璃纤维或压缩纸等纤维材料，每层粘合层不超过底板总厚度的7.5%或0.35毫米。

用来击球的拍面应用一层颗粒向外的普通颗粒胶覆盖，连同粘合剂厚度不超过2毫米；或用颗粒向内或向外的海绵胶覆盖，连同粘合剂，厚度不超过4毫米。

球拍两面不论是否有覆盖物，必须无光泽，且一面为鲜红色，另一面为黑色。拍身边缘上的包边也应无光泽，不得呈白色。

竞技战术解析
——于方寸间显英雄本色

乒乓球技术是运动员根据竞赛的要求，充分发挥机体能力的最合理、最有效的完成动作的方法。乒乓球战术是运动员为争取比赛胜利，综合运用技术、心理和身体素质的方法。

乒乓球运动的技术、战术主要体现在弧线、速度、力量、旋转、落点的时间和空间上。其主要技术有发球、接发球、推挡、攻球、弧圈球、搓球、削球七大类。主要战术有前三板(发球抢攻战术与接发球战术)、对攻、拉攻、削中反攻、搓攻五大类。

快攻打法之直拍横打

快攻打法是我国传统打法之一，具有"快、准、狠、变、转"的技术风格。中国近台快攻型打法的主要特点有：站位近台，上升期击球，动作幅度小，步伐移动灵活，低球能回击。快攻类打法根据运动员个人的技术特点可分为左推右攻结合侧身攻打法、左推右攻兼反手攻打法、两面攻结合侧身攻打法和"直拍横打"四种打法。

直拍横打是快攻打法中最受关注的一种打法。直拍横打即正手位采用直拍快攻打法，反手位则用球拍背面贴一块反胶进行反面快攻，采用拉、攻、弹、拨、挑等技术。直拍横打引起国内外乒乓球界的普遍重视和关注，目前这种打法逐步走向成熟。

快攻结合弧圈球打法之横拍快攻结合弧圈

弧圈球由日本人发明，因拉出来的球在空中形成一条自然弧线而得名，是一种带有强烈上旋的攻球技术，它弧线曲度大，命中率高，落台后前冲力大，攻击力强，比赛中既可主动攻击，又可在相持或被动时作为过渡技术。快攻结合弧圈类打法是速度为主，旋转为辅，速度与旋转密切结合。能快则快，不能快则以旋转来创造条件争取主动。技术特点是既能近台快攻、快拨(推)、快冲，也能离台拉弧圈球相持和过渡，攻守比较全面。高水平的弧圈球对快攻以及削球等各种打法，都具有较大的"杀伤力"。由于横拍正、反手拉弧圈球都很方便，而直握拍反手拉弧圈球时，球拍的前倾角度难以达到要求，所以，以弧圈球为主打法的运动员多半执横拍。

横拍快攻结合弧圈的打法，站位中、近台，反手以快为主，正手能拉能扣，有的以快攻为主，有的则以前冲弧圈球为主，近台打快攻时有速度；正手拉弧圈球尤其是拉前冲弧圈球时，既有强烈的旋转又有较快的速度；反手以快拨为主。

横拍快攻结合弧圈打法的特点是既凶狠又快速，运用发球后的抢拉、抢冲为第一冲击波，突出了凶狠，突出了正手和侧身，尽量用正手进攻。若是接发球则抢先上手，动作速度快，并能中、近台爆冲。横拍快攻结合弧圈球打法抢先发力的意识强，打的比例增加，并注意落点刁钻，充分体现以凶为主、狠中求准，狠快结合特色。这种打法强调强上手、强转换，但较忽视强相持，节奏比较单一，缺少打多回合的能力。

弧圈结合快攻类打法

弧圈结合快攻类打法，是世界乒坛各种进攻打法之一。指导思想是以转制快，以转破转，遇低能拉，遇高能冲能扣。技术特点是运用弧圈球强烈的上旋和前冲力迫使对手退台，或以上旋结合侧旋，或以转与不转扰乱对方，或用快慢结合来破坏对方击球节奏为冲杀和扣杀创造机会。

弧圈球结合快攻类打法的主要特点是站位中、近台，正、反手两面拉，以正手拉为主，有一定快攻能力，以弧圈球为主要得分手段，用前冲弧圈球代替扣杀。

弧圈球结合快攻类打法，能够在正、反手两面拉加转与前冲弧圈球，侧身正手抢拉、抢冲使用率高。孔令辉式的中国弧圈球打法稳中见凶，以快

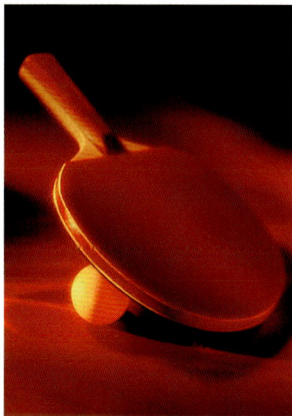
▲覆盖物应覆盖整个拍面，但不得超过其边缘。靠近拍柄部分以及手指执握部分可不予以覆盖，也可用任何材料覆盖。底板、底板中的任何夹层、覆盖物以及粘合层均应为厚度均匀的一个整体。

▲旋转是乒乓球运动中一个十分重要的技术因素。球拍底板弹性、海绵厚度、硬度、胶皮性质、击球的作用力、作用时间和乒乓球本身的质量、直径、转动惯量、球面的光滑程度都会影响到旋转。

看奥运

奥运看北京
报国寺市场

报国寺文化工艺品市场位于城南广安大街的报国寺内，成立于1997年7月，现已成为旧书、字画、钱币、古玩交流的买卖场，主要经营钱币、旧书刊、烟标、火花、连环画、票卡、旧货等。

▲ 短球指球落在对方台面近网区（距球网40厘米以内区域）附近，并且球在第一次弹跳后不弹到台面之外，略有回缩现象。

长球指球落在对方台面底线区（距端线30厘米以内区域）附近。

对长短球的控制是运动员在大赛中掌握比赛主动的重要手段。

为主，快中见狠，快狠结合；中国式保持了前三板特长，相持球、攻防转换强于欧洲，反手能为正手创造更多机会；欧洲式凶狠见长，两面能够多种落点使用"爆冲"弧圈球；瑞典式则是全能型，技术全面，拉、打、拨、弹打等配合运用较好。

削球类打法

削得低，削得稳，旋转差别大，两面能进攻是中国削攻结合型打法的指导思想。技术特点是防守时体现削球的稳健和进行旋转、落点、节奏变化的积极性，进攻时能在前三板抢攻抢冲和在防守中能削中转攻、转拉及连续进攻，表现出突然性和主动性。削球类打法随着技术的不断发展和运动员的个人特点，可分为以守为主的削球打法，削、攻结合打法，削、攻、推结合倒板打法和以攻为主的攻削打法。

削球技术的特点概括起来有两点：第一是稳健性，第二是积极性。

削攻类打法

而削攻类打法技术特点是以削球与攻球为主体技术。正、反手削球是运用转与不转的旋转变化。削攻打法向凶狠、快慢节奏变化的方向发展。削球的旋转、线路变化与适时反攻，继而连续进攻，开阔了削球技术创新的思路，使削中反攻更加凶狠。削攻类打法在中台削球中反拉弧圈，在一定程度上解决了攻、削脱节难题，并改变在削、搓中只能抢攻下旋而不能抢攻上旋的状况，这是削、攻结合打法新的突破。

福娃问答

乒乓球比赛对合法发球有哪些要求？

对手掌的要求：发球开始时，球自然地置于不持拍手的手掌上，手掌张开，保持静止。发球时，要求发球员不执拍手的手掌张开，保持静止的目的是限制发球员不能以任何方式握住球，以避免在抛球时使球产生旋转的可能。不得使球旋转，并使球在离开不执拍手的手掌之后上升不少于16厘米，球下降到被击出前不能碰到任何物体。为了保持抛球一瞬间球的相对静止状态，不允许发球员在抛球一瞬间同时移动脚步或者用力跺脚。

击球要求：当球从抛起的最高点下降时，发球员方可击球，使球首先触及本方台区，然后越过或绕过球网装置，再触及接发球员的台区。在双打中，球应先后触及发球员和接发球员的右半区。

▼ 赛场ABC

continue　继续
cut　削球
long ball　长球
short ball　短球

北京古玩城位于朝阳区潘家园，是全国首家文物监管旧货市场，是亚洲最大的古玩艺术品交易中心。主要经营古旧陶瓷、中外书画、玉器古雕、金银铜器、古旧家具、古旧地毯、古旧钟表、珠宝翠钻等。

奥运看北京
北京古玩城

强调无遮挡发球：从发球开始，到球被击出，球要始终在比赛台面的水平面以上和发球员的端线以外；而且不能被发球员或其双打同伴的身体或衣服的任何部分挡住。球一旦被抛起，发球员的不执拍手应立即从发球员的身体和球网之间的区域移开。无遮挡发球削弱了发球方的优势，使接发球方视角清晰，规则易于执行，同时裁判的主观评判降低到了最低程度。

什么是轮换发球法？

国际乒联把一局的时间定为15分钟，超过时限实行一分一轮换发球，发球方必须在12板之内得分，否则即失去一分。这便是最初的"轮换发球法"。国际乒联实行11分制后，改为每两分轮换发球，每6分钟后为1分钟的休息，比赛打到10分平时，改为每打1分球就要换发球方。

乒乓球运动员发球、接发球的次序是如何规定的？

选择发球、接发球和方位的权利应由抽签来决定。中签者可以选择先发球或先接发球，或选择先在某一方位。当中签一方运动员选择后，另一方运动员必须有另一个选择。

在获得每2分后，接发球方即成为发球方，依此类推，直至该局比赛结束，或者直至双方比分都达到10分或实行轮换发球法，这时，发球和接发球次序仍然不变，但每人只轮发1分球。

哪些情况下可以暂停比赛？

由于要纠正发球、接发球次序或方位错误；由于要实行轮换发球法；由于警告或处罚运动员；由于比赛环境受到干扰，以致该回合结果有可能受到影响。

比赛中，球拍损坏后能否继续使用？

由于意外的损坏、磨损或褪色，造成拍面的整体性和颜色上的一致性出现轻微的差异。只要未明显改变拍面的性能，可以允许使用。

裁判员和运动员为什么要检查球拍？

比赛开始时及比赛过程中运动员需要更换球拍时，必须向对方和裁判员展示他将要使用的球拍，并允许他们检查。裁判员检查球拍的目的是为了评估球拍是否符合规则和竞赛规程的合法规定。而运动员检查球拍的主要目的是了解对手击球拍面覆盖物的特点，在比赛过程中可以针对不同性能的来球采取不同对策。

为了避免作弊嫌疑，运动员在暂停和交换方位

▲1971年4月10日，美国乒乓球队访问中国，打开中美关系的大门。图为当时美国乒乓球队"全家福"。

▼击球节奏是指在击球时由于击球时间、发力大小、摩擦球厚薄等因素而形成速度上快慢不同的节奏。发球是运动员控制击球节奏的主要环节之一。

看奥运

国际珠宝交易中心位于亚运村小营，是北京最大的珠宝专营市场，规模大、品种全，批发及零售翡翠、白玉、钻石、水晶、珍珠、玛瑙、青金、欧泊、寿山石、红珊瑚、金银首饰、有色宝石，珠宝加工、鉴定、包装等一应俱全。

▲ 毛泽东与中国首位乒乓球女子世界冠军邱钟惠亲切握手。

时，应将球拍留在比赛的球台上。

大事记

1926年，德国柏林举行了国际乒乓球邀请赛，这也被认为是第一届世界乒乓球锦标赛。

1931年，第5届世界乒乓球锦标赛在匈牙利的布达佩斯举行，匈牙利乒乓球协会主席吉·盖斯特捐赠了以他的名字命名的吉·盖斯特杯作为女子单打比赛的优胜奖杯。

1934年，团体项目首次出现在第8届巴黎世乒赛上，法国乒乓球协会主席马赛尔·考比伦先生捐赠了以他的名字命名的马赛尔·考比伦杯作为女子团体赛的优胜奖杯。

1953年，中国乒协加入国际乒联。

1959年，容国团在25届世乒赛上勇夺男单冠军，也是中国历史上第一个乒乓球世界冠军。

1962年，在英国伦敦斯韦思林图书馆里举行的第1届世乒赛上，斯韦思林女士捐赠了以她的名字命名的斯韦思林杯作为男子团体比赛的优胜奖杯。乒乓球在汉城奥运会上第一次成为正式比赛项目。

1988年，陈静在汉城奥运会上夺得女子单打冠军；陈龙灿/韦晴光夺得男子双打冠军。

1992年，邓亚萍在巴塞罗那奥运会上获得女单冠军，国际奥委会主席萨马兰奇亲自为她颁发金牌；邓亚萍/乔红、王涛/吕林分别获得女双和男双冠军。

1996年，邓亚萍、邓亚萍/乔红在亚特兰大奥运会上蝉联女单、女双冠军；刘国梁、刘国梁/孔令辉也将男单和男双冠军收入囊中。

2000年，王楠、王楠/李菊在悉尼奥运会上包揽了女单和女双冠军；孔令辉夺得男子单打冠军，王励勤/阎森配合夺得了男子双打冠军。

2004年，张怡宁、张怡宁/王楠在雅典奥运会上分别获得女单女双冠军；马林/陈杞夺得男子双打冠军。

▲ 相持是指前三板之后双方对抗力量成均势的阶段，往往也能迫使对方失误。

城隍庙中供奉着守护北京城池的神仙——城隍老爷。这座古庙是北京庙会的诞生地。清代除了每月三天的庙会外，每年农历五月十一日还由太常寺官员在此举行祭祀城隍的盛大活动。

奥运看北京

城隍庙庙会

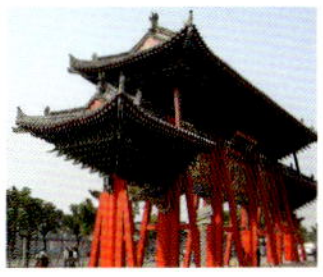

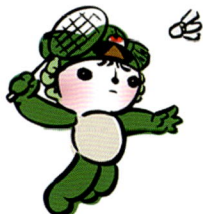

Badminton

羽毛球

金牌榜

金牌榜	比赛单项	运动员姓名	夺金时间	成 绩	备 注

精彩看点

荣誉之路，剑指2008

在2006年举行的第15届羽毛球世锦赛上，中国队在5个单项中夺取了4枚金牌，而传统羽毛球强国印尼、马来西亚、韩国不仅与金牌无缘，甚至未能夺得一枚银牌；更令人大跌眼镜的是英国的两对组合却在混双决赛中会师。

本次世锦赛是否预示着国际羽坛格局的大震动，中国队是否将面临世界羽坛强国的合力围攻，羽坛健儿们能否在群雄逐鹿的局面中脱颖而出，中国羽毛球能否再创辉煌，必将成为2008年北京奥运会上最大的看点！

21分制"颠覆"15分制

2006年5月6日，国际羽联全体会员代表经过投票，决定废除使用了几十年的15分换发球得分制，并正式启用21分每球得分制，这意味着在北京奥运会羽毛球赛场上也将采用21分每球得分制。

走进历史
——从贵族走向平民的运动

▲ 与现行的发球权女单11分制、其余四项15分制相比，21分制取消了有发球权一方才能得分的规则，每球得分不仅缩短了比赛时间，也将使比赛的节奏更快，大大增强了比赛的观赏性和对抗性。11分制下运动员夺冠的难度增大，也使每个冠军奖杯的含金量更大。

羽毛球运动由一种名为"毽子板球"的运动发展演化而来，"毽子板球"的起源可以追溯到古希腊、中国、日本和印度。据有关资料表明，最早出现有关羽毛球运动的文字记载是法国著名画家乔丹（1699～1779）所画的一幅题为"羽毛球"的油画。画中的一名少女，手握穿有网弦的羽毛球拍，球由球托插有七根不同颜色的羽毛所制成。

中国人很早就开始踢毽子，这是一种用脚来进行的运动，也被称为最早的羽毛球。中国古代有一种游戏，用木板拍击一个装饰的球，玩这种球的方式，很像今日的羽毛球运动。现在中国贵州的苗族人，仍流传着用木板拍击鸡毛的毽为游戏。

日本贞享二年（685）的时候，日本女子在新年正月里经常一面歌唱数数，一面用毽子板作一种"追羽根"的游戏，这种游戏与今日的羽毛球类似。19世纪中叶，印度出现了一种与现代羽毛球非常相似的运动Poona，这种运动的起源据说是印度孟买城的一条名叫Poona街道的居民们玩的一种游戏，因此今日的羽毛球运动又被称为印度人的游戏。

1870年，英国格罗特郡拜明顿村的波福特公爵在自己的庄园中，接待由印度返英度假的英国军官，早期羽毛球运动遂由这些曾经驻扎在印度的军官带回了英国的上流社会。这种游戏在当时被称作"拜明顿的游戏"，由一个毽子网球拍当作毽子板，以后毽子板与毽子逐渐改良，才逐渐演变为今日的羽毛球运动。

▼ 赛场ABC

serve 发球
right to serve 发球权

人们为纪念羽毛球发源于拜明顿村，遂以Badminton作为羽毛球的正式名称。1877年，第一家羽毛球俱乐部成立，现在的比赛规则沿用的就是当时制定的规则。

直到20世纪末，这项运动才从贵族社会普及到平民当中。1981年，中

奥运看北京
北京友谊宾馆

国选手在美国第一届世界运动会的羽毛球比赛中夺得了男单、女单、男双和女双四项桂冠，从此揭开了国际羽坛历史上新的一页，进入了中国羽毛球选手称霸国际羽坛的辉煌时期。1948～1949年举行了首届世界男子羽毛球团体锦标赛——"汤姆斯杯"赛，马来西亚队击败了美国、英国和丹麦等强队荣获冠军，从而开辟了亚洲人称雄国际羽坛的时代。

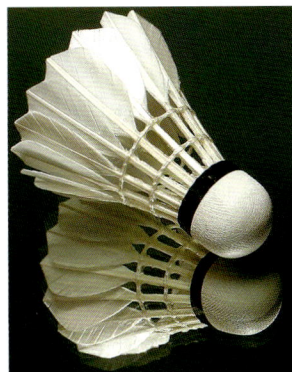

观战指南

比赛场馆：北京工业大学体育馆
地点：北京工业大学
赛时功能：羽毛球、艺术体操
场馆介绍

北京工业大学位于北京市朝阳区南部，交通便利，场馆包括比赛及热身场的赛事区、观众区、赛事管理区、场馆运营区、贵宾及官员区、赞助商区、运动员及随队官员区、新闻媒体区和安全保卫区等。总建筑面积26332.4平方米，设有固定座椅3340个，活动座椅2117个，其他座椅1472个。

▲北京工业大学体育馆效果图。

公交路线

30、34、486、649、752、801、852、938、973、985、988路到北京工业大学站下。

比赛日期和金牌数目

比赛项目	8 五	9 六	10 日	11 一	12 二	13 三	14 四	15 五	16 六	17 日	18 一	19 二	20 三	21 四	22 五	23 六	24 日	25 一	金牌数目
羽毛球								1	2	2									5

注：蓝色为比赛日，黄色为决赛日。

现场观赛礼仪提示

羽毛球比赛对风向、光线、声音等都有严格的要求，为了尽量减少外界环境对运动员的影响，羽毛球场往往设计成封闭场馆。观众在场馆内观看比赛应注意不要随便走动，也不要在比赛进行时随意起身，以免扰乱选手的注意力；同时要选好加油时机，在一个球没有变成死球的时候不宜高

看奥运

北京西客站,简称北京西站或北京西,位于北京市西三环附近,坐落在莲花池东路,1996年初竣工,是亚洲规模最大的现代化铁路客运站之一。

▲ 谢杏芳已成为羽毛球女单的绝对主力,图为谢杏芳夺冠瞬间。

▼ 名将张宁,宝刀不老,仍将代表中国征战国际大赛。

声呐喊,以免影响运动员比赛时的注意力。由于羽毛球比赛时对光的要求非常高,所以在比赛时切勿打开闪光灯照相。

10分钟课堂

奥运会羽毛球参赛资格和名额

奥运会羽毛球比赛的参赛资格是由奥运会前的预选赛排名决定的,世界排名前8位的选手作为种子。同时,为了避免通过预选赛获得参赛资格的运动员来自同一国家或地区,入选资格还要作相应调整。

2008奥运会羽毛球分项设置

羽毛球从1992年第25届奥运会起成为正式比赛项目,共设4个比赛项目(男、女单打和男、女双打)。由于这4个项目的优势主要在亚洲,而欧洲国家的选手更适合打混合比赛,所以1996年亚特兰大奥运会上增设了羽毛球混合双打的比赛项目,分别为男子单打、双打,女子单打、双打以及混合双打。

奥运会羽毛球赛制和比赛方法

奥运会羽毛球比赛有5个项目的比赛都采用单淘汰制,三局两胜。双打和男子单打比赛先得15分者为胜,女子比赛先得11分者为胜。

比赛前,双方应掷挑边器。赢的一方将先发球或先接发球,并选择一个场区,输方在余下的一项中作出选择。比赛时双方分立于中隔一网的场地上,用球拍往返击球,以球落在对方场地或对方击球失误而得分。发球方胜球得分,输球不失分而由对方发球,接球方胜球只得发球权,不得分。

羽毛球比赛验球

验球时,站在端线外,用手向前上方全力击球,球的飞行方向须与边线平行。一个具有正常速度的球,应落在离对方端线530～990毫米之间的区域内。

羽毛球比赛器材

比赛所用羽毛球应有16根羽毛固定在球托部,羽毛长64～70毫米,球重4.74～5.50克,球拍弦面长不得超过28厘米,宽不得超过22厘米。

羽毛球运动员站位解读

运动员站在羽毛球场上的位置称为站位。

站位有两种情况:一种是受限制的站位。如发球、接发球时运动员的站位,就必须按要求站在规定的区域内;根据对羽毛球场地的划分,可把不受限制的站位具体分为:左半

恭王府位于什刹海西北角，始建于十八世纪末，曾属清乾隆后期大学士和珅的宅邸，后改赐为恭忠亲王王府，占地约三万平方米，是国家级重点文物保护单位，也被传称为《红楼梦》中的荣国府及大观园。

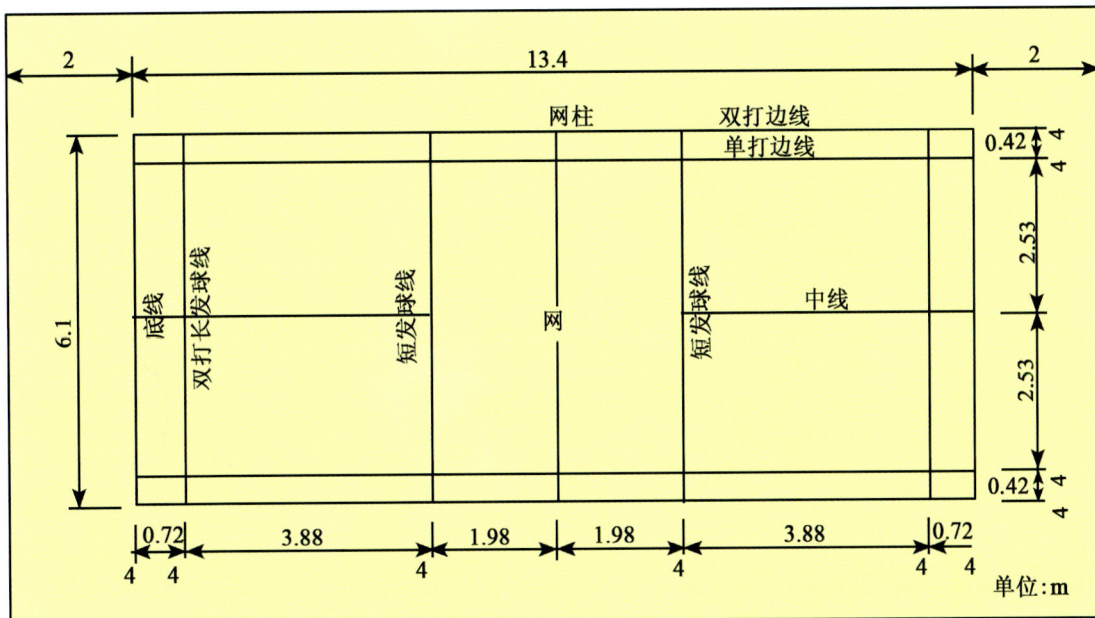

区站位、右半区站位、前场站位、中场站位、后场站位。另一种是不受限制的站位，可根据自己或同伴的需要而选择的站位。如单打的站位一般在离前发球线1米左右的中线附近，双打站位可根据双打两个运动员的具体战术需要而选择前后或左右的站位。

▲羽毛球场地长13.40米，双打宽6.10米，单打宽5.18米，场地中央被球网（两边柱高1.55米，中间网高1.524米）平均分开的长方形场地。场地横向被中线平分为左右两个半区；纵向被分为前场、中场、后场。前场就是从前发球线到球网之间的一片场地；后场是指从端线到双打后发球线之间的一片场地；中场是前发球线与双打后发球线之间的一片场地。

竞技战术解析
——轻盈优雅，羽球争锋

单打精彩技术看点

控制后场，高球压底

从发球开始就运用高远球或进攻性的平高球压对方后场底线，迫使对方后退，当对方回球不够后时，以扣杀球制胜；或当对方疏于前场防守时，就可以以轻吊、搓球等技术在网前吊球轻取。这种打法主要是力量和后场的高、吊、杀技术的较量。

高短结合，打四角球

在后场，以高远球、平高球和吊球，在前场则以放网前球、推球和挑球准确地攻击对方场区前后左右四个角落，调动对方前后左右奔跑，顾此失彼，待对方来不及回中心位置或回球质量差时，向其空当部位发动进攻制胜。

下压为主，控制网前

主要通过后场的高远球、扣杀、劈杀、吊球等技术，先发制人，然后

赛场ABC

net ball　落网球
let ball　擦网球
fault　失误
touch the net　触网

看奥运

北京新世界中心位于崇文门外大街西侧最繁华地段，为大型多功能建筑，由二幢10层办公楼、一幢10层商务酒店、一幢12层公寓组成。中心5层加地下1层均为大型商场，地下2、3层为车库。

▲ 精彩扣杀瞬间。

▲2008年北京奥运会中，将有50个国家（地区）参与奥运金牌的争夺，但强国的名额将受到限制（只有3人进入单项世界排名前四的国家才有3个参赛名额）。中国年轻选手陈金便是在这样激烈的争夺中脱颖而出的。

快速上网以搓、推、扑、钩等技术，高点控制网前，导致对方直接失误，或被动击球过网，被进攻队员一举击败的一种打法。通常也称"杀上网"的打法。这种打法是进攻型的打法，能够快速上网高点控制网前，速度耐力和力量耐力也要求较高。

快拉快吊，前后结合

以平高球快压对方后场两底角，配合快吊网前两角（或运用劈杀）引对方上网，当对方被动回击网前球时，即迅速上网控制网前，以网前搓、钩球结合推后场底线两角，迫使对方疲于应付，为前场扑杀和中、后场大力扣杀创造机会。

守中反攻，攻守兼备

以平高球和快吊球击向对方前后左右四个角落，以调动对方。让对方先进攻，针对进攻方打的高远球、四方球、吊球等，加强防守，以快速灵活的步法、多变的球路和刁钻准确的落点，诱使对方在进攻中匆忙移动，勉强扣杀，造成击球失误，或当对方回球质量较差时，抓住有利战机，突击进攻。

双打精彩技术看点

双打之前后站位打法

此打法基本上是本方发球时采用。发球的队员站位较前。当发球员发球后立即举拍封堵前场区，另一名球员则负责中场或后场的各种来球。

双打之左右站位打法

本打法基本上为本方接发球时和受到下压进攻时所采用。对方发球或打来的平高球处于后场，接球方可从原来的前后站位立刻转换为左右站位，两人各负责左右半场区的防守，以平抽、平打压住对方后场底线两角，在对方扣杀球时也能以平抽反击或挑高远球至两底角，造成对方回球无力，一举扣杀或吊球成功。

双打之轮转站位打法

在比赛中，攻守双方总是根据比赛的情况而不断地在前后站位和左右站位间相互变换。当对方回击高球至后场偏一侧进攻时，位于前面的队员要直线后退，后方的队员看情况向侧移动，改换成左右站位。也可以发球或接发球时处于左右平行站位。在发球后或在对击球过程中，一旦有机会进行下压进攻时，一名球员便快速上网封堵，另一人则快速移动到后场进行大力扣、吊、杀球，导致对方处于被动地位。

单打精彩战术看点

逼反手战术

就所有的运动员而言,后场的反手击球总是或多或少地弱于正手击球,相对进攻性不强,球路也较简单,有的运动员还不能在后场用反手把球打到对方端线,所以对于对方的反手要毫不放松地加以攻击。

平高球压底线战术

用快速、准确的平高球打到对方后场两角,在对方不能拦截的前提下尽量降低球的飞行弧线,把对方紧压在底线,当对方回击半场高球时,就可以扣杀进攻。使用平高球压底线时,如配合劈吊和劈杀可增加平高球的战术效果。一般情况下,平高球的落点和杀、吊的落点拉得越开效果越好。

拉、吊结合杀球战术

此战术是把球准确地打到对方场区的四个角上,使对方每次击球都要在场上来回奔跑。使用这种战术时,对不同特点的对手要采用不同的拉、吊方法。对后退步法慢的可以多打前、后场;对盲目跑动满场飞的可使用重复球和假动作;对灵活性差的应多打对角线,尽量使对方多转身;对后场反手差的仍通过拉开后攻反手;对体力不好的可用多打拉、吊来消耗其体力。如能熟练地使用平高球、劈吊和网前搓、推、勾技术,快速拉开对方,伺机突击扣杀,则这一战术能收到更好的效果。

吊、杀上网战术

先在后场以轻杀、点杀、劈杀配合吊球把球下压,落点要选择在场地两边,使对方被动回球。对方还击网前球时,迅速上网以贴网的搓球,或勾对角,或快速平推创造半场扣杀机会;若对方在网前挑高球,可在其向后退的过程中把球直接杀向他的身上。

过渡球战术

过渡球是为了摆脱被动,为下一拍的反攻积极创造条件。怎样才能变被动为主动是比赛中的重要一环。当处于不停地跑动追球的状态时,或身体重心失去控制时,都可以打出高远球,以赢得时间,恢复身体重心,调整自己的处境,还能利用球路变化打乱对方的进攻步骤。

防守反攻

这一战术是对付那种盲目进攻而体力又差的对手。比赛开始,先以高球诱使对方进攻,在对方只顾进攻而疏于对自己的防守时,即可突击进攻。或者在对方体力下降、速度减慢时再发动进攻。这种开始固守、乘虚而入、以逸待劳、后发制人的战术有时效果也较好。

双打精彩战术看点

双打比单打每方增加一名队员,而场地宽度仅增加92厘米,接发球区还比单打缩短了76厘米。因此双打从发球开始就形成短兵相接的局面。特

国际羽毛球联合会
(IBF)

国际羽毛球联合会,简称国际羽联(IBF),于1934年成立。现有147个协会会员。国际羽联总部设在英国,现任主席为泰国人达巴兰西,正式工作用语为英语。

国际羽联的任务是普及和发展世界羽毛球运动,加强各国羽毛球协会之间的联系,举办奥运会、世界锦标赛、世界杯赛等国际比赛。

看奥运

▼ 赛场ABC

single 单打
doubles 双打
mixed doubles 混双
change courts 交换场地
deuce 平分
game point 一局中的赛点

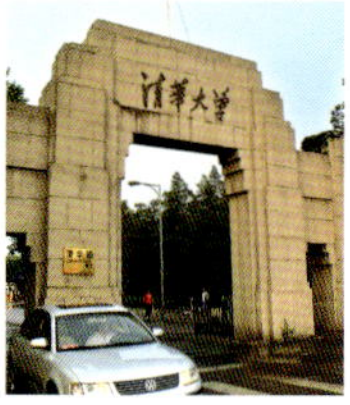

清华大学位于北京西北郊的清华园，始建于1911年。其前身是清政府利用美国政府“退还”的部分“庚子赔款”办起的留美预备学校——清华学堂，辛亥革命后更名为清华学校，1928年改建成国立清华大学。抗日战争爆发后，学校南迁长沙，后又迁至昆明，与北京大学、南开大学联合组成西南联合大学，抗日战争胜利后迁回清华园原址复校。

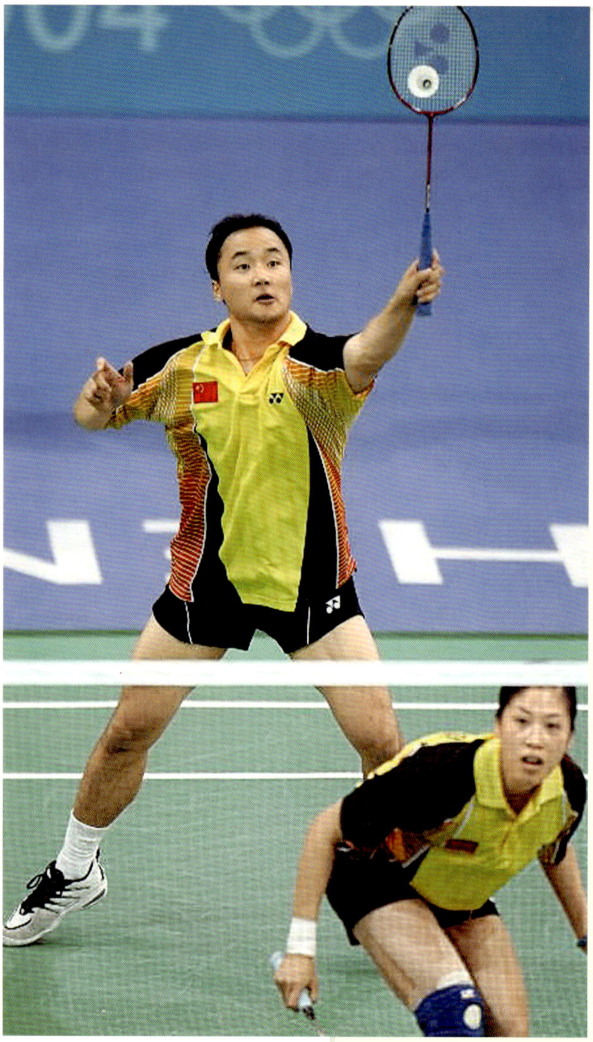

▲双打比赛不仅考验队员的技术，更是考验队员间的默契配合程度。

别是对发球、接发球、平抽、挡、封网、扑、连续扣杀、接杀挑高球及防守反击等诸多技术要求更高。两名队员配合默契，相互信任，打法上攻守衔接及站位轮转协调一致，是打好双打的关键。

攻人战术

这是双打中常用的一种战术，就是以人为攻击目标。对付两名技术水平高低不一的对手时，一般都采用这种战术，通常能起到“集中优势兵力打歼灭战”的作用；在另一队员过来协助时，又会暴露出空当，可在其仓促接应、立足不稳时偷袭他。

攻中路战术

(1)守方左右站位时把球打在俩人的中间。

这种战术可以造成守方两人抢接一球或同时让球，彼此难于协调；限制对手在接杀球时挑大角度高球调动攻方；有利于攻方的封网，由于打对方中路，对方回球的角度也小，网前队员封网的难度就小了。

(2)守方前后站位时把球下压或轻推在边线半场处。

这种战术多半是在接发网前球和守中反攻抢网时运用。这种球守方前场队员拦截不到，后场队员又只能以下手击球放网或挑高球，后场两角便会露出很大空当，因而有隙可乘，攻击他的空当或身体位。

攻后场战术

这种战术常用来对付后场扣杀能力较差的对手，把对方弱者调动到后场后也可以使用。此战术多采用平高球、平推球、挑底线把对方一人紧逼在底线，使其在底线两角移动击球，在其还击出半场高球或网前高球时即可大力扣杀，取得该球的胜利或主动。如在逼底线两角时对方同伴要后退支援，则可攻击网前空当或打后退者的追身球。

后攻前封战术

后场队员积极大力扣杀创造机会，在对方接杀放网、挑高球或企图反击抽球时，前场队员以扑、搓、勾、推控制网前，或拦截吊、点封住前半场，使整个进攻连贯而又有节奏变化，使对方防不胜防。

赛场ABC

the uber cup　尤伯杯
the thomas cup　汤姆斯杯

北京大学创办于1898年,初名京师大学堂,是第一所国立综合性大学,也是当时中国的最高教育行政机关。辛亥革命后,于1912年改为现名。作为新文化运动的中心和"五四"运动的策源地,作为中国最早传播马克思主义和民主科学思想的发祥地,作为中国共产党最早的活动基地,北京大学在中国走向现代化的进程中起到了重要的先锋作用。

奥运看北京
北京大学

福娃问答

国际羽联新21分制是怎样的?

从2005年12月的羽毛球世界杯赛起,国际羽联取消了发球得分制,实行每球得分制,并将所有单项每局获胜分统一为21分。具体规定如下:

单打比赛中每场比赛采取三局两胜制;率先得到21分的一方获胜;如果双方比分打成20比20,获胜一方需超过对手2分才算取胜;如果双方比分打成29比29,则率先得到第30分的一方取胜;首局胜方在下一局中率先发球;当一方在比赛中得到11分后,双方队员将休息1分钟;两局比赛之间的休息时间为2分钟。

双打也将实行21分每球得分制。如果双方打成平分时可选择加赛3分改为20平须连胜2分,且30分封顶制。

大事记

1877年,英国制定了更趋完善和统一的羽毛球比赛规则;同年,英国成立了巴斯羽毛球俱乐部。

1893年,英国羽毛球协会成立,它是世界上最早的羽毛球协会,并于1899年举办了全英羽毛球锦标赛。

1956年,天津举行了中国第一次全国羽毛球比赛。

1977年,世界羽毛球锦标赛正式创办。

1978年,世界羽毛球联合会于香港成立。

1981年,国际羽毛球联合会和世界羽毛球联合会正式合并为国际羽联;同年,中国羽毛球协会加入国际羽联。

1988年,羽毛球在汉城奥运会上第一次被列为表演项目。

1992年,巴塞罗那奥运会列为正式比赛项目,设男女单打和男女双打四个项目。

1996年,亚特兰大奥运会增设羽毛球混合双打比赛。

▲ 双打比赛首先要调整好防守站位。如果是网前挑高球,那么击球者应该直线后退,切忌对角后退。直线后退路线短、站位快、对角后退路线长,也容易被对方打追身球。另一名队员应根据同伴移动后的情况补到空当位。双打防守时的站位调整,都是一名队员在跑动击球时,另一名队员根据同伴的移动情况填补空当。

看奥运

宁郡王府位于东单大街北极阁三条71号，为怡亲王次子宁郡王弘晈的府邸，现仍基本保持着完整的多进院落格局。大门为五开间前后廊歇山顶建筑，中启三门，檐下用五彩重昂斗拱；大门对面设巨大影壁，已无存。

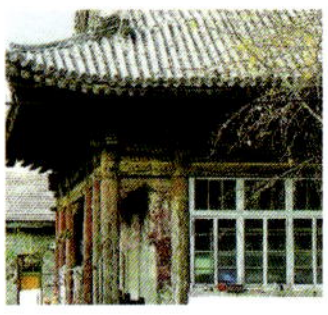

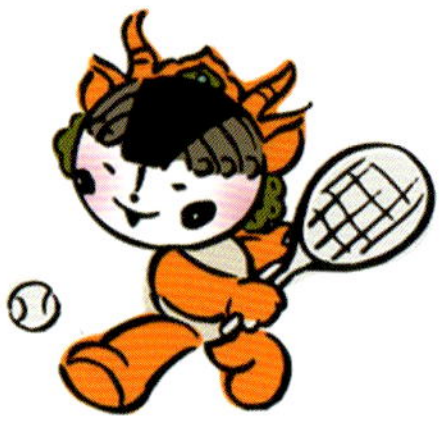

Tennis

网球

金牌榜

金牌榜	比赛单项	运动员姓名	夺金时间	成 绩	备 注

精彩看点

网球是现代奥运会的创始项目之一，1968年后，由于职业选手与业余选手身份的争议，网球运动被长期排除在奥运会的大门之外，直到1988年汉城奥运会上才重新回归奥运。然而由于奥运比赛没有排名，也没有奖金，使得大部分职业网球选手更加重视四大满贯等职业赛事。直到2004年的雅典奥运会上，奥运网球才迎来有史以来最强大的参赛阵容，成为奥运“大餐"的主菜之一。

奥运在不断变革，网球运动本身也在不断进步，随着大满贯女双奖杯以及雅典奥运会网球女双金牌的夺得，我们看到，中国女子网球正在慢慢崛起，同时在世界网坛的地位也在逐渐提高，这一切必然会为2008年奥运会筑起辉煌的根基。

走进历史
——坎坷的奥运网球之路

1896年首届奥运会的时候，网球就已经是正式比赛项目了。首届奥运会的网球比赛只有男子项目，设男单和男双两块金牌。结果26岁的英国人约翰·博兰德在两个项目上都得到了冠军。

具有爱尔兰血统的博兰德并不是一名真正的运动员，首届奥运会开幕的时候，他还在牛津大学读书，由于对希腊文化充满了兴趣，在得知奥林匹克运动的复兴之后，他作为观众前往雅典。巧的是，他的一个朋友正好在组委会里担任秘书工作，便为擅长网球的博兰德在奥运会里报了名。博兰德穿着带跟的皮鞋参加了这次奥运会，并且轻松地得到了金牌。就这样，博兰德以游客的身份来到了雅典，却以奥运会冠军的身份回到了英国。网球以这样非正规的形式开始了奥运之旅，预示着这个项目在奥运会上的命运多舛。

与其他项目中的女性一样，女子网球手在1900年第二届奥运会时被允许参赛，但是随后的第三届，女子网球再次被排除在外。

20世纪初的时候，四个大满贯赛事已经出现，代表国家荣誉的男子团体戴维斯杯已经很成气候，网球手们的身份已经有了职业化的趋势。20世纪前20多年的奥运会网球比赛经常伴随着球员身份的纷争，因此，在1924年第7届奥运会之后，网球正式退出奥运会，之后迅速走上了职业化的道路，四大满贯赛事成为球员和赞助商们最认可的赛事。

▲女子选手被允许参赛是早期温网最大的特色，早在19世纪的英国，露腰的、吊带的、紧身的、半透明的，再加上许多专门设计的比赛服装，女子网球比赛就像时装秀一样，总给人带来新的惊喜。

图为1973年7月4日，埃弗特在温网女单比赛中。她的装束已经很接近现在的运动服了。

▼早期温网赛后举行的茶会酷似一场盛大的游园会。

▲尽管在激烈比赛的休息期间，女子选手优雅依旧。

1984年洛杉矶奥运会之后，连续受到抵制的奥林匹克运动元气大伤，国际奥委会扭转这种局面的一大措施就是有限度地允许职业选手参加奥运会，网球成为最早受益的项目之一。在66年的漫长等待之后，职业网运动员终于在1988年的汉城重返奥运会赛场。

在男子高手们对于是否参赛还犹豫不决的时候，女子网球高手们已经率先加入到奥运会的行列，格拉芙得到了1988年奥运会的女子冠军。重新回到奥运大家庭的网球仍然面临着不少的尴尬，由于奥运会不为球员提供奖金和积分，又占用了选手们的休息时间，因此大多数男选手对比赛兴趣不高；女子的情况要好一些，由于几大高手优势明显，1988年以来的冠军都被著名选手获得。

温布尔登——网球运动最早的疯狂

1877年7月，举办了首届草地网球锦标赛，即温布尔登第一届比赛。亨利·琼斯同另外两个人为这次比赛制定了全新的规则，他本人担任了比赛的裁判。发球员发球时，可一脚站在端线前，另一脚站在端线后，发球失误一次而不判失分。采用古式室内网球的0、15、30、45每局计分法。可以说，亨利·琼斯是现代网球的奠基人。温布尔登网球公开赛是最早举行的网球赛事，也是网球运动走向正规化和职业化的开始，温网的历史也成为整个网球运动发展的缩影。

观战指南

比赛场馆：奥林匹克森林公园网球场

地点：奥林匹克公园

赛时功能：网球

场馆介绍

位于奥林匹克公园内新建的国家网球中心包括中心赛场及有适量临时观众席的共7块比赛场地，总座位数21400个。

妙应寺，俗称白塔寺，位于北京市西城区阜成门内大街上，始建于元代，寺内的白塔是中国现存年代最早、规模最大的喇嘛塔，1961年被列为第一批全国重点文物保护单位。

公交路线

1.207、417路到北辰东路站下。

2.113、386、407、656、660、689、740内、740外、753、939、944、944支、983支路到北辰桥西站下。

比赛日期和金牌数目

比赛项目	8 五	9 六	10 日	11 一	12 二	13 三	14 四	15 五	16 六	17 日	18 一	19 二	20 三	21 四	22 五	23 六	24 日	25 一	金牌数目
网球									2	2									4

注：蓝色为比赛日，黄色为决赛日。

观赛礼仪

网球比赛中，绝对禁止有人走动，只有在球员交换场地休息时，才可起身活动。对于迟到的观众，只有在球员换边时才可入场，即在3、5、7等单数局或一盘结束后，观众才能在引导员的帮助下尽快入座。如果在比赛开始时仍没找到自己的位置，应该就地坐下，在下一次球员换边时再找座位。另外，只要从球场后面通过，都应该在该场地成死球后。这不仅仅是为了礼貌，也是出于对队员和过路者的安全着想。

▲现在，位于温布尔登的亨曼山成了众多网球爱好者居家出游的乐园。

鼓掌加油时要注意，只有在一分的比赛确实结束后，才可开始加油叫好；但只有在死球之后才能够开始鼓掌，鼓掌的时间也要适可而止。有时选手的球会打到观众席上，如果观众捡到后，绝对不能直接将球扔进场内。应当在每一分结束后，再可扔入场内，否则会有干扰比赛的嫌疑。

由于网球是一个商业化运作相当成熟的项目，看台上严禁出现巨大的旗帜、横幅、发声玩具、高音喇叭之类的东西。随身携带物品一定要服从安检的规定要求，进入网球赛场后，首先要关闭手机或者将铃声调成振动模式，比赛过程中不得大声喧哗，照相机不得使用闪光灯。摄影师拍摄图片也要在球场指定位置进行，拍摄地点一般是在主裁判后的场地"凹槽"内。观众在观看比赛时是不允许拍照的。

▼ 赛场ABC

fault　发球失误
foul shot　技术犯规
over the net　球过网
through　球穿网
overrulespoint　改判
interruption　中断比赛
deuce　平分

看奥运

潘家园旧货市场位于北京三环路的东南角，是全国最大的旧货市场，每周四至周日全天开放，经营各种文物书画、文房四宝、瓷器及木器家具等，共有3千多摊位，是北京最便宜的旧货市场。

▲中国女网头号选手郑洁／晏紫在2006年夺得了四大网球公开赛中的两项冠军，图为夺冠瞬间。

▲2006年7月3日，在温布尔登网球公开赛女单第四轮中，李娜以27号种子身份出战赛会10号种子捷克美少女瓦伊迪索娃，在先失一盘的不利情况下以4∶6，6∶1，6∶3逆转杀入温网女单八强。这是中国选手第一次进军大满贯赛事的女单八强，也使24岁的李娜成为中国女网的领军人物。

10分钟课堂

奥运网球参赛资格和名额

奥运网球通常每个协会男、女参赛人数均不超过4名，单打最多3名运动员，双打为1个队。

获得奥运网球参赛资格有3条途径：温布尔登总决赛男、女排名前48名的运动员。如果有一个协会获得参赛资格的人数超过限额时，参赛资格由较低的排名替补；另外，男、女各有14个名额由国际网球联合会以随机挑选的方式提供给没有获得参赛资格的协会；剩余的男、女各2个名额由国际网球联合会和国际奥委会联合确定。

奥运网球分项设置

2008年北京奥运分奥运网球分男子单打、男子双打、女子单打、女子双打4个项目。

奥运网球赛制和比赛方法

网球比赛分为单打和双打两种形式，球员用网球拍将球击过球网，落入对方的场地上。每位网球队员的目的都是尽力将球打到对方的场地上去。这样来回击打，直到有一方将球打出界或没接到球为止。

奥林匹克网球赛是一种淘汰赛，一旦一场比赛失败，就会被淘汰出局。排名在前16位的选手称为"种子选手"，并尽可能将他们合理分组，以使这些种子选手和那些来自同一个国家的球员在比赛中不至于过早相遇；同样按此原则选出双打的前8名种子选手。

除男子和双打决赛为五局三胜外，其他比赛均为三局两胜。在最终剩下的4组选手，半决赛赢者继续争夺冠军，半决赛输者争夺季军。

局的计分方式

每局的开始比分是0∶0，第一分球记为15，第二分球为30，接下来为40，在历史上这些数字代表1/4小时，即15、30、45，但45后来改为了40。若对方球员只有30或少于30的，那下一个球就能赢了这一局。因为每局比赛中，至少要比对手多2分球才能结束该局比赛。如果双方球员都达到了40，此时称为"局末平分"。要继续比赛，直到一方领先另一方2分，才能获胜。

盘的计分方式

如果对手落后至少两局，那么先赢得6盘比分为7∶5，判占先者赢得此盘。然而，若另一个球员把这盘扳平为6∶6，那就由抢七局决定谁为胜者。

赛的计分方式

在3盘赛中，是先赢得2盘者为胜者，即为3盘2胜。在5盘赛中，是先赢得3者为胜者，即为5盘3胜。 在抢7局中，本该论到发球的球员要先发

云居寺位于房山区南尚乐镇，始建于隋朝大业年间，寺内珍藏大量石经、纸经、木版经，称为"云居三绝"。寺内还保存着唐、辽时代砖塔和石塔十多座，出土并珍藏着令世人瞩目的佛祖释迦牟尼舍利。

奥运看北京
云 居 寺

第1分球，对手接着发第2、3分球，然后双方轮流发2分球。先得7分的球员若至少领先了对方2分，那么他就赢了该盘比赛。每6分球和决胜局结束都要交换场地。不过也有例外，如果按照事先的约定，比赛如果采取长盘制，则没有决胜局，只有比对方多胜两局才能赢得该盘比赛。

网球赛事词解

大满贯：网球运动比赛成绩。指一名（单打）或两名（双打）运动员，在同一年获得"四大公开赛"同一项目四个冠军的称号。

外卡：赛事组织者以颁给外卡的方式，邀请一位或更多球员参加赛事，无论其排名如何。这使赛事组织者可以为有潜力的年轻选手提供参赛席位，或给错过报名时间的优秀选手提供方便。

爱司球：网球赛中的爱司球是英文ACE的音译，是指发球员因发球的速度或位置使接发球员因无法接击而直接得分的球。如果接球方触到球而失分的发球称为直接发球得分。

种子选手排位：参加某项赛事的优秀选手排位。通常，在赛事开始前，优秀选手被列为"种子选手"。这可以避免这些优秀选手在比赛过程中过早相遇，被淘汰出局。

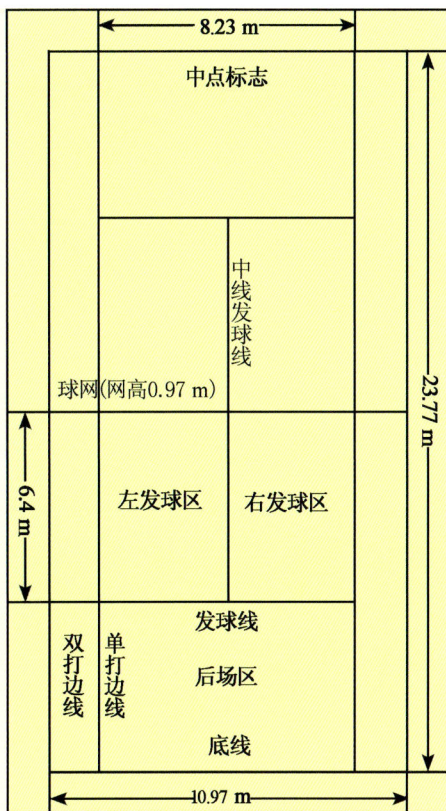

网球场地示意图

- 8.23 m
- 中点标志
- 中线发球线
- 球网（网高0.97 m）
- 左发球区 右发球区
- 6.4 m
- 23.77 m
- 双打边线 单打边线 发球线 后场区 底线
- 10.97 m

▲网球场地分为用沥青、水泥、木板、涂塑合成材料修建的硬式场地，以及草地、泥地两种软式场地，长度为23.77米，宽度单打8.23米，双打10.97米，用球网分隔成两个半场，网高0.97米。球为白色或黄色，重56.7~58.5克。

竞技战术解析
——绅士的运动

网球是世界四大绅士运动之一，要求运动员具有高超的技术水平及战术水平。网球运动的技术及战术是在不断发展中逐步发展起来的。相对来说，技术是初级竞技的需要，战术则是高级竞技的需要，战术的企划与运用必须要以技术的掌握为基础。如果在比赛时，运动员运用出色的战术，就可以弥补自己在体能及技术上的一些不足之处，获得比赛的胜利。

网球战术包括单打战术和双打战术。单打战术要求球员有独立作战的能力，头脑冷静，适应能力强，既能控制球路，不轻易失球，又能大力抽杀，积极主动进攻。在战术的运用上，要灵活多变，根据自己的技术战术特点，把各种战术有机地结合起来运用。

要取得双打比赛的胜利，合理战术的制订和与同伴间的密切配合是非常重要的，两个一流的单打运动员未必是最理想的双打伙伴，这是因为他们往往用单打战术来处理双打的要求。

▼ 赛场ABC

tennis court　网球场
singles court　单打场地
doubles court　双打场地

看奥运

北京辽金城垣博物馆位于丰台区右安门外玉林小区，建筑面积2500平方米，出土文物以辽金时期文物为重点，地下展厅为水关遗址，是我国目前已发现的古代都城水关遗址中规模最大的一处，是确定金中都城址和研究我国古代建筑和水利设施的重要实物。

▲球风凶猛的李娜打法酷似男子选手。

toss 抛球
volley 截击、拦网
half-volley 反弹球
smash 高压球
lob 挑高球

单打之上网型打法

上网型打法战术是利用网前进攻为主要得分手段。它的基本战术可分为发球上网，随球上网，接发球上网，偷袭上网，伺机上网及放轻球上网。

单打之底线型打法

底线型打法是以底线正、反抽击球为基础组织的战术。它的指导思想必须是用速度、旋转、落点的变化来创造进攻机会。底线型打法的主要战术有：对攻、拉攻、侧身攻、紧逼攻、防反攻。

单打之综合型打法

综合型打法是以基本功扎实、技术全面为基础，根据不同的对手和不同的技、战术掌握情况，场地特点与战术需要，灵活地变化战术打法。综合型打法与攻守平衡，符合积极主动、机动灵活的战术原则。

双打之发球局战术

双打中的发球局与单打中的发球局一样，是直接对对方实施进攻并以发球为龙头带动网前及抢网战术的运用，发球局战术包括：发球上网、发球上网抢网、澳大利亚网前战术。

双打之接发球局战术

接发球局战术运用的成功与否，取决于接发球的质量；为了变被动为主动，接发球时不能光在底线被动挨打，而是要采取主动进攻，积极上网。在运用接发球局战术时要根据对方发球及网前的攻势；自己方接发球的质量而灵活机动，防止瞎打瞎冲。接发球局战术包括：接发球双上网战术和接发球双底线及接发球网前抢网等战术。

接发球双上网战术

为了抢战网前有利位置，当发球方发球时，接发球员要判断准确，应向前到底线里面去还接球，然后随接发球上网。由于是向前迎击球，因此回接球的速度比较快，能给对方发球上网截击或抢网造成很大威胁。其对接发球员的要求比较高，要求接发球员判断好，移动动作小，并向前向下顶压击球，朝发球上网者脚底下，或斜线双打边线内击球。

接发球抢网战术

在高水平的双打比赛中，接发球抢网战术经常被运用。此战术的运用能使对方发球上网者增加中场截击球的心理负担而产生回球失误或回球质量不高。在运用此战术时，接发球员与同伴要密切配合，当接发球员接了一个质量高的低平球，对方发上者中场拦出一个质量不高球时，应立即移动抢网，给对方致命一击；而接发球员发现同伴抢网，也应立即补位，防止对方截击直线球。

接发球双底线战术

在双打比赛中，如对方发球很有威胁，网前又非常活跃，为了破坏对方快速进攻的节奏，可采用接发球双底线战术。由于两人都退至底线，使对方网前截击产生一定的心理压力，不能马上得分。因此，对接发球员来说，首先应注意接发球的成功率，然后再寻找机会进行反击，破网要打得凶狠，以破中路和两边小斜角为主，并结合挑上旋高球。

▲ 中国女子网球队。

福娃问答

网球比赛中关于发球有何规定?

在正式比赛前，需要确定比赛由谁先发球。整个比赛中，双方球员轮流发球。发球员在发球前应先站在端线后、中点和边线的假定延长线之间的区域里。发出的球应从网上越过，落在对角的对方发球区内。每局开始先从右区端线后发球，得或失一分后，应换到左区发球。以此类推。通常发球是将球向空中任何方向抛起，在球落地之前用球拍击球，也可以使用臂下发球。

发球时，对方必须在球落地一次后，才能击球。而其他时候回球时，则可在落地一次或未落地时进行。

双打发球次序是怎样的?

网球比赛每盘第1局开始时，由发球方决定由何人首先发球，对方则同样在第2局开始时定由何人首先发球。第3局由第1局发球方的另一球员发球。第4局由第2局发球方的另一球员发球，以下各局均按此

▲ 心有灵犀是双打选手获得比赛胜利的重要保证。

次序发球。接发球次序与发球次序相同。接发球后，双方应轮流由其中任何一名队员还击。如运动员在其同队队员击球后，再以球拍触球，则判对方得分。

网球比赛中关于发球失误有何规定？

发球失误是指球落在对方发球区外，比如球出线或触网等，都称之为失误，发球员就要再次发球。落在边界上的球算在线内。若发球两次失误，就叫"双误"，对手赢一分。如果发球员在发球时脚离开了原基线，也算失误。要是发球触网，但球仍落进了对方的发球区，则判重发球。另外，发球失误还包括击打球时未能打到球，发出的球在落地前触及除球网、中心带、网边白布的固定物，违反发球站位也算发球失误。

网球比赛中哪些情况下会被判失分？

网球比赛中以下情况均会失分：在球第二次着地前未能还击过网。还击的球触及对方场出界线以外的地面、固定物或其他物件。还击空中球失败。在比赛进行中，运动员故意用球拍拖带或接住球，或故意用球拍触球超过一次。"活球"期间运动员的身体、球拍不论是否在手中，或穿戴的其他物件触及球网、网柱、单打支柱、绳或钢丝绳、中心带、网边白布或对方场区以内的地面。过网击球。除握在手中的球拍外，运动员的身体或穿戴的物件触球。抛拍击球。比赛进行中，运动员故意改变球拍形状。

大事记

1874 年，英国人第一次制定了网球比赛的规则。

1875 年，随着司法泰克运动在 8 字形球场上的风靡，全英槌球俱乐部在槌球场边另设了一片草地网球场，草地网球正式取代了司法泰克。

1877 年，第一届温布尔登网球赛举行。

1900 年，奥运会女子网球在英国举行。

1905 年，第一届澳大利亚网球公开赛举行。

1925 年，第一届法国网球公开赛召开，至此，四大网球公开赛悉数登上网坛大舞台。

1927 年，由于国际网联和国际奥委会之间在奥运会职业球员问题上存在着分歧，网球比赛在奥运会赛事名单上消失。

1968 年，职业巡回赛和 ATP 网球巡回赛排名创立。

1973 年，网球抢七局首次被运用到正式比赛中。

1981 年，中国网协加入国际网联。

1988 年，网球在汉城奥运会再次成为奥运会正式比赛项目。

ITF

国际网球联合会 (ITF)

国际网球联合会，简称国际网联（ITF），1913 年在法国巴黎成立。国际网联总部设在英国伦敦，现有协会会员 191 个。其中 119 个为正式会员，72 个为无表决权的联系会员。

国际网联的正式用语为英语、法语和西班牙语，在文本有歧义时，以英语为准。

国际网联的正式团体赛有：戴维斯杯、联合会杯、NEC 世界青年杯、NTT 世界少年网球赛等。国际网联的正式锦标赛有：大不列颠草地网球锦标赛、美国公开赛、法国公开赛、澳大利亚公开赛、日本公开赛、意大利锦标赛、国际网联老将世界锦标赛等。

白米斜街最早是在什刹海南岸，只有一座南朝北的房屋，屋前临水。后因什刹海水位下降水面缩小，什刹海前海南岸建筑逐渐向北推移才出现了白米斜街，如今已经成为以餐饮、文化娱乐为主的步行街。

世界上最壮观的悬空网球场

迪拜是阿拉伯联合酋长国的第二大城市，像其他中东城市一样，迪拜因石油而富庶，但对于一个雄心勃勃想在21世纪大展身手的新兴城市来说，石油当然不是全部。于是，在迪拜王储的提议之下，知名企业家Al·Maktoum投资兴建了美轮美奂的Burj Al-Arab酒店。

人到迪拜，最大的"文化"震撼不在与中东风情与西方品味的结合，而是豪华精美的高档酒店。伯瓷酒店的豪华程度令人叹为观止，由英国设计师W·S·Atkins设计。

伯瓷是世界上唯一最高的七星级酒店，开业于1999年12月，它建在离海岸线280米处的人工岛Jumeirah Beach Resort上，是一个帆船形的塔状建筑，一共有56层，321米高，糅合了最新的建筑及工程科技，迷人的景致及造型，使它看上去仿佛和天空融为一体。伯瓷的工程花了5年的时间，2年半时间在阿拉伯海填出人造岛，2年半时间用在建筑本身，使用了9000吨钢铁，并把250根基建桩柱打在40米深海下，是全球最高的饭店。

伯瓷是阿拉伯人奢侈的象征，亦是迪拜的新标志。走进这个世界上最高的酒店就似走进了阿拉丁的洞穴，豪华的佐证非笔墨可言喻，从带你走进海鲜餐馆的小型潜艇，到每个房间的17个电话筒，再到用作机场巴士的8辆劳斯莱斯都可略见些许。你甚至可以要求直升机接送，在15分钟的航程里，率先从高空鸟瞰迪拜的市容，欣赏壮丽的景观后，才徐徐降落在28楼的直升机坪。

排名世界第一的瑞士选手费德勒和美国传奇老将阿加西曾在迪拜网球公开赛间隙来到伯瓷酒店，在饭店顶端的一个由直升机停机坪改建的独一无二的空中网球场进行了一场别开生面的友谊赛。

看 奥 运

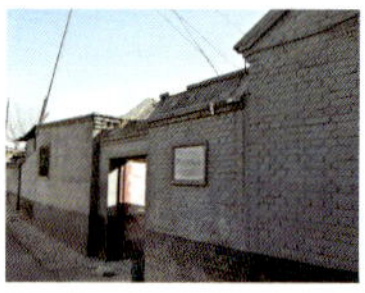

文华胡同位于西城区南部，东起佟麟阁路，西至闹市口中街。由于它过去位于石驸马大街北侧，所以清朝时称为石驸马后宅，俗称为后宅胡同，建国后改为文华胡同。李大钊故居就在文华胡同的24号院。

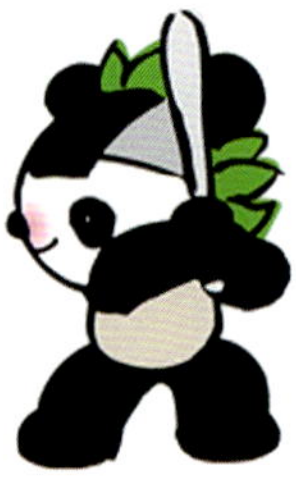

Baseball

棒球

金牌榜

金牌榜	比赛单项	运动员姓名	夺金时间	成 绩	备 注

精彩看点

北京奥运——强者的舞台

作为第29届夏季奥运会的东道主，中国棒球将首次在奥运会上亮相。古巴、日本和美国是目前世界棒坛实力最强的三支球队，虽然澳大利亚和韩国的崛起对传统三强构成了不小的威胁，但北京奥运的棒球赛场仍将是强者的舞台。棒球在中国起步较晚，尽管近几年来由于棒球联赛的开展以

大栅栏商业街是北京最古老、最著名且又最别具一格的古老街市和繁华的商业闹市区。"头顶马聚源、身穿瑞蚨祥、脚踏内联陞"曾是北京传统商业的象征，保存着大量原汁原味的古老建筑。

及外籍教练的指导使得中国棒球的整体水平得到了很大提高，但与世界强队仍存在着较大差距，了解对手、学习强手，是中国棒球冲出亚洲、走向世界的第一步。

走进历史
——风靡全球的棒球运动

棒球是美国及日本的国球，脱胎于英国的板球，也称"轮打"，是一种结合竞技及智慧的运动。棒球运动有着悠久的历史，在古希腊及古印度的一些壁画遗迹上都有类似打棒球的图案。据考证，希腊、印度的古代神庙和碑石上的浮雕留有木棒打球的图案。中国宋代也有一种用棒打球的"击角"游戏。1720年，英国一本书中就出现"baseball"（棒球）的字眼，并标明了投手、捕手、打击手与防守者，而且用了一首诗来描述球赛："当球被击中了，那孩子也飞奔了，他先跑到下一垒包，然后欢乐地奔回本垒。"现代棒球运动的起源说法不一、多数认为始于美国。1839年，纽约州北部库伯斯镇的艾伯纳·达伯戴制定了第一部比赛规则，设计出了第一个棒球场。达伯戴也被称为"美国棒球之父"。为了纪念他，美国于1939年在他的故乡建立了美国职业棒球名人堂。

1845年，土地测量员亚力山大·卡特莱特绘制出了和现在完全一样的内野（内场）区，并决定垒间距离为90英尺（27.43米），这一规定沿用至今。一位棒球作家说，这段距离的决定是人类最近乎完美的创造，它恰当地平衡了人的跑速与人的传球能力。选手从一垒要跑到二垒也常常与捕手传来的球同时到达，这总是造成紧张场面。卡特莱特还制定了一套至今仍沿用的竞赛规则，改革了比赛用具，开创了近代棒球运动的新纪元。20世纪末，棒球历史上的个人本垒打纪录（868支）被华裔日籍球员王贞治在日本这个极其热爱棒球的国家刷新。

棒球运动在美国发展壮大后，逐渐传播到欧洲国家如意大利和法国，第二次世界大战后在亚洲一些地区蓬勃开展。现在世界上有120多个国家

▲棒球是美国国球，与NBA篮球、冰球并称"北美三大运动"。

▼赛场ABC

fly ball　高飞球
infielder fly　内场高飞球
catcher　捕手

大翔凤胡同位于西城区东北部，北起后海南沿，西至柳荫街，紧邻恭王府，所以旧称大墙缝胡同，后来雅化为大翔凤胡同。大小翔凤胡同以前都是恭王府和罗王府间的过道，后来逐渐形成胡同。

开展这项运动，它是日本和加拿大以及一些加勒比国家最流行的体育运动项目。近年来，中国台北队在世界少儿棒球系列赛上成绩斐然。

因为滥用违禁药物以及缺乏高水平运动员参加奥运会，棒球和垒球项目没有通过国际奥委会委员的表决，将不再作为2012年伦敦奥运会的比赛项目，但仍可以在2008年之后重新申请加入2016年奥运会。

▼ 赛场ABC

fair ball　界内球
flul ball　界外球

观战指南

▲ 五棵松棒球场效果图。

比赛场馆：五棵松棒球场
地点：五棵松文化体育中心
赛时功能：棒球
场馆介绍

　　五棵松棒球场是2008年奥运会棒球比赛场地，位于五棵松文化体育中心西南角，包括两个比赛场和一个训练场，设座席15000个，规划总建筑面积约1.2万平方米，"文化体育及公共服务设施"包括室内游泳馆、影院、银行、邮局、商场等配套服务设施，总建筑面积约28.7万平方米。

公交路线

　　1.地铁1号线到五棵松站下。

　　2.212、370、373、436、620、728、817路到五棵松桥东站下车。

　　3.654、740外环、740内环、748、751、759、804、913、982、983、996路到五棵松桥北站下车。

比赛日期和金牌数目

比赛项目	8 五	9 六	10 日	11 一	12 二	13 三	14 四	15 五	16 六	17 日	18 一	19 二	20 三	21 四	22 五	23 六	24 日	25 一	金牌数目
棒球						■	■	■	■		■	■	■		■	1			1

注：蓝色为比赛日，黄色为决赛日。

观赛礼仪

　　棒球的赛场环境与足球颇为相似，观众可以组织拉拉队为自己喜爱的球队鼓劲加油，但是要控制好节奏感，最好不要一味狂呼乱喊。观看比赛

东不压桥胡同位于东城区西北部，北起帽儿胡同，南至安定门东大街，因东不压桥而得名。这条胡同原称马尾巴斜街、马尾胡同，这条依河道而形成的街巷，由于酷似马尾而得名。据说詹天佑曾住在这条胡同的28号院。

奥运看北京
东不压桥胡同

时一定要把自己的热情控制在理智的范畴之内，切勿往场内乱扔东西。

10分钟课堂

奥运棒球参赛资格和名额

奥运会棒球比赛共8个队参加比赛，每队20名队员（但只能有9名队员上场）。美洲、欧洲、亚洲奥运会预选赛的前2名和非洲、大洋洲奥运会预选赛的前2名获得参赛资格，东道主自动获得参赛资格。

▲作为第二十九届夏季奥运会的东道主，中国棒球队将首次在奥运会上亮相。

08奥运棒球分项设置

棒球运动1992年被列为奥运会比赛项目，目前仅设男子项目。

奥运棒球赛制和比赛方法

比赛采用单循环赛制，每队要进行7场比赛，积分前四名进入半决赛。半决赛对阵为，第一对第四，第二对第三。半决赛胜者争夺金牌，负者进行三四名决赛。

棒球比赛是以球、棒、手套等为工具，在棒球场上运用击球、跑垒和投球、传球、接球等技术进行的竞赛活动。比赛分两队，每队9人。赛前选择先攻或先守，每队攻守各一次称为"一局"。防守队按位置职责立于运动场内进行防守，分投手、接手、一垒手、二垒手、三垒手、游击手、左外场手、中外场手、右外场手。每一局开始，由投手持球在投手板上以本垒板上空好球区为目标投球。进攻队员按照排好的次序，依次用球棒在击球区内将投来的球击出，击出球后即从本垒开始向一垒方向奔跑，依次触踏一、二、三垒和本垒，人跑完后得1分。防守队员使用接球和传球技术将对方击出的球接住，或对跑垒的队员在尚未进入本垒前传杀出局，使攻方不能得分。3人出局后进攻结束，双方交换攻守。正式比赛需打满9局，得分多的队获胜；如果两队在9局比赛中打平，还要加赛一局，若再平则再赛，一直到分出胜负。

▲棒球在美国已成为第一运动。

棒球裁判职责

棒球比赛中，根据不同的比赛级别安排1人裁判制、2人裁判制、3人裁判制、4人裁判制和6人裁判制。常见的比赛为4人裁判制。1人裁判制是由1名主裁判（司球裁判员）和3名司垒裁判员组成，另外有两名记录员

▲自1952年起，古巴棒球队参加了每一届棒球大赛，在已进行的35届世界棒球锦标赛中24次夺冠，并且在最近的8届比赛中取得了八连冠的辉煌战绩。

看奥运

府学胡同位于东城区西北部，东起东四北大街，西至交道口南大街，因过去有顺天府学而得名。顺天府学为明清两代学子学习考试的地方。文天祥祠也坐落在这里，它和顺天府学都位于胡同西口。

▲棒球运动规则并非人们想象得那么复杂，简单地说，这项运动就是投球，击球，然后去接球而已。棒球比赛在两队之间进行，轮流进攻与防守。在9局比赛中得分最多的队获胜。一队的3名投手都出场后，两队交换进攻与防守。如果两队在9局比赛中打平，还要加一局比赛，一直到分出胜负。

负责记录比赛的全部过程。

裁判人员包括1名主裁判（司球裁判员）、3名司垒裁判员和若干名记分员。司球裁判员负责使用规定手势同时喊出"球"或"击"。司垒裁判员判定安全和出局。

棒球装备与场地

棒球

棒球是用圆形软木、橡胶或相似的物质作球心，绕以麻线，再用两块白色马皮或牛皮包紧平线密缝而成。球面应平滑。重量为141.70～148.80克。圆周为22.90～23.50厘米。弹性为：自4.12米高处，在厚6厘米的大理石板上能自由反弹起1.43～1.50米的高度。

球棒

球棒可用整块金属或硬木或几条木片胶合制作，呈酒瓶形，棒面必须平滑无截面接头。金属棒的两端必须密封，几条木片必须按直线纹路胶合而成。棒长不得超过1.07米，最粗处直径不得超过7厘米。为便于握棒，从握棒的一端起至45.70厘米的长度内可用布条、胶布带或橡胶包缠。用几条竹片胶合而成的球棒，只要符合以上规定，安全耐用，也可视作合法球棒。

棒球比赛服装

比赛时，同队队员应穿着式样和颜色整齐一致的比赛服装（包括内衫的外露部分、球帽和球袜等）。服装上面不得有闪光纽扣或附饰物，上衣背面应有长度不小于15.20厘米的明显号码。上衣和裤子的号码要一致。如队员穿与同队队员不一样的服装，就不得参加比赛。每队应有深浅不同的两套服装。每场比赛的先攻队穿浅色，后攻队穿深色。

棒球比赛场地

棒球比赛场地分为三种：草场、土场以及人工草场，场地呈直角扇形状，两边是区分界内地区和界外地区的边线。两边线以内为界内地区，两边线以外为界外地区。界内和界外（野传球线以内）地区都是比赛的有效地区。界内地区又分为内场和外场。内场呈正方形，四角各设置一个垒位。在尖角处的垒位是本垒，其余依逆时针方向分别为一垒、二垒和三垒。内场以外的界内地区为外场。

棒球比赛场地上的本垒板用白色橡胶制成，呈五角形。以每边43.2厘米的正方形，截去两角，其形状如下：一边为43.2厘米，相邻两边为21.6厘米，其余两边为30.5厘米并形成一尖角。此尖角是一垒边线和三垒边线的交叉点，43.2厘米一边应朝向投手板，30.5厘米两边应与一垒和三垒边线外沿交角叠合，本垒板应

▲棒球手套用于接球，由皮革制成。防守队员所戴的手套一般可分为四种：接手手套、全手手套、分指手套和投手手套。

达智桥胡同位于宣武区西北部，东起宣武门外大街，西至校场五条，最早称鞑子桥，后以谐音命名为达智桥。所谓鞑子，是旧时对蒙古人的蔑称，此地相传为以前蒙古军队驻扎练兵的场所。

奥运看北京
达智桥胡同

固定在地上，板面应与地面齐平。

棒球比赛中的一、二、三垒垒包均为38.10厘米见方，厚7.6～12.7厘米的白色帆布包。一、三垒垒包应整个放在内场，二垒垒包的中心放在二垒的基准点上。垒包内装棕毛等细软物。垒包应固定在地上。

竞技战术解析
——攻守之间，智者的较量

要想取得棒球比赛的胜利，那么球队就要具备巧妙的战术、熟练的技术及队员的团结合作。在棒球比赛中，球队的进攻与防守截然分开，进攻技术是准确有力的击球和快速巧妙的跑垒，争取得分取胜；防守技术是杂技般的接球和准确快速的传球，接住攻方击出来的各种球，通过传接球封堵住攻方的跑垒，使攻方不能得分，以保持不败。

接球

接球是防守的主要技术，而且只有在防守时才需要。防守队员要接攻方用球棒击出来的球和本方为了防守而传来的球。防守时接手的第一任务，是接住投手的所有投球。投手投来的球，球速一般时速要达到100多公里，距离只有18米多，来球很重，接球前还有击球员挥棒在眼前晃动，接球瞬间紧紧盯球，看清来球伸手接住球。

击球

击球技术是棒球运动中难度最大的技术。从投手投球出手到击中球，只有0.4秒左右的时间，球棒最粗处直径只有7厘米，球的最大直径只有7.48厘米，球与棒在击球时的接触只有一个点，击球员在投球出手后观察判断好、坏球和决定打与不打及做出打击动作，全过程只有0.3秒左右，投手投球到击球员击球的距离只有17米左右。

投球

投手在保证一定的投球速度的前提下，利用好球区范围内各个部位的投点控制击球员的击球，把好球区按高度分成高、中、低，按宽度分成内角、外角和中路。无论击球员是左打还是右打，都要面对本垒板。站在击球区击球，靠近击球员的一边是内角，远离击球员一边的是外角，本垒板上空是中路，把好球区分成内角高、内角中、内角低、外角高、外角中、外角低、中路高、正中球、中路低九个部位，投手把球投到这九个部位内都是好球。

▲ 棒球比赛场地必须平整，不得有任何障碍物。内场垒间距离为27.43米。投手板的前沿中心和本垒尖角的距离为18.44米。本垒后面和两边线以外不少于18.29米的范围内为界外的有效比赛地区。两边线至少长76.20米，两边线顶端连结线的任何一点距本垒尖角的距离都不应少于76.20米。本垒尖角后18.29米处应设置后挡网。网高4米以上，长20米以上。场地周围设置围网，高度1米以上为宜。

▼ 击球，俗称打棒，无论是打棒球还是看棒球比赛，最吸引人的就是"大棒一挥，白球上天"和守方的飞身扑接险球的精彩一刻。

看奥运

海柏胡同位于宣武区东北部，原来东起北极巷，西至西茶食胡同。相传在辽金时代，胡同里有海波寺，明朝时胡同称为海波寺街，清朝时称为海柏寺街，新中国成立后改为海柏胡同。

国际棒球联合会
（IBA）

国际棒球联合会(IBA)，简称国际棒联，成立于1938年。现有协会会员110个。国际棒联于1994年将总部设在瑞士洛桑。

1978年国际棒联得到国际奥委会的承认，1984年棒球被列为奥运会表演项目，1992年被列为奥运会正式比赛项目。是国际单项体育联合会总会的成员，正式工作用语为英语和西班牙语。中国棒球协会于1981年3月加入国际棒联。

本垒打

本垒打是棒球比赛最精彩的场面，致使全场轰动，热烈欢呼，是击球员要发挥出击球的最大威力，把球击出本垒打挡墙以外。本垒打挡墙距本垒两侧边线为97.54米，中间最远距离是121.92米。击球员击球时，挥棒发力最大，棒击中球部位最好、最正，球中棒后有一定的高度远度及相当的速度，才能打出如同流星一般的好球，飞出本垒打挡墙以外。

牺牲高飞球

牺牲高飞球是一种牺牲打，是垒上的跑垒员特别是三垒跑垒员，利用击球员击出高飞球，距离很远的机会，在击球员被接杀后，跑回本垒得分，守方虽然接了一个出局，但对三垒跑垒员跑回本垒得分的传杀，由于距离太远，接杀后一次传球到本垒，是很困难的，有时需要两级或三级的接力传球，因此守方对这样的牺牲打是无可奈何的。牺牲高飞球有时也可用于送垒，如二垒有跑垒员，击球员击出高飞球被接杀出局后，二垒跑垒员进到三垒，如果有机会仍可以继续进垒得分，守方此时是无奈的。

棒球比赛投手战术

投手的投球使比赛开始和继续进行，攻方的击球员必须打出投来的球才能继续进攻，投手要用投球战术，控制和压住击球员的击球。首先投手用快速投球，球速可达140公里／小时；还可以用投慢球战术欺骗击球员；遇到强击球员有可能打大棒、打远球和本垒打，投手可以投四个坏球保送进垒；投手还可以投变化球，用投点、球路、变速和好坏球相间的投球来控制，从技术和心理上影响击球员，使其击球技术、击球战术难以发挥，甚至使击球员的打点随投手摆布，发挥好投手战术，使整体防守战术获得成功，达到预期的防守目的。

福娃问答

棒球比赛怎样判定攻方队员得分?
进攻队击球员击球后在三人出局前，安全地依次踏触一二三垒并回到本垒即为得分。

棒球比赛中什么是好球区?
在本垒板的垂直上空，高度在击球员肩部上沿与裤腰上沿的中间平行线以下，低限在双膝下沿以上的立体空间区域叫好球区。好球区按击球员准备迎击投球时所采取的站立姿势判定。

棒球比赛何时判界内球?
合法击出的球如遇下列任一情况时均判界内球：球停在本垒至一垒之间或本垒至三垒之间的界内地区时；地滚球越过一、三垒垒位从垒位后面

▼ 赛场ABC

force play 被迫进垒
base on balls 四坏球
wild pitch 投手暴投
out 出局
balk 投手犯规
run score 得分

的界内地区滚向外场或滚出界外时；触及一垒、二垒或三垒垒包时；先落在一、三垒垒位后界内地区时；在界内触及裁判员、比赛队队员身体时；从界内地区上空直接越出本垒打线时。

棒球比赛何时判界外球？

合法击出的球如遇下列任一情况时判界外球：球停在本垒至一垒之间或本垒至三垒之间的界外地区时；内场地滚球经过一、三垒垒位，从垒位后界外地区滚入外场或继续滚出界外时；落在一、三垒位后的界外地区时；在界外触及裁判员或比赛队队员的身体或其他障碍物时，击出的球直接击中投手板，从本垒至一垒之间或本垒至三垒之间反弹出界外地区时判"界外球"。

棒球比赛中关于跑垒员有哪些规定？

跑垒员应按一、二、三垒和本垒的顺序跑垒。如果被迫后退时，亦应按照相反顺序依次踏垒。但跑垒员可根据有关死球的规定，直接返回到原占垒位。两个跑垒员不能同占一个垒位。

棒球比赛中投手的违禁行为有哪些？

在投手区内用投球的手接触口或嘴唇。在球上涂抹任何外加物质。在球、手或手套上吐以口沫。将球在手套、身体或衣服上摩擦。损坏球面，投所谓"发亮的球"、"吐有口沫的球"、"涂上泥土的球"或"用砂纸擦过的球"。携带任何对投球有影响的物品。故意不投球给击球员而传球给守场员以拖延比赛时间。故意对准击球员身体投球。

▲投球是指投手投球点的位置，投球的好球范围是一个立体空间，宽度是本垒板的宽，高度的上沿是击球员自然站立时的肩部上沿至腰部之间的中点，下沿是击球员的膝盖下缘。投手投球时，把球投入这个立体空间内就是好球，否则就是坏球。

看 奥 运

大事记

1877年，中国工程师詹天佑在美国耶鲁大学组织的中华棒球队是中国人打棒球的最早记录。

1903年，棒球世界系列赛（MLB总决赛）首次举办。

1912年，棒球在斯德哥尔摩奥运会上成为表演项目。

1978年，国际棒联得到国际奥委会的承认。

1984年，棒球被列为奥运会表演项目。

1992年，棒球被列为奥运会比赛项目，古巴队夺得了前两届的冠军。

1996年，亚特兰大奥运会允许职业棒球选手参加包括奥运会在内的国际大赛。

2000年，职业棒球运动员被允许参加悉尼奥运会。

2004年，第28届奥运会设男子棒球项目，共8个队参加比赛。

▼赛场ABC

live ball 活球
strike 好球
ball 坏球
tag 触杀
run down 夹杀
double play 双杀
triple play 三杀

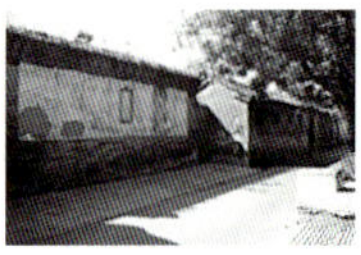

奥运看北京

文　昌　胡　同

文昌胡同东起佟麟阁路，西至闹市口中街，清初为铁匠胡同一部分，因位于铁匠胡同中段，后改称中铁匠胡同，1911年后改称文昌胡同。该胡同15号院内曾是张学良宅第，后成新华社宿舍。

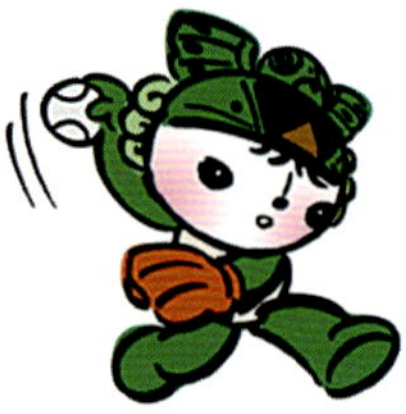

Softball

垒球

金牌榜

金牌榜	比赛单项	运动员姓名	夺金时间	成 绩	备 注

精彩看点

女英天下，竞争性与观赏性同在

奥运会垒球比赛只有女子项目，虽然垒球的技术难度和运动剧烈程度低于棒球，场地也比较小，但女垒选手在场上的飒爽英姿和精湛技术却让垒球比赛极具竞争力和观赏性。2008年的北京奥运会上，来自各国的女垒强队将对这个项目唯一的一枚金牌展开激烈争夺。

东斜街西起西单北大街，东到大酱坊胡同东口，元代曾是金水河河道，后来河道干涸，被填平为街道，并且以河道的形状取名斜道。清代时，以甘石桥为界，把这里分为东、西斜街。

奥运看北京
东 斜 街

走进历史
——从棒球脱胎而来

　　垒球运动诞生于19世纪80年代的美国芝加哥，由棒球运动演变而来。垒球运动的产生极具戏剧性，由于棒球运动需要的场地太大，雨雪天气时无法在室外活动，人们将棒球场缩小并移至室内进行，时称"室内棒球"。另一种说法称，在1887年的一场美式橄榄球比赛中，耶鲁大学击败了老对手哈佛大学。赛后，在芝加哥弗拉加特的划船俱乐部举行的庆祝活动中，一个耶鲁毕业生将一个拳击手套掷向一名哈佛学生，哈佛学生则试图用一根棍子击打这个手套。不久之后，拳击手套变成了圆球，棍子变成了球棒，划船俱乐部发展成了芝加哥室内运动中心。垒球，这项类似棒球的运动由此诞生了。

　　数年后，垒球运动改在室外进行。为了有别于棒球，"室内棒球"于1933年正式取名为"垒球"，并成立了美国垒球协会，举办全美男、女垒球比赛。次年，垒球又制定了统一的规则。与棒球相比，垒球所需的场地小、球体大、球速慢（垒球规则规定在抛球过程中，手必须要在肩下），因而很快风靡美国城市地区。垒球运动分为两种——快速垒球和慢速垒球，都深受美国人民的喜爱。随着第二次世界大战中美国势力的扩张，垒球运动在全世界得到了推广，又因球体比棒球大而软，所以深受女子喜爱，故又称女孩球，并逐渐成为女子运动。

　　美国老将丽萨·费尔南德兹是垒球史上最出色的选手之一，美国队因拥有这名投手而在国际垒球界称霸了10年，创造了连胜106场的纪录。直到1995年，才由中国选手陶华的一记双杀结束其纪录，中国队以1：0击败了美国队。

▲丰台垒球场。

▼丰台垒球场远景效果图。

看奥运

观战指南

比赛场馆：丰台垒球场
地点：丰台体育中心
赛时功能：垒球
场馆介绍

　　丰台垒球场包括主比赛场和副比赛场地，两个热身场地、一座赛时功能用房配楼，还有与之配

四根柏胡同位于西城区西直门内，南起宝产胡同，北接大冒胡同。这条胡同形成于清代，根据《京师五城坊巷志》记载，清代神机营所属的骏字马队曾置厂于此。

套的道路、停车场、绿化及部分临时公共设施。

其中主比赛场建筑面积4350平方米，固定座椅4700个，临时座椅5000个。副比赛场建筑面积1500平方米，临时座椅3500个。功能用房建筑面积6000平方米。

公交路线

310、313、338、351、694、958、996路到丰台体育中心站下。

现场观赛礼仪提示

观看垒球比赛，情绪要和比赛的进程合拍。击球的时候，观众要尽量保持安静，因为这一棒击球的好坏对比赛的胜负有着决定性的作用，跑垒员接住球之后，观众的助威呐喊将有助于激发运动员的斗志，使她发挥更好水平。

比赛日期和金牌数目

比赛项目	8 五	9 六	10 日	11 一	12 二	13 三	14 四	15 五	16 六	17 日	18 一	19 二	20 三	21 四	22 五	23 六	24 日	25 一	金牌数目
垒球														1					1

注：蓝色为比赛日，黄色为决赛日。

10 分钟课堂

▲ 美国女垒号称垒球梦之队，是2008年奥运会最大的夺标热门。

奥运垒球参赛资格和名额

奥运会垒球仅设女子项目，比赛共有8支球队参加。通常是在世界锦标赛和洲际预选赛中获得参赛资格，东道主国家自动获得参赛资格。

奥运垒球赛制和比赛方法

奥运会垒球将有8支参赛队伍，这8支参赛队将首先进行大循环赛，每队均要与其他7个对手相遇一次。循环赛中排名前4位的球队进入配给制半决赛，即由第一名球队对第二名球队，胜队直接进入决赛；负队与第三、四名间的另外一场半决赛的胜队争夺另一决赛席位。

垒球是一种以两支队伍交替击球和接球的比赛项目。比赛双方的目的是力争在7局比赛中获得最高分。如果一方有3名击球手被淘汰出局的话，

石碑胡同有大石碑胡同和小石碑胡同，大石碑胡同位于后海烟袋斜街北边，小石碑胡同位于银锭桥北面。大石碑胡同有点像抄手胡同的形状，胡同的入口和出口都在烟袋斜街上。

那么，该队的半局就宣告结束。如果七局比赛之后两队打平的话，两队将进入附加赛，直到有一方获胜为止。

垒球运动共分两种，快速垒球和慢速垒球，奥运会垒球比赛就是采用快速垒球的规则。比赛开始时，进攻队的9名队员按登记排定的先后击球次序，从第一棒开始，依次轮流进入击球区内击球。遇上"坏球"，击球员可不击，将此判为"一球"，累计"四球"后，判击球员安全进占一垒，由第二名击球员继续击球。如果遇上"好球"，击球员未击或未击中、击成界外球，都判为"一击"，累计"三击"后，判击球员"出局"，由下一位击球员继续击球。进攻队累计三人出局时，双方就要互换攻守，每队攻守各轮一次称为"一局"，垒球比赛为七局，累计得分多者为胜。

垒球比赛场地

垒球比赛所用的场地是一块直角扇形的平地，垒球场的两条边长为67米，直角所夹的地面都属界内。界内地区又分"内场"和"外场"两个部分，通常内场为泥地，外场是草地，由直角交点（即本垒）起，在界内划一边长18.29米的正方形称为内场。内场之外的界内地区称为"外场"，外场的大小不那么严格，但是，女子速投垒球的本垒离外场围栏之间至少应有61米。

在场内的每个角上各设一个垒位，由本垒起按逆时针的顺序称第一个垒位为"一垒"，第二个垒位为"二垒"，第三个垒位为"三垒"。在三个垒位上各安置一个用白色帆布制成的每边长38厘米的正方形垒垫，固定在垒位上。垒与垒间隔18.3米，一条假想的线将四个垒连成一个锐角为45度的菱形。投球手站在球场中央一块橡胶制的投球垫上。为避免击跑员与一垒手发生冲撞，比赛时，通常在一垒垒位上放置一个双色垒包，呈长方形，长76.20厘米，宽38.10厘米。垒包的一半为白色，钉在一垒垒位的界内地区，另一半为橙色，钉在界外地区。击跑员跑一垒时只可踩踏界外地区的橙色部分，而一垒手只可踩踏在界内地区的白色部分接球。

垒球与棒球的比较

垒球起源于棒球，因此与棒球有很多相同之处。但二者的区别也很明显。

球：垒球使用的球比棒球大。

球棒：奥运棒球采用木制球棒，而垒球击球手仍用铝制球棒。

各垒间距离：垒球各垒间相距18.3米，棒球垒与垒之间的距离为27.45米。

投球距离：在垒球中，投球距离为12.2米，而棒球的投球距离为18.3米。

投球方式：垒球的投球手采用下手臂运动投球，而棒球投球手则采用

▲经历新老交替的中国女垒奥运之路任重道远。

▲垒球于1996年被列为奥运会比赛项目，仅设女子项目。2008年垒球比赛依然只有一个女子项目，设1枚金牌。

看 奥 运

奥运看北京

南钱串胡同

南钱串胡同位于西城区前海西岸，其位置恰好在什刹海历史文化旅游风景区内的西南角，东临郭沫若故居，北近恭王府。如今，南钱串胡同的指示牌已经变成了一串竖立着的大铜钱雕塑。

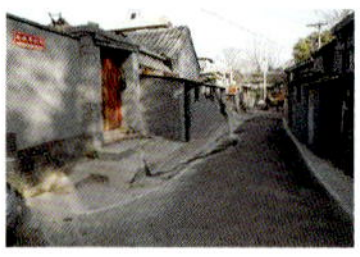

垒球比赛的场地
场地是一个直角扇形区域，直线的两边是区分界内区域和界外区域的边线
内场的每个角上各设一个垒位，垒与垒之间间隔18.29米
二垒
18.29米
三垒
本垒
一垒
两条边线长60.98米
边线以内为界内，以外则是界外，界内和界外区域都是比赛的有效地区
垒球的比赛球棒
用木料、竹料或金属制成，棒面平滑，呈一整体圆柱形握柄一端较细，用软木、胶布或其他混合物缠绕
长
不超过88.38厘米
最粗端的直径
不超过5.72厘米
重量
不超过1077.3克
垒球的比赛用球
重量
177.19-198.45克
圆周长
30.10厘米
球心
用橡皮、软木或合成材料制成
球表面
用毛线、棉纱或其他纤维等缠绕
球外部
用一层马皮或牛皮手工缝制而成，要求整洁平滑，缝线至少88针
外地为草地
内场为泥地
垒球比赛一般在白天进行，为了使队员尽可能地避开阳光的正面照射，本垒安置在场地的西南角偏西的位置，即使阳光强烈，队员也都是侧对太阳站立。无碍对来球的判断，使比赛能正常进行。

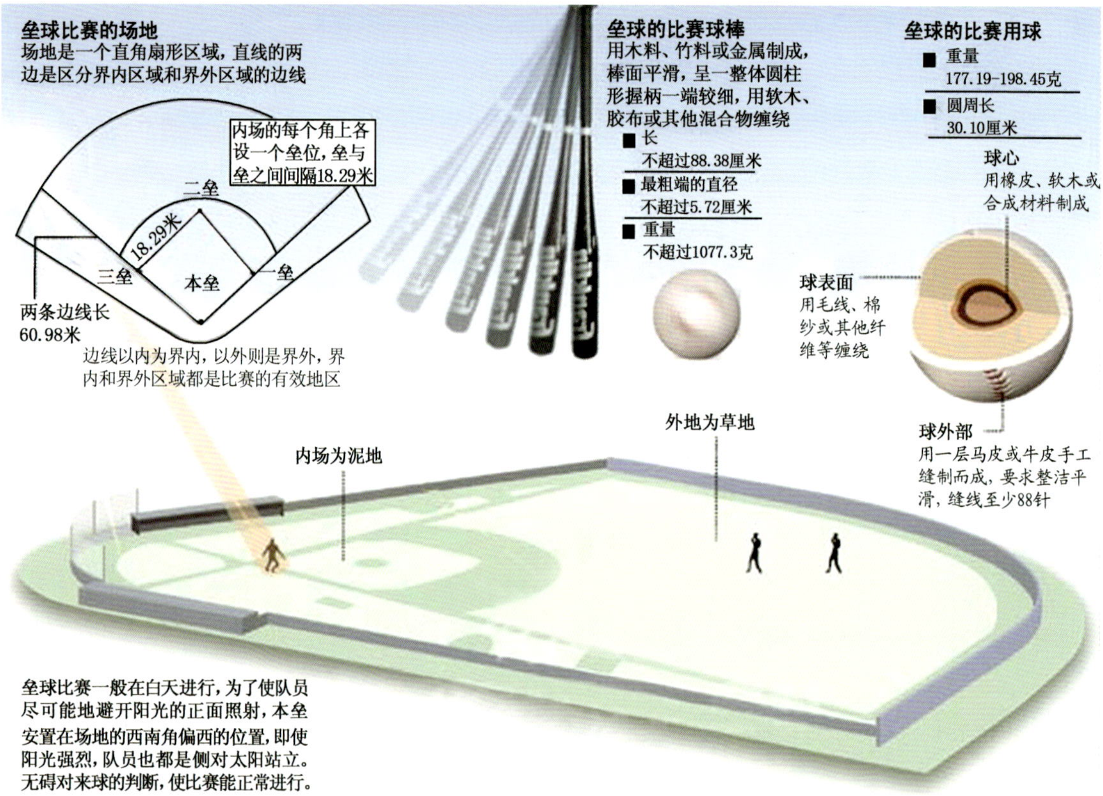

举手过肩的办法投球。与棒球的投球手不同，垒球投球手不在突出的土墩上掷球。

局：垒球有七局，而棒球有九局。

平局：如果九局以后，两队仍是平局，垒球规则规定，各队在附加赛时，在各自的半局，跑垒员将从第二垒开始跑，以增加得分机会。

其他：垒球在第一垒有一个安全垒，即附加在普通的白色垒旁边的橙色垒，用来避开冲撞。跑垒员必须跑到橙色的安全垒，而第一垒球员必须跑到白色垒。

赛场ABC

hit, safety hit　安全打
one base hit　一垒打
two base hit　二垒打
three base hit　三垒打
home run, homer　本垒打
sacrifice hit　牺牲打

竞技战术解析
——灵活多变的垒球战术

垒球技术

近年成为深受人们喜爱的运动之一的垒球脱胎于棒球，其技术主要包括投球、传球、接球、击球、跑垒和滑垒。其中除投球外，与棒球基本相同。垒球的战术灵活机动，千变万化，给人强烈的视觉冲击。

能仁胡同位于西城区，北起砖塔胡同，南至兵马司胡同，因有著名的"能仁寺"而得名。能仁寺在今能仁胡同的13号，坐西朝东，建于明朝，大约在明末清初时改为道观，于1984年毁于火灾。

奥运看北京
能 仁 胡 同

接球技术

接球是阻断攻方上垒、进垒、得分的主要手段，是垒球运动防守技术中最基本的技术之一。接球可以分为两种，一种是直接接住的球，包括平直球、高飞球等落地前接着的球；另一种是落地后接着的球，即球与地面有一个或一个以上接触点的球，如接地滚球、反弹球、叩头球等。

传球技术

传球是继接球之后阻断进攻方上垒、进垒、得分的另一种主要手段。比赛中除了接球能直接完成一部分接杀任务使对方出局，大多数攻方的出局数都是由传球和接球组合共同来完成的，其中任何一个方面出了问题都会前功尽弃，因此，传接球二者组合的技术十分重要。传球技术可以分为三种，即上手肩上传球、侧手传球和低手抛球。传球技术关键是快而准。

击球技术

击球是垒球比赛中最积极的攻击武器，是攻破守阵得分的主要手段，包括大力挥击、轻击和触击。击球的质量是进垒得分的保证，球的落点是7名守场员都不能直接接住球的地方最好，称为安打球。最好的击球是本垒打，击出的球直接飞出外场围网的界内地区，本垒打是垒球比赛中最精彩的击球。

跑垒技术

跑垒技术是指击球之后的跑垒、进垒、偷垒、扑滑垒的技巧和方法。跑垒技术是进攻技术的主要组成部分，也是得分的重要手段。跑垒技术的好坏直接反映临场经验丰富的程度。

双杀技术

守场员连续传杀使两名进攻队员出局，被称为双杀。在比赛时，有一名守场员完成的双杀，例如守场员直接接住击出的球并直接踏垒使击球员和该垒的跑垒员出局；或是接住击出的球并触杀正在经过的跑垒员；或是接住击出的地滚球触杀正在经过的跑垒员后再封杀垒上的跑垒员。有两名守场员完成的双杀，例如击球员三击不中出局，接手又传杀离垒或进垒的跑垒员；或是直接接住击出的球又传向垒上，使离垒或进垒的跑垒员出局。

本垒打

本垒打是指击球员击出的球直接飞到界内区域的本垒打围网以外，使防守员无法接到球，击球员可以从容的依次触踏一、二、三、本垒直接得分。最漂亮的本垒打也叫满贯，在各垒都有跑垒员时，只本垒打就能赢得4分。

鱼跃滚翻接球

鱼跃滚翻接球是接球技术中的精华，是进攻安打球的克星。一般击出

▲接球是垒球比赛中最基本的防守技术之一。

▲投球技术可以分为类似风车转动的绕环式投球和后摆式投球，后摆式投球又可分为"八字"后摆式投球和直臂后摆式投球。投球只能从腰部以下出手，称其为下手投球法。投出的球又可分为快速球、变化球和慢球。

看奥运

的球不论快慢，在防守员正常努力下都能够接到。鱼跃接球是在球落地前将球接住，滚翻接球是扑接即将落地的飞球和难度较大的地滚球。这种接球要求守场员灵活、敏捷和准确判断。

垒球战术

垒球战术是队员们的基本技术、战术意识、心理素质的综合运用，主要包括以下几种：

攻、守双方的第一战术

第一战术是指攻、守双方在比赛前制定的首先要实施的战术意图。攻方的战术要求是选好第一个球，打好第一棒，争取第一个跑垒员上垒，拿下第一分。垒上有人或拿下第一分会给防守方造成一定的心理压力，有利于扩大战局。

攻方排棒战术

排棒是指安排击球员的打击顺序。排棒战术是进攻队根据球队双方球员的特点安排棒次的策略，目的是根据本队现有的实力，通过巧妙的安排，使进攻水平发挥到最佳程度。打击顺序安排是否得当，直接关系着进攻队员水平的发挥和比赛的胜负，安排得好，进攻实施顺利，垒上有人就能得分，每一局的棒次就会环环相扣。

防守排阵战术

防守排阵是为了有效地阻止对手进攻而安排的防守阵容。防守排阵战术一种是根据对方进攻技术、战术特点和球员的具体情况，有针对性的排阵；另一种是不了解对方情况的常规排阵，在比赛过程中根据当时情况的变化随时调整阵容。

换人战术

换人战术对于攻守双方来说，不但是指防守失误多和进攻发挥失常的被动换人，而主要是指使用秘密武器的主动换人。这种在关键时刻换上投手、击球员、跑垒员或守场员，是非常有效的换人战术，可称为秘密武器或黑马战术。

双偷战术

双偷战术指在垒上的两名跑垒员同时偷垒，相互配合牵制防守员，使两个跑垒员都能安全地进入下一个垒位的跑垒策略与方法。双偷战术就是将防守方的集中优势分

▲三振出局是指投手在投球过程中，针对击球员的弱点，利用球速、球路和球点的不同搭配，使击球员三击不中被判出局。在两军对阵的关键时刻，随着投手的第三个好球使击球员三击不中而出局，会使守方士气大振。

▼偷垒是指跑垒员在投手投球出手后，试图偷占下一个垒位。偷垒有两种形式：一种是教练员对跑垒员发出偷垒指令的被动性偷垒；另一种是自主性偷垒，当突然出现机会时，跑垒员根据自己的经验和判断，及时抓住守方的漏洞而大胆进行偷垒。

散，两名跑垒员凭借相互的默契配合，都以最大的安全距离频繁离垒引诱守方传杀自己，并寻找任何一个机会抢进垒，有意使守方出现差错，使场上出现混乱局面而伺机偷垒成功。

牺牲打战术

牺牲打战术指击球员采用不惜牺牲自己，使垒上的跑垒员进垒或得分的击球方法。牺牲打战术有两种，一种是击球员击出外场较远距离的高飞球，球被守方接住，三垒跑垒员能够踏垒后抢回本垒得分；另一种就是击球员用触击球的方法击球，迫使守场员只能传杀自己出局，而送垒上被迫进垒的跑垒员进垒。牺牲打战术一般是在二人出局之前，或在局面紧张，比分接近的情况下使用。

跑而打战术

跑而打战术指当教练员发出指令时，针对投手的这一个投球，跑垒员必须跑垒，击球员必须击球，要求击球员必须击出地滚球，且尽可能地将球击向跑垒员的后方，主要目的是防止跑垒速度较慢的跑垒员被封杀出局，或使跑垒技巧、经验、意识都好的跑垒员多进垒，防止守方双杀战术的成功。

福娃问答

垒球比赛攻守选择怎样确定？

垒球比赛两支球队通过掷硬币决定先攻还是先守。防守时场上9人布阵，通过接球传球等方式如果能造成对方3人出局，则守方变为攻方。进攻时按照比赛前决定的顺序名单依次进场击球，击球员尽量将球击到难以防守的方位，达到上垒和依次进垒的目的，如果能在3人出局之前，安全到达本垒者即可得分。双方攻守一次为一局比赛，正式比赛为七局。得分数较多的球队为胜。

垒球比赛怎样计分？

在一局比赛中，如果击球手击中球后沿逆时针方向顺利到达一垒，然后跑完所有的三垒，最后跑回本垒，则这支球队得一分。击球手击中对方队员投出来的球后，该击球手占得一垒。击球手击出来的球必须落在边线以内、对方接球队员之前，这样，对方接球队员就有可能用其手套将球接住。在接球手拿球上垒之前，击球手必须先到该垒。

垒球比赛上垒有何规定？

如果击球手将球击出场外或者被对方投出来的球打到身上，击球手也能安全上垒。但是，如果是一个本垒打，经常是将球击出场外围栏，那么，击球手和所有跑垒球员都要绕各垒跑一周，然后马上得分。一般情况下，第

ISF

国际垒联（ISF）

国际垒球联合会，简称国际垒联（ISF），成立于1952年，总部设在美国俄克拉荷马。现有协会会员122个，全世界目前有2500万垒球爱好者。国际垒联是国际单项体育联合会总会的成员，工作用语为英语。

国际垒联的主要赛事有：奥运会垒球比赛、世界垒球锦标赛、世界青年垒球锦标赛和各大洲垒球锦标赛等。中国垒球协会于1979年11月加入国际垒联。

看
奥
运

▼ 赛场ABC

safe　安全上垒
base on balls　四球安全上垒
struck-out　三击出局
base running　跑垒
stealing　偷垒
sliding　滑垒

一个击球队员安全到达第一垒，然后其他击球手击中投球后，逐垒占领，这样才能得分。

击球队员和跑垒员可以跑到下一个没被其他跑垒员占领的垒。但是，如果击球队员在接球队员之后上垒，那么该击球手就被淘汰出局。如果击球手打出一个地面球，那么，一垒的跑垒员就要尽快跑到第二垒，这样，击球手就能轻松地跑到第一垒。类似的，如果一名队员被迫跑到其队友原先所占的垒时，其他的跑垒员也要相应地跑到下一垒。在这两种情况下，跑垒员都必须跑垒，而接球手在接到球后，只需比跑垒员先到下一垒，就可以将对方跑垒员淘汰出局，不需追赶对方跑垒员。

垒球比赛中如何将对方击球手淘汰出局？

投球手可以通过下述三种途径将击球手淘汰出局：迫使击球手向内场手击出一粒地面球，内场手向一垒球员掷出球后，立即跑到一垒。迫使击球手将球击向空中，这样队友能将球接住。迫使击球手三击不中出局。

▲ 本垒打是指击球员击出的球直接飞到界内区域的本垒打围网以外，使防守员无法接到球，击球员可以依次触踏一、二、三、本垒直接得分。最漂亮的本垒打也叫满贯，在各垒都有跑垒员时，只本垒打就能赢得4分。

大事记

1887年，垒球运动起源于美国，20世纪初传入中国。

1915年，垒球运动在上海远东运动会后逐渐在中国的上海、北京、天津等地的教会学校中开展。

1952年，国际垒球联合会成立。

1965年，东道主澳大利亚在决赛中以1∶0击败美国队，夺得第一届女子垒球世锦赛的冠军。

1977年，中国青年女子垒球队首次出访日本。

1979年，中国正式加入世界垒球联合会。

1980年，中国女子垒球队访问意大利，取得4胜2平的成绩。

1988年，女子垒球在亚特兰大奥运会上首次被列入正式比赛项目，东道主美国队以一记颇具争议的本垒打击败中国队夺得冠军。

1990年，女子垒球在第11届亚运会上被列为亚运会正式比赛项目。

1998年，美国队在世锦赛决赛中击败澳大利亚队夺得冠军。

2004年，中国队在雅典奥运会上以1分之差输给日本，再次与奖牌无缘。

干面胡同位于东城区东南部，东起朝内南小街，西至东四南大街。干面胡同与禄米仓胡同相接，是旧时城里运输禄米的必经之地，被当地居民戏称为下干面了，胡同因此而得名。胡同的33号据说为茅以升故居。

奥运看北京
干 面 胡 同

Handball

手球

金牌榜

金牌榜	比赛单项	运动员姓名	夺金时间	成 绩	备 注

看 奥 运

精彩看点

速度与魅力的全面体现

手球比赛源于足球，很多规则都与足球相似，但手球比赛的精彩程度和对抗性却丝毫不逊色于足球。手球比赛最精彩之处便在于其高对抗性，运动员经过激烈对抗，得到射门机会，最后用尽全力射门。

手球规则规定，只要进攻的队员身体没有失去平衡，还能够继续进攻

▲速度和高对抗性是手球比赛最大的看点。

或进行配合，裁判员就不得中断比赛，以使比赛能够快速连续地进行。这一规则特点决定了手球比赛的高速度：快速地传球、快速地跑动、快速地战术配合、快速地技术、战术转换等等，都可以让观众感受到前所未有的速度魅力。

走进历史
——从欧洲走向世界的运动

手球源起欧洲，是一项古老而年轻的运动。考古学家曾在4000多年前的古埃及王墓的壁画上发现了类似手球运动的球技游戏；古希腊诗圣荷马也曾在其著名的长诗《奥德赛》中赞颂过手球运动员的球技，并描绘了当时处于奴隶社会的古希腊达官贵人们用手球来消遣娱乐的生活场景，1926年发掘的德普尔永城墙的墓碑浮雕也证实了这段历史。当时的游戏是以布或皮革制成球状，内装羽毛，双方以手相互从事传、掷等动作。中国在战国时代就有"弄丸"之戏，乃民间流行的一种抛接小球的运动；汉朝则有"跳丸"之戏，为弄丸与飞剑之综合活动，表演者连续抛接若干丸球和短剑的一种游戏。

20世纪初，德国人设计并改进了手球运动，随后这项以快速对抗著称的集体运动从欧洲传到非洲、美洲和东亚并逐渐发展。手球为1928年和1932年奥运会的表演项目，1936年柏林奥运会上成为奥运会正式项目，比赛在露天足球场上进行。1972年慕尼黑奥运会上，手球比赛转入室内进行。

欧洲是手球运动最发达的地区，克罗地亚、法国、瑞典、西班牙、德国、丹麦和俄国的男队，丹麦、韩国、挪威和俄国等国的女队都拥有很强的实力。

手球比赛男女队交错进行，整个赛程几乎贯穿奥运会始终。但由于男子项目比女子项目更具有力量性，更具有"火药味"，因此通常把男子比赛项目的决赛排在比赛的最后一天进行。

▲手球场地长40米、宽20米，两个半场每边各有一个D形球门区。两端各有一个球门，球门高2米、宽3米。

黄米胡同位于东城区西部，北起美术馆后街，南不通行，有一个向西的过道，胡同的 5 号、7 号、9 号就是京城中著名的半亩园，为清初戏剧家李渔所修建，后来成为兵部尚书贾汉复的住宅。

奥运看北京
黄 米 胡 同

观战指南

▲奥体中心体育馆全景。

比赛场馆：奥体中心体育馆
地点：奥体中心
赛时功能：手球
比赛场馆：国家体育馆
地点：奥林匹克公园
赛时功能：竞技体操、蹦床、手球

场馆介绍

　　手球预赛安排在奥体中心综合馆，决赛安排在国家体育馆。两馆均为全空调室内赛场。奥体中心综合馆总座位数 7000 个，国家体育馆总座位数 19000 个。

　　国家体育馆由体育馆主体建筑、一个与之紧密相邻的热身馆和相应的室外环境组成，占地面积 6.87 公顷，总建筑面积 8.09 万平方米，可容纳观众 18000 人。奥运会后，国家体育馆将成为集体育竞赛、文化娱乐于一体，提供多功能服务的市民活动中心。

公交路线

　　1.207、417 路到北辰东路站下。

　　2.113、386、407、656、660、689、740 内、740 外、753、939、944、944 支、983 支路到北辰桥西站下。

▲男子手球历来是奥运会中争夺最激烈的比赛之一。

比赛日期和金牌数目

比赛项目	8 五	9 六	10 日	11 一	12 二	13 三	14 四	15 五	16 六	17 日	18 一	19 二	20 三	21 四	22 五	23 六	24 日	25 一	金牌数目
手球																1	1		2

　　注：蓝色为比赛日，黄色为决赛日。

现场观赛礼仪提示

　　观看激烈的手球比赛，除了遵守基本赛场礼仪外，最应注意的就是，如果发生纠纷要本着友善的精神协商解决。另外加油鼓掌要文明，最好能做到有特色；要注意适当控制自己的情绪，不要失控；在罚球前保持安静，等到罚球结束后再鼓掌喝彩，以免影响运动员情绪。

看奥运

箭杆胡同位于东城区西南部，北池子大街东侧，呈南北走向，南端曲折。北起智德北巷，南止骑河楼南巷，东邻北河沿大街。箭杆胡同20号，曾是著名革命刊物《新青年》编辑部的所在地。

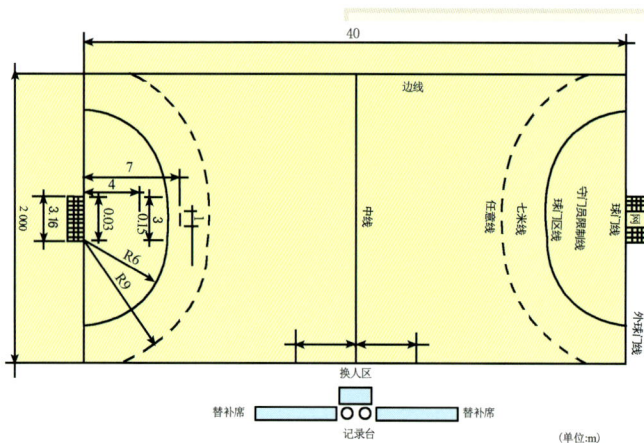

（单位:m）

10分钟课堂

奥运手球参赛资格和名额

奥运手球比赛参赛资格通过各洲的选拔赛而获得，东道主自动获得参赛资格。

2008年奥运会上有12支男子队参加比赛。女子方面，在国际手球联合会的请求下，国际奥组委也将女子参赛队伍由10支扩充成了12支。

08奥运手球分项设置

2008年奥运设男子项目和女子项目两个分项。

奥运手球赛制和比赛方法

奥运手球男女比赛都是先分成两个组进行单循环比赛，每组前四名进入四分之一决赛，然后是半决赛和决赛。手球比赛时，双方各上场7名运动员，前锋2名、内锋2名、中锋2名以及1名守门员。手球比赛中球员用手传球、抢球、打门、进球。进球多的队获胜。

开赛时一名球员一只脚站在中线上，把球传给后场的队友，表明每个队都必须进入到对方区域，接球的队友至少应该在3米外。每进一球或者每个下半场开始都要重新在中线发球。进攻队员必须设法骗过守门员把球打进3.2米宽、2米高的球门。但是，除了守门员以外任何人都不能进入半径为6米的球门区。

▲ 手球比赛中持球不得超过3秒钟，包括球在地上；持球走不得超过3步，当站立或跑动时，一旦单手或双手接住球后，就必须在3秒内或3步之内将球掷出。当队员用身体的任何部位触及球并使其落地后，即认为已开始拍球或运球。

竞技战术解析
——速度与激情的对抗

与其他球类比赛相比，手球比赛更为激烈和精彩。这是因为手球运动允许队员用手、臂、头、躯干、大腿和膝部接触球；允许队员用手臂和手去封抢或获得球；用张开的单手从任何方向去轻打对方的球；用躯干去阻挡对方持球或不持球的队员；以弯曲的手臂从正面接触对方队员。也正因如此，手球比赛对技术及战术的要求较高。手球技术由进攻、防守和守门员技术三部分组成。它包括进攻中的移动、传接球、运球、突破、射门；防守中的封球、打球、抢球、断球；守门员的移动、挡球、掷球等。手球技术是手球战术的基础。运动员必须掌握一定数量和质量的技术动作，才能实现战术意图和战术配合。只有技

▲ 男子手球历来是奥运会中争夺最激烈的比赛之一。

三不老胡同位于西城区北部，东西走向，东起德胜门内大街，西至棉花胡同，明时称三保老爹胡同，是因为胡同里有三保太监郑和的府第，后来"三保老爹胡同"逐渐被叫做"三不老胡同"。

奥运看北京
三 不 老 胡 同

术掌握得扎实、熟练、全面、先进，才能保证战术的多变性和高度一致。

手球运动中的战术是指攻守双方在进攻和防守时，根据手球运动的规律而确定的集体协调配合的组织形式。有进攻战术和防守战术之分。

进攻战术

进攻战术包括进攻基础配合和全队进攻战术。

进攻基础配合

进攻基础配合是2～3人之间的简单配合。这是全队进攻战术的基础，常用的有交叉换位、掩护、突破分球。

全队进攻战术

全队进攻战术分为全队快攻战术和全队阵地进攻战术。快攻战术是最有效进攻手段。

防守战术

包括防守基础配合和全队防守战术。

防守基础配合

2～3名防守队员之间组成的防守配合方法，常用的有关门、换防和补防配合。

全队防守战术

全队防守战术包括防快攻战术和全队阵地防守战术。防快攻战术是在进攻失败后全队立即有组织地转入防守，首先要防守对方的快攻。阵地防守战术主要是区域联防，每个防守队员按照预定的防守队形，分布在球门区线前的范围内，根据对方的攻击距离、攻击方式和攻击点，进行有组织地联合防守。

换人战术

手球比赛中的换人一方面可以让队员得到休息，另一方面还常常是教练员布置进攻战术的重要手段。这样的换人战术除用于进攻外，教练员有时还会根据队员攻防的能力进行换人，进攻时换上进攻能力强的攻击型队员，防守时则换上防守好的队员，但一支优秀的队伍，运动员的攻防能力通常是比较平均的。

福娃问答

手球比赛怎样计分？

射门队员在本人或本队其他队员于射门之前或射门时没有任何违犯规则的情况下，使整个球体越过球门线而进入球门，即得一分。如果防守队员违反规则，但球仍进入球门，应判得分。如果队员将球打入本方球门，应判对方得分，除非球已先越过外球门线。比赛中得分多的队为胜方。

▲手球比赛分上下半场，每半场各30分钟，两个半场中间有10分钟的休息时间。

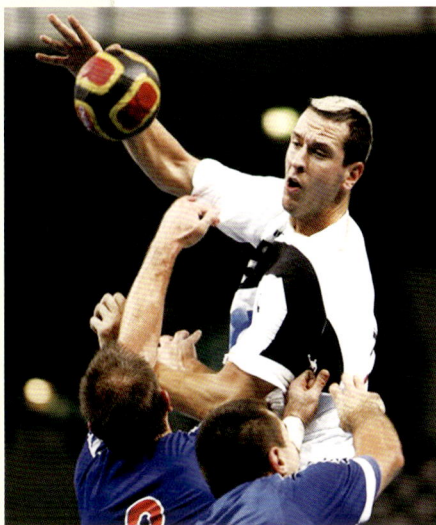
▲手球比赛用球由皮革或者合成材料制成，男子用球重425～475克，女子用球重325～400克。

看奥运

凤凰岭自然风景区位于海淀区西北部西山农场境内，景区水质优良、空气清新，净化空气纯度为市区的5倍，含负氧离子为市区的150倍，被誉为北京的自然氧气库。

国际手球联合会 (IHF)

国际手球联合会，简称国际手联（IHF），总部设在端士。

手球出现较晚，最初没有自己的国际组织，由国际田联代为管理。随着手球运动的发展，1928年，11个国家的手球协会在奥运会期间成立了国际业余手球联合会，并首次印发了该项目正式的国际规则。第二次世界大战结束后，国际手球联合会于1946年在丹麦首都哥本哈根重新组建。目前IHF已有147个协会会员，分属亚洲、非洲、欧洲、大洋洲和泛美地区共5个地区手球联合会。

国际手联是国际单项体育联合会总会会员，工作用语为德语、法语和英语，文本冲突时，以德语为准。

场上队员进入球门区如何判罚？

手球比赛中只允许守门员进入球门区。球门区包括球门区线，场上队员身体的任何部位接触了球门区，就被认为进入了球门区。对进入球门区的场上队员应判罚如下：持球进入球门区时，判罚任意球。不持球进入球门区，但获得利益时，也判罚任意球。防守队员进入球门区，防守持球队员并获得利益时，判罚7米球。

手球比赛何时判边线球和球门球？

手球比赛中如果球的整体越过边线，或者在越过防守队的外球门线之前，最后触及防守队的场上队员，应判边线球。掷边线球应在球出边线的地点执行，如果球是越过外球门线，则在球出界的一侧边线与外球门线交界处执行。当球越过外球门线时，判球门球。

手球比赛何时判任意球和七米球？

任意球是犯规最轻的处罚，例如球员持球违例。罚任意球的球员可以任意处理球，但是一般情况下球员都选择打门。罚球队员必须在犯规地点罚球，除非是在自由线内，自由区域是距球门9米远的一个弓形区域。在这种情况下罚球球员必须退到自由线上，允许防守球员退到距球3米外的地方防守，但必须站在球门区外。

手球守门员必须遵守哪些规则？

手球比赛中允许守门员在球门区内做防守动作时，用身体任何部位接触球；在球门区内持球任意活动，不持球离开球门区并在比赛场区内参加比赛；离开球门区的守门员，要遵守场上队员的规则。

大事记

1898年，丹麦人霍格·尼尔森在奥尔堡实业学校室内场地两端各置球门，每队派七人利用双手从事传接球及射门的活动，被认为系近代手球运动的先声。

1920年，德国将门球改称为手球，并由谢伦兹等人制订了十一人制手球规则。

1928年，11个国家的手球协会成立了国际业余手球联合会，并首次印发了该项目正式的国际规则。

1936年，手球比赛首次在柏林奥运会上亮相。

1972年，手球比赛在慕尼黑奥运会上正式转入室内进行。

1976年，蒙特利尔奥运会增设了女子手球比赛。

1979年，中国手球协会加入国际手联。

▼ 赛场ABC

first half time 上半时
second half time 下半时
extra time 延长比赛时间
time out 暂停

周口店北京人遗址位于北京市房山区周口店龙骨山，距京约50公里。周口店遗址是世界上迄今为止人类化石材料最丰富、最生动、植物化石门类最齐全的古人类遗址。

奥运看北京
周口店遗址

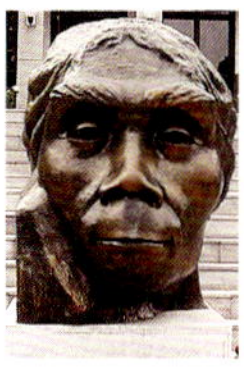

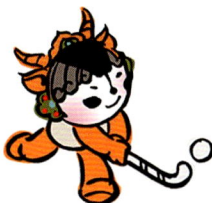

Hockey

曲棍球

金牌榜

金牌榜	比赛单项	运动员姓名	夺金时间	成 绩	备 注

精彩看点

中国女曲夺金艰难，男曲路还很长

悉尼奥运会上，首次在奥运赛场亮相的中国女曲一鸣惊人，在不是中国传统优势项目的曲棍球比赛上先后力挫世界冠军荷兰队和亚军德国队，勇夺第五名，又在随后的荷兰世界杯上夺得第四名，这也是中国女曲在世界大赛中取得的最好成绩。但与拥有悠久运动历史和广泛群众基础的阿根廷、荷兰、德国和澳大利亚等世界曲棍球强国相比，摆在中国女曲面前的依然是一条充满荆棘的夺金之路。

中国男曲在韩国籍教练率领下，自2005年下半年以来取得了长足进步，不过，中国男曲和世界一流强队仍有较大差距。按照国际曲联的规定，奥运会东道主有资格直接派队参加奥运会比赛，但前提是世界排名至少要在前20位。因此，中国男曲的奥运之路依旧漫长。

走进历史
——源远流长的曲棍球运动

曲棍球又称草地曲棍球。亚洲、欧洲、美洲和非洲都曾流行过以弯棍击球的游戏。据文献记载，古希腊的建筑浮雕上刻有两人持弯棍争球，4人持弯棍一旁观看的图案；埃及的出土文物中有持弯棍击球的描述；中国在唐代就流行"步打球"（比赛时分两队，队员各持下端弯曲的木棍徒步击球，以击入对方球门多者为胜），其运动方式与现代曲棍球也相似。

现代曲棍球19世纪下半叶兴起于英国。1861年英国成立了世界上第1个曲棍球俱乐部，1875年成立了世界上第1个曲棍球协会，英国开始有了现代曲棍球运动，当时成立的第1个曲棍球俱乐部规定在距最近的球门柱13.716米以外不得射门，因而划出了一个射门半圆区。1883年温布尔顿俱乐部成立后，划出了比赛场地各区的界线，并开始使用线缠的球和白蜡球棍。1886年在伦敦成立了曲棍球协会。此项运动在英国广泛开展，并被介绍到印度和英联邦各国。1895年男子曲棍球比赛在英国首次举行。1908年第4届奥运会将男子曲棍球列为比赛项目。1924年国际曲棍球联合会在法国巴黎宣告成立。女子曲棍球运动始于1887年，1927年国际女子曲棍球联合会宣告成立。1980年起，女子曲棍球列为奥运会项目。现在，国际曲联举办的比赛，除奥运会男女曲棍球比赛外，还有世界男女曲棍球锦标赛，世界青年曲棍球锦标赛和各洲的锦标赛。现代曲棍球运动从20世纪70年代中期在中国逐渐开展，1978年中国

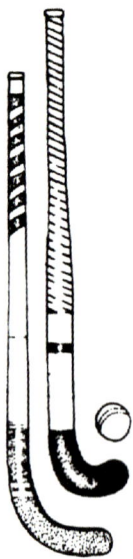

▲ 原始曲棍球棍。

▲ 中国古代步打球可以被看成是最早的曲棍球运动。图为山西洪洞广胜寺元代壁画。

奥运看北京
康 西 草 原

首次在齐齐哈尔市举行了全国比赛。

观战指南

▲从观众席上俯视奥运曲棍球场地。

比赛场馆：奥林匹克森林公园曲棍球场
地点：奥林匹克森林公园
赛时功能：曲棍球

场馆介绍

　　奥林匹克公园曲棍球场位于奥林匹克森林公园南区，是2008年奥运会曲棍球比赛场地。其中曲棍球场含两块场地，设观众席位17000个，占地面积约11.87公顷。奥林匹克公园曲棍球场为临时赛场，赛后将恢复为奥林匹克森林公园绿地。

公交路线

　　510路在倚林佳园东门站下。

比赛日期和金牌数目

比赛项目	8 五	9 六	10 日	11 一	12 二	13 三	14 四	15 五	16 六	17 日	18 一	19 二	20 三	21 四	22 五	23 六	24 日	25 一	金牌数目
曲棍球															1	1			2

　　注：蓝色为比赛日，黄色为决赛日。

现场观赛礼仪提示

　　曲棍球比赛是一项快速、激烈、对技术要求很高的运动，在观看比赛时可组织拉拉队为运动员加油助威，切忌出现不文明口号，不要打人骂人或者向场地内扔杂物。

10 分钟课堂

▲奥林匹克曲棍球场全景。

奥运会曲棍球参赛资格

　　上届奥运会的男、女项目冠军、五大洲奥运会预选赛的冠军获得参赛资格，东道主国家自动获得参赛资格。另外世界锦标赛男子前5名、女子前3名也能获得参赛资格。

2008 奥运会曲棍球分项设置

　　2008年奥运会曲棍球项分男、女两项。

看 奥 运

奥运看北京
天漠

▲ 2008年曲棍球比赛男子将有12支队参加。国际奥委会执委会接受了国际曲棍球联合会的请求，将女子参赛队伍由10支扩充成了12支。这样，在2008年奥运会上男女将各有12支队参加比赛。

奥运曲棍球赛制和比赛方法

奥运会曲棍球比赛先分成两个组进行单循环的预赛，男子比赛中，两个组前两名进入半决赛，半决赛胜者争夺金牌，负者争夺第三名。

女子比赛两个组的前三名进入第二阶段，第二阶段6队进行单循环比赛，积分前两名球队争夺冠军，第三名和第四名争夺铜牌。

曲棍球比赛时两队各11名运动员上场。分别担任前锋、前卫、后卫、守门员等。每场比赛时间为70分钟，分上下两半场，中间休息5～10分钟。比赛时，每人手执一根曲棍，用它的平面击球，以射入对方球门多者为胜。

曲棍球比赛用球和球棍

球应是坚硬的圆球体，材料不限；球的重量最小156克，最大163克；周长最小224毫米，最大235毫米。

球棍应是直的，一端带弯头；所有的边缘应是圆钝的；整个球棍应是光滑的，不得有任何粗糙或尖利的突出物。

曲棍球比赛运动员的着装和器具

同一个队的场上队员应穿着其所属协会或俱乐部认定的服装；不得穿戴任何对其他运动员可能造成伤害的任何物品。队员最好佩带护腿板、护踝和齿套。守门员应在护身外穿着颜色有别于本队及对方队员的上装，除非在主罚点球时，否则必须佩带保护性能良好的头盔。

曲棍球场上队长的职责

场上队长应在臂部佩带标志，负责在比赛开始前用抛掷选边器的方式选定场地或开球，胜者有权选择场地或开球。上半时没有开球权的队下半时有开球权。场上队长被替换或罚出场时，应该重新指定场上队长。

曲棍球裁判鸣哨解读

曲棍球比赛中出现下述情况，裁判员的哨声将响起：每个半场比赛的开始和结束；实施判罚；点球的开始和结束；必要时示意球已整体出界；示意进球；进球或判为进球后恢复比赛；在未进球或被判为进球的罚点球后恢复比赛；因其他缘故暂停比赛和暂停后恢复比赛。

曲棍球绿、黄、红牌解读

▲ 中国女曲目前排名世界第五位，国际曲联的排名是根据最近四年各国在洲际杯、世界杯、世锦赛、冠军杯和奥运会上的成绩折合成分数乘以一定的权重之后相加排定。

曲棍球比赛由两名裁判员主持，分管各自半场的判决，以及靠近自己一边的端线、边线出界球的判决。选手如故意犯规、行为不当或有危险动作，以及其他严重犯规，将视情况分别受到绿、黄、红牌的判罚。绿牌为警告，黄牌为罚出场起码5分钟以上，红牌的判罚同足球一样，为取消比

赛资格。在曲棍球中不允许球员用身体或球棒护球或阻碍对手击球。这样做或者以身体妨碍对方都被判为阻碍犯规，将处以红牌。

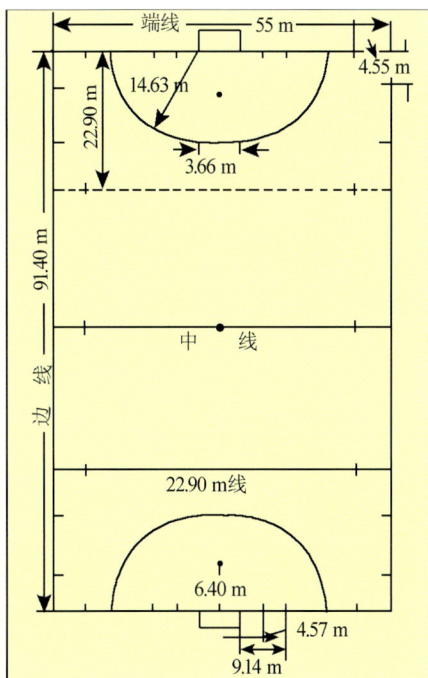

竞技战术解析
——复杂的曲棍球战术

在曲棍球比赛中，运动员会经常变换使用各种不同的技术动作，以高水平的技术、技巧进行竞争和对抗，是一项综合性强、富有技巧的运动项目。在比赛中，技战术的运用非常重要，只有全面并熟练的掌握技战术，并在对抗的困难条件下合理地运用战术，才能真正赢得比赛的胜利。

个人战术

一个运动员的比赛能力、作用、经验和智慧的综合运用，就是个人战术。个人战术的关键之处就是要有与同队队员相配合的思想。配合能力和水平是个人战术的体现，关键在于观察判断，正确地估计情况，有效地采取战术行动，在复杂的情况下确定自己跑位、选位及技术运用，保护和接应同伴，出击、抢截或拦截对手，并通过有球的动作来组织调动同伴不断地给对方施加压力。所以我们常用传球的质量、数量、时机来衡量个人战术水平。

▲ 曲棍球比赛场地长91.40米、宽55.00米，场地周边的两条长线（91.40米）称为边线，两条短线（55.00米）称为端线；端线上两个球门柱之间的部分称为球门线。连接两条边线是中线。球门的宽度为3.66米，高度为2.14米。

整体战术

整体战术是由局部战术在总的战术思想指导下组成的。这种有机地组成的基础是全队的战术水平、既定的战术方针、核心队员的组织指挥才能，以及全队每个人的信心、志向和所付出的努力。整体战术总是通过局部战术来实现的，同时整体战术对局部战术也有很大的影响，这种影响在于战术阵型的选择和全队智慧、技能的运用，意志品质的表现。

盯人战术

盯人的目的，首先是阻止对手接球，因此就要提早紧逼。如果对手已经截获球，那就要同他保持一定的盯防距离，破坏他继续控制球，干扰他击球，迫使他做无意义的传球。有机会也要果断地直接从所盯的对手球棍下抢到球或是截获球。

补位战术

补位是防守战术中重要的配合形式。基本上有两种补位方式，一种是运动员跑上填补防守区域的空当，另一种是同伴被迫离位或被突破时的相互补位。无论哪一种都要求运动员必须具有全局观点、高度的团结协作精

▲ 随着比赛节奏越来越紧密，双方对球的争夺越来越激烈，为了充分利用每一次有球的时机，边线球也越来越成为重要的战术组成部分。

▲ 盯人是曲棍球比赛中重要的防守手段之一。

神和准确的观察判断能力。及时的、成功的补位不仅能破坏对手的突然进攻，使同伴摆脱困境、解除险情，而且可以增强同伴大胆出击的信心和安全感。防守时总是通过互相补位而把整体防守紧密地联结在一起。

抢截球战术

比赛中运动员总是处于不断地失球和抢截球的交替中。抢截球的能力不仅可以表现一个人或全队的防守战术水平，也可以看出一个队的进攻实力，同时，抢截球也是一项最具攻击性的防守手段。

特定战术（定位球战术）

由于竞赛规则对于运动员在比赛中的犯规现象和球出界等规定了若干判罚条例，因此在比赛中就会不断出现判罚任意球、边线球、角球、点球等，这些定位球所构成的特定战术在很大程度上影响着全队战术的执行和比赛的胜负。

战术阵型的选择

现代曲棍球比赛战术阵型的发展越来越朝着全攻全守、增加中场争夺力量的趋势发展，基本上有以下几种阵型：

倒锥塔式阵型：即5-3-2-1阵式，以印度、巴基斯坦队为代表。

均衡式阵型：即4-3-3-1阵式，是从倒锥塔阵型发展而来的，以中国队为代表。

欧洲式阵型：即3-3-3-1-1阵式，也叫全攻全守型。以前联邦德国队、荷兰队为代表。

▲ 任意球经常在曲棍球比赛中出现，有效利用任意球战术，尤其是射门区前的任意球，是掌握比赛主动权的重要手段。

其他还有3-4-3-1阵型，是从欧洲阵式演变而来的，日本、韩国偶尔使用过。

快速反击战术

利用对方全线进攻，反复推进，抓住机会以长传和高挑球方式快速反击，常有效地利用对方后方的空虚获得成功。现代曲棍球比赛中，在势均力敌的情况下，也常常靠反击打开局面。

边锋下底传中战术

这同足球很相似。利用场地的宽度，调用边锋的速度从两边打开缺口，带球下底传中补门，是最有威胁的战术，两翼拉开，往往也给中路突破带来机会。

转移包抄战术

这是曲棍球比赛中常用的战术。尽管进攻的方向应该始终向前，但是实践中最有效的方法是转移进攻方向，利用三角配合或长传转移，由另一侧包抄突破或打门。

破坏性战术

▲ 长角球是破门得分的重要手段，由于规则的变化，长角球有着如同足球角球同样的威力。

此战术是对守方而言。常常是某一方为了保持比分的局面、维护暂时的领先而采取破坏性战术。诸如经常将球重击出对方端线，或击出远端的

边线来瓦解对方攻势和意志，引起对方的烦躁感。

福娃问答

曲棍球比赛如何计算得分？

和其他的球类比赛有所不同的是，曲棍球在射门区内射门才算有效，并且球越过球门线进入球门时才算得分。当守门员违反规则而阻止进球时判攻方得分。如果在比赛中球门柱或横木发生移位，球的整体在某一点完全超过球门线，裁判员认为这一点是在没有移位的球门之间，仍算进球得分。进球得分多者为胜队。

曲棍球比赛中什么情况下要通过争球恢复比赛？

以下三种情况都要通过争球恢复比赛：曲棍球比赛中双方同时犯规时；在没有犯规的情况下，因受伤或其他原因而暂停比赛时；比赛进行之中必须更换比赛用球时。

什么是曲棍球的危险动作？

在曲棍球比赛中，由于球和球棒都可能产生危险，因此球员不能将球棒举过头顶或者有其他危险动作，除射门外，球员不能空中击球，对于高于地面的球是否有危险由裁判来判定。

大事记

1908年，第4届伦敦奥运会将曲棍球列为正式比赛项目。

1928年，曲棍球成为奥运会固定比赛项目。印度获得了从1928年到1956年共6届奥运会曲棍球金牌。

1950年，联邦德国出现了将室外曲棍球比赛在室内进行的球类运动，称"室内曲棍球"。

1957年，为庆祝内蒙古自治区成立10周年，蒙古莫力达瓦族派曲棍球队到呼和浩特表演，这也成为中国现代曲棍球运动的第一份珍贵史料。

1958年，男子曲棍球在第3届亚运会上被列入正式比赛项目。

1971年，国际曲棍球联合会开始举办世界杯曲棍球赛。

1980年，奥运会增设女子曲棍球比赛。

1982年，女子曲棍球在第9届亚运会上被列入正式比赛项目。

国际曲棍球联合会
(FIH)

国际曲棍球联合会（FIH），简称国际曲联，总部设在布鲁塞尔。

曲棍球是较早进入奥运会的项目，但其地位却十分不稳。1924年的巴黎奥运会拒绝曲棍球项目参赛，理由是该项目没有国际组织。这极大地刺激了曲棍球运动的爱好者，于是由法国人莱奥泰倡议，于1924年在巴黎成立了国际曲棍球联合会，创办国有奥地利、比利时、匈牙利、西班牙、法国、捷克斯洛伐克和瑞士。

国际女子曲棍球联合会（IFWHA）于1927年由澳大利亚、丹麦、英格兰、爱尔兰、苏格兰、南非、美国和威尔士共同发起成立。1982年，这两个组织合并为现在的联合会。国际曲联现有协会会员118个，正式工作用语为英语和法语，中国曲棍球协会于1980年8月加入国际曲联。

▼ 赛场ABC

scoop 铲球
tackling 抄球
right cut 右切球
undercutting 下切球

看 奥 运

野鸭湖湿地自然保护区位于延庆县西北部，现有湿地面积3939万平方米，共有高等植物350余种，鸟类数十万只，是北京乃至华北北部少见的浅水湿地。

Trampoline　　*Artistic Gymnastics*　　*Rhythmic Gymnastics*

体操

金牌榜

金牌榜	比赛单项	运动员姓名	夺金时间	成 绩	备 注

精彩看点

和谐之美

　　体操运动员的姿态美是透过健美、均衡的体型，婀娜多姿的体态，以及优美娴熟的动作表现出来的，这一切展示给人们的是和谐之美、韵律之美。具体表现在：

明十三陵，为明代定都北京后13位皇帝的陵墓群，位于北京市昌平区城北的天寿山下，占地面积达40平方千米。明十三陵规模宏伟壮丽，景色苍秀，气势雄阔，是国内现存最集中、最完整的陵园建筑群。

奥运看北京
明 十 三 陵

均衡的体型美

体操对运动员的体型有很高的要求，如身材比例匀称，关节不显得粗大突出，四肢修长，上下肢的长度比为 5∶8，即所谓的黄金分割，体重轻，五官端正，女性腰部细而结实，有明显的曲线，男子有肌肉垒块隐现，足弓高等。总之，体操运动员的体型给观众的视觉效果是均衡与和谐，灵巧与健美。

婀娜的体态美

姿态美主要体现在基本体态的规范和对动作的控制力上。体操中的姿态美就是要超越自然，向难、美的高峰攀登，亭亭玉立的站姿和挺拔有力的双腿能给人以美的享受。

娴熟的动作美

动作美是形体美的一种表现形式，是运动员熟练、省力、协调、灵活地完成各种动作时表现出来的。优美的动作主要体现在动作的规范化、动作的合理性和动作的熟练性。

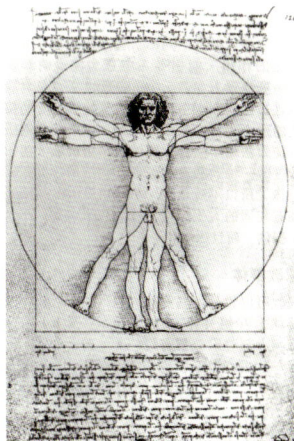

▲ 体操是一项讲究身体各部分和谐组织的运动。达·芬奇是文艺复兴时期的伟大艺术家，也是科学家、建筑师、工程师，多才多艺。这幅草图摘自他的笔记本，显示了他怎样研究人体的结构。

"难度不封顶"带给观众挑战巅峰的刺激感受

为了避免体操比赛中出现的不公正现象和计分不公问题，国际体联终于在舆论的压力下取消了"10分上限"制，并实施了全新的"难度不封顶"规则。

新规则对难度动作要求更加细化，扣分标准也有更严格的标尺，最大的变化是不再有满分10分的限制，尤其是难度分没有了上限。这一新规则打乱了原有的体操格局，也让满分成了选手们的奢望。运动员要想取得好成绩，必须重新编排动作、增加动作难度。新规则的实施还意味着鼓励选手拉开差距，强化竞争机制。就目前来看，中国男队主要对手是日本、美国、韩国；女队主要对手是美国、俄罗斯和罗马尼亚。中国女子运动员在高低杠、平衡木上能够完成高难度动作，有利于她们适应新规则。但单纯从技术角度来看，"难度不封顶"的新规则将使中国队面临巨大挑战。观众将是新规则的最大受益者，新规则将使比赛越来越好看，不但能够欣赏到体操的艺术美感，还带给观众挑战巅峰的刺激感受！

走进历史
——力与美的结合

体操一词源于古希腊语，意为裸体技艺，与当时裸体操练有关。体操在中国、印度、埃及、古希腊、古罗马都有着悠久的历史，产生于远古时

▲ 双杠动作得高分要求连接巧妙，编排新颖独特，难度大。

看 奥 运

长陵位于北京天寿山主峰前，是明成祖朱棣和皇后徐氏的合葬陵，占地约12万平方米，在明十三陵中规模最大，陵园主要建筑均被保存下来，其中楠木结构的祾恩殿和祾恩门是明代陵寝中仅存的殿门建筑，规制宏阔，用材考究，堪称我国古建中的瑰宝。

▲古埃及杂技"桥"与现代体操有异曲同工之妙。

▲三国时，由华佗发明的五禽戏是中国最早的体操记载。

▲瑜伽是现存最古老的体操，这是16（或17）世纪波斯文献中保留的瑜伽术者倒立修炼术式图。

代、称为瑜伽的呼吸体操动作至今在印度仍流传甚广。现代竞技体操始于18世纪的欧洲，有德国体操和瑞典体操两大流派。体操是在特定条件下，运动员徒手或者利用器材，按照一定的规律和规格进行操练的一种运动。它包括竞技体操、艺术体操和蹦床等。

竞技体操起源和发展

早期几届奥运会项目比较杂乱，甚至包括赛跑、跳远、爬绳等。20世纪20年代，国际体操联合会将德国、瑞典两大流派结合起来，确立了现代竞技体操的项目。男子有自由体操、鞍马、吊环、跳马、双杠、单杠6个项目，女子有自由体操、高低杠、平衡木、跳马4个项目，分团体赛、个人全能赛和单项赛。

竞技体操是奥运会中的主要比赛项目。自由体操19世纪始于德国。吊环起源于法国，其形成与杂技悬空绳索表演有关；跳马源于罗马帝国末期的骑术训练；单、双杠起源于德国；高低杠始于欧洲；平衡木起源于公元前的罗马时代。

艺术体操起源和发展

艺术体操又称韵律操，只有女子项目，起源于欧洲。19世纪末欧洲开始出现有音乐伴奏的各种身体动作练习；20世纪初，瑞士日内瓦音乐学院教师雅克·达尔克罗兹创编了韵律体操，将身体练习与音乐结合起来，并从最初的徒手运动发展为使用轻器械的形式。

该项目以四种形式出现：绳操、环操、球操和带操，小组赛中还加上棒操。艺术体操运动员的得分是依据她们在使用各自比赛器械时的表现所定，但选手的最终排名仍需通过比赛总分来决定，因而选手所选择技巧系列动作的难度、表现状态和动作完成的好坏是评分的三大要素。

蹦床起源和发展

蹦床起源于中世纪的法国。最初，法国杂技演员杜·坦伯林在空中吊着的安全网中做各种弹跳，并运用其进行表演。

观赛指南

比赛场馆：北京工业大学体育馆
比赛地点：北京工业大学
赛时功能：羽毛球、艺术体操
场馆介绍

北京工业大学位于北京市朝阳区南部，隶属于朝阳区南磨房乡行政范围内。交通便利，东临东四环路，南接京沈高速公路西沿线，西临西大望路（城市主干道），北为北京工业大学北路（城市支路）。

明定陵是明朝万历皇帝和皇后的陵墓，它是北京十三座明代皇陵中唯一一座进行了考古发掘的陵墓，地宫建筑面积1195平方米，地宫后殿棺床正中央放置有万历皇帝和两位皇后棺椁。

体育馆包括比赛及热身场的赛事区、观众区、赛事管理区、场馆运营区、贵宾及官员区、赞助商区、运动员及随队官员区、新闻媒体区和安全保卫区等。总建筑面积26332.4平方米，座席数7500个。建筑主体以节能规范化设计，重点提高维护结构的保温、隔热通风性能，严格控制体育馆各部分的传热系数，在玻璃幕墙和大面积的窗户上设置可调节式的外遮阳，自然采光，自然通风。

公交路线

30、34、649、721、742、752、801、852、973、985、988、938路专线到北京工业大学站下。

比赛场馆：国家体育馆

比赛地点：奥林匹克公园

赛时功能：竞技体操、蹦床、手球

场馆介绍

国家体育馆是北京2008年奥运会主要比赛场馆之一，也是北京为迎接2008年奥运会新建的18个比赛场馆之一。国家体育馆东侧为中轴线步行绿化广场，西侧规划为商业开发用地（包括酒店、办公等），南侧规划为国家游泳中心，北侧规划为会议中心。

国家体育馆位于奥林匹克公园中心区的南部，主要由主馆和训练馆两部分组成，安排停车600辆左右。主体建筑紧邻城市中轴线，并与国家体育场相对于中轴线均衡布置。国家体育馆规划建设用地约6.7公顷，总建筑面积约8.1万平方米左右。观众座席约18000个。

公交路线

113、386、407、656、660、689、740内、740外、753、939、944、944支、983支路到北辰桥西站下。

观赛礼仪

对于体操类竞赛，由于运动员完成比赛过程中需要相对安静的环境，因此在裁判宣布某一个运动员的比赛动作开始的过程中，观众应尽量保持安静。当比赛动作结束时再进行鼓掌或者喝彩。观众在运动员做出技惊四座的漂亮动作时可以大声喝彩，但加油时间不宜过长，一旦运动员开始下一个

▲黄珊汕在2004年雅典奥运会获得女子单跳铜牌，是中国选手在奥运会上夺得的第一枚蹦床奖牌。

▼国家体育馆效果图。

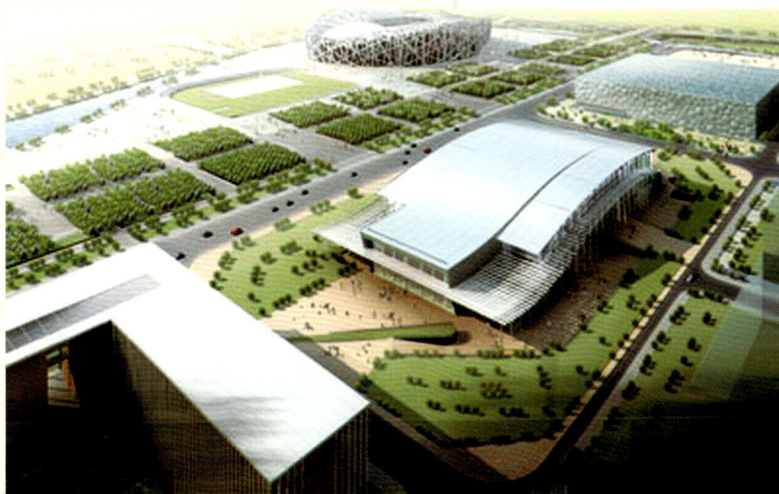

看奥运

明昭陵位于大峪山东麓，是明穆宗朱载坖及其三位皇后的合葬陵寝，也是目前十三陵中第一座大规模复原修葺的陵园。明昭陵首创完备的"哑巴院"制度，院外月牙形的墙体为"月牙城"。

动作，掌声就应停止。当运动员动作失败掉下器械，又重新攀上器械继续完成整套动作后，观众也应报以热烈的掌声。

比赛日期和金牌数目

比赛项目		8 五	9 六	10 日	11 一	12 二	13 三	14 四	15 五	16 六	17 日	18 一	19 二	20 三	21 四	22 五	23 六	24 日	金牌数目
体操	体操		■	■		1	1	1	1		4	3	3						14
	蹦床									■		1	1						2
	艺术体操														■	■	1	1	2

注：蓝色为比赛日，黄色为决赛日。

2008年奥运比赛中，体操类项目比赛时间为14天，前期因为要进行预赛而没有金牌产生，竞技体操在后期每天能产生3枚左右的个人项目金牌，其余时间每天均产生1枚金牌。总体按照先团体再进行个人全能，最后是单项比赛的顺序进行。同时，团体比赛赛前的安排有利于选拔进入个人决赛的运动员。

▲体操女皇拉蒂尼娜总共赢得了18枚奖牌，这在全世界男子女子运动员中都是空前的，其中有9枚奥运金牌。

10 分钟课堂

奥运体操参赛资格和名额

竞技体操由于参加团体比赛的队伍和人数较多（每个团体有6名运动员，但只允许其中3名运动员参加比赛），因而团体比赛设置了预赛。通过预赛角逐，团体和个人项目的前8名可以进入决赛。而个人全能和个人单项比赛，只需要一场次决赛阶段的比赛就可以决出金牌。奥运会的团体比赛要求所有运动员都参加，具有选拔参加个人全能和个人单项的功能。奥运艺术体操的参赛资格主要通过世界艺术体操锦标赛的个人赛和团体赛取得。此外，国际体操联合会的各个大洲分会还将分配少量参赛名额。

奥运蹦床的参赛资格也是由该届奥运会前一年世界锦标赛的成绩排名决定，国际体操联合会分派剩余名额，但每个国家或者地区最多只能有1名男运动员和1名女运动员参加奥运蹦床比赛。

08 奥运体操分项设置

2008年北京奥运体操类项目共计18项。竞技体操包括14个项目，男子8项，女子6项。艺术体操是女子项目，包括女子个人全能和女子团体两个项目。蹦床包括男子单人和女子单人两个分项。

赛场ABC

gymnastics 体操
artistic gymnastics 竞技体操
floor exercises 自由体操
pommel horse 鞍马

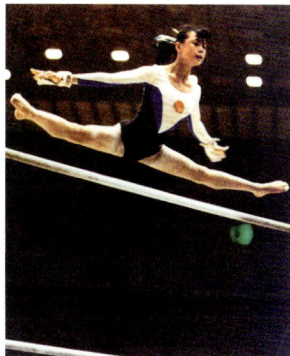
奥运看北京
北京雪世界滑雪场

水上运动	男子项目	女子项目
竞技体操	团体 个人全能 跳马 双杠 单杠 鞍马 吊环 自由体操	团体 个人全能 跳马 高低杠 平衡木 自由体操
艺术体操		团体 个人全能
蹦床	男子单人	女子单人

▼马燕红在第20届世界锦标赛上，以一套完美的高低杠动作征服了观众和裁判，这是中国体操运动员在世界大赛上获得的第一个世界冠军。

奥运体操赛制和比赛方法

奥运会竞技体操分预赛和决赛，在预赛结束之后，团队前6名和个人前8名可以进入决赛。在决赛中得分最高者获得冠军。团体比赛要进行两场，第1场比规定动作，这套动作每4年一变，由体操联合会确定和公布。第2场比自选动作，按规定的难度，根据运动员本身的特点自编的一套动作。在这两场比赛中，累积团体成绩。全能比赛只比自选动作，积分最高者获得男女全能金牌。团体赛中每个单项得分最高的前8名运动员参加单项决赛，积分最高者获胜。

竞技体操比赛，一般都按照四种比赛方式进行：

第一种比赛是团体预赛：团体比赛最先开始，最先结束。这期间，男子进行6项、女子进行4项的自选动作比赛。通过第一种比赛，确定参加第二、三、四种比赛的资格。每名运动员必须参加团体赛的比赛。

第二种比赛是团体决赛。在第一种比赛中参赛各队得分高的前8名参加团体决赛，竞赛内容为自选动作，每队最多可派3名运动员参加。

第三种比赛是个人全能决赛。在第一种比赛中得分高的前36名运动员参加个人全能决赛，竞赛内容为自选动作。

第四种比赛是个人单项决赛。在第一种比赛中各单项得分高的前8名

▲第27届奥运会上以李小鹏、黄旭、邢傲伟、杨威等领衔的中国男队强势出击，整体实力之强一时无出其右。

看奥运

229

奥运看北京
十 三 陵 水 库

十三陵水库位于北京昌平县境内，处在十三陵盆地的东南，距北京城区40千米，总蓄水量为6千多万立方米。大坝外坡上有前国家主席毛泽东亲笔题写的“十三陵水库”五个大字，大坝两端建有游船码头，为游客乘船提供方便。

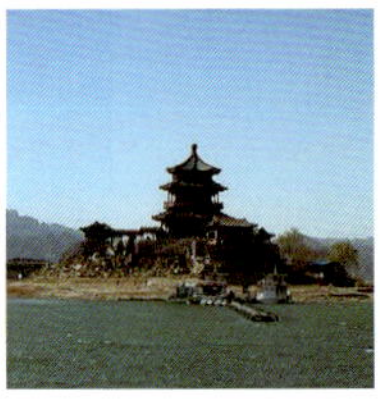

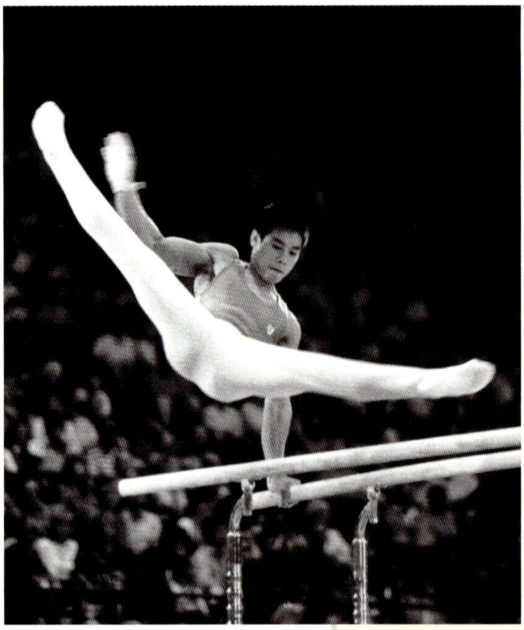

▲“体操王子”李宁在第23届奥运会上发挥出色，一举夺得自由操、吊环、鞍马三块金牌。

参加个人单项决赛，竞赛内容为自选动作，每队最多可参加2名运动员。

根据国际比赛惯例，比赛项目有固定的轮换顺序，男子按自由体操、鞍马、吊环、跳马、双杠、单杠的顺序，女子按跳马、高低杠、平衡木、自由体操的顺序。男女同场比赛时，因为要共享一个自由体操和跳马场地，所以采用上、下场3项小循环方式。男女分场比赛时，则采用整场6项大循环方式进行比赛。

蹦床比赛要在奥运会中男女参赛选手进行个人比赛，每一组有12名选手，预选赛和决赛在同一天进行。比赛动作必须包括规定技巧系列动作，表现技巧的动作，自选动作等。预赛的分数是规定技巧系列动作与自选动作得分的总和。前8名选手将进入决赛。选手的最后排名情况由决赛得分来定。决赛项目全部都是规定项目，选手可以选择10种技巧。

体操场地与器材

场地

奥运会的自由体操比赛场地是个长宽均为12米的正方形开阔场地，地面铺有地毯或者弹性木板，比赛场地必须光滑，质地要柔软。有1米的安全区域。

艺术体操的比赛场地是边长为13米的正方形地板，选手使用器械的范围可略微放宽，但必须符合基本要求。

器材

男子跳马高1.35米，长1.6米，宽35厘米，助跑道最长为25米。

女子跳马高1.25米，助跑道最长为25米。

单杠由磨光了的钢制成，高2.55米，长2.5米，直径为28毫米。

双杠由两根木制平行杠构成，离地面1.75米。

床框四周设有海绵保护装置，两端设与床同高的附床，安放海绵包。

▲蹦床外型如床，分床框和床面。

鞍马高1.05米，长1.6米，两个把手分别离两端40厘米和45厘米。

吊环由两根钢索吊着，环为木制材料，离地面2.55米。

高低杠由两根横杠组成，一个离地面2.45米，另一个离地面1.65米。

平衡木长5米，宽10厘米，离地面1.25米，在比赛时，参赛选手必须充分利用平衡木的全部长度。

蹦床的边框由金属制成，长5.05米，宽2.91米，高1.155米。床面由

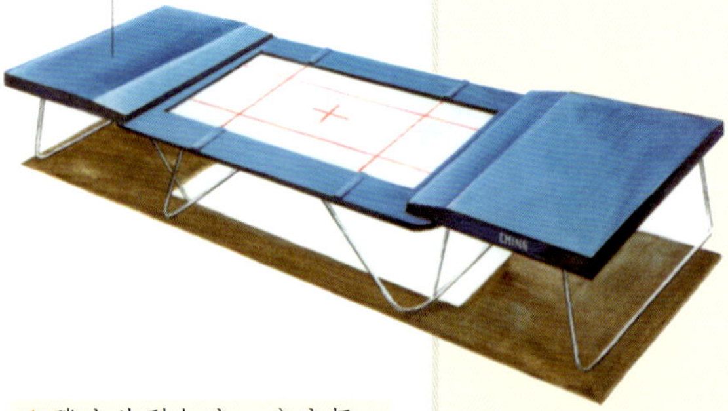

尼龙或其他相近材料制成，床面的厚度仅为6毫米。在蹦床的两边分别有一张大而厚的垫子，是为选手的着地做准备的。男女选手可以穿袜子或运动鞋来参加比赛。

绳，比赛所用的绳必须是由麻绳或相似的材料制成，绳的长度没有特殊限定，可根据选手的身高来决定，比赛动作必须包括3个跳跃动作。

球必须由橡皮或软塑料制成，直径在80~90厘米之间。重量不能低于400克。

缎带必须有7米长，由缎或其他相近材料制成。缎带动作在比赛中必须保持连贯，不能有静止动作。

▲艺术体操尽情展示着身体的力、柔韧与美。

棒，选手比赛时需要有两只棒，棒的长度在40~50厘米之间，棒要由木头或塑料制成，重量不得低于150克，在棒的底端应有直径为30毫米的圆球。

圈，由木材或塑料制成，可染成或选用除金、银、铜色以外的任何颜色，横断面可以是圆形、方形、椭圆形等。圈的内径为80~90厘米，根据选手身高来决定环的大小，重300克以上。比赛内容由滚动、转动、8字、绕环、抛接、旋转、钻圈以及平衡等动作编排而成。

体操比赛中运动员服装与护具

服装：国际体操评分规则明确规定，在所有的团体比赛中，运动员要穿统一的服装，在鞍马、吊环、双杠、单杠四个项目的比赛中；一定要穿背心、长体操裤、体操鞋（或袜子）。而自由体操、跳马这两个项目，基本上全身都要参与运动，特别是腿部的活动较多，为了保证运动员在比赛中更好地发挥水平，创造更好的成绩，规则规定在这两个项目的比赛中，可以穿短裤，也可以赤脚（防止打滑）。

镁粉：在比赛时，运动员上器械之前，要涂擦一种防滑的碳酸镁粉，目的是增加手掌与器械之间的摩擦力，防止从杠上脱手。

护掌：吊环或单杠比赛中，运动员手上都带一个皮制的东西，一端套在

▲轻而薄的体操服装有利于选手在比赛中更好发挥。

看
奥
运

手指上，一端系在手腕上，这就是"护掌"。护掌不仅可以保护手掌，随着时间的推移，体操技术的发展，逐渐从单一的"保护"功能进化到能够提高"握力"，帮助和促进动作难度的发展，使单杠、吊环的技术发展产生了一个飞跃。

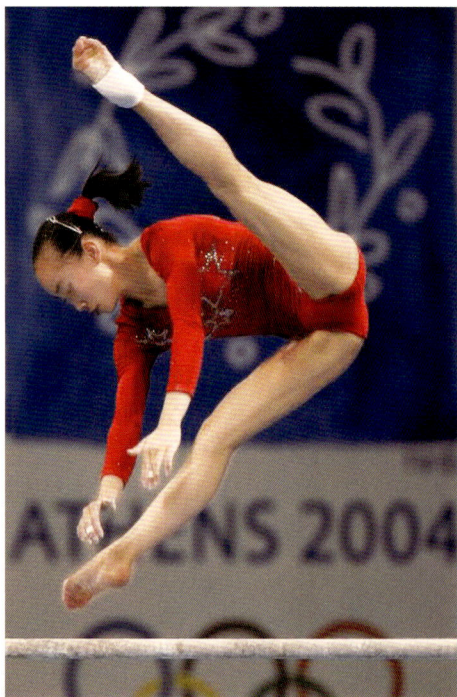
▲ 高低杠动作上下翻飞、内外穿梭，惊险、多变、流畅、优美。

竞技战术解析
——更高、更快、更强

在众多的奥运竞赛项目中，体操的技术类型最丰富、动作数量最多。单是动作数量最少的跳马，在男子规则的难度表上就有107个之多。而基本动作较为单一的鞍马，动作也超200多个。因此，体操项目是最具观赏性的项目。体操项目的技术发展变化很快，而体操追求的生生不息地创造新技术，突破新难度正是体操得以生存、发展的根本，最大限度地实现了"更高、更快、更强"的奥林匹克口号。无论是单个动作还是一连串难度动作的组合，体操运动员以其越来越繁复华丽的高难度动作吸引了越来越多的观众。

跳马精彩技术

男子跳马比赛器械为纵跳马，女子跳马比赛器械为横跳马。所有跳马动作都是由助跑、上板、起跳、第一腾空、推手、第二腾空、落地七个环节组成。这些环节连贯进行，构成了一个相互联系、相互制约的统一体。其中，助跑是动力；上板、起跳和推手是完成动作的关键；第一、第二腾空决定了动作的性质和分值；落地则反映了跳马技术的正确程度和完成动作的熟练性和稳定性。

高低杠精彩技术

高低杠是女子竞技体操中以各种支撑和悬垂及其变换为主要内容的器械体操项目，也是唯一的高器械项目。这一项目的动作丰富，形式多样，包括各种屈伸、大摆、回环、弧形、绷杠、弹杠来做的换握、转体、空翻、腾跃等，成套动作形成上下翻飞、内外穿梭，具有惊险、多变、流畅、优美的整体效果。因此，在女子竞技体操中，这是惊险性和竞技性较高的项目。

▲ 运动员在"独木桥"上翩然起舞。

卢沟桥是北京地区现存的一座多孔联拱大石桥，距今已有800年历史，"卢沟晓月"是著名燕京八景之一。桥上侧面有望柱和栏板，望柱281根，每个望柱上都有石狮，石狮头上、背上、腹部、爪下都藏有小石狮，形态各异，现存大小石狮498个。

奥运看北京
卢沟桥

平衡木精彩技术

平衡木是女子所独有的一个项目，运动员需在长5米，宽仅10厘米的独木桥上，完成优美的舞跳跳跃以及不同难度的技巧翻腾动作。该项目除了需要协调、灵敏果断以及空间定向能力外，对人体平衡能力，即对身体的自控能力有着较高的要求。运动员在"独木桥"上完成各种高难度的技巧动作，又能充分体现竞技体操的惊险性。

自由体操精彩技术

这一项目是体操项目中自由度最大的项目，运动员可在12米见方的地上，不受任何限制，在规定的时间内（男子不超过70秒；女子不超过90秒）上腾下翻，时快时慢，时柔时刚，不断变换姿势，来回跃飞，按规则要求表演出成套符合个人特长的成套动作。

自由休操也是竞技体操中最优美、最活跃的项目。男子自由体操动作以翻腾为主，配以平衡、小技巧和徒手体操；女子自由体操则为技巧翻腾及体操动作并举，配以不同风格的舞蹈及音乐，成套动作类型丰富，难度及连接多变。

翻腾动作是自由体操特别是男子自由体操的主角。筋斗的腾空、空中的身体姿势以及完成得是否潇洒自如是衡量自由体操的重要标准。现今男子的自由体操翻腾动作难度已突破三周大关，空翻转体已超过了三圈达到1440°，同时还出现了各种绕复合轴翻转的旋翻，难度最高的是直体后空翻两周转体720°。运动员在完成一个高质量的空翻时，身体总重心达到的高度可超过世界跳高纪录。因而，除了需要灵敏、协调及良好的时空判断力外，腿部的弹跳力极其重要。

体操动作则是女子自由体操中不可缺少的具有女性特点的部分，与技巧翻一起对整套动作的价值和美感起举足轻重的作用。规则明确规定成套动作必须包括各种类型的体操动作，同时还规定了体操中的动作数量及难度，体操动作的形式多样，便于选择组合。这也是女子自由体操比男子内容丰富多彩的原因。

小技巧动作组合也是自由体操中不可缺少的点缀，常常起到画龙点睛的效果。它是由技巧手翻、空翻、滚翻等演变而来，技术特点是在蹬地、摆腿和手臂支撑翻身时身体并不经过完全垂直的姿势。小技巧动作形式

▲体操"冰美人"，俄罗斯体操名将霍尔金娜。

▼鞍马全旋轻盈、活泼、大胆、准确、节奏明快，犹如波涛翻滚，第28届奥运会上，滕海滨获得这个项目的金牌。

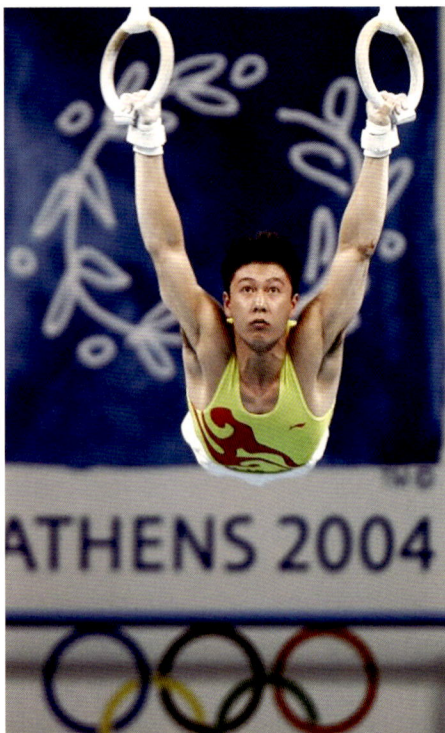

▲李小鹏是中国体操"李家军"的第五代接班人，动作轻飘、灵巧，质量高、协调、韵律好。

▼单杠动作连贯、变幻莫测，有"器械体操之王"的美誉。

多样，千变万化，它在自由体操中属于低姿态动作或地面动作，与技巧翻腾动作相互呼应，形成高低起伏的效果。

舞蹈和音乐是女子自由体操区别于男子自由体操的最重要的特点，它是女子自由体操的灵魂，并使女子自由体操成为最具有艺术性的项目。舞蹈和音乐的选择必须符合运动员的个性特点，音乐和舞蹈以及运动员的动作必须协调配合，才会产生强烈的感染力。历届自由体操冠军如拉蒂尼娜、图里舍娃、科马内奇、奥美里扬契科、博金斯卡娅、霍尔金娜等的成套动作可称为女子自由体操的经典之作，是健与美的完美结合。

鞍马精彩技术

鞍马是男子体操中的一个特殊的项目，它在两臂交替支撑中进行连续而有节律的摆腿和旋转。鞍马动作包括摆腿类和全旋类两部分。完成前类动作时，要求两腿分开的角度要大，向侧上摆动腿时，髋上沿高度尽量接近甚至高于支撑臂的肩部，交叉时，要注重伸髋和支撑臂用力顶肩。全旋类动作是指由并腿或托马斯两大类全旋所完成的转体、移位及其变化的动作，是衡量成套难度水平的主要标志，也是参与成套动作质量评价的主要内容。

吊环精彩技术

吊环是显示男子健、力、美的一个项目，其所有动作都是运用直臂摆动技术和利用静止力来完成，除了需要肩关节的灵活性与空间定向能力外，也需上肢力量和耐力素质。

吊环一套动作的内容包括比例大体相等的摆动和力量静止动作。在编排上更趋向于摆动到静止或由静止到摆动动作的特点。手握双环后，做任何悬垂或支撑动作，既要控制身体更要控制环，而且自始至终都要握环。

双杠精彩技术

在男子四项器械中，双杠是动作类型最全面、动作数量最多、组织编排最为复杂多变的项目。这是由于器械的构造特点所决定的。在平行的两条横杠上各部位都可以做出支撑、悬垂的各种摆动动作和支撑静止用力动作。尤其是摆动动作，如屈伸、弧形、回环、翻腾、转体、摆越、腾越以及全旋等，几乎无一不能在双杠中完成。支撑是双杠动作的特点，大多数动作都是以支撑开始，到支撑结束。幅度越大，支撑平衡

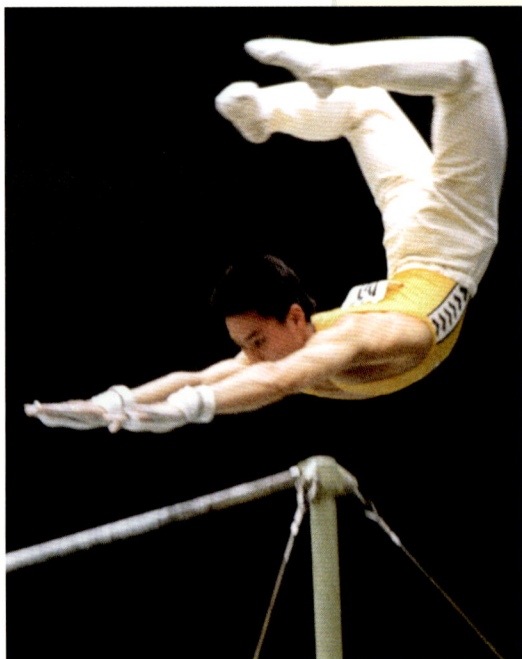

上方山位于北京西南房山区境内，距京城约70千米，森林覆盖率达90%以上，有"燕郊诸山之冠"的美誉，是国家级的大型森林公园。上方山"九洞十二峰七十二茅庵"中，以云水洞和天柱峰最为著名，是京郊不可多得的休闲度假的好去处。

奥运看北京
上　方　山

调节能力要求就愈高，这就是双杠动作技术的根本所在。

单杠精彩技术

单杠由于器械高，所完成的动作摆幅大，动作显得特别惊险，扣人心弦，因而是男子竞技体操比赛最吸引人、最具观赏价值的项目。现代单杠比赛，运动员在高达225～275厘米的器械上以握点为轴，在大幅度不停顿地快速转动中，接连做出各种回环、转体、空翻再握、飞身越杠以及腾空下杠等动作。动作连贯、紧凑，变幻莫测，使观者在紧张中感受到欢欣，在惊叹中分享成功的喜悦。因此，单杠又获得"器械体操之王"的美誉。

艺术体操精彩技术

艺术体操和竞技体操有一定的相似性，同样是必须展现身体的力、柔韧与美。艺术体操的基本动作包括身体动作和器械动作。身体动作有跳、平衡、单足转体以及柔韧／波浪，另有各种移动、小跳、摆动、绕环和旋转等。

蹦床精彩技术

在奥运会比赛中，蹦床技巧是具有较高观赏价值的竞技体育项目。优美动听的音乐、风格各异的舞蹈、眼花缭乱的造型和空中翻腾将组合成独特的竞赛表演，使人们得到一种高雅优美与惊险动人相结合的艺术享受。男女运动员可以穿袜子或运动鞋来参加比赛。每组技巧动作必须由10种基本技巧组成——不同的翻转与筋斗的姿势。规定动作的难度一般较大，但得分也比较高。技巧系列动作内容包括：正面或背面的着陆动作；1圈或2圈的翻转动作，至少有540°；1个或2个正面或背面的筋斗，翻转动作自选，必须包含1个360°的。和体操的其他两个项目相比，蹦床很讲究形式。选手在完成动作时不仅要注意技术方面的动作，还要使动作富有艺术感。

福娃问答

竞技体操比赛中从器械上掉下来会被扣多少分？
体操规则规定：小错，即接近完美的完成，但有较小的错误，与正确地完成或正确结束姿势有微小的偏差，扣0.1分；

▲中国体操运动员楼云在第24届奥运会的跳马比赛中获得了冠军，这是他第二次赢得这个项目的奥运金牌，被誉为"跳马王子"。

▼蹦床眼花缭乱的造型和空中翻腾组合成独特的竞赛表演，使人们得到一种高雅优美与惊险动人相结合的艺术享受。

看奥运

235

石花洞地处西山深处，6 层溶洞总长度达三千多米，洞内钟乳石千姿百态，为北国极为罕见的地下溶洞奇观。银狐洞有 5 层，总长二千多米，尤其以带绒毛的石银狐和倒挂圆球最为罕见珍贵。

国际体联（FIG）

国际体操联合会，简称国际体联（FIG），是世界历史上最悠久，规模最大的国际单项体育组织之一。国际体操联合会于 1881 年 7 月 23 日在比利时的安特卫普成立，1921 年 4 月 7 日更为现名，国际体操联合会总部设在瑞士的利斯。

国际体操联合会现有 5 种体操大项：男子竞技体操、女子竞技体操、艺术体操、一般体操和韵律操。1999 年随着国际技巧联合会和蹦床联合会的加入，增加为 7 大运动项目。国际体操联合会是国际单项体育联合会总会成员，工作用语为法、英、德、俄、西班牙语。正式记录和文件以法语为主。

国际体操联合会的最高权力机构是代表大会，主要比赛有：4 年 1 次的奥运会体操比赛；2 年 1 次（单年）的世界锦标赛；1 年 1 次的世界杯赛；2 年 1 次的世界艺术体操锦标赛；各大洲的锦标赛、体操节（各年龄组运动员的示范表演）。

▲第 23 届奥运会上，中国体育代表团取得了辉煌战绩，其中体操是夺金大户。

中错，即与无误地完成或结束姿势有明显的偏差，扣 0.2 分；大错，即与无误地完成或结束姿势有大的偏差，扣 0.4 分；从器械上掉下或跌落在器械上，扣 0.5 分。

竞技体操比赛中教练可以在旁边保护运动员吗？

为了防止意外的发生，监护者可以站在鞍马、吊环、双杠和跳马的旁边，但如果参赛选手比赛中失误，监护者帮助的，扣 0.40 分。在单杠和吊环项目中，教练或助理可以帮助运动员做开始动作。运动员可以用绷带和皮带。在比赛中，教练不可以和运动员交流。比赛中，运动员未经允许不得擅自离场。非比赛动作将被视为犯规。

竞技体操比赛中一套动作的难度是如何确定的？

体操的单个动作成百上千，为了合理进行分类，根据运动员完成时的难易程度加以划分，这就形成了难度表。原来的难度表把所有够难度的动作排成 5 个组，即 A、B、C、D、E 5 个难度组，后来又增加了超 E 组难度。

竞技体操比赛中哪些项目允许有静止动作？

自由体操、双杠、吊环和平衡木允许有静止或倒立静止动作。男子鞍马和单杠，女子高低杠和男女跳马不允许有静止动作。

艺术体操比赛中评委是如何打分的？

比赛需要 3 组评委，第 1 组技术评委打技术分，也就是选手动作的难度分；第 2 组艺术评委打艺术分；第 3 组执行评委将根据选手的动作表现力、艺术鉴赏力以及技术失误来给分，总之评委是依据编舞、器材选择、比赛动作、选手创造力以及熟练程度来给分的。

蹦床比赛的评委是怎样打分的？

蹦床比赛共有 7 名评委，5 名评委根据选手在完成向后翻腾转体 180°接前空翻、翻腾 3 周、向前翻腾 2 周转体半周、向前翻腾一周转体一周半、向前翻腾一周转体半周和其他一些动作来给分。其他 2 名评委根据技术难度来给分。得分最高者获胜。如果比赛结束时有选手比分相同，那么就再次加上选手的动作分，再除以 5。

大事记

1932 年，男子自由体操被列为奥运会比赛项目。

1952 年，女子跳马、高低杠、平衡木、女子自由体操被列为奥运会比赛项目。

1953 年，全国田径、体操、自行车运动大会在北京举行，有男女器械体操比赛。这是建国后首次全国性体操比赛。

十渡位于北京房山区西南部拒马河畔十渡乡，因大清河支流拒马河蜿蜒奔流形成十个景观各具特色的渡口而得名。十渡是华北地区唯一以岩溶峰林和河谷地貌为特色的自然风景区，有"北方桂林"之称。

1955年，国际体联在维也纳召开的第36届代表大会上，以三分之二的多数票，通过中国体操协会筹委会为国际体联会员国。

1959年，中国运动员参加第1届世界大学生体操比赛。郭可愚获女子跳马第三名。这是中国体操第一次在世界大赛上升起中国国旗。

1962年，第15届世界体操锦标赛在布拉格举行，于烈烽获鞍马第三名，首次在世界锦标赛上升起中国国旗。

1962年，艺术体操被国际体操联合会确定为奥运会比赛项目。

1963年，第一届世界艺术体操锦标赛成功举办。

1964年，国际体联在瑞士苏黎世召开第43届代表大会。由于有人蓄意制造"两个中国"，中国体操协会退出了国际体操联合会。

1974年，中国体操队参加第7届亚运会体操比赛，获得男女团冠军。

1978年，国际体联第56届代表大会在法国斯特拉斯堡举行，通过决议恢复中国体操协会在国际体联的合法席位。

1978年，中国体操协会加入国际体联。

1979年，马燕红在第20届世界体操锦标赛上获高低杠冠军。这是中国体操第一个世界冠军。

1980年，黄玉斌、李月久在第5届世界杯体操赛上分别获得吊环、双杠冠军。黄玉斌由此成为中国第一位男子体操世界冠军。

1981年，中国女队在第21届世界体操锦标赛上获团体亚军。

1982年，李宁在第6届世界杯体操赛上大展雄威，独揽6枚金牌，同年12月，他和吴佳妮分别当选为"世界体操年度最佳男女运动员"。

1983年，中国男子体操队在第22届世界体操锦标赛上第一次获得男子团体冠军。

1984年，中国体操运动员在洛杉矶奥运会上获得了5枚金牌。

▲悉尼奥运会的平衡木比赛中，刘璇作为中国体操女队中唯一一名参加过奥运会的队员，终于大器晚成，夺得金牌。

▼霍尔金娜是当代女子体操的一面旗帜，身材高挑、气质优雅，艺术表现力尤其出众，参加了两次奥运会，获得两枚金牌和三枚银牌。

看奥运

237

留民营生态农场位于北京市的东南郊大兴县境内，土地面积2120亩。留民营经过长期的生态农业建设，走出了一条生态发展之路，也成为京郊著名的度假休闲胜地。

Weightlifting

举重

金牌榜

金牌榜	比赛单项	运动员姓名	夺金时间	成 绩	备 注

精彩看点

力量之美

　　力量曾经是人类生产、战争、与自然搏斗的唯一依赖，对力量的崇拜与追求是人类的天性，奥林匹克精神元素之一"更强"即源于此。从现代奥林匹克诞生的那天起，举重这一彰显力量的运动就始终伴随着奥林匹克的发展而不断进步。随着人类文明的发展，力量已不再是人生存的唯一一手段，但它作为人最基本的健康素质之一，以及在竞技、美学上的追求，还是受到人们的普遍重视，在朝气蓬勃地发展着。

力量之美就在于杠铃举起瞬间肌肉的张合，在每一次张合中，跃动的肌肉展现了力量的积蓄和爆发，动静之间，颇有力拔山兮气盖世的豪迈。这种原始力量的迸发，既是人类崇尚自然的结果，更是不断向自身极限发起挑战的追求。

"1公斤规则"加剧竞争

2005年5月1日国际举重联合会开始实施新规则"1公斤规则"，实行了90多年的"2.5公斤规则"最终退出了历史舞台。"1公斤规则"要求杠铃重量必须是1公斤的倍数，破纪录时也是如此。

"1公斤规则"最为直观的优势就是少了"0.5公斤"之后，作为整数的成绩能够让参赛人员、工作人员方便、简捷地计算比赛结果。也让观众和媒体更能看懂比赛。"1公斤规则"另一方面的优势就是增加选手反败为胜的希望。如果选手在比赛中只落后1公斤，只要他能放开举，完全有可能反败为胜。选手之间步步紧逼、频频增加1公斤试举重量的现象将使现场观众激动不已。

新规则的实施使竞争更激烈，激烈的竞争面前教练员的排兵布阵、战术安排也显得异常重要，这也成为比赛的一大看点。新规则实施后的比赛中，选手临时更改重量的次数是原先的两倍，教练员必须提高应变能力，观察对手并对他们的试举重量进行预测，不然很容易因为小小的战术失误而影响全局，功亏一篑。

中国队夺金受"西伯利亚狼"围攻

"西伯利亚狼"俄罗斯举重队对2008奥运金牌觊觎已久。近年，俄罗斯队女子举重成绩提高迅速。在2005年举重世锦赛中，俄罗斯队大显神威，夺去了中国队稳操胜券的一枚金牌，并对刘春红步步紧逼，成为中国举重女子中级别的最大对手。在2005年4月的欧锦赛上，俄罗斯队一举夺下女子63、69和75公斤级的所有冠军。更令人咋舌的是，俄罗斯人这次在世锦赛上的成绩一下子提高了至少10公斤之多，而输给刘春红的扎博洛纳娃竟然比她的同胞欧锦赛夺冠成绩高出22.5公斤，还3次打破两项世界纪录！

面对"西伯利亚狼"的围攻，在训练中增强实力是中国队"打狼"的唯一办法。

▲1984年7月30日，中国选手吴数德在第23届奥运会男子举重56公斤级决赛中，以267公斤的总成绩夺冠。

看奥运

▲我国古代的石担运动，以及石锁运动所用的石锁。

北京野生动物园占地240万平方米，饲养展出的动物共计200余种、10000余只，其中国家一级保护种类54种，二级保护种类62种，国外引进动物42种，展示有金丝猴、虹雉、长颈鹿、东北虎、鬼狒狒、孔雀、狮子、斑马、大象、天鹅、黑猩猩、丹顶鹤等众多珍稀动物。

▲战国秦汉以来的许多文物资料都生动地再现了我国古代包括举鼎、举钟、举人、举牛、举石、举木等在内的举重竞技。湖北随州曾侯乙墓出土的编钟显示出了我国古代音乐所达到的高超水平，而编钟钟架的呈举重造型的铜人像立柱，则表明早在我国战国时代举重就已成为一项普及度很高的运动。

▼曾侯乙编钟局部。

▼ 赛场ABC

invalid trial　试举无效
finish a lift
试举成功：完成1次试举
judger　裁判员
competitor　运动员

走进历史
——大力士的运动

举重是一项很古老的运动，起源于古代人类的生产劳动实践。埃及的举沙袋，古巴的举石，中国的举鼎、石担等运动距今已有4000年的历史。公元前4000年的古埃及绘画中画有法老们举沙袋或其他重物来锻炼身体的图案，这是用举重来进行锻炼的最早记录。中国的举重活动，早在两千多年前的楚汉时代就有记录，从晋代至清代，举重均列为武考项目。

大多数情况下，举重被尊为是一项壮举，古希腊人就用举石头来锻炼和测验人的体力。公元前500年左右的一幅古希腊绘画中描绘了一名年轻人双手各举一块未经加工的石块，每个石块有他头的1.5倍大。石块慢慢变成了哑铃，之所以这么叫是因为它们是被去掉了击锤的铃，以使它们不会发出声。之后哑铃的形状也不断演变，直到成为现在更受人们喜爱的杠铃。

同体育一样，举重也被军事上用来评估士兵的身体素质。罗马人在棍的两头扎以石块来锻炼体力和训练士兵。在古代中国，士兵们通常用举起一种称作"鼎"的庞然大物来证明自己力大无穷，动作同今天的抓举有些类似。

现代举重运动始于18世纪的欧洲，英国伦敦的马戏班常有举重表演。1877年，维也纳举办了有历史记载的世界上第一次举重比赛，有些比赛项目看上去十分夸张，比如说只用中指或只用牙齿和头发来举起重物，当然，也有正规的抓举和挺举的比赛。然而，随着举重的地位在法国、俄国以及其他一些欧洲国家的提高，第一个举重和摔跤国家联合会在19世纪90年代初成立。

19世纪初，英国成立举重俱乐部。最初杠铃两端是金属球，重量不能调整，比赛以次数决胜负。后来，意大利的阿蒂拉将金属球掏空，通过往球内添加铁或铅块调整重量。1910年伯格将金属球改成重量不同、大小不

京杭大运河是我国古代劳动人民创造的一项伟大工程，位于京杭大运河北起点的通州见证了北京城的兴起、发展与繁荣，古老的运河、新建的运河广场，真切反映了通州翻天覆地的巨大变化。

一的金属片。

1896年在雅典举行的第1届奥运会上，举重被列为正式比赛项目。当时不按运动员的体重分级别，只有单手挺举和双手挺举。在1920年的第7届奥运会上，开始按运动员的体重分成5个级别，并改为单手抓举、挺举和双手挺举。这为近代举重比赛奠定了基本方式。1924年改为单手抓、挺举和双手推、抓、挺举5种。1928年取消单手举，保留了双手举的3种形式。由于推举易使运动员的腰椎受伤，裁判的尺度也难以掌握，因此1972年奥运会举重比赛后，正式公布取消推举。

奥运会比赛只计算抓举和挺举总成绩，如总成绩相同则赛前体重轻者列前，如再相同，则以赛后即称体重轻者列前。男、女举重分别于1896年和2000年被列为奥运会比赛项目。

▲苏格兰高地运动会上的大力士比赛（包括甩铁锤、扔大木、搬大石）。举重同搬大石一样，都对运动员的肌肉爆发力提出了挑战。

观赛指南

比赛场馆：北京航空航天大学体育馆

赛时功能：举重

场馆介绍

北航体育馆位于北京航空航天大学校区南缘，总建筑面积18376.6平方米，北与飞行学院、逸夫楼相对，西侧为游泳池及网球中心，道路西边为校运动场。

现体育馆是包括多功能综合馆，篮球、排球练习馆及配套附属用房在内的综合体育馆。目前有座位数4309个，其中固定座位2426个，活动座位1883个，主席台40个，记者、电视评论员80个，残疾人20个。作为一座全封闭的室内场馆，室温可根据需要调控，以满足不同比赛需要。

▲北京航空航天大学体育馆。

公交路线

331、375、386、392、398、438、478、484、490、498、632、691、693、743、810、836、944、运通103路至北京航空航天大学站下。

看奥运

燃灯佛舍利塔坐落于通州北城，位于通州区北端运河西岸，塔共八角十三层，高约49米，塔基须弥座呈莲花形，距运河300米，是通州八景之一，具有极高的艺术价值，也是通州的象征。

比赛日期和金牌数目

比赛项目	8 五	9 六	10 日	11 一	12 二	13 三	14 四	15 五	16 六	17 日	18 一	19 二	20 三	21 四	22 五	23 六	24 日	25 一	金牌数目
举重		1	2	2	2	2		2	1	1	1	1							15

注：预赛和决赛日为同一天举行。

观赛礼仪

举重是奥运会比赛中动作相对简单的运动项目，但懂得观赛的人同样能享受到比赛的精彩：运动员的每一次加重会让观众在无形中享受到挑战自我的乐趣。

现场欣赏举重比赛的观众，在选手上场时可以大声呐喊、吹口哨为他们鼓劲。但当运动员举起杠铃时，一定要保持安静。

赛场ABC

against the rule　犯规
ask for another weight
要求增加重量
attempt for a record
破纪录试举
attempt　试举
commencing the trial　开始试举
complete a lift　试举成功
final attempt　末次试举

10分钟课堂

08 奥运举重分项设置

2008年北京奥运举重项目分男、女两个分项，下设15个小项。

男子项目设8个	女子项目设7个
56公斤级	48公斤级
62公斤级	53公斤级
69公斤级	58公斤级
77公斤级	63公斤级
85公斤级	69公斤级
94公斤级	75公斤级
105公斤级	75以上公斤级
105以上公斤级	

奥运举重参赛资格和名额

奥运举重项目的参赛名额是由国际举重联合会根据奥运会比赛所设立的项目的多少而确定，按照协会来分配名额。具体每个协会分配多少名额，要根据每个协会的排名来确定。协会的排名都是根据奥运会前一年的世界锦标赛以及洲际奥运会预选赛中的成绩来确定，东道主则还有一些直接参加奥运比赛的名额。一支举重队的满额奥运席位是男子6个、女子4个，这一数量在北京奥运会上不会改变。

▲中国举重选手李卓在2004年雅典奥运会上的抓举动作。

焦庄户位于北京市顺义区东北燕山余脉歪坨山下，是通往平西、平北根据地的必经之地，直至1946年，村里共挖了地道23里，形成了能打能防的战斗型地道网。焦庄户于1979年被列为市级重点文物保护单位，并改名为"北京焦庄户地道战遗址纪念馆"。

奥运看北京

焦庄户地道战遗址

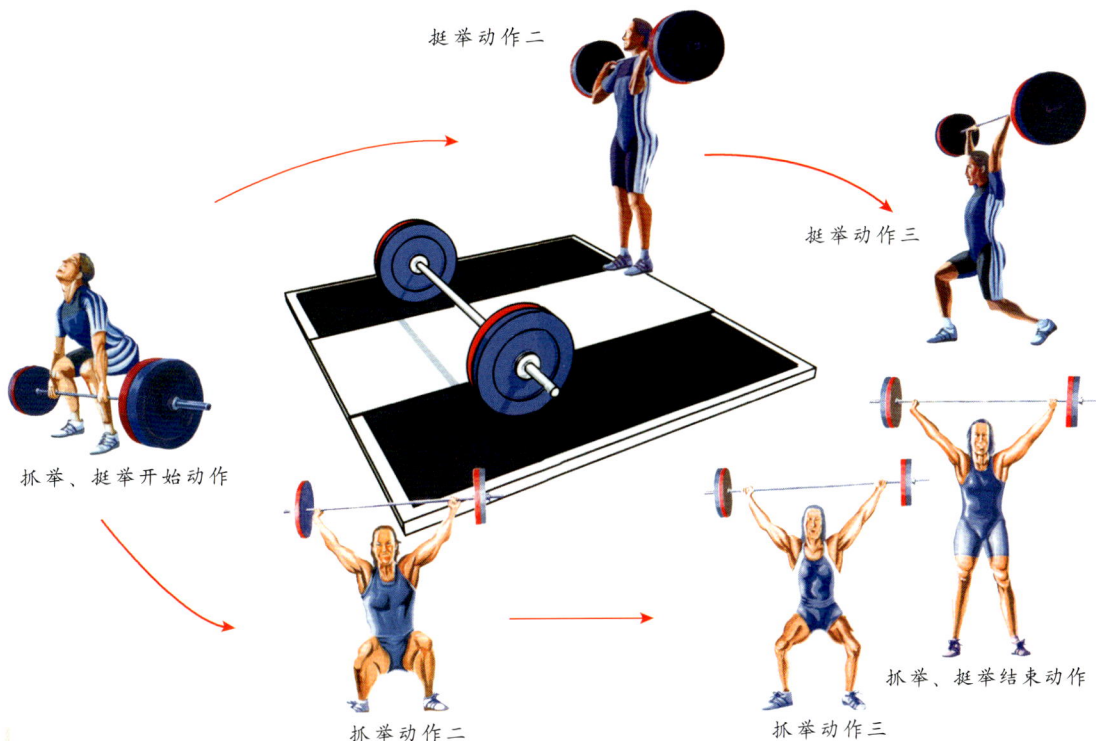

挺举动作二

挺举动作三

抓举、挺举开始动作

抓举动作二

抓举动作三

抓举、挺举结束动作

看奥运

奥运举重赛制和比赛方法

奥运举重比赛按抓举、挺举的顺序进行，男子比赛和女子比赛都按照轻量级到重量级逐次角逐，这样将使比赛更具观赏性。每场比赛运动员共有6次试举机会，抓举3次，挺举3次。试举重量由运动员自己选定，增加重量必须是1公斤的倍数。

抓举

运动员将杠铃平行地放在两小腿前面，两手虎口相对撞杠，以一个连续动作把杠铃从举重台上举过头顶，在头上完全伸直。在提拉杠铃的过程中，两腿可分开或弯曲，杠铃可沿大腿和膝盖滑动，而后，选手必须使双脚恢复并行站立，等待裁判的评判后再放下杠铃。

挺举

挺举分成两个独立的动作，下蹲举的过程要求选手将杠铃从举重台举过肩膀，同时成蹲姿，而后站起。杠铃可沿大腿和膝盖滑动，但在未到达最后状态前不得触及胸部。选手可将杠铃停在锁骨或胸部乳头上方，然后并腿成站姿完成举铃过头。站立稳定将杠铃举到手臂垂直伸展的高度。然后将脚并拢等待裁判示意。

举重运动的场地与器材

场地

举重台或场地长4米、宽4米、台高80至150毫米。

器材

杠铃：横杠重量为20公斤，长度为2200毫米，横杠直径为28±0.03毫

▲杠铃片25公斤片为红色、20公斤片为蓝色，15公斤片为黄色，10公斤片为绿色，5公斤片为白色，2.5公斤片为黑色。1.25公斤片、0.5公斤片均为镀铬片。

米，套筒直径为50±0.02毫米。

举重的服装与护具

举重服：举重服式样为紧身衫连裤。男运动员必须穿护身或紧身三角裤，女运动员必须戴胸罩、穿紧身三角裤。

举重鞋：举重鞋的后跟应是正常形状。鞋底不得超过鞋帮5毫米，鞋帮靴高不得超过130毫米。

举重腰带：举重腰带须系在举重服外，宽不得超过120毫米。

举重比赛裁判中的信号灯

举重比赛有三名裁判，他们的判决根据少数服从多数的原则成为最终判决。裁判长坐在举重台前方，其左右各坐有一名裁判员。每名裁判控制一盏红灯和一盏绿灯——红灯表示试举失败，绿灯表示试举成功。两名裁判激活同一信号灯后立即会有喇叭声响起，即放下杠铃信号，示意选手放弃试举或将杠铃放回举重台。

评判团负责观察每次试举情况，并有权推翻裁判的决定。评判团由5人组成，其中一人被指定为主席。

举重比赛中打破世界纪录是如何确定的

任何一次试举成功的重量超过该项纪录1公斤或者1公斤的倍数时，即承认为新纪录。总成绩必须超过原纪录1公斤才承认为新纪录，新纪录一旦创造，其他人不得以同样重量破该纪录。

▲我国举重选手刘春红在2004年雅典奥运会中的挺举动作。

竞技战术解析
——力举千斤的举重战术

举重不仅是一种竞技项目，更是人们希望拥有更大力量的美好愿望的表现。事实上，举重运动就是通过各种方式和方法举起重物，以发展力量，增强体质的运动项目。在长期的发展过程中，由于动作方式的日益增多，竞赛活动的日益发展，其技术及战术也在不断完善变化。举重若轻的举重技术已经成为极具观赏性的运动技术。

举重比赛的战术内容主要包括体重战术、试举重量战术（含更改重量）和心理战术三个方面，每一个方面又有一些具体的战术方法。

奥运看北京
白　龙　潭

体重战术

　　由于举重是按运动员的体重不同分级别比赛的项目，只有属于同一体重级别的运动员才能在一起比赛；又由于规则规定在同一级别比赛中，当两名或两名以上的运动员成绩相等时，则判体重轻者获胜，而现在称量体重的精确度为百分之一（即0.01）公斤。所以，这就决定了体重是举重比赛的战术手段之一，体重战术是举重比赛的一个重要战术内容。

　　体重战术的运用首先表现在教练员的排兵布阵、确定运动员参赛级别方面。如何确定级别，不仅会影响运动员的个人名次，特别是在团体比赛中，确定级别的战术作用就更加明显。体重战术运用更多的还是在如何控制个人体重方面。事实上在水平相当的比赛中，"赢体重"和"输体重"的现象司空见惯，经常出现几个人都举100公斤，体重轻者可能获得冠军，而重者可能被甩到三四名。

试举重量战术

　　举重比赛中，每项动作的3次试举都是由运动员自己选定的（实际上主要是由教练员掌握），但重量必须是1公斤的倍数。而3次试举中，试举成功的最高一次重量即为运动员的单项成绩，两个单项成绩之和即运动员的总成绩，成绩高者名次列前。规则中的这些规定就决定了试举重量是举重比赛的主要战术手段，而试举重量战术是举重比赛的主要战术。

　　试举重量能否正确选定，对比赛全局具有重要的影响。重量要得正确，符合运动员的实际情况，就能够使运动员的体能、技能和心理能力得到充分的发挥，获得更高的试举成功率。反之，如果重量要得不恰当，脱离运动员的实际，无论是太高或太低，均会对运动员的体能、技能和心理能力的发挥产生不良的影响，小则影响成绩，影响成功率，影响比赛名次，大则可能造成3次试举全部失败而没有成绩，从而出现一着不慎满盘皆输的结果。

心理战术

　　比赛是双方运动员的体能、技能、心理能力和战术能力的综合较量。尤其在双方势均力敌的情况下，运动员心理状态的好坏常常能对比赛结果产生重要的甚至是决定性的影响。因此，运动员或教练员通过某些心理手段来使对方增加心理负担，使自己处于良好的心理状态，从而改变双方心理能力的平衡，以达到战胜对手的目的的心理战术，就显得十分重要。运用心理战术时要尽量了解对手而不让对方了解自己，并制造假象去麻痹对手或吓唬对手。而选手则要通过暗示给自己以鼓舞和信心。

国际举联（IWF）

　　国际举重联合会，简称国际举联(IWF)。1905年由法国倡议成立。1968年以前称"国际举重与健身联合会"。现有协会会员167个，分属国际举联承认的非洲、亚洲、欧洲、大洋洲、中北美和加勒比地区及南美洲共6个地区联合会。

　　国际举联是国际单项体育联合会总会成员。国际举联遵循奥林匹克理想和原则，使举重运动成为推动世界和平和相互理解的一种手段。国际举联组织的赛事主要有世界锦标赛、世界青年锦标赛和奥运会举重比赛等。

　　中国于1936年加入国际举联，1955年得到国际举联的确认。

看奥运

▼　赛场ABC

clean and jerk(or jerk)　挺举
snatch　抓举
classification　级别；名次

金海湖旅游度假区位于平谷区城东18千米处，湖东西北三面环山，是北京第三大水库。"一湖秀色在横山"，金海湖也有"小北戴河"之称。

▲雅典奥运会上，随着一声大吼，172.5公斤的杠铃被石智勇举过头顶，金牌已经伸手可取。意犹未尽的石智勇扔掉杠铃后，在场上来了个漂亮的后空翻。

福娃问答

举重比赛怎样称量体重？

运动员在赛前两个小时开始称量体重，称量时间为1小时，每人称1次，过时作为弃权处理。

如果体重超了怎么办？

如果体重不符合该级别的重量时，可在规定时限（1小时）内再进行称量，次数不限，直到合格为止。如不合格，则不能参加比赛。

举重比赛选手的出场顺序是如何确定的？

一位选手第一次试举的重量决定其出场顺序。第一次试举重量较轻者先出场，一直进行下去直到最大重量。如果两位选手要的重量相同，则出场顺序由抽签决定。

举重比赛中试举重量增加是多少？

每一次试举的重量增加必须至少为1公斤，场上杠铃的重量最少不得低于26公斤。运动员要改变试举重量，必须在最后一次点名前提出。在来不及填卡的情况下，教练员或者运动员可以口头要求改变重量，但每次试举的重量只能更改两次。

举重比赛试举时间是怎样规定的？

选手上场前在准备室中有20至30分钟的练习时间。上举重台后有一分钟时间为试举做准备。在这一分钟里，他们往手上抹一些滑石粉以增加摩擦，然后进行试举，如果一分钟时间内没有将杠铃提离举重台，则判为试举失败。如果一位选手连续试举两次，则两次试举之间有两分钟休息时间。

举重比赛是如何计分的

每位选手在抓举和挺举上分别有3次试举机会，每一项中的最好成绩计入总成绩。如果一位选手在抓举中三次试举失败，可以继续参加挺举比赛，但无法参加最后排名。

如果两位选手举起的重量相同，则体重较轻者名次列前。万一出现两人成绩相同，体重也相同的情况，则先举起这一重量者名次列前。

举重比赛中无效或犯规有哪些？

主要有以下几类：

从悬垂状态提铃。

提铃过程中有停顿。

除两足外，身体任何部位接触举重台。

在完成动作时，两臂伸展不平均或不完全。

伸展臂部过程中有停顿。

用推举完成动作。

在试举中离开举重台，即让两脚接触台外地方。

▼ 赛场ABC

junior world record
青年世界纪录
jury　仲裁委员会
secretary　记录长
senior world record
成年世界纪录
signal light　信号灯
technical committee
技术委员会
technical rules for competition
竞赛规则

京都第一瀑位于京郊密云县境内，高62.5米，一年四季常流不息，瀑布左边石壁上镌刻着"京都第一瀑"五个大字。上游柳河一路冲刷、切割造就了"六潭连珠"、"溅玉瀑"、"悬空瀑"、"思古潭"等奇景，"京都第一瀑"是它注入白河前的最后景观。

在裁判员发令前将杠铃放下。

在裁判员发令后杠铃从身后落下，或故意从身前摔下。

未能使两足站在与杠铃和躯干的平面相平行的同一横线上来完成动作。

放铃时，未能使杠铃整体接触举重台。

抓举时，在完成动作中横杠接触头部。

挺举翻铃转肘之前横杆接触胸部。

翻铃时肘、上臂触及大腿或膝部。

上挺前两腿未伸直。

屈膝上挺未完成动作。

上挺前有意使杠铃颤动。

举重比赛选手如何才能升级参加比赛？

升级比赛就是上升到比原来报名级别高的级别中去比赛。规则规定：升级比赛必须在原报名级别称量体重开始前提出，经称量体重超过原报名级别的标准，同时成绩也达到了所升级级别的及格标准后，只要该级别的参赛人数没有超过规定的参赛人数，参加比赛运动员便可以升级参赛。

大事记

1896年，第1届奥运会举重不分体重级别，竞赛方式是单手举哑铃，双手任意举球状杠铃。

1905年，国际举重联合会成立。

1956年6月7日，我国举重运动员陈镜开打破最轻量级挺举世界纪录，这是我国第一次打破体育世界纪录。

1972年，苏联工程师阿列克谢耶夫以绝对优势夺得举重110公斤以上级金牌。

1984年7月30日，吴数德在洛杉矶奥运会上为我国夺得奥运史上首枚举重金牌。

1988年，汉城奥运会上，土耳其选手苏莱曼诺尔古先后6次打破举重60公斤级抓举、挺举和总成绩的世界纪录。

2000年，我国选手占旭刚在继亚特兰大奥运会后，第二次获得举重奥运金牌。

2000年9月22日，我国选手丁美媛获悉尼奥运会女子举重75公斤以上级金牌，并破该项目抓举、挺举和总成绩三项世界纪录。

2004年，我国选手唐功红在雅典奥运会上获得女子举重75公斤级以上金牌，并破挺举和总成绩两项世界纪录。

▲陈镜开是我国第一个打破世界纪录的运动员。1956年6月7日，在上海举行的中苏举重友谊赛上，陈镜开挺举举起133公斤，打破了美国运动员保持的132.5公斤的最轻量级挺举世界纪录，成为中国第一个打破世界纪录的运动员。从这以后，陈镜开先后9次打破世界纪录。1987年5月11日，国际奥委会执委会授予陈镜开银质奖章，这是中国运动员第一次获此殊荣。此外，陈镜开还荣获国际举重联合会、亚洲举重联合会授予的夺杯勋章，并被选为世界举重名人馆成员。图为陈镜开受到周恩来总理的接见。

看奥运

▼赛场ABC

barbell　杠铃
barbell stand　杠铃架
barbells(bar)　杠铃片

雁栖湖距怀柔县城8千米，因每年春季有成群的大雁、仙鹤等珍禽候鸟在此栖息，故而得名。雁栖湖三面环山，湖区气候宜人，是开展水上娱乐活动和休闲度假的理想场所。

Boxing

拳击

金牌榜

金牌榜	比赛单项	运动员姓名	夺金时间	成 绩	备 注

精彩看点

暴力之美

　　历史悠久的拳击运动，一直深受人们的喜爱和关注。拳坛如人生，打开这幅波澜壮阔的历史画卷，其本身也总有讲不完的故事，是什么让我们记忆犹新？是什么在历史画卷中激起层层波浪？是什么让我们心潮澎湃？是什么让我们热血沸腾？就是那些热血激情、豪情万丈的拳手，奉献给我

京东大峡谷旅游区位于京东平谷，总占地20平方千米，纵深六华里，由大峡谷和井台山两大风景点组成，成为北方最充沛的山水名胜。景区内还有中国唯一的4000米冲山滑道，惊险刺激，堪称世界之最。

奥运看北京
京 东 大 峡 谷

们一场场激情四射的赛事；就是那些永不言败、勇往直前的拳手，展现给我们一幕幕不死的拼搏精神。

观赏拳击比赛实际上是在欣赏一种流畅的运动美。拳手雕塑般的身躯、闪电般的凶悍拳法、灵活巧妙的躲闪等，无不展示着速度与力量的对抗、勇气与智慧的碰撞。拳手那超人的自信，难以置信的抗击打能力以及欲将对手击出拳台的霸气等，无不诠释着拳击是勇敢者运动的真理及催人奋进的精髓，给人以强大的震撼力和勇气。

拳台上拳手胜与负的全过程，也是荡涤拳手与观众心灵的过程，不能不使人悟出其超越拳击本身以外的价值。而在欣赏和获得快乐与满足的同时，在受到震撼的那一刻，也让我们认识和感悟到了什么是拳击，什么是"拳击精神"。

▲ 邹市明作为中国拳坛的希望之星，分别获得了第28届奥运会48公斤级铜牌和2005年世界拳击锦标赛48公斤级金牌。

冉冉升起的拳击新星

2005年11月20日，四川绵阳的九洲体育场，一个小个子运动员被人扛在肩上，挥舞着国旗与观众一起狂欢，他就是刚刚在世界拳击锦标赛48公斤级夺冠的邹市明。为了这一天，邹市明和中国拳击都等了太久。

邹市明第一次引起人们的注意还是在雅典奥运会上，当时他一路过关斩将，夺得铜牌，实现了中国拳击在奥运会上奖牌零的突破。时隔一年，第13届世界拳击锦标赛来到了中国的四川绵阳，对于贵州人邹市明而言，这几乎就是纯粹的主场作战，而作为中国拳击最强的冲金点，他的目标就是冠军。

果然，邹市明的每一次出场都会获得全场最多的掌声和欢呼，而他也不负众望，将一个个强大的对手斩落马下，尤其是四分之一决赛，更是淘汰了世界拳坛48公斤级第一高手，雅典奥运会淘汰过自己的古巴名将瓦雷拉，邹市明一步步向自己的冠军梦靠近。

走进历史
——勇敢者的运动

拳击起源于埃及，公元前4世纪古埃及的象形文字中，已有拳击护具"皮绷带"的叙述。大约公元前17世纪，经地中海的克里特岛传播到古希腊。公元1世纪，拳击在罗马帝国十分盛行。公元前5世纪在爱琴海岸发掘的一对瓷瓶上，有两人相互攻防的拳击图案。在希腊神话中，传说雅典王子赛希

▲ 克诺索斯壁画中描绘的少年拳击手，现存雅典博物馆。

看奥运

249

神堂峪自然风景区位于怀柔境内，融山川、河流、奇峰、怪石及古长城为一体，雁栖河贯穿全区，景色优美，空气清新。修建于明万历年间的屯兵城堡遗址保存完好，为纪念抗日战争时期"龙潭惨案"而修建的"龙潭惨案纪念碑"也已成为青少年爱国主义教育基地。

▲拳击是古代奥运会最早设置的项目之一，古希腊的酒罐绘画中表现了激烈的拳击比赛。

▲古代奥运会上，拳击与角力结合的竞技是最凶险的运动。在奈迈阿竞技会上，埃皮达鲁斯的克瑞伽斯和叙拉古的达摩克塞纳打斗得难分高下，这两座雕塑表现了这一情景。

阿斯（公元前1000年）就通晓拳术，曾玩过这种拳击。在美索不达米亚的考古发掘中，也发现了1700年以前拳击活动的遗迹。

现代拳击运动于18世纪起源于英国，当时比赛不戴拳套，亦无规则和时间限制，直至一方丧失继续比赛的能力为止。中国现代拳击始于20世纪20年代后期，最初称之为"西洋拳"，曾有人翻译了一本《西洋拳术》。20世纪30年代，旧中国南京国民党政府的中央国术（武术）馆、国立国术体育专科学校将拳击列为主课之一。

拳击的比赛规则有自己的独特之处。在国际业余拳联自1997年开始实行的新规则中，规定业余拳击比赛实行5个回合制，每个回合打2分钟，回合间休息1分钟；职业拳击比赛一般是实行10～12回合制，回合中间休息1分钟。业余拳击比赛主要靠技术得分来判定胜负，所用拳击手套大而且厚，比赛时运动员要穿背心、短裤、软底拳鞋、戴护头盔。职业拳击比赛主要靠强烈攻击或将对方击倒判定胜负，被击倒一方如果在10秒钟内不能站立起来恢复比赛，就判对方获胜；比赛时职业拳手的手套小而且薄，赤裸上身、头部不戴头盔进行比赛。业余拳击比赛设有12个级别，职业拳击比赛设有17个级别。

观赛指南

▲2008年奥运改建场馆之一。

比赛地点：工人体育馆
赛时功能：拳击
场馆介绍

北京工人体育馆位于朝阳区三里屯工人体育场北路，能容纳1.5万名观众。

公交路线

113、115、118、208、406、416、431、758、823路至工人体育馆站下。

比赛日期和金牌数目

比赛项目	8 五	9 六	10 日	11 一	12 二	13 三	14 四	15 五	16 六	17 日	18 一	19 二	20 三	21 四	22 五	23 六	24 日	金牌数目
拳击																5	6	11

注：蓝色为比赛日，黄色为决赛日。

青龙峡位于北京市怀柔区怀北镇的古长城关口，集青山、绿水、古长城于一体，是国家4A级景区、国家水利风景区。峡谷地理位置独特，历史悠久，常年气候凉爽宜人，每年举办植树节、消夏避暑节、秋季采摘节、冬季冰雪游更是吸引了大量游客。

奥运看北京
青 龙 峡

奥运会拳击比赛从预赛、1/4决赛、1/2决赛到决赛，并不集中在一个连续的时间段内完成，而是贯穿于整个拳击比赛时段。奥运拳击项目不同级别的项目虽然交替进行预赛，但所有级别的决赛都在最后两天内进行。

观赛礼仪

拳击比赛的拳台周围设有观众席，观众可以"零距离"地观看激烈的对抗，这是拳击比赛吸引人的地方之一。但拳击比赛本身的紧张和刺激，使观看拳击比赛的观众也容易情绪高涨、热血沸腾。因此，观看拳击比赛一定要文明加油，不要因为激动而变得疯狂。

现场观看拳击比赛的观众在拍照时不能用闪光灯，坐在前排的观众，不能向运动员挥舞和抛掷物品。在拳手击中对手的时候，观众应该适时地给予掌声和欢呼声，但是决不能怂恿运动员击打已经倒地的对手，因为观看拳击比赛主要是欣赏运动员娴熟、多变的竞技战术，以及运动员强健的体魄和强有力的攻击，但这绝不是要比赛变得暴力而无序。选手倒地后，更不能起哄或者向失利的一方发出嘘声或吹口哨声。

▲第26届奥运会上，游泳女运动员埃文斯将火炬传给了拳王阿里，阿里点燃了主会场火炬塔上的火炬。

10分钟课堂

奥运拳击参赛资格和名额

每届奥运会拳击比赛参赛资格以及各大洲的名额都是根据该届奥运会前一年的奥运会预选赛确定的。名额按洲分配，各大洲名额的数量根据各大洲协会的多少最终由国际拳击联合会确定。一般情况下，每个级别每个协会最多1名运动员参加比赛。

奥运拳击赛制和比赛方法

奥运会拳击比赛采用淘汰制，选手的对阵是随意抽签决定的，并不按照世界排名设立种子选手。不过与大多数奥运会项目不同的是，半决赛失利的选手不再进行三、四名决赛，而是并列第三，各获得一枚铜牌。

比赛中，运动员用拳直接击打对方头部或腰以上部位的正面或侧面，为有效击中，每击中一次得1点。裁判员根据双方在4个回合中所得的总分判定名次，如果总分相同，则判比赛中处于主动地位或技术风格较好的运动员获胜。当一方运动员被击倒后，裁判员要开始数秒，从1数到10，并用手势表示秒数，如果裁判员数到10，该运动员还不能站起来，则判对方获胜。

▲邹市明夺冠的辉煌时刻。

黑龙潭位于密云县石城乡境内，距北京100千米，是一个全长5千米、水位落差达220多米的山谷。风景区以潭闻名，著名的3瀑18潭散落在大峡谷里，千姿百态，令人目不暇接。

▲ 王府井街头的拳击雕塑。

▲ 有"拳王"之称的默罕默德·阿里作为世界上最著名的运动员之一，在成为职业拳击手之前，曾夺得奥运会拳击金牌。

▲ 拳击服装应宽松舒适。

08 奥运拳击分项设置

　　拳击有业余、职业拳击比赛之分，奥运会仅设男子项目，只允许业余运动员参加，比赛按体重分级别进行，2008年北京奥运共设有11个小项目。它们分别是：

男子拳击 11 个项目
男子 48 公斤级
男子 51 公斤级
男子 54 公斤级
男子 57 公斤级
男子 60 公斤级
男子 64 公斤级
男子 69 公斤级
男子 75 公斤级
男子 81 公斤级
男子 91 公斤级
男子 91 公斤以上级

场地与器材

　　拳击比赛用的正方形拳击台面积为6.1平米，四周有围绳。拳击台表面由拉展开的帆布组成，帆布下面有软垫层。拳击台的每一边的围绳由四根平行的绳子组成。围绳以外四周至少要有50厘米的绳外台面，以保证运动员不失足落到台下。离拳击台地面最低的绳子有40.66厘米高，两道绳子间的高距为30.48厘米。

　　拳击台上的四角用不同的颜色加以区分。参赛时拳击手可使用的台角是红色和蓝色，其余两个中立角为白色。

服装与护具

　　拳击服装包括背心、短裤和软底鞋。背心应松紧适宜，不能影响技术动作的发挥。拳击短裤要宽松长大，裤长必须到大腿部位的一半，不能让护裆有所暴露，更不能影响比赛。拳手必须穿软底鞋，而且要绑紧牢靠。

　　拳击的护具包括护头、护齿和护裆。参加比赛时运动员必须使用护头，双方运动员护头的规格、样式要统一，一方为红色，一方为蓝色，和各自所在的角色要一致，而且所用护头必须是国家拳协批准认可的统一护头。

　　规则规定，比赛时运动员必须使用护齿，护齿的大小应合适。运动员要穿戴护裆，如果护裆脱落或损坏，要及时更换和穿戴好。

竞技战术解析
——艺术化的搏斗

在拳击比赛中，要求拳手出拳快速，有力、准确、清晰、有效地击中对手，而自己又能巧妙地躲避对手的攻击，毫发无伤，技术及战术要求极高。拳击需要手足协调一致，步法与正确的拳法相结合，攻与守相结合，并要始终保持身体平衡，因此被称为"艺术化的搏斗"。高水平的拳手在比赛时，表现出强劲有力的攻防动作，拳法突然迅速、攻势凌厉，令人眼花缭乱，并且动作潇洒自如，姿态优美，给人以艺术性的美感，表现了运动员力量、技术、意志、心理、智慧的竞技和健美的艺术。

▲ 连击的左直拳，能破坏对方的平衡，扰乱其心绪，混乱其视线，从而创造有利的进攻条件。

艺术化的搏斗

完善的拳击技术由拳击的姿势、步法、拳法以及防守与还击等部分构成。

拳击姿势

拳击姿势一般有"左手在前"和"右手在前"两种。拳击运动员首先应选择对自己适合而有效的拳击姿势。

步法

步法是维持身体重心的平衡，配合拳法移动身体迅速出击的一种技术。步法是拳击的基础。步法有滑步、冲刺步、侧步和环绕步等。

拳法

拳击中的拳法有直拳、勾拳、摆拳、刺拳等。

防守与还击技术

用拳套或手臂阻挡对手的来拳，或拨开、压住对手的来拳，趁势加以反击，叫阻挡防守。运用上体旋转、移步后让或向左右两侧潜入转移，使对手的拳击落空后趁机加以反击，叫闪躲防守。还击通常是在阻挡或闪躲掉对手来拳的一瞬间，对准对手防御上的空隙予以还击。主要包括拍击法、格挡法、侧闪法、摇闪法、阻挡法、后仰法。

进攻技术

直拳的进攻技术：

直拳在拳击运动中是使用频率最多的一种拳法，因为它的出拳轨迹是直线，所以它出拳距离短、速度快。前手直拳

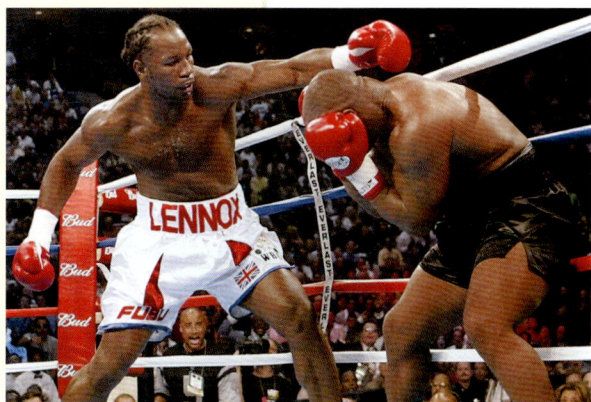
▲ 两位最杰出的重量级拳击手雷诺克斯·刘易斯和麦克·泰森在拳场争霸。

看奥运

北京植物园坐落于西山脚下，园林绿地200公顷，园内栽培露地木本植物15万余株、五百余种，以展示我国东北、西北、华北地区植物资源为主，并已建成松柏区和十几个专类花园，各小园风格迥异，各具特色。

除了直接击打对方的头部和腹部外，还可结合一些假动作进行进攻。同时，前手拳的假动作也是拳击运动中应用最多的拳法。

摆拳的进攻技术：

摆拳的出拳轨迹较长，如果不能很好地掌握这一技术，在出拳时就很容易被对手发觉而不易击中对方，而且会暴露出自己的空当，掌握好这一技术就必须掌握摆拳的发力技巧和如何缩短出拳轨迹的问题。

勾拳的进攻技术：

勾拳是在近距离对抗中使用最多的拳法，分为上勾拳和平勾拳两种打法。在近距离对抗中这两种拳法通常是配合使用的。另外，在做防守时也可利用勾拳进行反击。

拳击战术

战术在比赛或实战中往往起着决定性的作用，如果战术运用得当，不仅会使技术发挥得淋漓尽致，而且，会使对手弄不清楚自己的意图和方法而被打得措手不及。在拳击比赛中，运动员经常运用以下战术：

指上打下，上下结合

这种战术是拳击运动员在对抗中应用最为普遍的战术之一。这种战术的特点是能够给对方造成进攻的假象，让对方做出相应防守的同时，来攻击对方的另一个部位。

假动作

拳击比赛的主要特点是在击中对手的同时避免被对手击中，这种比赛胜负的焦点就集中表现在运动员的进攻能力上。假动作战术是在实战和比赛中应用最为普遍的一种战术。

隐蔽战术

隐蔽战术是一种非常重要的战术手段，优秀拳击运动员在实战中从来不暴露自己的进攻意图，但是有时他们也运用隐蔽战术，即运用从表面上看像是错误的、新手所使用的向前挥打动作，或摆动动作，分散对手注意力和隐蔽自己的企图。

牵制对手战术

牵制对手战术也称控制对手的战术，是一种非常多样化的战术手段。在近距离实战的时候，把两臂放在对方肘关节弯曲处，还可以利用假动作

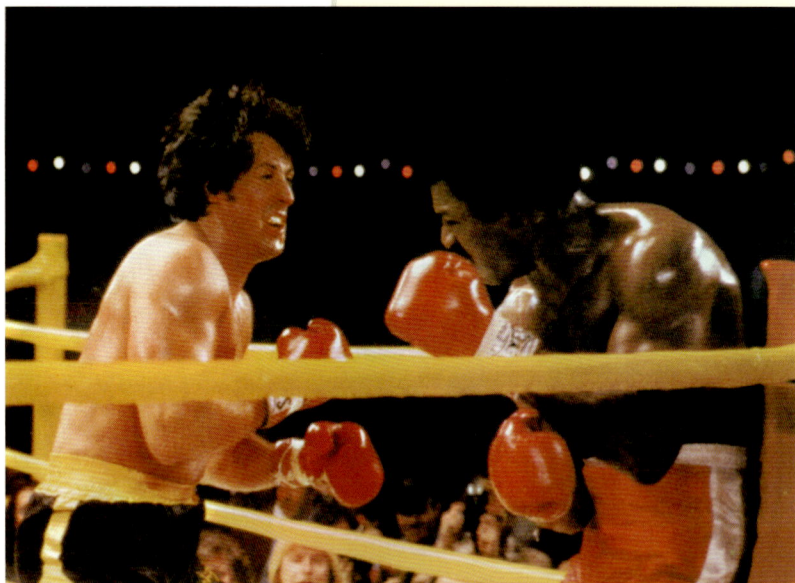

▲20世纪70年代，史泰龙在银幕上成功饰演了拳坛硬汉洛基这一形象。

位于北京西郊的玉泉山以山上的玉泉而闻名。玉泉为明清两代宫廷用水水源。据传，清帝乾隆为验证该水水质，以银斗秤量全国各处名泉水样，结果玉泉水每银斗重一两为最轻，以玉泉水含"杂质"最少，水最清，故命名其为"天下第一泉"。

奥运看北京
玉　泉　山

连续不断地打击束缚对手，达到牵制对手的目的。

福娃问答

拳击比赛中怎样算倒地？

在一场拳击比赛中，拳击手在被击中后脚以上身体的任何其他部分接触台面可判为倒地。在被击中后身体部分跌出围绳以外或体力不支依靠或悬挂在围绳上，或者在受到重击后，虽然可以站立，但被台上裁判员认为无法继续比赛时，选手都应被判为倒地。

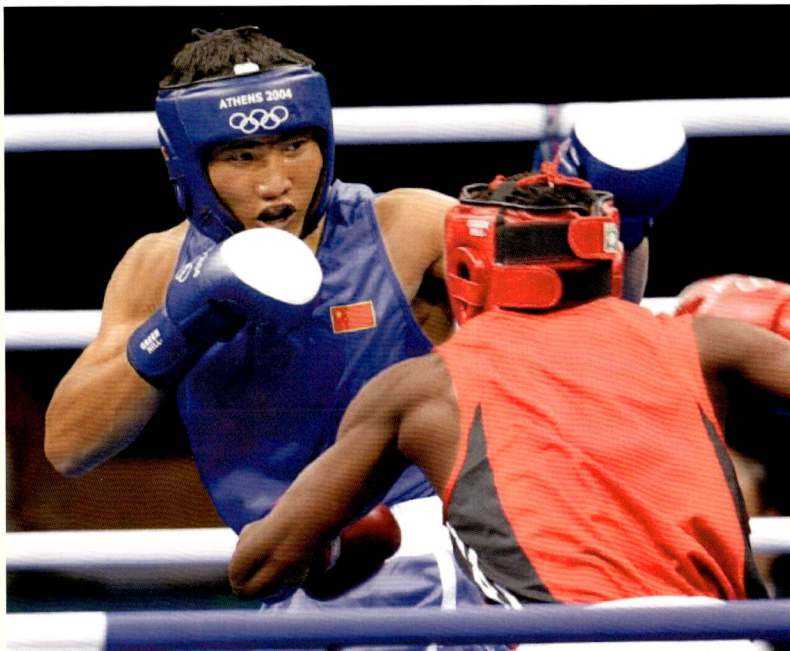

▲精准的出拳不仅可以有效地进攻，而且还可以通过阻止对方的进攻然后进行反击。

拳击比赛中8次数秒是怎样的？

在拳击比赛中，即使倒地选手立刻站立起来，也不能继续比赛，他必须先接受台上裁判员的8次数秒。在数秒到8后，在认为比赛可以继续时，台上裁判员会命令"开始"继续比赛。如果被击倒选手在站立起来后，没有和对手击打就再次倒地，台上裁判员会开始再一次8次数秒。

拳击比赛中的犯规和判罚是怎样的？

拳击比赛中的判罚有三种：告诫、警告、取消比赛资格。对同一种犯规，两次告诫等于一次警告。三次警告，无论是否针对同一种犯规，都会导致取消选手的比赛资格。

拳击比赛中常见的犯规包括：利用开掌、掌心、掌根或用拳套侧面进行击打，夹抱对方，反推对手的手臂或肘关节，推对方，下潜过低，头前冲，踩住对方的脚或抬膝过高，击打腰带以下，击打后脑、后背，发出"分开"口令后，不后退，抢打和旋转身体击打，不正当地利用围绳弹力或抓住围绳进行击打，企图进攻被击倒的对手，在比赛时与对手或裁判员说话，消极防御，用肘或前臂击打对方，故意吐护齿，抱摔对方以及靠压对方等。其他的犯规有消极防守，在场上裁判员命令"分开"时不后退一步，语言冲撞台上裁判员以及在台上裁判员命令"分开"后马上击打对方等。

拳击比赛常见判定胜负的方式有哪些？

以下几种判定胜负的方式，在拳击比赛中经常能看到：得分获胜、得点拳多者获胜、击倒获胜、取消比赛资格获胜、未出场获胜。

▼ 赛场ABC

at the bell　一个回合结束
auditory scoring　报分
awarding scoring　判分
bicycle　往后移步
blocking　阻挡

看奥运

妙峰山风景名胜区位于京西门头沟区境内，面积20平方千米，妙峰山主峰海拔1291米，以"古刹、奇松、怪石"而闻名，是北京周边最具文化底蕴的风景名胜区之一。

拳击比赛中的手势有什么意义？

数秒手势：在拳击选手倒地后，台上裁判常将一只手伸到倒地选手的面前，用手势表明数秒的数字。现在也常采用电子数秒设备，每数一次设备会发出一声嘟声。

犯规动作：台上裁判要以手势向运动员示意；

击打腰带以下，以手在腰间做往下按的手势（掌心向上）；

膝部顶撞对方，抬起膝部以拍膝示意；

头部顶撞对方，用手指额前示意；

击打后脑，用手拍自己后脑示意；

肘关节撞击对方，抬臂用肘做顶撞示意；

用手掌击打，用手指另一手掌示意；

下潜过低，用手在腹前下方压示意过低（掌心向下）；

击打背部，用手指自己背部示意；

利用围绳弹力进行击打，台上裁判在围绳上做动作示意；

警告手势是一手按住受警告运动员的手，一手伸出食指，示意评判员给某运动员警告。

赛场ABC

straight blow 直拳
time limit 时间限制
typical fault 典型错误
uncertain landing 落地不稳
valid basic score 有效基本分
virtuosity 熟练性

▼拳击者像。这是作于公元前1世纪的青铜原作，出自雅典雕刻家阿波罗尼奥斯之手。雕像表现一个在激烈的拳击比赛中间坐下来休息片刻的拳击手。

超级链接

四年一届的奥运会是每个参赛者运动生涯中最为重大的赛事，其比赛的激烈和紧张气氛更不比平时，在奥运赛场上出现种种令人瞠目结舌的趣事也在所难免，第10届美国洛杉矶奥运会的拳击场上就出现了这样一幕。

一场拳击比赛即将开始，场上的观众正举目等待着双方拳击运动员的出场。不一会儿两名拳击运动员披着拳击袍精神抖擞地走上拳击台，站在拳台一角屏住呼吸等待着即将开始的生死搏斗。当裁判宣布比赛正式开始时，两名拳击手脱下身上的战袍准备开战，就在这一刹那间，整个拳击馆如炸开了锅一般喧闹起来，观众席里笑声叫声一片，原来有一名拳击手面对如此重大的比赛，既兴奋又紧张，导致准备工作做得仓促，忘了穿上裤子，自己竟然一点都不知道，就这样直接披着战袍步入了拳击场。当他脱掉战袍后，便赤身裸体的亮相在拳击台上，在众目睽睽下一丝不挂愣了好几秒钟才回过神来，羞得赶紧披上拳击袍跑出

中国人民革命军事博物馆位于北京西长安街，展馆陈列面积四万多平方米，是中国唯一的综合性军事博物馆。馆内陈列展示了中华民族5000年的军事历史与军事文化，展示了人民解放军的发展壮大历史和中国国防建设的新成就。

拳击场地。好在运动员在赛场上更在意的是他所面对的比赛，这位失态的拳击手很快镇定下来，收拾好自己便又重返赛场，投入到激烈的对抗中来。

拳击之最

参加拳击赛次数最多的选手

美国的亚伯拉罕·霍兰德斯基，从1905年到1918年，共参加比赛1309次。

连续获胜次数最多的拳手

英国轻量级拳手哈尔·巴哈韦尔，从1938年8月10日至1948年11月29日参加拳赛183次，连续获胜178次，平5次。

体重相差最大的拳击赛

1900年4月30日在美国纽约州布鲁克林举行的一次比赛，选手菲茨西蒙斯体重78公斤，对手邓克霍斯特体重141.50公斤相差63.50公斤，但菲茨西蒙斯却获胜。

获奥林匹克金奖最多的拳手

古巴的特·斯蒂文森，在第二十、二十一、二十二届奥运会上三次获得最重量级冠军。此外，匈牙利的帕普也获得过三次冠军，但不是同一级别。

获同一届奥运会金牌最多的拳手

美国的柯克，由于当时允许兼项，所以在第三届奥运会上获最轻量级和次轻量级冠军。

大事记

公元前1200年，传教士圣培纳丁设法废止了古罗马拳击的野蛮方法，使之成为以锻炼身体为原则的体育活动，逐渐流行起来。

1743年，英国著名拳击家J·布劳顿针对拳击比赛的混乱局面，制定出了最早的一份拳击规则，又在1747年设计了拳击手套。

1880年，伦敦成立了英国业余拳击协会。

1881年，第1次拳击锦标赛成功举行。

1904年，在圣路易举行的第3届奥运会上，拳击第一次被列为正式比赛项目。

1924年，第8届奥运会前夕成立了国际业余拳击联合会。

1940年，国际业余拳击协会在英、法等24国拳协的倡议下，在伦敦成立。

1950年，匈牙利拳击手拉·帕普在第十二届奥运会的比赛中创造了奥运会拳击赛的奇迹，成为奥运史上三连冠的第一个拳击手。

国际拳协（IABA）

国际业余拳击协会，简称国际拳协(IABA)，由英、法等24国的拳协倡议，于1946年在伦敦成立，现有190个协会会员。国际拳协总部设在洛桑。

国际拳协的正式工作用语为英、法、西、俄和阿拉伯语。国际拳协下设欧、亚、非、美和大洋洲5个地区局。代表大会是国际拳协的最高权力机构，每4年召开一次。国际拳协的主要赛事有奥运会拳击赛、世界锦标赛、世界杯赛、地区和洲锦标赛、世界青年锦标赛和国际邀请赛。

看奥运

▼ 赛场ABC

feeler　左直拳
fighter　职业拳击运动员
fist flinger　拳击运动员
fist position　握拳姿势
counter blow　还击拳
criss rcross　互击
cross rcounter　迎击
deadlock　难解难分

抗日战争纪念雕塑园位于丰台区宛平城与京石高速公路之间的三角地带，北倚宛平城，占地20公顷。雕塑群区分为"日冠侵凌"、"奋起救亡"、"抗日烽火"、"正义必胜"四个部分，表现了中国人民不屈不挠的民族精神和大无畏的英雄气概。

Wrestling

摔跤

金牌榜

金牌榜	比赛单项	运动员姓名	夺金时间	成 绩	备 注

精彩看点

奥林匹克运动的序曲

　　如果说奥林匹克运动是一部人类的历史，那么摔跤就是这部历史的序幕。当古代奥林匹克诞生之时，摔跤早已是一项古代的运动了。摔跤被公认为是世界上最早的竞技体育运动，早在5000年前，埃及就出现了一系列含有摔跤场面的壁画。又过了2000多年，当古代奥运会在公元前776年诞生之时，摔

跤就是其中的一项比赛,而且一直是历届奥运会的主要比赛项目。

对抗激烈勇猛的自由式摔跤

自由式摔跤对抗十分激烈,这就要求运动员具有高超的技术。而且在自由式摔跤中,由于运动员动作把位的相对增加和运动形式、动作技术轨迹的复杂性和多样性,运动员在比赛中不仅要善于捕捉战机,而且对于动作的使用也非常迅速、连贯、准确。随着竞赛规则的不断修改,比赛中运动员采用的技术也越来越连贯。连贯技术已经成为自由式摔跤选手的主要得分手段和趋势。这大大提高了自由式摔跤的可观赏性和激烈程度。

在自由式摔跤比赛中,除了迷惑对手出奇制胜的假动作以外,锁臂缠腿、抱单腿、拦腿摔等也是非常精彩的看点。

力量与智慧结合的古典式摔跤

古典式摔跤也许因为相对于自由式摔跤少了腿部实用的技巧,比赛就显得没有那么激烈刺激。但是古典式摔跤有着几千年的历史,充分体现了古代体育的美感。在古典式摔跤比赛中,场上的瞬息万变常常令观众欷歔不已:被对手压在下面的不一定就是要输的,高高在上的不一定就是最后的胜利者。古典式摔跤不仅是力量的较量,还是智慧的交锋,这就是古典式摔跤的魅力所在。在古典式摔跤比赛中,漂亮的"单肩过背"动作,站立摔、跪撑摔、角力桥等技术都是值得观众留意的地方。

走进历史
——由角力到角智

摔跤是一项世界上最古老而引人入胜的竞技项目,早在古代就产生了最简单的角力方法。从许多历史文物的考察中证实,古代的奴隶制国家就有摔跤形式的出现。在尼罗河中游,公元前3000多年前的民卡散陵墓里,墓穴中的壁画上就有射箭、投掷标枪、举重和角力的士兵,这说明角力很早以前就用于军队的训练和作战了。同时,角力又作为一种竞技游戏,供奴隶主阶级观赏娱乐。公元前12世纪至公元前8世纪,在古希腊的奥林匹亚竞技会上,角力就是其中的一项竞赛。

在古代奥运会中断1500年后,现代奥运会于1896年兴起,摔跤也随即找回了在奥运会中的位置。组织者在寻找与古代奥运会的直接联系过程中,自然而然地选中了摔跤运动,因为它曾在古代风靡世界大多数地方,从希

▲ 布达拉宫壁画中的藏族古代摔跤,再现了这项运动在当地的普及性。

▲ 角力是在公元前708年的第18届古代奥运会上被列为正式竞赛项目的。在古希腊,这是一项深受人们重视、最为普及的竞赛活动。古代奥运会的角力比赛,是今天摔跤运动的前身。

看奥运

▲ 绘有角力训练场面的陶器。

259

保利艺术博物馆位于东四十条立交桥东北角，是我国首家国有大型企业兴办的艺术类博物馆。馆藏以100余件青铜器为主，另有石刻、书画等不乏举世罕见的艺术珍品。

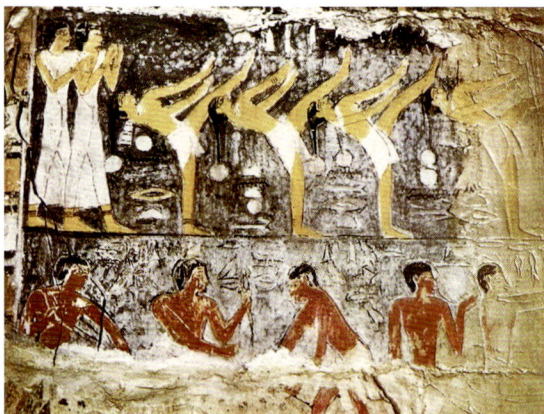

▲埃及壁画中的摔跤情景，在当时，这是士兵平时训练的主要方式。

腊、亚述、巴比伦到印度、中国和日本，所以他们原封不动地模仿古希腊和古罗马摔跤手的遗风，重现了"古典式摔跤"。

在古典式摔跤比赛中，摔跤选手只能用双臂和上半身去攻击对手，也只能扭抱对手的这些部位。从历史的角度来说，古典式摔跤是一项不错的运动。但同时另一种更加自由的摔跤形式风靡了整个英国和美国。这种自由式摔跤被称为"想抓哪就抓哪"的运动，而且在这两个国家里成为了人们在市集和节日里常见的节目，甚至成为流行的娱乐职业。

古典式摔跤

又称古典式角力。18世纪末19世纪初法国盛行摔跤。后国际奥委会认为法国摔跤就是古希腊和古罗马时期的摔跤，故将法国摔跤命名为希腊罗马式摔跤。比赛时不许抓衣服、不准用手和腿进攻对方的下肢，只许用手臂抱头、颈、躯干和上肢。将对方摔倒后使其双肩触及垫子者为胜，如在规定的时间内未出现这种情况，则按两个回合中得分的多少判定名次。

自由式摔跤

又称自由式角力。始于18世纪末19世纪初的欧美国家。比赛时可以手足并用，可以抱头、颈、躯干、上下肢、缠腿、勾足、挑腿等，但不许抓衣服，不许使用反关节和窒息动作。将对手摔倒后使其双肩触及垫子者为胜，如在规定的时间内未出现这种情况，则按两个回合中得分的多少判定名次。

▲东汉壁画角抵图，这是当时很流行的一项体育运动，尤其在民间出现争执时多用此方法解决。

观赛指南

比赛场馆：中国农业大学体育馆

地点：中国农业大学东校区校内

赛时功能：摔跤

场馆介绍

北京2008年奥运会摔跤比赛馆（中国农业大学体育馆）位于北京市海淀区清华东路中国农业大学东校区校内，距离国家奥林匹克公园约2千米，交通非常便利。体育馆总建筑面积23950平方米，设计座席8000个，其中固定座席6000个，临时座席2000个。

▼农业大学体育馆效果图。

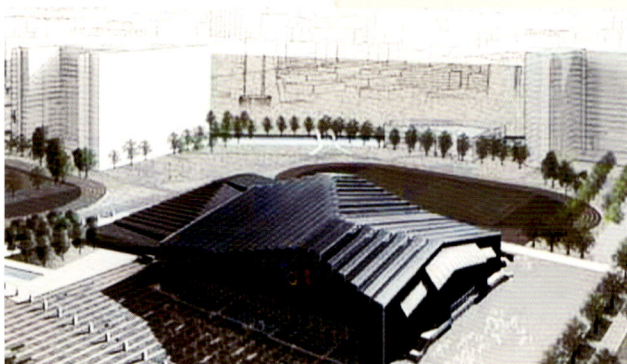

奥运看北京
北京艺术博物馆

公交路线

26、419、628、913、963、运通110路到中国农业大学东校区站下车。

比赛日期和金牌数目

比赛项目		8 五	9 六	10 日	11 一	12 二	13 三	14 四	15 五	16 六	17 日	18 一	19 二	20 三	21 四	22 五	23 六	24 日	金牌数目
摔跤	古典					2	2	3											7
	自由									2	2		2	2	3				11

注：蓝色为比赛日，黄色为决赛日。

2008年北京奥运会摔跤项目设置了18枚金牌，其中女子金牌和雅典奥运一样仍然是4枚，但增加了4枚铜牌。先进行古典式摔跤，后进行自由式摔跤。

观赛礼仪

摔跤比赛中，两个选手面对面搏击，对抗激烈。因此，摔跤比赛进行过程中，观众可以尽情地喊，这对鼓舞选手的士气是非常重要的，但不要带有太强的倾向性、干扰比赛。尤其是当场上出现选手使用高级技术，把对手大幅度腾空翻转摔到垫上，或者类似的高难度动作得高分时，都应当给予热烈的掌声，因为这在高水平比赛中并不多见，选手只有具备高超的技艺并得到难得的战机时才可能拿到这样的高分。

在比赛过程中的跪撑角斗"滚桥"时，观众也可以尽情地鼓掌，不管是上面的运动员连续翻滚成功还是处在下面的运动员滚了半天滚不过来。前者由于运动员技艺高超，观众应该喝彩，后者由于运动员坚持不放弃的精神，观众也应当给予掌声表示鼓励。

▲ 在印度流传已久的传统摔跤。

看奥运

▼ 运动员在比赛中不仅要善于捕捉战机，而且对于动作的使用也非常迅速、连贯、准确。

10分钟课堂

奥运摔跤参赛资格和名额

奥运会摔跤项目的参赛名额及其分配办法也是由国际摔跤联合会来确定。一般来说根据设立的比赛项目来确定参赛总人数，然后再分别确定每项的参赛人数。分配时要经过该届奥运会之前举行的奥运会预选赛，并且结合奥运会前一年的世界锦标赛成绩来确定参赛名额的归属。

奥运看北京
北京邮政博物馆

北京邮政博物馆位于崇文门内小报房胡同，该馆建在1905年的原大清邮政北京总局旧址上，基本陈列为"北京邮政简史"，陈列了三百余件邮政史料、用品、设备、证件等文物和一千余张珍贵的历史照片。

▲王旭在雅典奥运会的摔跤女子自由式72公斤级比赛中赢得冠军，最激动的时刻莫过于夺冠的瞬间。

获得参赛资格有3条途径：首先，奥运会前的世界锦标赛各级别的前8名，共64名运动员获得参赛资格；其次是通过奥运会预选赛，国际摔跤联合会举行5次预选赛，其中欧洲2次、美洲1次、亚洲1次、非洲1次，每个协会每个级别最多1名运动员参赛(已获得参赛资格的协会和运动员不再参加)，只计取成绩最好的3次比赛的积分，各级别积分的前7名，共56名运动员获得参赛资格；最后是通过亚洲、非洲、美洲、欧洲、大洋洲的5个洲际奥运会预选赛，没有获得参赛资格的运动员均可参加，但每个协会每个级别最多1名运动员参赛，每个级别的第一名，共40名运动员获得参赛资格。

奥运摔跤赛制和比赛方法

从2000年悉尼奥运会开始，摔跤比赛形式由以前的双淘汰制改为小组赛。20名参赛选手分成6个小组，有四名选手的两个小组第一名直接进入半决赛，有三名选手的四个小组第一进行四分之一决赛；半决赛获胜者争夺冠军，半决赛失利者争夺铜牌。

一场摔跤比赛由两个回合组成，每个回合3分钟，中间有1分钟的休息时间。摔跤选手在比赛中获"一品"就可自动结束比赛。摔跤手也可以以领先对手10点而获胜，或在比赛结束时获得更多的点而获胜。各种抱、抛和其他动作都可以赢得点。得1点必须要摔倒对手，使对手双脚离地或把对手摔到毯子上并控制对手；得2点必须使对手背对毯子而且使对手的肩与毯子成小于90度角；在一个动作中使对手双脚离地并迫使其进入危险位置可得3点；将对手抛在空中或其他类似的惊险动作可得5点。

08奥运摔跤分项设置

2008年北京奥运摔跤者的分项设置情况见下表：

▲公元前2世纪~1世纪的摔跤铜像。

摔 跤	男子项目14个	女子项目4个
自由式摔跤	55 公斤级	48 公斤级
	60 公斤级	55 公斤级
	66 公斤级	63 公斤级
	74 公斤级	72 公斤级
	84 公斤级	
	96 公斤级	
	120 公斤级	
古典式摔跤	55 公斤级	
	60 公斤级	
	66 公斤级	
	74 公斤级	
	84 公斤级	
	96 公斤级	
	120 公斤级	

赛场ABC

abdomen hold　抱腹部
ankle hold　握踝
arin lock　夹臂
backfall　两肩着地
block　格开；防守

摔跤运动的场地与器材

摔跤比赛中，摔跤手通常在一个12米见方的毯子或垫子上比赛，垫子的厚度根据适用材料的弹性而定，一般是6厘米。比赛区域是一个直径为9米的圆形。在中心设一个直径为1米的、标注为红色的中心圆，这是摔跤手开始比赛、重新开始和裁判站立的位置。在中心圆之外是一个宽为7米的黄色环，这是中心摔跤区域，摔跤一般就在这里进行。再向外就是宽为1米的红色区域，被称为消极区。整个圆之外是一个蓝色边界，有1.5米宽，这一区域称为保护区域。

摔跤的服装与护具

摔跤比赛时运动员必须穿红色或者蓝色摔跤服，鞋为平底软靴。摔跤运动员指甲必须短，不留胡须，不能有汗，但必须有手帕。头发必须很短，或者在裁判的指导下向后梳并且系好。通常要求选手将手帕塞在他们的护裆里。

▲ 这一圆形露天竞技场建于公元前1世纪，位于现在北非的突尼斯，可容纳大约3500人。

竞技战术解析
——出奇制胜

古典式摔跤最早成为奥运会项目，古典式摔跤中最基本的两项技术是站立和跪撑，它们是反映运动员水平的两项基本技术。

站立技术最基本的动作有：滚动倒，即身体落地时团成球形，身体的一点着地并滚动；拍地倒，即落地时用手臂拍击地面，以减轻身体落地的震动。两手以推、拉、扭、按、提等动作，来封闭、隔挡对方的握抱和身体的接触，解脱开对方的握抱，并握抱住对方，继之施用进攻技术。两脚一起、离、抽、撤、闪、空的基本方法灵活移动，转移自己身体重心，保持平衡，促使对方身体重心失去平衡，并以别、挑、缠、踢的技法摔倒对方。在进攻技术中，古典式摔跤常用肩背把对方背起来摔下去。

▼ 力量的持衡无疑是最紧张的时刻，坚持到底才是赢家。

看奥运

清华园原是清代康熙帝行宫熙春园的一部分，与北京西郊的圆明园等五个苑囿号称"圆明五园"。清朝末期，为兴学育才，清政府在清华园内兴建了"清华学堂"，即今天清华大学的前身，后清华园多泛指清华大学校园。

国际摔联（FILA）

国际业余摔跤联合会，简称国际摔联（FILA），于1912年在瑞典的斯德哥尔摩成立。现有142个协会会员，总部设在瑞士洛桑。

1913年6月有9个国家的18名代表在柏林召开首届代表大会，确定该组织名称为国际业余重竞技联合会，工作用语为德语。当时该联合会管理的项目很杂，有古典式摔跤、拳击、举重、拔河、投掷和10公斤以上的铅球。

1921年国际奥委会在洛桑召开的奥林匹克代表大会上，鼓励各运动项目成立自己的国际组织，于是该联合会更名为"国际业余摔跤联合会"，只负责摔跤运动，并将其工作用语确定为英语。1954年国际摔联在东京召开代表大会，决定将该组织改为现在的名称(FILA)。目前国际摔联的工作用语为法语和英语，有歧义时，以法语为准。

跪撑技术有两个基本姿势：一是"跪撑"，即两膝分开跪地，两臂伸直向前撑地；另一是"桥"，即背朝下，两脚和头着地，身体悬空成反弓形，以避免双肩着地。跪撑技术的关键是如何把对方翻到背朝下，直至压到双肩着地。

自由式摔跤中最主要的技术是抱腿摔，它又分为抱单腿摔和抱双腿摔，还可以用腿脚绊住对方的腿脚把对方摔倒，如握背夹颈别，就是握抱住对方的一臂和颈部，用脚别住对方的腿，把对方摔倒。

假动作也是摔跤运动的重要技术环节，娴熟自如的假动作，能诱使对手失去节奏，显露技术上的破绽，使自己掌握争斗的主动权。一个摔跤高手往往有强烈的运用假动作的意识，使之成为一种独特的技术风格。常常能够做到假戏真做，达到出其不意、出奇制胜之效果。

福娃问答

摔跤是怎样计分的？

摔跤比赛共有4种得分方法，即1分、2分、3分、5分。1分：选手的抱、抛和其他动作都可以赢得点，摔倒对手，使对手双脚离地，或把对手摔到毯子上并控制对手都可得到1分。2分：将对手压住使他背对毯子而且使他的肩与毯子成小于90度角就可得到2分。3分：如果防守一方在危险位置停留时间超过5秒，裁判将给进攻一方追加1点。在一个动作中使对手双脚离地并将使其进入危险位置可得3分。5分：将对手抛在空中或其他类似的惊险动作可得5分。

摔跤比赛如何判定胜负？

摔跤比赛中，如果甲方把乙方压成"两肩着地"达1秒钟，就判甲方"两肩着地"获胜。此种情况无论出现在哪一局，都立即终止比赛，双方运动员前面所得的分数都无效。如果一场比赛双方的比分相差12分，那么不论该场比赛是否终了，裁判员都立即宣布比赛终止，判得分多者为"优势胜利"。

如果一场比赛中没有出现上述两种情况，那么比赛结束后根据双方得分多少评定胜负。如果在两轮比赛结束时双方得分相同，将进行3分钟的加时赛。如果加时赛结束时双方得分仍然相同，则由场上裁判、场下裁判和本场主席投票决定获胜者。

什么是摔跤比赛的消极，主要有哪些行为？

摔跤比赛要求运动员积极主动，如果运动员在比赛中逃避竞争，只防守不进攻，故意拖延比赛时间，则判为消极。运动员如果有消极行为，裁判可以给予消极运动员劝告、警告、罚跪撑等判罚。当选手第3次因消极受警告处罚时，将被取消比赛资格。

消极表现主要有：不使用正规动作，没有摔倒对方的意图；只想用体力消耗对方；给人印象是不努力做动作；阻止对手使用动作，只进行消极防守；抱握对方某一部位阻止对手进攻，站立或跪撑比赛时，故意跑出界外或将对方推出界外；没有任何进攻动作，屡次趴在垫子上。

摔跤比赛中侵人犯规有哪些？

摔跤比赛中的侵人犯规主要有：使用反关节动作有意伤害对方者。以手、肘、膝、头撞击对方或抓对方的生殖器者。用脚尖踢对方或用脚蹬踹对方者。用脚踢、弹对方小腿中部以上者。按压对方眉口之间的面部、咽喉或抓对方头发者。两手抱握对方头、颈者。将对方摔倒后，故意压砸对方者。将对方扛起后，对方已失去控制能力时，使其头朝下垂直掉下去，有意伤害对方者。

摔跤比赛中对运动员的犯规如何处罚？

运动员使用规则上不允许的犯规动作时，裁判员应根据犯规的程度，给予处罚。犯规在规则规定中，分侵人犯规和技术犯规两种。运动员在比赛中，无论是技术犯规，还是侵人犯规，都应根据其情节轻重，分别给予劝告、警告、取消该场比赛或全部比赛资格的处罚。

比赛进行中，运动员或教练员指责裁判员，则根据情节轻重给予该运动员劝告、警告、取消该场或全部比赛资格的处罚。

大事记

1896年，古典式摔跤在首届现代奥运会上就被列为正式比赛项目。

1904年，自由式摔跤成为奥运会正式比赛项目。

1912年，国际业余摔跤联合会在瑞典的斯德哥尔摩成立。

1954年，中国摔协加入国际摔联。

1958年，中国摔协退出国际摔联。

1979年，中国摔协恢复国际摔联会员资格。

1985年，女子摔跤项目开展。

2001年，女子摔跤被列为奥运比赛项目。

2001年，中国女队在世锦赛上夺得团体总分第一。

2002年，中国女队在釜山亚运会获得两枚金牌。

▲假动作是摔跤运动的重要技术环节，娴熟自如的假动作，能诱使对手失去节奏，显露技术上的破绽，使自己掌握争斗的主动权。

看奥运

▲过胸摔是握抱住对方后，用胸腹把对方顶起来，向后摔下去。

▲抱腿摔分为抱单腿摔和抱双腿摔，还可以用腿脚绊住对方的腿脚把对方摔倒。

金台艺术馆位于朝阳公园内西侧，由著名书画家捐资修建，以收藏中国历代著名书画家的作品为主，同时开展对国画及传统艺术的研究和交流，是书画艺术家展示和交流的新兴园地。

Judo

柔道

金牌榜

金牌榜	比赛单项	运动员姓名	夺金时间	成 绩	备 注

精彩看点

以柔克刚，四两拨千斤

当我们提到柔道这个项目，就会想到智慧、聪明、灵巧这类字眼来形容它的魅力，与其他迅速而熟练地刺和踢的格斗技术不同，柔道中教导的就是"灵活即力量"。柔道讲求一个"柔"字，以"柔能制刚"和"善用精力"为宗旨。这也就造就了柔道运动中重要的杠杆借力原则。杠杆借力帮

奥运看北京
鲁 迅 博 物 馆

助运动员将竞争对手的力量转化为自己的竞争优势。

在奥运柔道比赛中，每一个世界高手的拿手绝活儿更是可以用"大绊子三千六，小绊子赛牛毛"来形容。

走进历史
——温柔致胜

柔道运动起源于日本武术的一种，即"柔术"。 1882年日本的嘉纳治五郎将中国武术的踢、打、摔、拿以及日本的武技、柔术等技术融为一体，创立柔道。同年在东京永昌寺开设讲道馆。这项运动在日本开展得极其广泛，因此日本素有"柔道之国"的称号。第二次世界大战后，柔道传播到欧美等国。

柔道这个术语实际上来自两个日本词汇："柔"(即 ju)，它意味着文雅、温柔、柔顺或灵活；而"道"(即 do)，意味着方式、道路、途径或教导。因此柔道通常也就被译作"一种文雅的方式"。但实际上柔道是一种对抗性很强的竞技运动，它强调选手对技巧掌握的娴熟程度，而非力量的对比。柔道通过把对手摔倒在地而赢得比赛，它是奥运会比赛中唯一允许使用窒息或扭脱关节等手段来制服对手的项目。

▲柔道讲求一个"柔"字，以"柔能制刚"和"善用精力"为宗旨，讲的就是巧劲。

观赛指南

比赛地点：北京科技大学体育馆
赛时功能：柔道、跆拳道
场馆介绍

北京科技大学体育馆位于中国北京市海淀区学院路30号，北京科技大学校园内。用地范围南北向长度约200米，东西向长度约120米，约2.5公顷。体育馆位于中轴线上，对称布局，距西侧道路中心线21米，距东侧住宅25米。

总建筑面积约23993平方米。奥运会期间座席8018个，其中固定座席5010个；观众临时座席3984个。

▲北京科技大学体育馆鸟瞰图。

看奥运

门头沟博物馆位于门头沟区大峪滨河路，建于1984年，是北京第一座区县博物馆，设有区历史、革命斗争史和民俗陈列室，以大量实物照片反映门头沟区一带的历史演化轨迹，以及当地独特的民俗风情。

公交路线

307、484、630、690、836、957快2路到北京科技大学北门站下车。

比赛日期和金牌数目

比赛项目	8 五	9 六	10 日	11 一	12 二	13 三	14 四	15 五	16 六	17 日	18 一	19 二	20 三	21 四	22 五	23 六	24 日	25 一	金牌数目
柔道		2	2	2	2	2	2	2											14

注：蓝色为比赛日，黄色为决赛日。

2008年奥运会上的柔道共有14枚金牌，这些金牌从开幕式第二天起就会均匀地产生，每天两枚，一枚男子金牌一枚女子金牌。各个级别的比赛都按照从轻量级到重量级的顺序进行，这样可以将比赛逐步推向高潮。同雅典奥运一样，北京奥运的柔道金牌也将在比较早的连续一个星期内全部产生。

观赛礼仪

柔道运动的主要技术是由投技和固技两大部分组成，柔道比赛中，并不是一方被另一方摔倒就算胜利，重要的是要让摔倒一方的肩膀落地。观众的加油无疑是对选手最好的鼓励。但如果在一场高手对决的比赛中，乱喊好甚至叫倒好就大煞风景了，因为倒地的选手未必就是输家，进攻猛烈的一方未必就占上风。

▼ 赛场ABC

日语发音	英语	汉语
chui	caution	警告
hajime	start	开始
hantei	decision	裁定
kachi	win	获胜
keikoku	warning	警告

10分钟课堂

▼ 寝技是把对方的背部按压在垫子上，使之不能逃脱，而施技者保有行动自由。

奥运柔道参赛资格和名额

奥运会的柔道比赛，每个国家或地区的柔道协会中每个项目的每个级别最多一名运动员。奥运会要根据前一年的世界锦标赛的成绩来确定参赛资格。世界锦标赛各个项目的前8名运动员直接获得参赛资格。然后根据国际柔道联合会公布的运动员排名确定各洲参赛选手。

奥运柔道赛制和比赛方法

在奥运会柔道比赛中，男选手得分并赢得比赛的时间是5分钟，女选手得分并赢得比赛的时间4分钟。如果双方都没有得分，则由3名裁判按照多数票的原则确定胜者。每个重量级别的项目

密云县博物馆位于北京风景秀丽的密云县郊野公园内，为社会科学类地志性综合博物馆，占地总面积21330平方米，文物藏品一千余件，布展面积80平方米，同时展出了黑陶乳鬲、先秦火锅、内府梅瓶、影青玉壶春、唐三彩、辽三彩等珍贵实物。

奥运看北京
密云县博物馆

都设有一块金牌、一块银牌和两块铜牌。

每个级别的选手将首先分到两个组进行单淘汰赛，然后小组前两名进入半决赛，胜者争夺冠军。

在比赛时，运动员要身穿白色或米黄色柔道服，徒手赤脚，腰扎段位带。参赛的运动员可以通过摔倒对方来得分，也可通过柔道技巧来控制对方。在比赛中，参赛的双方禁止击打对方，不许用头、肘、膝顶撞对方。除了肘关节外，不许对其他关节使用反关节的动作。不许抓头发和生殖器，任何可能伤害对方颈椎或脊椎的动作也都被禁止。

柔道比赛的场地与器材

柔道使用的场地是14~16平方米的榻榻米或者类似榻榻米的材料。场地分为三个区域：中心区，也就是6平方米的绿色竞赛区，与其连接的是1米宽的红色区域，用来提醒选手不要超出边界。最外面的是3米宽的安全区，此区不属于比赛场地。赛场中间有两条蓝白彩带，参赛选手就在此处开始比赛。

▲ 绞技是指比赛双方从站立姿势倒地后，一方利用柔道服衣领勒住对手的颈部，压迫颈动脉，迫使对手拍垫子认输的技术。比赛中，使用绞技一旦成功，施技者将获得"一本"胜利。

08奥运柔道分项设置

2008年北京奥运会柔道项目共设14个小项目：

男子项目	女子项目
男子60公斤级(蝇量级)	女子48公斤级(蝇量级)
男子66公斤级(次轻量级)	女子52公斤级(次轻量级)
男子73公斤级(轻量级)	女子57公斤级(轻量级)
男子81公斤级(次中量级)	女子63公斤级(次中量级)
男子90公斤级(中量级)	女子70公斤级(中量级)
男子100公斤级(次重量级)	女子78公斤级(次重量级)
男子100公斤以上级(重量级)	女子78公斤以上级(重量级)

柔道的服装与护具

柔道服包括白色衣裤及有色腰带，用棉布制成，质地厚实，具有较强的抗拉力。袖子长度要求稍微超过前臂的中部，袖口和前臂最粗的部位有5公分以上的空隙。下衣的长度要求稍微超过小腿的中部，裤腿和小腿最粗的部位必须有7公分以上的空隙。腰带长至绕腰两圈打扁结后，两端仍余长20厘米至30厘米。腰带的颜色表示运动员的段或级。比赛时，双方运动员要系不同颜色的标志带。

柔道计时旗解读

柔道比赛中，计时员通常使用下列不同颜色的旗子。

黄旗：表示比赛暂停。

蓝旗：表示压技时间。电子计时器计压技时间时，不用黄蓝旗子，但必须备用旗子。

▲ 冼东妹是中国柔道队女子52公斤级的高手，最辉煌的时刻莫过于2004年雅典奥运会上夺得冠军那一刻。

看奥运

北京自然博物馆位于北京市崇文区天桥南大街，是中华人民共和国建立后最早建立的自然历史博物馆，陈列面积3600平方米，共有古生物、动物、植物、人类等方面的藏品近8万件。

▲ 柔道中的手技，主要是手臂的技术，用两手把对方拉倒。

柔道运动的礼节

柔道运动在礼节上要求比较严格，有立礼和坐礼两种。比赛规则要求双方运动员具有相互尊重、互不伤害的精神，因此在比赛开始和结束的时候，双方运动员都要严格认真的行礼，以示敬意。

整个柔道比赛可谓是以礼开始以礼结束。从一进道馆开始，运动员首先要做的就是怀着无比神圣崇敬的心情给道馆鞠上一躬；等到进入场地(即上垫)之前，还是要先向场地鞠躬；最后是开始比赛或训练时向对手行礼。双方距离4米相对行礼(用立姿礼或坐姿礼)，速度约在一次呼吸之间(即4秒钟左右)。结束比赛或训练同样是三鞠躬。

柔道裁判手势解读

1."一本"：单臂向上高举过头，掌心向外。

2."技有"：单臂侧平举与肩同高，掌心向下。

3."技有两次合一本"：先作出"技有"手势，然后再过渡到"一本"手势。

4."有效"：单臂侧斜举与体侧成45度，掌心向下。

5."效果"：单臂屈肘侧上举，掌心向前。

6."压技开始"：身体前屈，掌心向下，单臂向前下方指向比赛者。

7."压技解脱"：单臂前下举(拇指朝上)，向左右来回摆动数次。

8."平局"：单臂向上高举，然后挥落至体前(拇指向上)稍停。

9."暂停"：单臂前举与肩同高，掌心向前(立掌)指向计时员。

10."保持原姿势不动"：身体前屈，用两手掌触及比赛的双方。

11."比赛重新开始吧"：用两手掌触及比赛者，然后，同时按一下他们的身体。

12."无效"：单臂向上高举过头，然后，向左右摇摆3～4次，表示施技无效。

13."更正判分"：用一手重复打出原判错的得分手势，另一手高举过头，向左右摇摆3～4次，表示判错，然后打出正确得分手势。

▼ 柔道赛场上，选手们除了需要具备强健的体魄，还需要有非常清晰的战术思路，这样才能有效地制服对方、控制对方。

竞技战术解析
——化百炼钢为绕指柔

柔道起源于日本，与中国的摔跤有着异曲同工之妙。柔道讲求一个"柔"字，以"柔能制刚"和"善用精力"为宗旨。因此其技术也讲求智慧、巧妙，十分复杂，在柔道比赛中多用"四两拨千斤"等技术及战术，让观众从比赛中得到享受。

柔道精彩技术看点

柔道比赛中,运动员主要运用攻防技术,柔道的攻防技术分为立技(站立技术),寝技(倒在地上的翻滚角斗技术),以及防身自卫击打对方的挡身技。现在柔道比赛中已不准使用挡身技。

攻防技术柔道立技

立技分为站立不倒的投技和主动倒地的舍身技。投技又分为:(1)手技,主要用手臂的技术。(2)腰技,主要用腰背把对方摔倒。(3)足技,主要是用腿脚把对方摔倒。舍身技分真舍身技和横舍身技。

攻防技术柔道寝技

寝技分为固技、绞技、关节技。固技是把对方的背部按压在垫子上,使之不能逃脱,而施技者保有行动自由。绞技是两人倒在垫子上,用手臂或柔道服勒绞对方的颈部使之窒息而认输(以拍击垫子动作示意)。关节技是倒在垫子上,逼迫对方的肘关节,使之疼痛而认输。关节技只许应用肘关节。

国际柔道联合会 (IJF)

国际柔道联合会IJF,简称国际柔联。于1951年7月由欧洲柔道联合会倡议成立,现有187个协会会员,分属5个大洲。工作用语为英语和法语。国际柔联秘书处设在韩国。国际柔联的主要赛事除奥运会柔道比赛外,还有世界男子柔道锦标赛、世界女子柔道锦标赛和世界青年柔道锦标赛。

福娃问答

柔道比赛怎样计分?

柔道比赛是在两名选手之间进行,得分规则是:一方将另一方摔倒或一方以合乎比赛规则的动作将另一方控制住,使其在规定时间内动弹不得,则得分。如果双方均未得到1分,得半分者获胜;如果双方均未一场比赛中得一本时,则依次按有技、有效、效果的多少评定胜负。如果双方得分相等,则根据比赛的风格、进攻次数来判定胜负或平局。

简单地说,柔道比赛的评判优先级别是:一本、有技、有效和效果。若双方运动员在整个比赛中所获得的以上四个评分标准的次数完全相同,或者双方均无建树,主裁判可以在比赛时间结束时召集两位副裁判,根据双方运动员在场上的比赛风格、技术优劣、积极主动进攻的次数,以及有无犯规现象全面进行比较,最后决定胜负或者判定平局。

柔道比赛有哪些犯规和处罚?

运动员有犯规行为或是踏出比赛区,根据情节轻重受到"指导"、"注意"、"警告"、"取消该场比赛资格"的处罚。运动员在一场比赛中,受到两次警告,就取消该场比赛资格,判对方获胜。最为严重的犯规是一本犯规,但在判罚前,裁判需与边裁商定。

在比赛中防守过度,将对手推挤出比赛区域或故意躲避对手,给对手

▲足技主要是用腿脚把对方摔倒,其中的内股就是用腿把对方挑起来摔下去。

首都博物馆是中国省级综合性博物馆，位于北京市东城区国子监街孔庙内，占地2.2万平方米，馆藏各类文物总计8.3万余件，其中一级品305件，多为新中国成立以后北京地区出土文物。

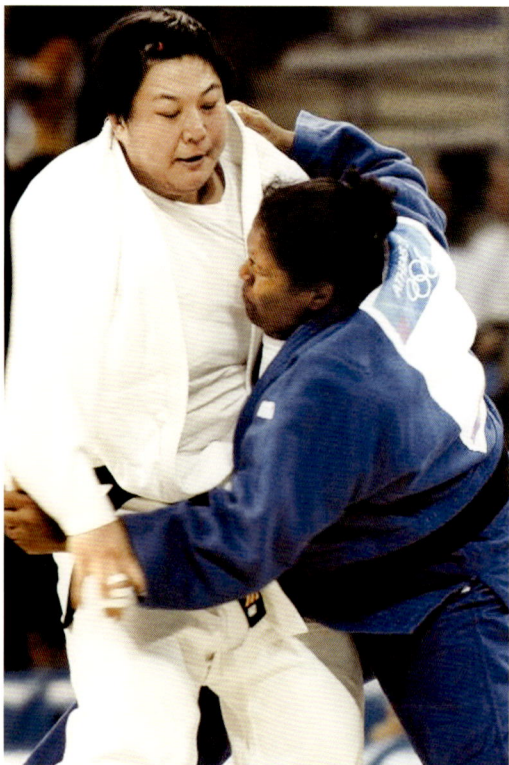

▲第26届亚特兰大奥运会上，在女子柔道72公斤级的比赛中，孙福明机敏地同古巴"黑铁塔"罗德里格斯周旋，终于以一分不失的优异成绩为中国体育代表团夺得金牌。

造成危险也都属于犯规。但是，柔道手在比赛中被对手用合乎规则的动作摔出场外则不属犯规。另外超出比赛区也会犯规，超出比赛区域指的是柔道运动员身体的任何部分超出了比赛区域。如果参赛一方将另一方摔出，而本身由于失去重心而跌出场外，则按照被摔选手的落地时间来判断其是否犯规：被摔选手若先着地，则不算犯规；反之，则为犯规。

什么叫处罚得分？

柔道比赛时，如果比赛者有违反规定的禁止事项，裁判员将根据处罚标准进行处罚。柔道比赛共有4种处罚，从高到低分为取消比赛资格、警告、注意、指导的处罚口令和手势。参赛者每受到1次处罚，都相当于对手获得1次技术得分。在一场比赛中，如果连续受到处罚，后1次的处罚比前1次的处罚至少要加重1级。随着后1次的处罚，前1次的处罚自动取消。即只计算1次最严重的处罚。

压技得分的时间是怎样规定的？

柔道比赛使用压技得分，是根据施用压技的一方将对手控制的时间决定。"一本"要压25秒。"技有"要压20秒或20秒以上，但达不到25秒钟。"有效"要压15秒或15秒以上，但达不到20秒钟。"效果"要压10秒或10秒以上，但达不到15秒钟。

大事记

1882年，日本的嘉纳治五郎将中国武术的踢、打、摔、拿以及日本的武技、柔术等技术融为一体，创立柔道。

1884年，柔道段位制正式设立。

1900年，柔道竞赛规则正式制定。

1931年，日本建立世界上第一个女子柔道协会。

1951年，国际柔道联合会由欧洲柔道联合会倡议成立。

1956年，首届世界柔道锦标赛成功举行。

1964年，男子柔道被列为奥运会比赛项目。

1980年，首届国际女子柔道锦标赛在美国纽约举行。

1983年，中国柔道协会加入国际柔联。

▼ 赛场ABC

日语发音	英语	汉语
tatami	mat	垫子
tori	attacker	攻击方
uke	receiver	被动方

圆明园展览馆位于海淀区清华北路圆明园遗址公园内，馆藏大量珍贵的文物、图片和景视录像，还有按原貌复制的“圆明三园”微缩模型，详细介绍了圆明园的景观，并再现了一代名园的兴盛历史。

奥运看北京

圆明园展览馆

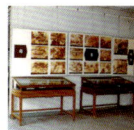

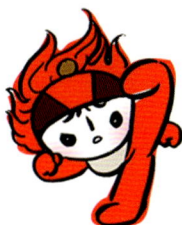

Taekwondo

跆拳道

金牌榜

金牌榜	比赛单项	运动员姓名	夺金时间	成 绩	备 注

精彩看点

刚直硬打、气势扬威

在跆拳道场上，没有懦夫，有的只是勇士，不屈服，不畏惧，坚持奋战到最后。勇士们的进攻方法是十分简捷有效的，对抗时双方都是直接接触，以刚制刚，用简练硬朗的方法直接击打对方，或拳或腿，速度快，变化多；防守的动作也是以直接的格挡为主，随即是连续的反击动作。防守

中国佛教图书文物馆设于法源寺内，建于1980年，该馆主要集中收藏国内珍贵佛教艺术品及书籍，展出有历代佛造像，该馆隶属于中国佛教协会。

▲1973年5月世界跆拳道联合会在汉城成立，金云成当选为主席，当时即有世界各大洲的二十多个国家加入这一组织。

时很少使用躲闪防守法，追求刚来刚往，硬拼硬打，尽可能保持或缩短双方间的距离，以增加击打的有效性。

勇者，无畏也，不仅表现在凌厉的动作，更胜在威严的气势上。尤其是在竞技跆拳道比赛中，双方都会发出洪亮并带有威慑力的声音来显示自己的能力，借以在气势上压倒对手，甚至在出击时配合击打效果使裁判得以认可，争取在心理上战胜对手。

赛制革新、凸显公正

作为裁判打分的项目，跆拳道比赛结果很容易产生争议。2004年雅典奥运会上，跆拳道比赛多次因选手不服判罚而出现混乱。世界跆拳道联合会为了改变这项运动的不良形象和消极影响，一直在不断修改赛制，以尽可能地体现跆拳道比赛的公平和公正。

世界跆拳道联合会采取了一系列措施，首先在2005年的国际大赛中采用四边裁赛制。边裁四人制比三人制更加准确客观，同时也更加有效地防止裁判私下沟通。原来3名边裁中只要2人给分，进攻选手就可得分，在目前的四人制中，必须有3人同时认定得分，选手才可得分。

世界跆拳道联合会的另一个措施是将在比赛中使用电子"裁判"，即电子护具。使用电子护具后，当选手击中对手护具有效部位且力度达到得分标准时，护具中的传感器会直接在电子计分器上显示得分。

走进历史
——修身养性施道于众

▲在跆拳道比赛中，选手双方精湛的腿法技术在对抗中高来低往，凌空劈腿和组合腿法令人眼花缭乱。

跆拳道是东亚地区，特别是朝鲜半岛古老的民间技击术，是一项运用手脚技术进行搏击格斗的朝鲜民族传统的体育项目。它由品势（拳套）、搏击、功力检验三部分内容组成。跆拳道古称跆跟、花郎道、唐手道，由韩国的花郎道、中国的武术、日本的空手道融汇而成，被韩国视为国技。跆指脚的腾跃、蹬踢、踩踏，拳指拳的攻防方法，道是一种道理、道德、道义以及人生的正确道路。跆拳道就是一种脚、手并用技击的格斗方法。它将力学、兵学、医学、哲学等多门学科集为一体，以技击格斗为基础，以修身养性为核心，以锻炼人的意志以及培养人良好的品质为目的，被人们誉为东方的崇高健身武术。跆拳道由于其动作迅猛、舒展优美被誉为"腿的艺术"。

中国古代建筑博物馆坐落在北京先农坛内，是一座以收藏、保管、研究、展示中国古代建筑史、古建文化、古建技术为主要内容的专题性博物馆，展览通过照片、实物、模型形象地介绍了中国古建筑技术形成、发展的历史及独到的美学价值。

奥运看北京
中国古代建筑博物馆

跆拳道已成为奥运会、世界大学生运动会、世界军人运动会、亚运会以及中国全运会的正式比赛项目，1988年列为奥运会表演项目，2000年成为奥运会比赛项目。

观赛指南

比赛场地：北京科技大学
比赛地点：北京科技大学
赛时功能：跆拳道、柔道
比赛日期和金牌数目

▲韩国是跆拳道的故乡，跆拳道不仅是韩国甚至在世界都是普及很广的运动，图为韩国王宫。

比赛项目	8 五	9 六	10 日	11 一	12 二	13 三	14 四	15 五	16 六	17 日	18 一	19 二	20 三	21 四	22 五	23 六	24 日	25 一	金牌数目
跆拳道													2	2	2	2			8

注：预赛和决赛日为同一天。

2008年奥运跆拳道项目的比赛安排在奥运会赛程的末期举行，在持续的4天中，每天产生男子和女子各1枚金牌。比赛的顺序按照从轻量级到重量级的顺序进行。

公交路线

307、484、630、690、836、957快2路到北京科技大学北门站下车。

观赛礼仪

"礼仪"是跆拳道运动必不可少而且十分重要的组成部分，跆拳道运动始终倡导的"以礼始，以礼终"的尚武精神，在比赛中会有很好的体现。因此，观看跆拳道比赛最好也要做到彬彬有礼，但不需要观众行礼。

观众应该提前进场，做好观看比赛的准备，不应该迟到入场，影响比赛。同时不要携带零食、瓶装饮料等有碍观看比赛的物品。在比赛进行期间，要适时地给予运动员精彩表现以掌声，这样他们才能更好地发挥比赛水平，激发他们的比赛激情，并能烘托比赛的氛围。但是观众的情绪最好不要过分激动，以免影响到裁判对运动员裁决的判断。

▲实战过程中，运用脚踢时要根据具体情况，选择不同的踢法。

看奥运

中国古动物馆位于北京西直门外大街142号的古脊椎动物与古人类研究所的综合办公楼旁，建筑面积约3400平方米，是中国国内唯一一家以古生物化石为载体的自然科学类专题博物馆，也是目前亚洲最大的古生物博物馆。

10 分钟课堂

▲脚踢时要利用步法保持身体的平衡，并有效接近对方做出踢击动作。

奥运跆拳道参赛资格和名额

　　每届奥运会跆拳道比赛的参赛资格以及各洲的参赛名额都是根据前一年的奥运会预选赛来确定的。其名额按洲分配，各大洲的名额数量根据各洲协会的多少由国际跆拳道联合会确定。随后各洲再相应地制定出获得奥运会参赛资格的程序。

08奥运跆拳道分项设置

　　跆拳道被列为1988年汉城奥运和1992年巴塞罗那奥运会表演项目，2000年成为奥运会正式比赛项目，2008年北京奥运会跆拳道设有8个小项目。

男子项目	女子项目
58 公斤级	49 公斤级
68 公斤级	57 公斤级
80 公斤级	67 公斤级
80 公斤以上级	67 公斤以上级

奥运跆拳道赛制和比赛方法

　　奥运会中的跆拳道比赛采用单淘汰制。两名最终获胜者将争夺冠军，而半决赛失利的选手将直接进入第二阶段的半决赛。其他失利选手将在原小组继续进行淘汰赛，两个小组获胜者获得第二阶段半决赛机会，与前面的两名半决赛失利者进行交叉半决赛，获胜者获得争夺第三名的机会。

　　跆拳道比赛按体重分级别进行，分红蓝两方，双方以脚踢打对手的头和身体或用拳击打对方的身体而得分。一场比赛分三个回合，每个回合为三分钟，每两个回合之间有一分钟的休息。2005年4月男子每局比赛时间从3分钟缩短为2分钟。三名裁判使用计算机系统为选手打分。合法击中对手一次得一分，相反，如果犯规一次，将被扣掉一分。一般的比分叙述为5比7扣一分，意思就是前一位选手得分5分，后一位选手得分原来是7分，被扣掉一分，最终得分是6分。跆拳道比赛以得分判定名次，得分多者名次列前。

跆拳道运动的场地与器材

　　跆拳道比赛场地为10×10米，建于高于地面约1米的平台上，上面铺有弹性的垫子，为安全起见，场地外两侧平台的侧面略微向地面倾斜。跆拳道场地正中是一个8平方米的蓝色正方区域，其外边为红色的警告区，提醒选手正接近边线或平台的边缘。

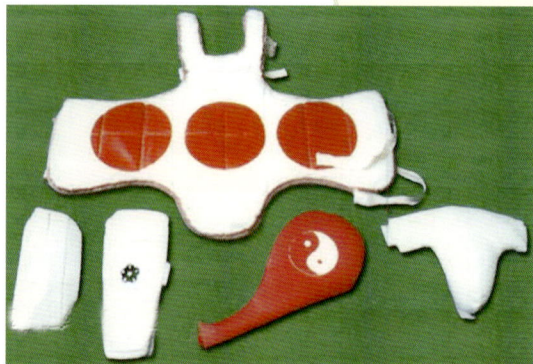

▲跆拳道是一项刚猛的运动，比赛中必须有完备护具。

跆拳道运动员的服装与护具

跆拳道比赛要求参赛选手穿防护服，头部、身上、前臂、胫骨、腹股沟佩戴护具。比赛前所有参赛选手将接受检查以确保其穿上所要求的护具。

跆拳道腰带颜色的含义

10级为白带：表示空白，根本没有跆拳道知识，意味着入门阶段。

9级为白带加黄杠。

8级为黄带：表示大地，草木在大地生根发芽，意味着学习基础阶段。

7级为黄带加绿杠。

6级为绿带：表示草木，成长中的绿色草木，意味着技术的进步阶段。

5级为绿带加蓝杠。

4级为蓝带：表示蓝天，草木向着蓝天茁壮成长，意味着进度达到相当高的阶段。

3级为蓝带加红杠。

2级为红带：表示危险，已具备相当的威力，意味着克己和警告对手不要接近。

1级为红带加黑杠。

黑带：表示白色的对立，相对白色技术已经熟练，意味着黑暗中也能发挥自身能力。

区别跆拳道的段位还要看道服和肩章：一段至三段的道服衣边有黑色带条，四段以上道服的衣袖和裤腿两边有黑色带条。根据道服上的肩章和腰带上的罗马数字1到9可区别段位和级别。

跆拳道的礼节

跆拳道虽然是以双方格斗的形式进行，但是不管它怎样激烈，由于双方都是以提高技艺和磨炼意志品质为目的，所以在双方各自内心深处都必须持有向对方表示敬意和学习的心理。因此在比赛前后都一定要向对方敬礼，即跆拳道运动始终倡导的"以礼始，以礼终"的尚武精神。"礼仪"是跆拳道运动必不可少而且十分重要的组成部分。

比赛开始前的礼节

运动员依照主裁判"立正"、"敬礼"令，立正向陪审席行标准礼，标准礼为鞠躬的自然姿势，腰部前倾15度，头部下倾45度，两手握拳贴于双腿两侧。然后运动员要依主裁判"向左向右转"的口令，内转相对，立正站好，再依"敬礼"的口令，相互敬礼。

比赛结束后的礼节

比赛结束时，运动员在各自的位置相对站立。然后依主裁判"立正"、

▲在27届奥运会上，陈中为中国夺得了第一枚跆拳道金牌，凶狠的下劈腿又助她在第28届奥运会上再次摘金，从而稳坐女子67公斤以上级霸主的宝座。

看奥运

▼ 赛场ABC

英文	中文	口令发音
one	1	hanan
two	2	duhl
three	3	seht

中国画研究院展览馆位于北京市海淀区西三环北路22号，该馆是目前国内最高的中国画艺术研究机构和学府，附属展览馆是该院对外交流的重要窗口，常年为国内外中国画画家举办展览。

▲俗话说"先下手为强"，主动进攻才能在比赛中占领先机。

"敬礼"的口令，相互敬礼。最后还要依主裁判"向左向右转"及"敬礼"的口令转向监督官，向监督官行标准礼。

竞技战术解析
——狭路相逢勇者胜

比赛中，通过试探性进攻，集中力量专门打击对方薄弱环节，以取得主动权。

竞技跆拳道比赛中，比赛双方激烈对抗，斗智斗勇，会给观众留下深刻的印象。而且观众在欣赏比赛的同时还可以充分享受击打艺术的美感，在跆拳道比赛中，选手双方腿法技术在对抗中高来低往，表现得淋漓尽致，凌空习腿和组合腿法令人眼花缭乱，具有极高的观赏价值。观看跆拳道比赛，不仅给人以美的享受，还能激发人的斗志，鼓舞人奋发向上的精神，陶冶人的道德情操，使人在欣赏的同时潜移默化地受到良好的意志品质教育。

跆拳道基本技术介绍

跆拳道以腿为主，仅踢击动作就有前踢、侧踢、后踢、勾踢、旋踢、推踢等。因腿的攻击力远远高于手的力量，且攻击时放长击远，威慑力大，是得分的主要方法。而拳法也是一种非常重要的技术。运用拳法时，拳必须握紧，动作发力要迅猛短促，完成击打动作后要立即回收，以免被对方抓住手臂或手腕。有冲拳、勾拳、弹拳、鞭拳、截拳、劈拳之打法。

格斗式（站姿）

双脚自然地与肩同宽，前后站立，身体侧面对敌，向前约呈30~45度。前手低后手高，呈防御状态。跆拳道是以腿法为主的灵活型竞技格斗，侧面对敌有利于闪躲和用腿。

▼凌厉的腿法是得分的关键。

步法

主要采用的步法是前滑步（后撤步）、前垫步（后垫步）、前进步和后退步、侧闪步。

腿法

跆拳道以腿法为主，占70%，因此看点主要集中在腿法上。跆拳道实战中脚踢进攻时一般使用的部位包括脚前掌，脚趾，脚背，足刀，脚后跟，脚后掌（脚跟底部）。

格挡

主要包括上格挡、上段外格挡、中段外格挡、下段

外格挡、上段内格挡、中段内格挡以及立体防守（提膝防守）。

跆拳道战术看点

在跆拳道的比赛中战术的运用是一个斗智的过程，是运动员把训练中获得的身体、技术、心理、智能等能力充分利用并加以创造性发挥的过程，其核心就是"制人而不制于人"，在比赛中要牢牢掌握主动权。在跆拳道的战术中，经常运用的有下面几种：

主动进攻战术

主动进攻是指在没有虚晃及假动作的掩护下，直接攻击对方。俗话说"先下手为强，后下手遭殃"就是强调了要主动进攻。在比赛中充分发挥自己的技术特长，利用自己技术全面、熟练、经验丰富等特点，发挥自己的特长，限制对方技、战术的发挥，掌握比赛的主动权，控制比赛的节奏，不给对方以喘息之机，迫使对方始终处于被动挨打的地位，达到战胜对手的目的。

防守反击战术

这就要充分利用自己防守技术好的特点，在对方发动进攻后，边防守边反击。攻防格斗历来讲究"以静制动"、"以逸待劳"、"后发先至"。在跆拳道比赛中，对手进攻后，还原成最佳实战姿势需要一定时间，此时就会或多或少、或大或小地暴露一些空当，利用空当和时间差给对手以有效的反击。

假动作战术

假动作战术是跆拳道比赛常用战术之一，其实质是战术欺骗，军事谋略称之为"兵不厌诈"。假动作战术，是指有目的地造成对方的错觉，虚虚实实，真真假假，把对方引入歧途，以实现真实的进攻。随着运动员技术水平的提高，特别是当对手反应快，防守能力强时，直接进攻很难有效得分。经验丰富的运动员多采用"声东击西"、"指上打下"、"虚实结合"等假动作进行进攻；有时也可以故意暴露破绽，引诱对方进攻，乘机予以反击。

强攻战术

强攻战术是一种有计划、有准备的先发制人的主动进攻战术。一般在力量、耐力、速度素质较好，但是技术不如对方时；或者身体素质好，技术比较全面，但经验不如对方时；或者对方耐力水平和心理素质比较差时应用，可在短时间内取得胜利或掌握主动权。

心理战术

在跆拳道比赛中，"攻心"即心理攻势，是双方为赢得比赛胜利所采取的心理较量。心理战术的目的在于"攻其心，乱其谋，泄其气，夺其志"。跆拳道比赛，心理活动贯穿始终，心理战术形式是多种多样的，比如赛前隐瞒实力，麻痹对方，给对方以错觉，赛中重创对方；或者赛前热身活动

看奥运

世界跆拳道联合会
（WTF）

世界跆拳道联合会（WTF），总部设在韩国。1973年在韩国汉城成立，现有175个协会会员（其中5个为临时会员），分属亚洲、欧洲、非洲和泛美地区4个大洲跆拳道联合会。

世界跆拳道联合会主办的活动主要有世界跆拳道锦标赛、女子世界跆拳道锦标赛、世界青年跆拳道锦标赛、世界少年跆拳道锦标赛、世界跆拳道表演锦标赛、地区性跆拳道锦标赛、世界大学生跆拳道锦标赛、世界军人国际跆拳道锦标赛。此外该组织还主办国际裁判研讨会、国际教练课程班，出版跆拳道期刊。

▼ 赛场ABC

英文	中文	口令发音
ready	准备	joonbl
begin	开始	shijk
saluting	敬礼	kueong-pye
time-keeping	计时	kyeshl

民兵武器陈列馆占地约66667平方米，一期展馆建筑面积为8600平方米，馆内有序厅、民兵发展厅、轻武器博览厅、火炮厅等，展出各种武器文物三千多件，是重要的国防教育基地。

▲比赛中，假动作的有效运用，虚虚实实，真真假假，引诱对方进攻，乘机予以反击。

时通过动作技术表现自己的速度、力量等给对手造成心理上的压力，以瓦解对手的士气使其技战术水平的发挥受到限制；或比赛中故意激怒对手，打乱对手的正常思维等。

制长战术

制长战术是采用相应的方法，限制对方的技术专长，使其不能正常发挥。一般来说，每一个运动员都有自己的技术特长，在比赛中运动员能够及时地发现对方擅长使用的技术打法，及时调整自己的战术，采用相应的方法，破坏对方技术专长的正常发挥，达到克敌制胜的目的。

制短战术

制短战术即集中力量专门打击对方薄弱环节，制其所短。每一个运动员都有自己的弱点，有的身体素质差，有的防守能力差，有的动作预兆明显等。采用制短战术，关键在于是否真正了解和掌握对方的弱点。

重创战术

重创战术是利用重击，致使对方丧失战斗力。实施重创战术需要有一定的力量素质和技术条件，当自己的攻击力量和技术比对方好，但耐力差；或者攻击力量好而技术不如对方；或者出于其他原因不能打持久战时，在规则允许的范围内，寻找、制造机会，施以重击，使对方的身心受到威慑或重创，从而失去继续比赛的信心或能力。

体力战术

体力战术是通过合理的体力分配以取得比赛胜利的战术方法。跆拳道比赛中，运动员体力消耗很大，采用体力战术，就是在一场三局比赛中，合理的分配体力，既不"虎头蛇尾"，也不能一味的保守，使比赛结束后还有大量体力没有发挥作用。每一局比赛用多少体力根据比赛中对手的实际情况合理地进行分配。

▼把握时机很重要，准确、果断、迅速地抓住机会，利用重击，致使对方丧失战斗力。

福娃问答

跆拳道比赛的基本规则是什么？

跆拳道比赛包括蓝、红两方以脚踢打对手的头和身体或用拳击打对方身体得分。比赛分3个回合，每回合3分钟，两回合之间休息1分钟。2005年4月男子每局比赛时间从3分钟缩短为2分钟。

选手可通过下述方法获胜：将对方击出场外，得分最高；使对手被罚分达到3分，或对手被剥夺比赛资格。比赛开始前，裁判分别发出立正和鞠躬指令后，双方立正并相互鞠躬，然后裁判喊开始，宣布比赛开始。

跆拳道比赛如何计分？

跆拳道比赛中，只有合理的攻击才得分，下述击打算作合理的攻击：击打对手的得分部位，除了头外，得分部位包括腹部及身体两侧，这3个部位标于对手的护具上。禁止击打对方小腹以下部位。用规则允许的身体部位击打对手。须用正确紧握的拳头的食指和中指的前部或脚踝关节以下的部位击打对方。若3位裁判中的至少两位对击打进行了认定并记录，则得分有效。

跆拳道比赛如何判定胜负？

跆拳道比赛中如果以平局结束，则分数高的一方获胜。如果平局而且分数相同，则由裁判根据比赛中双方表现的主动性来决定在3个回合各3分钟的比赛中哪一方占优。争夺金牌的决赛时，在双方进行第四回合即"突然死亡回合"的较量中，率先得分者获胜，如果双方均无得分，则裁判通过判断谁在该回合中占优而判定最后的胜方。若比赛双方均被击倒且读秒至10后无法恢复，则击倒前得分高者获胜。

大事记

1945年，朝鲜独立后，因战乱留落海外的朝鲜人将各地的武技带回本国融于一体，从而形成了现代跆拳道体系。

1955年，跆拳道的领导人将朝鲜的自卫术统称为跆拳道。

1961年，朝鲜成立了唐手道协会，后更名跆拳道协会。

1962年，跆拳道被接纳为朝鲜业余体育协会的会员，首次列为全国运动会的正式比赛项目。

1966年，国际跆拳道联盟成立，崔泓熙任主席。

1972年，国际跆拳道联盟总部因多种原因，迁移到加拿大的多伦多。

1973年，世界跆拳道联合会在汉城成立，金云成当选为主席，当时即有世界各大洲的二十多个国家加入这一组织。

1975年，世界跆拳道联合会被接纳为国际体育单项联合会的会员。

1980年，国际奥委会正式承认了世界跆拳道联合会。

1986年，跆拳道被列为第10届亚运会的比赛项目。

1987年，跆拳道被列入泛美运动会、全非运动会以及东亚运动会的正式比赛项目。

15个月大黑狗成"跆拳道高手"

众所周知，凶狠的扑杀撕咬历来都是名优猎犬的"必杀技"，然而一位来自英国的前跆拳道世界冠军却愣是独辟蹊径，将自己心爱的一条俄罗斯黑更犬训练成了"跆拳道高手"。

据报道，英国前跆拳道世界冠军鲁斯·威廉家中饲养着一条15个月大的俄罗斯黑更犬——"沙皇林格"。出于对跆拳道的偏爱，威廉对林格进行了悉心调教。短短3个星期后，林格的"武艺"突飞猛进。现在林格会根据指令起跳，然后连续踢打沙袋和顶着厚垫子的陪练。

毫不夸张地说，如果现在英国举办一场猎犬跆拳道比赛，林格是当之无愧的冠军，甚至与人对抗也不在话下呢。

看奥运

▼ 赛场ABC

英文	中文	口令发音
four	4	neht
five	5	daseot
six	6	yeoseot
stop	停	kevman
admonition	警告	kyong-go
attention	立正	charyeot
seperating	分开	kalyeo

北京戏曲博物馆坐落在宣武区虎坊桥湖广会馆内，是北京市建成开放的第一百座博物馆，以翔实珍贵的戏曲文献、文物、图片和音像资料，向观众展示了以京剧艺术为主的北京戏曲发展史。

Fencing

击剑

金牌榜

金牌榜	比赛单项	运动员姓名	夺金时间	成　绩	备　注

精彩看点

击剑——格斗中的芭蕾

　　一身白色的金属衣，手执长长的剑，脸戴黑色的护面，动作利落敏捷，有静有动有攻有守，一攻一防之间，没有剧烈的身体冲撞，有的只是灵活的闪躲和刁钻的进攻，是一场斗智斗勇的过程。身形挺拔、气质优雅的剑客在动静间全面调动分析、观察、判断和应变能力，仿佛要给剑的狠与美

中国医史博物馆是一家专业博物馆，建成开放于1982年，展出有著名医学图书、御制稿本、书画拓片、陶瓷玉器等珍贵医药文物藏品三千多件，系统、全面地展现了中国医药学起源、形成、发展的历程与成就。

平添一个扎实的注脚。击剑的技术动作本身轻灵潇洒，辅之以剑道本身所追求的自信、果敢、稳健，故而击剑被誉为"格斗中的芭蕾"。

女子佩剑担负08奥运夺金希望

2006年4月8日国际击剑联合会在韩国太白市举行特别代表大会决定，2008年奥运会取消男子花剑团体赛和女子重剑团体赛，这对于在这两个小项上具有优势的中国击剑队来说无疑是个很大的打击。由于国际奥委会对奥运会击剑项目参赛人数和小项数额的限制，国际击剑联合会根据男女平等和轮换制的原则，把无缘雅典奥运会的女子花剑和女子佩剑团体赛设置为北京奥运会的比赛项目，而男子花剑团体赛和女子重剑团体赛则被轮换了下去。

这一决定一方面意味着中国击剑面临着十分严峻的形势，女子佩剑选手也将担负起更多的北京奥运夺金希望。

▲ 出众的身体素质、较好的速度和爆发力、稳定的心态成为谭雪与对手抗衡的法宝。

走进历史
——冷兵器时代的贵族运动

从古代战争中演变而来的击剑运动是历届现代奥运会的正式比赛项目，而享此殊荣的只有4个比赛项目。击剑又是第一项允许专业运动员参加的奥运会比赛项目。在1896和1900年的奥运会上，现代奥林匹克之父顾拜旦为专业击剑"大师"们专门设置了比赛项目。

古老的击剑比赛最早见丁埃及卢克索附近马迪纳特·哈布神庙内的一件浮雕，该神庙为公元前1190年前后埃及法老拉美西斯三世所建。古罗马角斗士你死我活的格斗，在血与汗的飞溅中只是要取悦奴隶主。现代击剑起源于中世纪的欧洲，那时剑是贵族、骑士随身必备的武器，剑也从笨重变得轻灵。为了提高剑术，欧洲各国还出现许多传授击剑术的行会和学校。

14世纪在西班牙、法国和意大利出现了一个令人炫目的骑士阶层，他们以精湛的剑术纵横天下，博得了广泛的美誉。此后各国贵族纷纷效仿，一时间成为上流社会的时尚，以至于发展到贵族之间解决纠纷，动辄拔剑相向，一剑定生死。

1643年前后，法国国王路易十四对当时法国的击剑服装和器具做了统一的规定，并将巴黎资格最老的6名剑术师封为世袭贵族，由此开法国剑术流派之先河，击剑作为一种体育竞技项目初具雏形。

▲ 秦剑与春秋战国的剑相比，剑身变窄、变薄，剑体加长，大大提高了剑的杀伤力。秦剑的加长，说明了格斗武器的改进。

看奥运

中国印刷博物馆位于北京大兴县黄村镇兴华北路25号，属科技类专题博物馆，建筑面积8100平方米，设有"源头古代馆"、"近现代馆"、"印刷设备馆"和"综合馆"，是目前世界上规模最大的印刷专业博物馆。

▲1900年巴黎奥运会宣传画的主体是一位身着传统法国骑士服装的女性，右手高举法国三件传统兵器——花剑、佩剑和重剑，设计简单，却充满了法国味道。

现代击剑的祖先与我国古代的剑大同小异，但已经演变为一种高尚运动，其所用的剑是不开刃的。剑身用特别的弹簧钢材料制成，剑条可以连续弯曲一万次以上。运动员身穿内有护具的白色击剑服，头戴护面，手戴皮手套，避免受伤。现代击剑分花剑、重剑和佩剑三个剑种：

花剑最初用于战斗训练，又称轻剑，只准刺，不得劈打。有效部位为躯干。1955年起使用电动裁判器。

重剑出现于19世纪中叶，起初主要用于格斗，同样只准刺，不得劈打。有效部位为全身，手臂、腿、脚是主要攻击目标。1931年起使用电动裁判器。

佩剑系意大利人拉达那利于19世纪末从匈牙利骑兵使用的一种弯曲佩剑发展而来。可以劈刺。有效部位为腰带以上的上肢、头部、颈部和躯干。1989年起使用电动裁判器。

观赛指南

比赛场馆：国家会议中心击剑馆
地点：奥林匹克公园

▲国家会议中心击剑馆鸟瞰图。

赛时功能：击剑预决赛、现代五项（击剑和射击）

观赛礼仪

为了能使运动员们集中注意力发挥出最好的状态和最高的水平，避免无谓身体伤害，观众们在击剑赛场欣赏优雅激烈的击剑比赛时，尤其需要保持安静。在击剑比赛过程中，观众不宜在运动员出剑进攻时发出助威声；一旦裁判发令，观众也不能再助威或鼓掌，以便运动员更清楚地听到裁判员发出的口令。裁判宣布开始比赛之后，观众要保持安静，待灯亮后，才可以鼓掌或者助威。

公交路线

113、386、407、656、660、689、740内、740外、753、939、944、944支、983支路到北辰桥西站下。

比赛日期和金牌数目

比赛项目	8 五	9 六	10 日	11 一	12 二	13 三	14 四	15 五	16 六	17 日	18 一	19 二	20 三	21 四	22 五	23 六	24 日	25 一	金牌数目
击剑		1	1	1	1	2	1	1	1	1									10

注：预赛和决赛为同一天。

10 分钟课堂

奥运击剑参赛资格和名额

奥运会击剑项目参赛资格一般是在该届奥运会之前举行奥运会预选赛，并结合奥运会前一年的世界锦标赛成绩来确定名额的归属。

2004 年第 28 届奥运会设 10 个项目，共 200 名运动员参加比赛。每个协会每个剑种最多 3 名运动员，每名运动员可以参加最多两个剑种的团体赛。团体项目每个剑种 8 个队参加。2008 年北京奥运会击剑项目参赛资格同雅典奥运会相同，但增加 12 名运动员名额。

08 奥运击剑分项设置

2008 奥运击剑比赛总共设 10 个分项，设置情况如下：个人项目 6 个，男子重剑个人、男子花剑个人、男子佩剑个人、女子重剑个人、女子花剑个人、女子佩剑个人；团体项目 4 个，男子重剑团体、男子佩剑团体、女子佩剑团体、女子花剑团体。

奥运击剑赛制和比赛方法

奥运会击剑比赛在长 14 米，宽 1.5 米的剑道内进行。选手们除了佩戴护具之外，还要在身后拴上一条传输电子信号的电缆，通过一套计算机打分系统确定输赢，这套打分系统利用电子信号装置来确定比赛的某一方是否为对手的武器所击中。

击剑比赛以刺入有效部位多的一方为胜。循环赛在 4 分钟内 5 次击中，淘汰赛在 9 分钟内 15 次击中。最先击中对方达到有效次数，或时间到后击中对方次数多者为胜。团体赛中最先击中对方达 45 次的团队为胜。

击剑运动的场地与器材

现代击剑所用的剑是不开刃的，剑身用特别的弹簧钢材料制成，花剑、重剑和佩剑的具体区别如下：

▲ 作为雅典奥运会男子重剑个人银牌得主，王磊在 06 世锦赛男子重剑个人赛中又夺冠军，为中国队 2008 年冲金增加了信心。

击剑	横截面形状	总长度	重量	护手盘	有效部位	击中方式
花 剑	长方形	110 厘米	500 克	最小圆形	躯干	刺
重 剑	三棱形	110 厘米	770 克	最大圆	全身	刺
佩 剑	梯形	105 厘米	500 克	较大月牙形	上半身	刺劈

击剑比赛的剑道和服装

剑道宽 1.5～1.8 米，长 14 米，用金属性材料制成。剑道有边线、底线和预备线。

比赛时，双方运动员比赛服内有手线并与拖线盘内的电线和裁判器相连，并形成一环行电路。当一方击中有效部位，并且剑尖达到有效压力时，

▼ 赛场 ABC

advance　前进
attack　攻击
beat　敲击
blade　剑身

看奥运

285

裁判器的灯就会显示击中信号。

运动员在比赛中必须戴由金属网制成的面罩，网眼长度不超过2毫米，并能承受160公斤重的冲击力，布质的护颈要下伸到锁骨，以保证运动员头颈部的安全。

比赛服有保护作用，由质地结实的面料制成。它可以抗80公斤的冲击力，其强度足以抵挡剑的刺劈。运动员还要穿上防保内衣，女子在上衣内还要穿一件由金属或其他硬质材料制成的护胸。短击剑裤必须长及膝盖以下，并被紧紧固定，而且还要穿一双长裤。此外，花剑和佩剑运动员最外层还要穿一件为有效部位保护的金属衣。

解读击剑比赛中的彩色灯和白色灯

击剑比赛中用裁判器上不同的灯来显示选手的有效击中或无效击中。

花剑比赛时，裁判器有一种特殊功能。当4个灯都亮时，说明双方击中对方的无效部位后，又击中有效部位。如果先击中有效部位彩色灯亮后，再击中无效部位，白灯就不会再亮。一方或双方亮灯的显示时间是0.7~0.8秒，如果双方的彩色灯都亮，说明双方在裁判器限定的时间内先后击中对方，此时，裁判根据双方攻防动作和主动权的获得进行判决。

佩剑和花剑基本相同，只是没有无效灯，运动员击中无效部位，裁判器不显示无效部位的灯。重剑只有击中有效部位时，才显示有效灯。双方击中的时间，是在1/20秒内先后击中时，裁判器的红灯和绿灯都亮，如果有一方运动员，是在对方运动员击中之后的1/20秒之外击中对方，他的灯就不会再亮，只显示最先击中的一方运动员的灯。

击剑比赛选手的礼节

在每一回合的开始和结束，击剑选手都必须向对手、裁判以及观众敬礼。动作过程是：持剑臂手心向上伸平，剑尖指向裁判员(或对手、观众)，然后屈肘垂直举剑表示致敬。

▲ 公孙大娘是唐代最杰出的舞蹈家之一，擅舞"剑器"，舞艺超群，惊心动魄，猛厉无比。

竞技战术解析
——斗勇更要斗智

击剑是一项古老的运动项目，脱胎于古代战争，以刺中或者劈中对方的有效部位为得分获胜的标准。运动员们手持钢剑，高手对决中，你来我往，静如处子，动似脱兔；攻如蛟龙出海，守似铜墙铁壁；攻守自如，进退有序。

精彩技术看点

击剑技术的内容主要包括：实战姿势、步法、进攻技术、防守技术和

北京古观象台，位于北京市建国门立交桥西南角，始建于明朝正统年间，是世界上古老的天文台之一。台上陈设有简仪、浑仪和浑象等大型天文仪器，台下陈设有圭表和漏壶，清代又增设八件铜制的大型天文仪器，它们不仅是实用的天文观测工具，还是举世无双的历史文物珍品。

奥运看北京
古 观 象 台

反攻技术。

实战姿势

实战姿势是击剑运动所特有的姿势，是运动员开始准备进行战斗的基本姿势。击剑的实战姿势能使运动员暴露最少的有效部位，使对手不易击中自己，而且使运动员更加自然灵活，能随时向任何方向移动，也能随时进行攻防的转换。

▲号称兵中王道之器的剑。

灵活多变的步法

击剑步法灵活多变。在比赛中可以看到，运动员忽前忽后，忽快忽慢，难以捉摸。手上动作的完成，要靠步法的移动来提供合适的距离，同时时机的捕捉也靠步法的配合来完成。基本步法有向前一步、后退一步、向前跃步、向后跃步、弹跳步、闪躲步、交叉步、垫步、弓步、冲刺步。

积极主动的进攻

击剑的进攻技术是指合理有效地刺或劈中对手有效部位的动作方法，其目的是为了更有效地击中对手而获胜。积极主动的进攻是得分获胜的最好办法，只有以我为主、积极主动、先发制人，才能掌握主动权，进而获得比赛的最后胜利。主要包括：直刺、转移刺（劈）、交叉刺、击打刺（劈）、压剑刺、滑剑刺、绕剑刺、对抗刺（劈）、甩剑刺、角度刺、劈头、正手劈、反手劈、刺手、偷袭刺脚（膝）。

严密多变的防守

在击剑比赛中，进攻和防守是不断进行转换的。进攻是为了刺中对方，而防守是为了避免被对手刺中，并伺机反击。因此良好的防守是成功的一半。防守有三种形式：武器防守，距离防守，体位防守。还有一种特殊形式——击剑线。

精彩战术看点

战术是击剑运动的灵魂，是根据敌我情况作出的合理、正确的预测和判断，从而决定采取的计谋和行动，是智慧的较量。在击剑对抗中，经常用到的战术有：

步步紧逼的攻防

紧逼进攻战术，在击剑实战中占有重要地位，是进行格斗的强有力手段，是对付防守能力强并善于运用防守还击和反攻的对手。采用这一战术的运动员，其步法要灵活、攻防转换要快、防守能力要强，并善于近距离作战。

以假乱真的战术

假进攻接真进攻中的假进攻行动并非是单纯的假，而是要真假结合，在距离、时机有利的情况下假进攻可

▼积极主动的进攻是得分获胜的最好办法。

看
奥
运

▲ 步步紧逼的进攻是进行格斗的强有力手段。

转化为真进攻。用假进攻作为掩护手段时的动作要逼真，距离和深度要恰当，能诱骗对手。这样才能有战术上的随机性。

假进攻接反还击首先应使假动作逼真，在距离上要有威胁，尤其是假进攻时剑尖的深度给对手造成必防的程度。

假防守转换是利用防守作为掩护手段，结合攻、防、反形成的战术体系。防守转换战术有：假防守变真防守，假防守变进攻，假防守变反攻。

运用这一战术，要根据对手的特点，选择动作组合。防夺技术与其他技术结合运用，并在一个节拍中完成。武器防守和距离防守同时进行。假防守动作要突然、逼真、刺激对手的反应，迫使对手在动作选择上犹豫或单一。

假反攻转换是利用反攻作为掩护手段和直接得分手段结合运用，并在获取战术时机后转换为其他动作进行进攻或防守。反攻转换战术有：假反攻变真反攻、假反攻变防守、假反攻变进攻。

击剑线战术与击剑线转换战术

击剑线运用时要求肩、臂、剑成一直线，对准对手的有效部位，给予对手连续的威胁。击剑线战术可以作为直接得分手段，也可以作为掩护手段，配合其他攻、防、反，构成了击剑线转换战术。

对攻转换

这一战术是指双方同时发动进攻的瞬间，一方运动员利用步法、身体、节奏的变化，转换成防守、反攻、跟进进攻等打法。

近战战术

近战一般是指两运动员之间在原地相互伸臂即可刺中对手的距离作战。近战战术是针对具有控制对手剑和防守能力均强，动作快速准确的运动员选用的近距离作战的一种战术。

特殊的针对性战术

特定战术是在比赛中特定情况下所采取的相应战术行动。比如利用场地战术、最后一剑战术、利用比赛时间的战术、团体赛排位和换人战术。

▼ 赛场ABC

beat in octave	第八姿势击打
beat in prime	第七姿势击打
beat in sixte	第六姿势击打
beat in quarte	第四姿势击打
beat in fierce	第三姿势击打

福娃问答

重剑比赛如何判定得分？

重剑是完全刺击武器。只有剑尖击中有效，剑身横击无效。有效击中部位包括全身，即躯干、腿、脚、手、臂以及头盔。与花剑及佩剑不同，重

剑每次击中都有效。若双方在四分之一秒内相互击中，双方各得一次击中数。

花剑比赛如何判定得分？

花剑也是完全的刺击武器。只有剑尖刺中才有效，剑身横击无效。有效刺中部位是上身。击中有效部位由金属衣裹覆，以便电子仪器判断出有效和无效击中。花剑比赛也讲究击中优先权，先攻击而击中者得分，被攻击者须先做出有效抵挡动作后再进攻击中才有效，双方同时击中均不得分。在此情况下，击中优先权很难区分，如剑触及手臂，在花剑中是无效的。

佩剑比赛如何判定得分？

佩剑是既劈又刺的武器。在实战中，以劈中得分为多。击中有效部位是上身、头盔及手臂。佩剑的击中有效部位也由金属衣裹覆，以便电子仪器分出有效和无效击中。佩剑比赛也有击中优先权，先攻击而击中者得分，被攻击者须先做出有效抵挡动作后再进攻击中才有效。双方同时击中均不得分。佩剑速度最快也往往用得时间最短。如果电子仪器显示一位队员得分，裁判会当即中止比赛，然后双方队员预备后继续进行比赛。

击剑比赛中双方平局怎么办？

在9分钟内，如果双方平分，那么将加赛1分钟，分出胜负结束比赛。为了防止双方过分防守，加赛前抽签决定。

击剑团体比赛怎么进行？

击剑团体比赛中，每一位选手与对方的3位选手轮流比赛。先获得5分的选手为胜，然后选手交叉进行比赛，最先获得45分的团队为胜。

国际剑联（FIE）

国际击剑联合会，简称国际剑联（FIE），1913年11月29日在巴黎成立。是国际单项体育联合会总会成员，现有协会会员108个，工作用语为法语。

大事记

▼ 凌厉一刺定乾坤。

1839年，美国业余击剑协会成立。

1882年，法国成立世界上第一个击剑协会。

1896年，男子个人花剑列入奥运会比赛项目。男子个人佩剑列入奥运会比赛项目。

1900年，男子个人重剑列入奥运会比赛项目。

1904年，男子团体花剑列入奥运会比赛项目。

1908年，男子团体重剑、团体佩剑列入奥运会比赛项目。

1924年，女子个人花剑列入奥运会比赛项目。

1984年，中国女剑手栾菊杰在第23届奥运会上夺得一块宝贵的女子花剑金牌，堪称当时剑坛的一个奇迹。

2006年，王磊在击剑世锦赛上勇夺男重个人冠军。

看奥运

国家天文台于2001年4月宣布成立，由中国科学院天文学科原四台三站一中心撤并整合而成，是世界公认的高水平天文台，成为中国在国际天文学界的主要代表。

Archery

射箭

金牌榜

金牌榜	比赛单项	运动员姓名	夺金时间	成　绩	备　注

精彩看点

　　射箭是一项讲求技巧的运动，进行这项运动需要高度的集中力和毅力；同时也是一项休养身心的活动，从中透出的是冷静的思考，心神合一的魅力。

　　射箭运动员稳健的双手、强有力的肩膀、柔韧的肌肉、犀利的眼睛、稳定的平衡能力和协调能力、钢铁一般的神经和准确的时间感，都让我们对

这些"箭无虚发"、"百步穿杨"的射箭高手们敬仰至极。在我国的传说故事、文艺作品中，有很多著名的英雄都是擅长射箭的高手，成吉思汗弯弓射大雕的故事更是为百姓所津津乐道。不论是射箭项目所使用的工具还是弯弓放箭的场景，对中国的观众来说都不陌生。

自从射箭项目再次进入奥运会后，美国人一直占据着男子项目的优势，女子比赛则是韩国选手一枝独秀；中国女队在世界射箭赛场上也具备一定的竞争力。在2008年北京奥运会上，来自美国、韩国、中国等国家的射箭高手们将使我们充分感受"箭无虚发"的精彩技艺。

走进历史
——追风的神箭

▲ 射箭是中国少数民族人民一项传统体育活动。

射箭运动起源于原始社会人类的狩猎和自卫。中国的射箭历史悠久，考古发现，早在旧石器时代晚期，中国就已发明了弓箭。在西方，人们对侠盗罗宾汉传奇故事也是耳熟能详，射箭比赛的历史至少可以追溯到中世纪。

与罗宾汉和他的手下在舍伍德森林中占山为王的时代相比，射箭运动的器材装备在技术上都已有了长足的改进，但是这项运动在本质上并没有改变。覆盖着玻璃纤维，向内凹进的弓已经成为了标准用具，用铝和石墨制成的箭时速可高达240公里，确有追风之势。然而，最关键的要求还是那么简单：稳健的双手、强有力的肩膀、柔韧的肌肉、犀利的眼睛和钢铁一般的神经。

▼ 侠盗罗宾汉是传说中的神箭手，"罗宾汉"的意思就是一箭射穿了已经中靶的另一支箭。

观赛指南

比赛场馆：奥林匹克森林公园射箭场
比赛地点：奥林匹克公园
赛时功能：射箭
场馆介绍

奥林匹克公园射箭场位于奥林匹克森林公园南区，北临奥林匹克公园网球中心，西至白庙村路东红线，东到北辰西路红线，南侧边界位于森林公园用地范围内，是2008年北京奥运会射箭预赛和决赛的比赛场地。射箭场用地约9.22公顷，共有座席5000个。奥林匹克公园射箭场为临时赛场，赛后恢复为奥林匹克森林公园绿地。

大
看
奥
运

奥运看北京
中国电影博物馆

中国电影博物馆位于北京市朝阳区崔各庄乡南皋路环行铁路内，占地3466.84平方米，建筑面积近3.8万平方米，将是世界上建筑规模最大的专业电影博物馆，全面介绍了电影发展史、中国电影发展历程和中外著名电影艺术家的艺术成就。

公交路线

510路到倚林佳园东门站下。

比赛日期和金牌数目

比赛项目	8 五	9 六	10 日	11 一	12 二	13 三	14 四	15 五	16 六	17 日	18 一	19 二	20 三	21 四	22 五	23 六	24 日	25 一	金牌数目
射箭		■	1	1	■	■	1	1											4

注：蓝色为比赛日，黄色为决赛日。

▲奥林匹克公园效果图。

观赛礼仪

　　射箭比赛是对运动员的心理素质的重大考验，运动员必须集中注意力进行比赛，这就对观看比赛的观众提出了很高的要求。在比赛期间，禁止观众大声喧哗，在场地里来回走动等影响运动员的行为。最后，观看射箭比赛时的喝彩加油也要合乎时宜。在箭没有离开弦的时候千万不要呐喊，否则很容易影响射箭运动员的稳定发挥。

10分钟课堂

奥运射箭参赛资格和名额

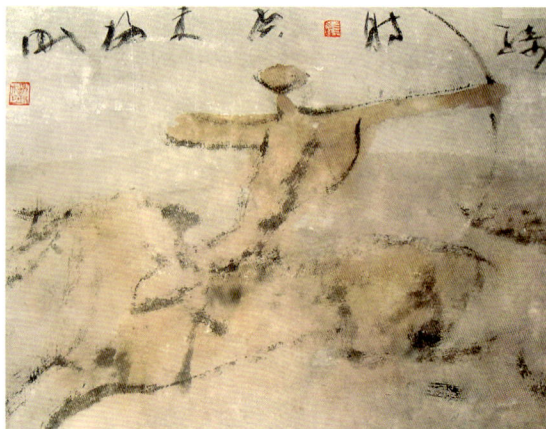

▼弓箭狩猎已成为原始社会人生活重要的组成部分。

　　奥运会射箭项目的参赛名额一部分从奥运会之前的射箭世界锦标赛团体项目、个人项目中获得，另一部分是非洲、亚洲、美洲、欧洲、大洋洲的奥运会预选赛提供的指定名额，还有东道国自动获得的一定数量的参赛名额，剩余的名额由国际射箭联合会确定。

奥运射箭分项设置

　　目前奥运射箭比赛项目有个人赛和团体赛。2008年奥运射箭共有4个小分项，分别为男子个人赛（70米）、男子团体赛（70米）、女子个人赛（70米）、女子团体赛（70米）。

奥运射箭赛制和比赛方法

奥运会射箭比赛共设男女个人和团体4枚金牌，采用单淘汰制；比赛的胜负以运动员射中箭靶的环数来计算，射中箭靶越靠中心，得的环数越高，总环数高者取得胜利。

射箭比赛的个人赛分为排名赛、淘汰赛和决赛3个阶段，射程均为70米。首先进行排名赛，运动员射两轮72支箭，根据总成绩排出名次，前64名进入淘汰赛；淘汰赛每名运动员射6组18支箭，每组限时2分钟，采用一对一的方式，胜者进入下一轮，最后决出8名运动员进入决赛；决赛时每名运动员射4组12支箭，每支箭限时40秒钟，仍采用一对一的淘汰制，最后排出名次。

射箭比赛的团体赛分为淘汰赛和决赛两个阶段。每队3名运动员，射程均为70米。根据个人排名赛中每队前3名运动员的成绩之和排定名次，录取前16个队进入团体淘汰赛。淘汰赛每队共射27支箭，分3组，每组每人射3支，每组限时3分钟，采用一对一的方式，胜者进入下一轮，最后决出4个队进入决赛。决赛时每队再射3组27支箭，4个队分两组，获胜的两队再决出冠亚军。

▲ 射箭需要高度集中的精力和坚强的毅力，方能例不虚发。

▼ 箭技的精进，离不开大赛的磨炼。

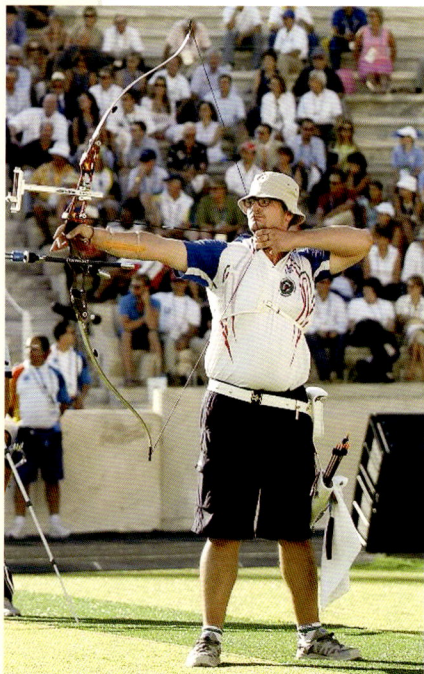

射箭比赛的场地和器材

奥运射箭属于室外比赛项目，场地要求平坦，由南向北长约130米，宽约150米。使用的主要器材包括箭靶、弓和箭。

射箭比赛的箭靶涂有五个彩色得分环。从外向内，由白色、黑色、蓝色、红色以及金色靶心构成，金色靶心又叫"黄心"。根据国际比赛规则，靶面规格有两种：一种宽80厘米，用于30米和50米距离的比赛；一种宽122厘米，用于60米、70米和90米距离的比赛。靶心直径为12.2厘米。靶心距离地面的高度为1.3米。奥运会的比赛中运动员与靶面距离为70米，采用宽122厘米靶面。

奥运比赛使用的弓为反曲弓。男子比赛的弓重22公斤，女子为7公斤。弓弦质地一般为碳氢化合物，也有合成纤维的。箭杆直径为11毫米，上面必须刻有运动员的名字。运动员还以不同颜色和式样来装饰箭镞，以区别于其他选手的箭。

射箭比赛的运动护具

在不违反公平竞赛的原则下，运动员可戴一些护具。具体要求为可以使用指套、手套、护手皮片或胶布带，但不能有助

看奥运

中华航天博物馆位于丰台区东高地，是目前中国航天技术最大的展示窗口，展馆由序厅、主体大厅、高科技应用成果厅、分类系统专业技术厅几部分组成，显示了我国天文探索的巨大成就。

▲ 䩢在商代是射箭时用的钩弦器，相当于清代的扳指。

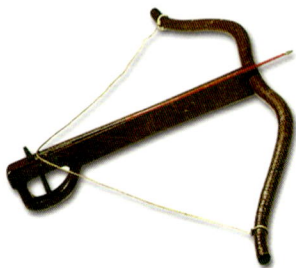

▲ 弩属于远射兵器，也是用来射箭的。由弓、弩臂和弩扣组成的复合体称作弩，弩是有机关的。

▲ 箭镞。俑坑中出土约40000余件，是一种攻击力较强的远射程兵器。

于引弦和撤放的作用。可以使用普通眼镜、射箭眼镜、太阳镜，但都不得装有微孔棱镜等类似的装置，也不能标出有助瞄准的记号。可以使用护臂、护胸、汗垫、背弓带、腰带、箭筒和棉纱等。可以使用脚准星，但不得超出地面1厘米。

射箭器械

弓

弓由一个弓把、弓面及一对顶端带环扣的弹性弓翼组成。弓上可安装可调箭台、各种可扭动的按钮、扣点、剪床和可使用一个发出声音的或看得见的张弓指示器。

弦

弓弦是由数股选用的涤纶线或其他材料合成，中段缠上线。弓弦上缠线部分在拉满弓时，不得超过射手本人的鼻尖。弦上可安装一个附加物，作为唇珠或鼻珠，安装的高度不得超过鼻尖。

箭

一只箭包括箭头、箭杆、箭扣和箭羽。运动员在同一组比赛中所使用的箭支的样式、箭扣、箭羽和颜色必须相同。每个运动员的每支箭上，都要标明自己的姓名和单位，以示区别。

箭靶和靶架

箭靶有方形和圆形的两种，边长和直径不得少于124厘米，厚度不限，重量适中，便于移动。用稻草加麻布或其他适合的材料制作，要求坚实耐用、硬度适宜，使箭容易射入而又不易脱落或穿透，并能牢固地安装在靶架上。

支撑箭靶的架子称为靶架，用木料或竹料制成，要求坚实耐用。箭靶应倾斜地放在终点线上，要求与地面垂直线的夹角约15度。各环靶中心的高度，力求在一条直线上。

环靶

环靶，均自中心向外分别为黄、红、浅蓝、黑和白五种不同色的等宽同心圆区。每一色区间又以一条细线分为两个同色的等宽区。这条细线称为分区线，画在高环区内。最外面的白色区外缘线，画在环区内。线宽均不得超过2毫米。这样就构成10个等宽的环区。环靶中心用"X"符号标出，称为针孔。"X"符号的线宽不超过2毫米。环靶可用纸、布或其他适当的材料制成，但同一次比赛中，要求所用材料相同、规格统一。

竞技战术解析
——百步穿杨不是传奇

百步穿杨、百发百中，都被人们用来形容一个人射术高超。射箭运动是借助弓的弹力，有控制地瞄准一定的方向或目标，在一定的距离内比赛准确性或比赛远度的竞技体育运动项目。准确性是射箭最突出的特点。而射箭运动的所有技术及战术也都围绕着这一点展开。

百步穿杨的射箭技术

射箭技术由准备动作、基本动作、结束动作三部分组成。

渐入佳境的热身准备

准备动作的任务是做好一系列连贯的动作，使注意力高度集中，进入最佳竞技状态。准备动作包括审靶、站立、搭箭、推弓、勾弦和转头等动作。

环环相扣，一气呵成的射箭动作

准备动作使注意力高度集中，做好射箭前的一切准备，随后即进入基本动作阶段。射箭基本动作由站立、举弓、开弓、瞄准、继续用力、撒放、暂留7个环节组成。正确的射箭动作应是环环相扣，一气呵成的。

从容稳缓的结束动作

射箭并不是一箭射出便结束，而是有专门的结束动作，该动作由动作暂留和收势两部分组成。

精准的射箭战术

在射箭比赛中，战术也越来越受到运动员们的重视。

先射和后射战术

从1992年巴塞罗那奥运会开始，射箭比赛规则中增加了对抗的两名运动员或队在赛前以掷币的方式选择发射顺序的条款。在淘汰赛和决赛掷币选择发射顺序时，大部分运动员都选择了后射，这在国际大赛上尤为明显。

选择先射还是后射要取决于运动员的心理类型。如果运动员属于能在开始领先，并保持下去，在射最后一支箭时也不紧张，应选择先射。如果运动员进入状态比较慢，需要"动员"一下再进入状态，他应选择后射，在

▲青铜雕像。射箭的透克洛斯。作于1881年。

▲春秋晚期的竹弓，这是目前所能见到的我国最早的弓的实物之一。

大看奥运

中国第四纪冰川遗迹陈列馆位于石景山区模式口永定河东侧山坡上，是世界上迄今为止唯一的一座冰川遗迹陈馆，展品绝大部分为冰川遗迹的照片资料及部分碛石标本，向游客介绍地球、地质方面的知识。

▲这一现代雕塑表现了射手箭在弦上、满弓待发的情景。

对手先射时让自己"身临其境"，兴奋起来。

团体赛队员上场顺序的战术

奥林匹克淘汰赛规则规定，团体比赛时三名运动员要轮流几场，但上场的顺序可由该队自行决定。在比赛中，一般都采用这样的做法：第一个上场的运动员一般成绩稳定、经验丰富，或者拥有果断、敢打敢拼的作风，他可起到稳定军心的作用，并为队友试瞄点、测风向。第二个上场的运动员是尽量打高成绩，拉开两队的距离。第三个上场的运动员应是适应能力较强，心理素质较好，尤其是在环数落后或打平的情况下都能不手软、敢于出手。

运动员一次上场射几支箭的战术

奥林匹克淘汰赛规则规定，团体比赛一个队在3分钟内射9支箭，队员轮流上场，每人射3箭，每名队员一次可射1支箭、2支箭或3支箭后再轮换下一名运动员。这3支箭是一次性打完，还是分几次射完，每个队可根据各自的情况进行安排。一般情况下，大多采用一人一次上射线射3支箭的战术，这种战术比较有利于完成技术动作程序，一气呵成，并使轮换井然有序。

预赛中排位的战术

由于奥林匹克淘汰赛具有"一对一"淘汰制的特点，预赛中排位的战术实际上就是选择对手的战术。

▲古往今来，对神箭手的崇尚始终如一，图为纪念邮票中的古代射箭运动。

福娃问答

大 射箭比赛如何计分和判定胜负？

射箭比赛中，以箭头中靶环数判分。射中外面的白色环得1分，以此类推，射中黄心得10分。如果某一箭命中位置跨两个颜色的环，记分以高分为准。如果某一箭正好射在靶面上某一箭镞上，则只计算前面一箭的得分，后边一箭不计得分。如果某一箭射穿了靶面，或者射中靶面后弹落地，则在该痕迹明显可辨认的情况下，根据该箭在靶面上留下的痕迹记分。出现此类情况，运动员需在其所有箭射毕之后，举旗示意裁判。

射箭比赛的胜负是以运动员射中箭靶的环数来计算的，命中箭靶越靠中心，所得分数越高。

大 射箭比赛过程中箭落地怎么办？

运动员瞄准目标时，用执弓臂握住弓，然后用拉弦手向后拉弓弦直到满弓点，注视瞄准，然后射靶。箭越线之后即被记分；如果箭不慎落地，但落在线内，运动员可拾起重新射出。

射箭比赛有无时间限制?

为使射箭比赛更紧张、激烈，1992年奥运会开始执行奥林匹克淘汰赛规则，将射3支箭的时间缩短了30秒。规则还规定，射6支箭的时限为4分钟，团体附加赛射3支箭的时限仅为1分钟。这一规定对运动员射一支箭、一组箭的动作协调性、节奏及团体比赛全队的配合等都提出了更高的要求。

大事记

　　1673年，现代射箭运动始于英国，英格兰约克郡首次举行的方斯科顿银箭赛，延续至今。

　　1787年，英国成立皇家射箭协会，成为世界上最早的射箭组织。

　　1828年，射箭传入美国后，费城射箭联合会成立。

　　1844年，第1届全英射箭锦标赛顺利举行。

　　1861年，英国射箭协会成立，统一竞赛规程。

　　1879年，全美射箭协会成立并在芝加哥举行第1届全美射箭比赛。

　　1931年，国际射箭联合会成立。

　　1972年，射箭项目重新出现在慕尼黑奥运会上，并且从此一直是奥运会的固定比赛项目。

　　1981年，中国射箭协会加入国际箭联。

　　1988年，男、女团体均被列为奥运会比赛项目。

国际箭联（ITA）

　　国际射箭联合会，简称国际箭联(ITA)，根据波兰的倡议成立于1931年，当时只有5个协会会员，现有协会会员128个，分属国际箭联承认的非洲、美洲、亚洲、欧洲和大洋洲的地区箭联。国际箭联是国际单项体育联合会总会成员。

　　国际箭联的正式用语为英语和法语。国际箭联的主要赛事有世界锦标赛、欧洲锦标赛和其他国际比赛。

看奥运

◀ 这是阿淮亚神庙东面山墙群雕中的一件引弓射箭的战士跪射姿势，又名赫剌克勒斯。

中国现代文学馆位于北京市朝阳区芍药居小区文学馆路45号，占地面积46亩，现有藏品38万件，设有4个展厅，馆内还配有先进的管理、检索、复制和阅读设备，实现信息网络化，是世界上最大的综合性文学馆。

Shooting

射击

金牌榜

金牌榜	比赛单项	运动员姓名	夺金时间	成 绩	备 注

精彩看点

奥运射击将更具刺激和悬念性

射击，它蕴涵着射手保持自身心境平和的内力，是智与神的凝结，是感与知的融合，是稳定情绪的自我控制。射击运动对运动员的平衡性、注意力集中程度、协调性、视力的精确性、心理稳定性和时间感等要素的要求都非常高。雅典奥运会后，国际射联做出新举措，规定从下届奥运会开

国家图书馆坐落于北京市海淀区，是综合性研究图书馆。总馆占地7.24公顷，建筑面积14万平方米，地上书库19层，地下书库3层，可容纳2000万册藏书，是全国书目中心和图书馆信息网络中心。

始，所有射击项目的预赛成绩将不再带入决赛。新规则从2005年1月1日开始实施。新规则将对运动员提出更高的要求，选手在比赛中的压力也将更大，当然这也会使得比赛更加精彩刺激，更具偶然性和悬念，必将吸引更多观众的眼球！

▲军事博物馆古代战争馆陈列的这件明代火铳，是1971年在内蒙古托克托县黑城古城墙内发现的。

走进历史
——唯有天人合一，才能弹无虚发

射击运动起源于军事和狩猎活动，是集天赋、技术、心理、枪弹、环境等主客观因素于一身的一项竞技体育项目。早在15世纪，瑞士就举办过火绳枪射击比赛，到了19世纪，后膛填子弹的步枪的发明则把射击运动推到了一个全新的高度。

射击比赛主要分成手枪、气枪、飞碟和移动靶比赛四大项。1896年首届奥运会只有三个射击项目，但到了2000年悉尼奥运会射击已经增加到了17个项目。

手枪项目分为慢射、速射两类。慢射一般是60发子弹，射击距离50米，靶的10环直径较小，在以小时计算的规定时间内将60发子弹射完，以环数多少排名次。这个项目是手枪项目中射击距离最远、要求精度最高的项目，也是难度较大的项目。速射距离一般25米，60发子弹，每5发子弹一组，每组射击时间分别为8秒、6秒和4秒。速射靶由电子遥控。

气枪射击项目比较多，有多种距离和卧姿、立姿、跪姿等三种射击姿势。步枪项目的共同特点是射击时间长、速度慢、精度高，要打好几个小时，人们称它为"射击马拉松"。

飞碟项目始于18世纪末的英国，也叫泥鸽射击，早期就是以活鸽子作为射击目标的。后来以泥制鸽代替活鸽，现用沥青、石膏等材料混合压制而成的碟状物，故称飞碟。比赛时，抛靶机按固定方向抛靶，射手依次在不同位置射击，以击碎碟靶为

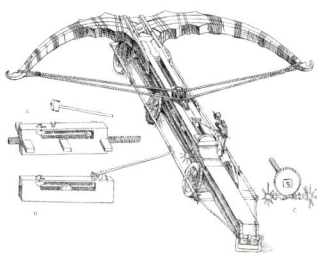

▲一具投射石弹的攻城弩炮，系达·芬奇设计制作。

看奥运

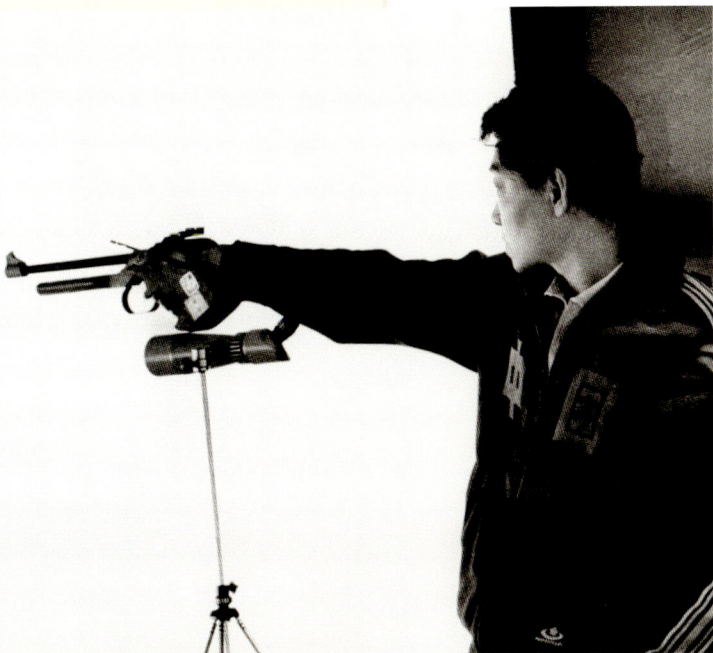

▲在23届奥运会上，许海峰一声枪响，宣告了中国体育史上"零时代"的结束。

首都图书馆新馆位于北京东三环华威桥东侧，占地面积3.8万平方米，建筑面积3.7万平方米，是一座智能化、现代化的图书馆，新馆全年365天开馆，图书阅览以开架为主，可为读者提供文献达一百余万册。

▲ 夺冠后的杜丽表现得格外冷静，只是回头微笑向教练打了个招呼。

命中，命中多者为胜。

　　移动靶比赛以小口径步枪立姿向距离10米的移动靶射击。移动靶多为跑动的猪靶，故又称跑猪靶。早期移动靶安装在滑车上，靠人工带动后的惯性前移，现多为电子操纵，目前仅设男子项目。

观赛指南

比赛场馆： 北京射击馆
地点： 香山南路
赛时功能： 射击
场馆介绍

　　北京射击馆是北京2008年奥运会的主要场馆之一。它位于北京市石景山区，东面为五环公路，西接亚洲电视制作中心，南邻香山南路，北至西山翠微山脉，是29届奥运会步枪、手枪和移动靶项目的比赛场馆。

　　北京射击馆建筑设计取意射击运动起源于林中狩猎的渊源，在建筑上呼应出原始狩猎工具弓箭的建筑意向。其规划用地面积约7.5公顷，总建筑面积48000平方米，奥运会期间将设观众席8552个，其中固定座席2101个，临时座席6451个。

▼ 图为北京射击馆效果图。

比赛场馆： 北京射击场飞碟靶场

地点： 香山南路
赛时功能： 飞碟射击
场馆介绍

　　北京射击场飞碟靶场是北京2008年奥运会11个改扩建场馆之一，位于北京市石景山区原国家体育总局射击、射箭运动管理中心内。建筑面积6170平方米，设座席5000个，其中固定座席1047个，临时座席3953个。

观赛礼仪

　　射击比赛是一项紧张刺激充满变数的运动，所以射击比赛对运动员的心理素质要求非常高。选手为了调整状态，往往几次举起枪又放下。临场发挥至关重要，而场外的一点声音就可能会干扰他们，直接影响到比赛结果。所以观看射击比赛的时候一定要安静，不能打手机，不能欢呼呐

▲ 北京射击场飞碟靶场。

北京展览馆位于西城区西直门外大街135号，是北京第一座大型综合性展览馆，占地20万平方米，经常举办国内外科技、经贸、文化等大型展览，是中外交流的窗口。

喊，鼓掌时有专门的工作人员负责压制节奏。

观众在比赛开始前要坐到自己的位置上，在比赛进行当中不要来回走动、喧哗、晃动宣传条幅、接听手机、交头接耳等，因为这些行为都会影响运动员注意力。另外尽量不要带年龄太小的孩子去赛场，只有避免这些行为才能使运动员更好地发挥自己的水平。

▲ 清代子母炮陈列于中国军事博物馆，是当时较为先进的兵器。

公交路线

347路、运通112路到北京射击场站下。

比赛日期和金牌数目

比赛项目	8 五	9 六	10 日	11 一	12 二	13 三	14 四	15 五	16 六	17 日	18 一	19 二	20 三	21 四	22 五	23 六	24 日	25 一	金牌数目
射击		2	2	2	2	1	2	1	2	1									15

注：预赛和决赛日为同一天。

10 分钟课堂

奥运射击参赛资格

奥运会射击项目比赛每个协会最多可以有31名运动员参加，除女子每个飞碟项目最多1名运动员外，其他项目最多可有2名运动员参赛。

参赛资格的名额分配有以下几个部分：一是从上届奥运会到本届奥运会之间射击世界锦标赛和所有射击世界杯赛指定达标名额；二是非洲、美洲、亚洲、欧洲以及大洋洲射击锦标赛指定达标名额；三是奖励给东道国的各射击项目的参赛名额；四是给没有获得参赛资格的协会的预留名额，每个协会最多1名运动员；还有一些剩余名额，根据国际奥委会或国家奥委会或国际射击联合会会员协会的要求给予没有获得参赛资格但在正式的达标赛中成绩突出的运动员的国家。

所有参赛运动员都必须在奥运会周期内的正式比赛中达到国际射击运动联合会规定的最低达标标准。

奥运射击分项设置

2008年奥运会设15个射击项目，包括9个男子项目和6个女子项目。相比2004年雅典奥运会，取消了男子气步枪10米移动靶和女子飞碟双多向两项。

▲ 在第28届奥运会的男子飞碟双多向射击决赛中，阿联酋选手阿尔默德·阿尔马科特乌姆获得冠军，实现了阿联酋奥运史上金牌的突破。

民族文化宫坐落在北京长安街西侧，建筑面积32000平方米，内设博物馆、中国民族图书馆、民族画院、中国民族年鉴社、展览馆、民族文化宫剧院、宾馆等近20个职能部门，是中外人士了解中国少数民族文化的窗口。

▲ 第23届奥运会上，中国体育代表团实现了"零"的突破，尤其是射击成绩斐然。

男子项目包括10米气手枪、10米移动靶、50米自选手枪、25米手枪速射、小口径步枪卧射、小口径步枪3×40、多向飞碟、双向飞碟、双多向飞碟。

女子项目包括10米气手枪、10米气步枪、25米运动手枪、小口径步枪3×20、多向飞碟、双向飞碟。

奥运射击赛制和比赛方法

飞碟项目

双向飞碟靶场为扇形，有8个射击位置，两端各设一个高、低抛靶房，房内各设一台抛靶机。比赛时，抛靶机向固定方向抛出角度、高度均不同的碟靶，一次抛一靶或双靶。6名运动员为一组，每位运动员从1号射击位置开始，射完规定靶数后进入下一位置，8个位置共射25个靶，为一轮。在全部比赛中，男子射125个靶，第一天射75靶，第二天射50靶；女子75靶，一天内赛完。

多向飞碟靶场为长方形，设有15台抛靶机，每3台为一组。抛靶机抛出距离、高度和方向均不相同的碟靶，一次抛一靶。比赛时，6名运动员为一组，轮流进入5个射击位置，每人各射25靶为一轮。每个碟靶可射2发子弹，第一发未射中，可再射第二发。全部比赛男子共射125个碟靶，第一天射75靶，第二天射50靶；女子共射75靶，一天内赛完。

双多向飞碟靶场同多向飞碟，但只用中间的7、8、9号抛靶机，抛出距离、高度和方向均不相同的碟靶，一次抛双靶。比赛时，6名运动员为一组，轮流进入5个射击位置，男子各射25个双靶，女子各射20个双靶为一轮。全部比赛男子共射150靶，女子共射120靶，均在一天内赛完。

步枪项目

男子小口径步枪3×40米使用小口径步枪按卧、立、跪3种姿势的顺序向距离50米的靶各射40发子弹，包括试射在内的总时限为3小时45分。

男子小口径步枪60发卧射用卧姿向距离50米的靶射60发子弹，包括试射在内的总时限为1小时30分。

男子气步枪60发立射用立姿向距离10米的靶射60发子弹，包括试射在内的总时限为1小时45分。

女子标准步枪3×20米用小口径标准运动步枪按卧、立、跪3种姿势的顺序向距离50米的靶各射20发子弹，包括试射在内的总时限为2小时15分。

▲ 张山是奥运历史上唯一一位获得男女混合射击比赛金牌的女运动员。

女子气步枪40发立射用立姿向距离10米的靶射40发子弹，包括试射在内的总时限为1小时15分。

手枪项

男子手枪慢射用小口径自选手枪对距离50米的靶射击60发子弹，包括试射在内的总时限为2小时。

男子手枪速射用小口径速射手枪对距离25米的靶射击60发子弹，每组5发，按8秒、6秒、4秒的射击时间顺序先各射两组，共30发子弹，然后再按相同方法进行第二轮30发子弹的射击，在规定时间内射完。两组成绩相加之和为总成绩，以总成绩评定名次。

男子气手枪用4.5毫米口径气手枪对距离10米的靶射击60发子弹，分6组，每组10发，包括试射在内的总时限为2小时45秒。

女子运动手枪又称手枪慢射加速射。用小口径自选手枪对距离25米的靶射击30发子弹，每组5发，共6组，每组时限6分钟。慢射结束后，用小口径速射手枪对距离25米的靶射击30发子弹，每组5发，共6组。慢射、速射成绩之和为总成绩，以总成绩评定名次。

女子气手枪用4.5毫米口径气手枪对距离10米的靶射击40发子弹，每组10发，共4组，包括试射在内的总时限为1小时15分。

移动靶项目

移动靶项目是对与射击地线平行方向的移动目标在限定的时间(快速2.5秒，慢速5秒)和区域(2米或10米)内进行跟踪射击。每发射击之间只有短暂的间隔供射手分析、判断和准备。射击一经开始，就必须连续射完规定的弹数，不得中断。因此，要求射手具有思维敏捷、反应迅速、准确的判断能力和良好的心理自控能力。

射击比赛参赛武器介绍

猎枪

飞碟比赛中，射手们可使用口径不超过0.12厘米的双管猎枪。由于多向飞碟项目的射程更远，为确保远距离的准确性，这些项目的枪管应该更长，枪管范围为76~81厘米，一般双向飞碟用枪的枪管长度为66~71厘米。

步枪

参赛的步枪必须符合国际"标准步枪"的定义要求。一般都是小口径，0.22厘米是口径的上限。一般比赛的统一口径为0.177厘米。而且子弹都是铅制的。只可使用金属瞄准器，不允许使用光学瞄准镜。

▲雅典奥运会上，中国老将贾占波在男子步枪比赛中因对手失误而"捡"到一块金牌。

看奥运

▲朱启南在第28届奥运会上获得了射击男子10米气步枪的冠军。

北京古代钱币博物馆就坐落在东二环中路德胜门箭楼下，是一座以展示钱币为主要目的的专题博物馆，主要进行收藏、展览和全国钱币交易活动，现已成为钱币爱好者从事研究和收藏交换的场所。

几乎所有参赛者都使用小孔径瞄准器。

手枪

比赛用手枪有严格的规定。手枪速射枪管口径一般为0.22厘米，重量不超过1260克，弹膛口径0.22厘米。女子25米手枪慢射使用的武器是0.22厘米口径的弹膛，而且满膛重量不能超过1400克，并且枪管不能超过153厘米。当然自选手枪除外，自选手枪只要满足口径要求即可。

▼赛场ABC

bead　准星
bore　枪膛
butt stock　枪托；尾托

竞技战术解析
——百发百中的神话

射击是用枪支对准目标打靶的竞技项目，深受人们喜爱。在射击比赛中，运动员们的竞争十分激烈，射击既是技术比赛，又是心理较量，具有很强的观赏性。

百发百中的射击技术

在射击过程中，无论是步枪、手枪、移动靶和飞碟项目，每发子弹的射击程序皆是一样的，即：据枪、瞄准、击发和"保持"。因此射击技术也主要包括据枪、瞄准、击发及保持技术。

据枪

据枪是指运动员在进行瞄准之前，所完成的诸如姿势的确立、举枪、抵肩、贴腮等一系列动作的总称。

▼立射动作技术在三种射击姿势中最难掌握，对射手要求最高。

步枪射击姿势包括卧姿、立姿和跪姿。在卧、立、跪三种射击姿势中，立姿是重心最高、支撑面最小、姿势动作最不稳定的项目。立射姿势的固定和保持，主要靠骨骼的支撑和肌肉的紧张来实现，因此，在三种射击姿势中立射动作技术最难掌握。手枪射击据枪、飞碟射击据枪、移动靶射击据枪基本采用站立姿势。

瞄准

为使弹丸的平均弹道命

中预定的目标，而赋予枪膛轴线在垂直面和水平面内一定方向的操作，称为瞄准。

步枪射击瞄准、飞碟射击瞄准均采用概略瞄准的方法；手枪射击瞄准、移动靶射击瞄准采用瞄准区。

击发

射击过程中最关键的技术是击发。射击运动员最终都必须通过食指扣扳机完成射击任务。射击技术中的调整姿势、控制枪的稳定、进行瞄准等一系列的活动，都是为了击发。

▲第23届奥运会上，中国女选手吴小旋在小口径标准步枪比赛中夺得了金牌，成为中国第一个获得奥运会金牌的女运动员。

在步枪射击中，稳(枪的稳定)、瞄(瞄准)、扣(击发)是一个有机配合的整体动作，三者的协调配合技术是射击过程中的关键技术。

手枪速射扣扳机技术与其他项目所不同的地方是射击节奏。手枪速射的射击方法是在规定的时间内连续射击5发子弹。在5发射击过程中，不同风格和动作类型的运动员，会形成不同的射击节奏。

飞碟射击击发，需在准星与碟靶之间构成提前量的瞬间完成。因此要求运动员在射击过程中报"好"前应做好对扳压的预压，击发要求及时果断，在"模糊状态"中完成击发，即在提前量估计构成的同时扣响扳机。

移动靶射击击发与瞄准的配合，在技术上有较高的要求。由于移动靶射击中的相对稳定期极其短暂，所以掌握不好，很容易错过击发时机，因此，水平较高的运动员，往往在稳定期的前期（第一稳定期）或中期（第二稳定期）击发。

保持

"保持"是射击运动员在技术训练中使用的专用术语，指运动员在发射每发子弹的过程中，在击发动作完成后，姿势动作和心理稳定按原来状态保持几秒钟后，再做"收枪"动作。过早"收枪"会影响射击精度，必须将"保持"作为整个射击程序中的一部分。

射击中战术的运用

有人认为射击比赛无须战术，但实践证明，能否合理运用射击战术对运动员在比赛中能否充分发挥水平的作用至关重要。

试射的战术运用

射击比赛中，在记分射之前，运动员有一定的试射子弹和时间。其目的是让运动员校正枪支、调整动作和检测气象的影响，不计入成绩之内。

看奥运

▼ 赛场ABC

running boar　跑猪
running deer　跑鹿
safety　（枪支)保险
shell　弹壳

北京市规划展览馆主要介绍了北京悠久的历史，宣传当代城市规划建设的伟大成就，展示未来北京城市发展的灿烂明天。展馆共四层，建筑面积16000平方米，展示面积8000平方米。

气象条件变化情况下的战术

影响射击成绩的重要因素有气象变化，因此，在比赛中除重视运动员自身技术动作和枪弹的精度外，还要研究气象条件变化对射击精度的影响。

信息回避战术

射击比赛中，奥运会项目资格赛与决赛之间都有一段短暂的休息时间。在这段时间运动员的比赛成绩信息，往往会互相传递，因而会引起运动员的焦虑，影响运动员水平的正常发挥。在这种情况下，就有必要采取必要的信息回避。

把握比赛节奏

射击比赛中，每个比赛项目都有严格的时间限制。尤其是手枪速射项目，要求运动员果断击发，而且发射时要有均匀的节奏。在慢射项目中，要合理安排各组的发射时间，在整个项目的比赛中，要防止前松后紧，既要充分利用规定的时间，又要保证在规定的时间里顺利完成比赛。

队员上场顺序战术

规则规定，射击各项目队赛编队皆由3人组成。进行队赛时，上场顺序的安排是一种艺术也是一种战术。第一名上场的运动员一般要求水平较高，成绩稳定，能起到带动全队、稳定军心的作用。最后一名上场的运动员，由于前两名队员的成绩都已经公布，各队的比赛成绩比较接近，竞争明显激烈。在这种情况下，要选定敢于发挥和善于发挥平时训练水平的运动员上场。

良好的心理状态

每发子弹都会出现一个结果是射击比赛中的显著特点，而每一个结果都会影响运动员的心理变化。因此，每发子弹射击完成后，下一发子弹都需从"零"开始，这样才能在每发子弹射击中做好心理调节，心情和动作都做到始终如一，这是在大赛中取得优异成绩的重要心理保证。

福娃问答

步枪射击有何特点？

步枪射击属于慢射性质的项目，射击目标小，精度要求高，比赛时间长，比赛规则只限制射击总时间。步枪射击时要求射手在不对称、不自然的姿势结构条件下，保持相对静止的协调力，要求射手在整个射击过程中，每枪重复同一套动作，并在精力高度集中、心情十分紧张的状态下，保持动作的高度一致性。

国际射联（UIT）

国际射击联盟，简称国际射联（UIT）。1907年7月17日在瑞士苏黎世成立，1915年解散，1921年重新组建，1939年再次中止活动，直到1947年才重新恢复。国际射联总部设在德国，现有协会会员151个，分属非洲、美洲、亚洲、欧洲和大洋洲5个大洲联合会，正式用语为德、英、法、俄、西语，工作用语为英语。

代表大会是国际射联的最高权力机构，每两年召开一次，一个协会会员可派两名代表，有2票表决权。

▼ 赛场ABC

targets　　靶
target sheet　靶纸

奥运看北京
中国工艺美术馆

移动靶射击有何特点？

移动靶项目，是对与射击地线平行方向的移动目标在限定的时间和区域（2米或10米）内进行跟踪射击。每发射击之间只有短暂的间隔供射手分析、判断和准备。射击一经开始，就必须连续射完规定的弹数，不得中断。因此，要求射手具有思维敏捷、反应迅速、准确的判断能力和良好的心理自控能力。

▲ 王义夫共参加了6届奥运会，是名副其实的"老枪"，现为中国射击队总教练。

射击比赛飞碟项目对射击和中靶有何规定？

在多向飞碟和双多向飞碟比赛中，如果射手发出信号后，碟靶没有马上飞出，射手可以放下猎枪拒绝射击。在双向飞碟比赛中，选手要靶后，至少有3秒钟的停留时间。如果碟靶没有准时发出，选手也可以放下手中的猎枪。在所有的飞碟射击比赛中，按飞碟比赛规则击中碟靶就被称作"中靶"。在飞碟比赛中，如果最后打成了平手，将会加赛一靶，第一个射失的选手将会被淘汰。

大事记

1900年，移动靶被列为奥运会比赛项目。

1907年，国际射击联盟在瑞士苏黎世成立。

1908年，男子小口径步枪60发卧射被列为奥运会比赛项目。

1915年，国际射击联盟解散。

1921年，国际射击联盟重新组建。

1939年，国际射击联盟再次中止活动。

1947年，国际射击联盟重新恢复。

1952年，男子小口径步枪3×40米被列为奥运会比赛项目。

1954年，中国射协加入国际射联。

看奥运

▼ 赛场ABC

muffler　消音器
pistol　手枪
puller house　抛靶房
spare parts　备件
standard pistols　标准手枪

责任编辑　贺　畅

版式设计　徐　丹

图书在版编目（ＣＩＰ）数据

看奥运／冯成平　韩　欣　主编.
－北京：人民出版社，2008.1

ISBN　978-7-01-006652-3

Ⅰ.看… Ⅱ.①冯… ②韩… Ⅲ.奥运会－通俗读物　Ⅳ.G811.21-49

中国版本图书馆 CIP 数据核字（2008）第 176560 号

看　奥　运

KAN AOYUN

冯成平 韩 欣　主编

人民出版社　出版发行

（100706　北京朝阳门内大街 166 号）

北京雅昌彩色印刷有限公司印刷　新华书店经销

2008 年 1 月第 1 版 2008 年 1 月北京第 1 次印刷
开本：889 毫米×1194 毫米　印张：20
字数：500 千字

ISBN 978-7-01-006652-3　定价：98.00 元

邮购地址　100706　北京朝阳门内大街 166 号
人民东方图书销售中心　　电话（010）65122524　65250042